TOURISM TEST

# 観光検定 公式テキスト

安田亘宏 著

# はじめに　―旅する人と旅を支える人のために―

人が旅することは決してなくならない。衣食住が満たされると、人は癒しを求め、未知の地への憧れを抱き、様々な思いを持って、誰かとあるいはひとりで旅に出る。現代を生きる人にとって旅行は欠かすことのできない生活の一部となっている。

人が、日常の生活から離れて旅をする、旅行に行く現象を観光という。観光は、旅する人、すなわち旅行者と、その旅行者が安全に快適に旅行を楽しむことができるようサポートする、すなわち旅を支える人、この両者で成立している。

旅する人の数は多い。日本人の国内旅行の延べ旅行者数（2018年）は、およそ5億6,000万人、海外旅行者数（2019年）は2,000万人を超えた。社会現象にもなったインバウンド、訪日外国人旅行者の数（2019年）は3,000万人を大きく超えている。そして、日本の国内旅行消費額は約26兆円（2018年）で日本や地域の経済に大きく貢献している[i]。世界へ目を向けると、国境を越えて旅する人の数、国際観光客到着数は毎年着実に増加し、なんと14億人（2018年）に達している[ii]。

一方、旅を支える人、すなわち何らかの観光サービスを旅行者に提供する観光ビジネスに従事する人の数も多い。全国の観光産業事業所で働く人は1,100万人以上で、このうち観光地域に存在する観光産業事業所で働く人の数は800万人といわれている[iii]。旅行はこのような多くの人の力で支えられている。

旅を支える人、観光ビジネスに携わる人にとっては、観光の理論や観光業界の構造、旅行者の動向、観光ビジネスの実務・集客方法などは、なくてはならない知識といえる。また、それらを旅行者の視点から学ぶことが重要である。

旅を支える人も、旅に出て旅行者になることがある。旅をする人も、実生活の中で普段は意識していないが実は旅を支える仕事や活動をしていることがある。

「観光検定」は、観光学の基礎、観光実務の基本、観光ビジネスのスキル、観光まちづくりの手法、そして観光の対象となる国内海外の観光資源、世界遺産まで、観光全体を俯瞰した幅広い分野から出題される。観光ビジネスに携わる方々に必須の知識を学習する検定試験である。特に、観光関連の職場や観光まちづくりの現場のリーダーとして活躍される方々、観光関連ビジネスの人材育成に携わっている方々、もちろん観光業界を目指す大学生・専門学校生にも挑戦してもらいたい。一方、旅を生き甲斐にしている旅好きの方々にとってもこの試験は挑戦し甲斐のあるものになるだろう。普段利用している観光ビジネスの知識を学ぶことは、旅をもっと楽しいものにするはずである。

観光は社会情勢に大きく左右される。疫病・災害・紛争・テロなどは観光を衰退させる。観光は平和と安全の上に成り立っている。いつでも誰でもが旅行を楽しむことができる、平和で安全な社会が大事なことを忘れてはならない。

すべての人が現在および将来にわたって平和と豊かさを享受できる社会を目指した世界共通の目標である「SDGs（エスディージーズ：持続可能な開発目標）[iv]」、その全ての目標の達成に対して日本の観光は貢献することができる。今こそ、正しい知識を得た旅する人、旅を支える人の出番である。

「観光検定」は旅をする人と旅を支える人のための検定である。検定で得た知識によって、地域や企業内における優位性を発揮することができ、就職活動でも有利になる。そして何よりも、旅を楽しくし、日本の観光を発展させる。本テキストが、「観光検定」を受検する方々の一助になれば幸いである。

2020年4月

安田亘宏

i　出典：『数字が語る旅行業 2019』（JATA）、海外旅行者数：JNTO 統計データ（2020）

ii　出典：『UNWTO Tourism Highlights 2019』（世界観光機関）

iii　出典：「平成24年観光地域経済調査」（観光庁・2015）観光産業事業所とは世界観光機関（UNWTO）の勧告に基づく、観光旅行者に対して直接商品の販売又はサービスを提供する業種（宿泊サービス、飲食サービス、旅客輸送サービス、輸送設備レンタルサービス、旅行業その他の予約サービス、文化サービス、スポーツ・娯楽サービス、小売の8業種）。

iv　SDGs（Sustainable Development Goals）とは、2015年9月の国連サミットで採択された2030年までに持続可能でよりよい世界を目指す国際目標。17のゴールと169のターゲットから構成されている。（外務省）

## 観光検定　試験概要

1. **受験資格** … 国籍、年齢等に制限はありません。
2. **受験会場**

   札幌　仙台　東京　埼玉　千葉　横浜　名古屋　津　京都　大阪　広島　福岡
3. **試験日程** … 年4回
4. **試験時間** … 120分
5. **問題数** … 200問

   （会場・日程、試験時間・問題数は変更になる場合があります。）
6. **試験形態** … マークシート方式
7. **出題内容および合格基準**

   出題内容は次ページ表をご参照ください。

   900点以上を取得すると1級、750点以上を取得すると2級、550点以上の取得で3級を認定します。特に1000点を取得された方には、「観光検定エキスパート」の認定を致します。

   【エキスパート】

   　1000点満点取得者をエキスパート認定

   【1級】900点以上取得者を認定

   　取得ポイント記載のゴールドカード授与

   【2級】750点以上取得者を認定

   　取得ポイント記載のゴールドカード授与

   【3級】550点以上取得者を認定

   　取得ポイント記載のシルバーカード授与

   【ポイント認定】450点以上550点未満

   　取得ポイント記載のシルバーカード授与

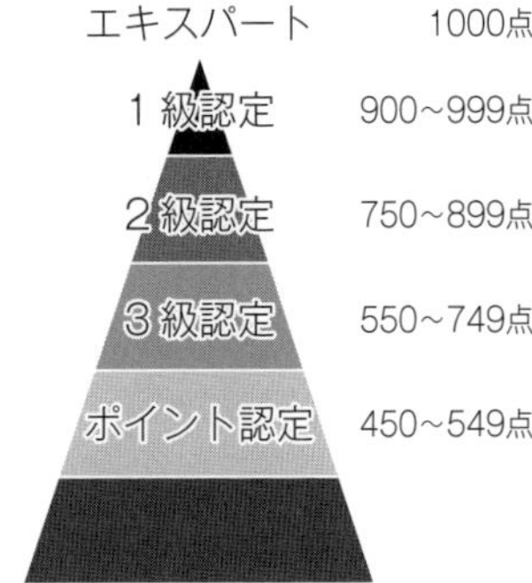


8. **受験料** … 9,000円（税抜）
9. **申込方法**

   インターネットでお申込みの場合は下記アドレスよりお申し込みください。

   http://www.joho-gakushu.or.jp/web-entry/siken/

   郵送でお申込の場合は、下記までお問合せ下さい。

**お問合せ先**

一般財団法人 全日本情報学習振興協会

東京都千代田区平河町2-5-5　全国旅館会館1階

TEL：03-5276-0030　FAX：03-5276-0551　http://www.joho-gakushu.or.jp/

# 観光検定　出題範囲

| 第１課題　観光総論 | |
|---|---|
| 1 | 観光とは |
| 2 | 観光の歴史 |
| 3 | 観光の効果 |
| 4 | 観光の構成要素 |
| 5 | 観光サービスと観光ビジネス |
| 6 | 観光マーケットの分類 |
| 7 | 観光マーケットの規模 |
| 8 | 観光政策 |
| 9 | 観光行政機関 |
| 10 | 観光に係わる法律 |
| 11 | 観光に係わる税 |
| 12 | 観光に係わる国家資格 |
| 13 | 地域の観光行政 |
| **第２課題　観光ビジネス総論** | |
| 1 | 観光ビジネスの定義 |
| 2 | 観光ビジネスの種類 |
| 3 | 観光ビジネスの発達 |
| 4 | 観光ビジネスの特徴 |
| 5 | 観光ビジネスとホスピタリティ |
| 6 | 観光ビジネスのホスピタリティ行動 |
| 7 | 観光ビジネスの顧客満足度 |
| 8 | 旅行業ビジネス |
| 9 | 宿泊業ビジネス |
| 10 | 観光交通ビジネス |
| **第３課題　国内旅行** | |
| 1 | 国内旅行市場 |
| 2 | 国内旅行の特徴 |
| 3 | 国内旅行の期待と現地活動 |
| 4 | 国内旅行のデスティネーション |
| 5 | 地域の食と観光土産 |
| **第４課題　海外旅行** | |
| 1 | 海外旅行準備 |
| 2 | 海外旅行市場 |
| 3 | 海外旅行の特徴 |
| 4 | 海外旅行の形態 |
| 5 | 海外旅行の期待と現地活動 |
| 6 | 海外旅行のデスティネーション |
| 7 | 海外観光地の食と観光土産 |

| 第５課題　インバウンド | |
|---|---|
| 1 | インバウンド市場 |
| 2 | インバウンドの特徴 |
| 3 | インバウンドと消費 |
| 4 | インバウンドと為替・ビザ |
| 5 | インバウンド促進施策 |
| 6 | インバウンドのデスティネーション |
| 7 | インバウンドの食と観光土産 |
| **第６課題　世界遺産総論と日本の世界遺産** | |
| 1 | 世界遺産 |
| 2 | 世界遺産登録 |
| 3 | 無形文化遺産・世界の記憶 |
| 4 | 日本の世界遺産 |
| 5 | 日本の自然遺産 |
| 6 | 日本の文化遺産 |
| **第７課題　海外の世界遺産** | |
| 1 | 海外の世界遺産 |
| 2 | アジアの世界遺産 |
| 3 | オセアニアの世界遺産 |
| 4 | ヨーロッパの世界遺産 |
| 5 | 北アメリカの世界遺産 |
| 6 | 南アメリカの世界遺産 |
| 7 | アフリカの世界遺産 |
| **第８課題　観光まちづくりとニューツーリズム** | |
| 1 | 観光まちづくりとは |
| 2 | 観光まちづくりと観光資源 |
| 3 | 観光まちづくりの着眼点 |
| 4 | 観光まちづくりの着地型旅行 |
| 5 | 観光まちづくりとニューツーリズム |
| **第９課題　観光ビジネスの集客** | |
| 1 | 観光マーケティング |
| 2 | 集客セールス |
| 3 | パンフレット |
| 4 | ホームページとネット予約サイト |
| 5 | マスメディア広告 |
| 6 | インターネット広告 |
| 7 | 店頭メディア |
| 8 | 旅行ガイドブック |
| 9 | ウェブメディア |
| 10 | イベント |
| 11 | 旅行博 |
| 12 | ファムトリップ |

※出題の順番、内容等は変更となる場合があります。最新の情報は、協会ホームページをご確認ください。

# 目 次



## 第1課題 観光総論



## 第2課題 観光ビジネス総論



## 第3課題 国内旅行

## 第４課題　海外旅行



## 第５課題　インバウンド



## 第６課題　世界遺産総論と日本の世界遺産

## 第７課題　海外の世界遺産

## 第8課題　観光まちづくりとニューツーリズム



## 第9課題　観光ビジネスの集客

# 第１課題

# 観光総論

鳥取砂丘（鳥取県鳥取市）

# 1. 観光とは

## ■観光の語源

「観光」の語源は古代中国の書物『易経』にある「観国之光、利用賓于王（国の光を観る、もって王に賓たるによろし）」の一節に由来している。その語句の意味は「国や地域の文化、政治、風俗などを視察する」とされている。そこから転じて「国や地域を旅して見聞を広める」の意味となる。また同時に「観」には「示す」意味もあり、他の国や地域の人に国の光を誇らかに示す意味も含まれている。

「観光」は江戸時代末期に、江戸幕府の軍艦「観光丸」、現在の栃木県にあった佐野藩の藩校「観光館」など固有名詞として使用された例もある。

## ■観光の定義

大正時代以降、「観光」は、「tourism」の訳語として使用されてきた。世界観光機関（UNWTO）によれば、「ツーリズム」とは「レジャー、ビジネス、その他の目的で、連続して1年を超えない期間、通常の生活環境から離れた場所を旅行したり、そこで滞在したりする人の活動」（UNWTO「観光統計に関する勧告」1993）とされている。業務旅行なども含まれているが、訪問国内で報酬を得るための活動をするものは除外されている。

日本政府は、観光の定義を「余暇時間の中で、日常生活圏を離れて行うさまざまな活動であって、触れ合い、学び、遊ぶということを目的とするもの」（観光政策審議会 1995）とし、「時間」、「場所・空間」、「目的」の3つの面から規定している。

「観光」とは、観光旅行、旅行のことである。その定義や解釈は多様にあるが、本書では「何かの目的をもって、自由になる時間で、自らの意思により、日常生活圏から離れて、楽しむ旅行」と定義する。

## ■観光とツーリズム

近年、「観光」という用語に物見遊山的な、また商業的なニュアンスが強く感じられることから、「ツーリズム」という用語が使用される機会が増えている。

ツーリズムという言葉は、特に観光ビジネスの中で特別なものと認識されはじめ、かつての物見遊山的、旧来型の観光をサイトシーイングと呼び、ツーリズムを体験型旅行など新しいタイプの観光として位置づける傾向がある。また、ツーリズムは観光産業を指すこともある。

英語の「tourism」は、ラテン語で「ろくろ」を意味する「tornus（トルヌス）」から発生した言葉といわれ、「巡回」「周遊」を意味し、「巡回旅行」を表したものとして 19 世紀に定着したといわれる。現在、厳密にいえば、ツーリズムの概念は観光より広く、目的地での永住や営利を目的とせずに、日常生活圏を一時的に離れる旅行のすべてと捉えることができる。

なお、本書においては、「ツーリズム」は「観光」とほぼ同義語と捉えて解説していく。

その他に、観光、旅行を表現する英語には次のような言葉がある。

●トラベル travel：長期間あるいは長距離の旅行
●サイトシーイング sightseeing：名所などを見て回る旅行
●ツアー tour：数か所を訪れる計画的な旅行
●トリップ trip：短期間あるいは短距離の旅行
●ジャーニー journey：比較的長期間の旅行
●エクスカーション excursion：多数の人と一緒に行く小旅行
●ヴォヤージュ voyage：船で行く長期間の旅行
●フライト flight：航空機で行く旅行
●ハイク hike/ ハイキング hiking：徒歩で行く旅行
●トレッキング trekking：骨の折れる長い旅行

## ■観光とレジャー

観光とよく似た言葉に「レジャー」がある。レジャーとは「余暇」のことで、1 日の生活時間から最低限の生命の維持に必要な食事・睡眠などの時間と、仕事や学業、家事などの時間を差し引いた「自由になる時間」のことである。この自由になる時間を使っての活動、すなわち余暇活動がレジャーである。レジャー活動は、自宅内、日常生活圏内で行うものも含まれる。観光はレジャーの一部であり、日常生活圏外で行われる余暇活動である。

図表 1-1 は、『レジャー白書（2018)』による余暇活動の参加率、参加希望

率、潜在需要の上位項目を示したものである。参加率では、「国内観光旅行」が群を抜いて1位になっており、半数以上の人が参加している。「ドライブ」も4位に入っている。参加希望率を見ると、やはり、1位は「国内観光旅行」が群を抜き、「ドライブ」が5位、「海外旅行」が6位である。

潜在需要とは、将来の「参加希望率」と現在の「参加率」の差であり、希望はあるがまだ実現していない需要の大きさを示したものである。すなわち、これからの伸びが期待される余暇活動と捉えることができる。1位は「海外旅行」、2位は「国内観光旅行」、4位が「クルージング（客船による）」と、観光が上位になっている。日本人の余暇活動の中での観光の位置付けは極めて大きなものである。

図表 1-1　余暇活動の参加率・参加希望率・潜在需要（2017）

※余暇活動の潜在需要：参加希望率―参加率

| | 余暇活動参加率 | | 余暇活動参加希望率 | | 余暇活動の潜在需要 | |
|---|---|---|---|---|---|---|
| 順位 | 余暇活動種目 | 参加率 | 余暇活動種目 | 希望率 | 余暇活動種目 | 潜在需要 |
| 1 | 国内観光旅行 | 52.3% | 国内観光旅行 | 69.4% | 海外旅行 | 24.2% |
| 2 | 外食（日常的なものを除く） | 39.7% | 温浴施設（健康ランド・クアハウス等） | 40.3% | 国内観光旅行 | 17.1% |
| 3 | 読書（仕事・勉強などを除く） | 38.6% | 読書（仕事・勉強などを除く） | 40.1% | 温浴施設（健康ランド・クアハウス等） | 12.9% |
| 4 | ドライブ | 38.0% | 動物園・植物園・水族館・博物館 | 38.4% | クルージング（客船による） | 12.7% |
| 5 | 映画（テレビは除く） | 34.1% | ドライブ | 38.2% | バーベキュー | 10.3% |
| 6 | 複合ショッピングセンター・アウトレット | 33.0% | 海外旅行 | 35.2% | ピクニック・ハイキング・野外散歩 | 9.7% |
| 7 | 音楽鑑賞（CD・レコード・FM等） | 31.8% | 外食（日常的なものを除く） | 34.8% | 催し物・博覧会 | 9.5% |
| 8 | 動物園・植物園・水族館・博物館 | 30.8% | 複合ショッピングセンター・アウトレット | 34.2% | ヨガ、ピラティス | 9.0% |
| 9 | ウォーキング | 29.6% | ウォーキング | 33.8% | 観劇（テレビは除く） | 8.3% |
| 10 | カラオケ | 29.1% | 映画（テレビは除く） | 32.0% | 遊園地 | 8.0% |

出典：『レジャー白書 2018』日本生産性本部（2018）

## ■観光の目的と行動

観光の主体は旅行者である。旅行者はさまざまな動機に基づいて、何かの目的を持って、その目的が達成できる観光資源を有する地域や国、すなわち観光地を訪れ、そこで目的としていた活動を行う、それが観光行動である。

その観光目的、観光行動を分類すると、①見学、②体験、③休養の3つに分類することができる。

### ①見学

「見る、学ぶ」行動で、多くの人が観光と認識している、もっとも古くからある観光の目的、行動である。その対象は、美しい山や海、高原、湿原、湖沼、島、野生の動植物などの自然と神社仏閣、城郭、庭園などの歴史的遺産、動物園、植物園、博物館、美術館、水族館、タワーなどの近代的施設など人間が作り上げたものがある。また、祭りや郷土芸能、イベント、スポーツ競技、コンサート、映画やアニメの舞台などの無形のものもその対象となる。

②体験

「する、遊ぶ」行動で、スキーやゴルフ、マリンスポーツ、ダイビングなどのスポーツ、祭りやイベントへの参加、遊園地やテーマパークでの遊び、農業や漁業、酪農などの体験などである。また、「泊まる、飲食する、買う、乗る」、すなわち高級リゾートホテルに泊まる、郷土料理を食べる、地元の特産品を買う、SL に乗るなど、観光の派生的な「体験」も、今日では観光の大きな目的、行動となっている。

③休養

「休む、くつろぐ」行動で、温泉旅館やリゾートホテル、別荘などでのんびりと過ごすことである。夏季に涼を求め高原などの避暑地に行ったり、冬季に暖を求め南の島で過ごしたりすることで、今日では花粉症の流行する時期に花粉症のない地域や海外に行くこと、ストレスの高い都市生活から逃れ田舎暮らしを楽しむことも休養に含まれるであろう。

## 2. 観光の歴史

### ■日本の観光の歴史

①旅の始まり

日本に農業が定着し人々が定住をはじめ、村ができ国ができると一般庶民が旅に出ることはなくなった。一般庶民が旅をするのは、租税を運搬する旅、役務に赴任する旅、参詣や布教のための宗教的な旅、行商や交易の旅などわずかであった。その頃の旅は交通手段や宿泊施設が整っておらず、食事も自給自足で厳しく、苦難やときには危険の伴うものであった。

②中世以前の旅

・駅伝制の成立と宿泊施設の誕生

最初の律令国家である大和朝廷によって、7 世紀に駅伝制が成立し、中央政府と大宰府や国府を結ぶ交通路が整備された。主要道には「駅」が置かれ、人馬食料や休息、宿泊施設である「駅家（うまや）」が設けられ、諸国を往来する官吏たちに供された。

一方、庶民の厳しい旅を支えたのが8世紀半ばに近畿地方に設けられた「布施屋（ふせや）」や「悲田院（ひでんいん）」であった。仏教寺院の僧侶らの慈善事業の一環として設置された救護・宿泊施設であった。

・熊野詣

楽しみを求めて行う自発的な旅を始めたのは平安時代の貴族たちであった。熊野（P.254参照）への参詣や有馬温泉などへの湯治（とうじ）の旅がそれである。

院政期の法皇や上皇の度重なる熊野御幸（くまのごこう）をきっかけとして起こった熊野詣（くまのもうで）ブームに登場するのが、熊野の先達（せんだつ）である。先達は信仰のための旅の動機づけをし、難所の多い参詣道の道案内の役割を担い、今日の添乗員のルーツといわれている。

貴族を中心に行われていた熊野詣は鎌倉時代になると武士や庶民にも広まり、熊野は全国からの参詣者を迎えるようになる。

③江戸時代の旅

・庶民の旅

一般庶民が旅に出るのは、江戸時代中期以降である。庶民が居住地を離れる際には、関所を通過するための「通行手形」が必要であった。当時、制度的には庶民の楽しみとしての旅は存在しなかった。しかし、庶民にも信仰を目的とした神社仏閣への参詣の旅と、病気治療を目的とした湯治の旅は許され盛んに行われていた。

江戸時代において旅を容易にし、快適にしたのは宿泊施設と飲食施設の発展である。参勤交代の制度化により、五街道をはじめとした道路や宿場の整備が急速に進められ、宿場町に宿屋や食堂、茶屋ができた。

・伊勢参り

江戸時代には、信仰を大義とした寺社詣は盛んに行われていた。伊勢神宮への集団参拝である伊勢参りがその代表格で、江戸時代中期には伊勢参りは一生に一度はすべきものと、庶民の中で位置づけられ、年間数十万人、多いときは100万人以上の庶民が経験をしていたとされる。その庶民の旅の実現に伊勢神宮の御師（おんし）が登場する。御師は、伊勢講の世話をし、伊勢参りの道中の宿泊の手配や付き添いをし、伊勢においては御師の館といわれる宿泊施設に迎え入れ祈禱や饗応を行い、旅行会社のルーツといわれている。

・湯治

湯治とは、温泉の内用、外用により病気や怪我を治す伝統的な療法であり、その習慣は古代からあったといわれている。湯治は江戸時代、寺社参詣とともに庶民に許されていた楽しみの旅であった。多くの場合、湯治場付近の「湯治場宿」に宿泊料のみを支払って、食事は自炊しながら長期逗留した。草津、箱根、熱海、有馬などの温泉が湯治場として広く知られていた。

**④明治から昭和戦前の旅**

**・鉄道開通**

名実ともに、庶民が自由にどこへでも旅行ができるようになるのは明治期に入ってからで、関所の廃止、さらに鉄道の開通がその自由度、範囲、快適性を大きく拡大した。

鉄道の歴史は、1872年に新橋―横浜間に開通した官営鉄道から始まる。民間の鉄道事業者の参入もあり、明治期の終わりまでには東海道・信越・奥羽・中央・北陸・山陽・九州の幹線は完成し、鉄道網は全国的なものとなった。

**・宿泊施設の変化**

鉄道網の発達は、湯治場に楽しみを求めて訪れる短期滞在客を増加させた。湯治場は、街道筋の旅籠と同様に一泊二食付きの受入体制へと変化していき「温泉旅館」の形態になっていった。また、鉄道の開通によって従来の街道沿いの旅籠は衰退し、鉄道の駅前に、壁で仕切った鍵つきの個室のある「駅前旅館」ができていく。

外国人旅行者が徐々に増加してくると、外国人向けの西洋式ホテルが東京、横浜、神戸などの都市や、日光、箱根などの保養地に開業したが（P.57参照）、一般の日本人を対象とする西洋式ホテルがポピュラーなものになるのは、第二次世界大戦後のことである。

**・旅行会社の誕生**

明治期になり、外貨獲得を主な目的とした国際観光事業の必要性と有益性が注目され、銀行家の渋沢栄一が中心となり、1893年に外客誘致のための組織「喜賓会」が設立される。

20世紀に入ると、訪日外国人旅行者の積極的な受入れ体制が必要となってきた。そこで「喜賓会」の活動を引き継ぎ、1912年に「ジャパン・ツーリスト・ビューロー（Japan Tourist Bureau）」が設立された。この組織が、現在の株式会社JTBの前身となる。

日本最初の旅行会社は、それより以前の1905年、滋賀県の草津駅で弁当販売をしていた南新助が創業した「日本旅行会」（現在の株式会社日本旅行）

である。南は日本で初めて鉄道を貸し切り、善光寺参拝、伊勢神宮参拝などの旅行を企画、実施した。これが日本初の企画旅行であり旅行業の発祥といえる。日本の旅行会社は、「訪日外国人旅行者の誘致斡旋」と「団体企画旅行の斡旋」から始まった。

・風景と国立公園

この頃の庶民の旅行目的は、湯治の延長上にある温泉保養旅行と寺社詣での延長上にある神社仏閣巡りが主であった。しかし、西洋の思想が日本に浸透していく中で、日本人の自然に対する認識が変化し風景という概念が生まれ始める。特にイギリス人宣教師ウォルター・ウェストン（Walter Weston）の著した『日本アルプスの登山と探検』（1896年）の影響は大きく、日本人の旅の目的のひとつに自然美や風景を見ることが加わった。

海外においては自然景観の保護はすでに始まっており、1872年にアメリカのイエローストーン国立公園が世界最初の国立公園に指定された。日本においても優れた日本の自然の風景地を保護し、利用促進するために国立公園ができる。1934年、雲仙、霧島、瀬戸内海の3か所がはじめて国立公園に指定された。

⑤戦後から昭和・平成の観光

・終戦直後の観光

戦後、1946年に修学旅行がいち早く復活し、その後、経済の飛躍的な発展に伴い、貸し切りバスなどを利用して団体で行く職場旅行、いわゆる慰安旅行が増加する。その受け皿として、都市圏から気軽に行くことができる、例えば東京でいえば熱海、鬼怒川のような大型温泉街が形成されていく。また、私鉄が沿線観光地の開発を進め、それらの需要を吸収するため、旅行会社が続々と設立される。

1955年には国鉄の周遊券制度が開始され、1960年代に入ると高度経済成長期を迎え、「レジャー」「バカンス」という言葉が流行語になるほど、観光は活発になる。個人旅行では、家族や若者の海水浴やスキー旅行が盛んになる。

・観光元年から大量輸送時代へ

1964年、アジアで初めてのオリンピックが東京で開催された。この年、東京オリンピックに照準を合わせ、国内の観光インフラが整備される。東海道新幹線の開業、名神高速道路の開通、羽田空港の拡充、東京モノレールの開業などである。また、東京や大阪で大型の都市ホテルが続々と開業した。

さらに、この年、国際社会への復帰という観点から、日本人の「海外観光旅行自由化」が実現した。いよいよ海外旅行時代の幕開けとなった。このように、日本の観光の発展にとって画期的なできごとのあった1964年は「観光元年」と呼ばれている。

翌1965年には、日本航空が海外パッケージツアー「ジャルパック」の販売を開始し、以後旅行会社はパッケージツアーを商品化することにより旅行需要を一気に拡大させていった。

1970年、大型旅客機ボーイング747、愛称ジャンボジェット機が世界中に就航する。大量輸送時代に突入し、航空運賃の低下がパッケージツアーの普及を加速させた。

### ・万国博覧会とディスカバー・ジャパン・キャンペーン

1970年、日本初の万国博覧会が大阪で183日間にわたり開催された。「人類の進歩と調和」をテーマに開催され、約6,400万人の入場者を数えた。この人数は、日本の人口の半分以上となる驚異的なものであり、非常に多くの日本人が、新幹線やマイカーで家族や友人と大阪を訪れ、大阪万博を楽しんだことになる。

一方、万博後の反動による国内旅行の衰退が懸念されていた。万博後の鉄道利用を促進するために、国鉄（現JR）は「ディスカバー・ジャパン」キャンペーンを開始する。同年10月に国鉄の提供で、テレビの旅番組の草分けとなる「遠くへ行きたい」（読売テレビ）の放送が始まり、日本人の旅意識に大きな影響を与え、個人旅行が活発になる。

### ・オイルショックと地域振興

1973年末のオイルショック（石油危機）は、日本人の旅行にすぐに影響を及ぼした。石油価格の高騰とガソリンの入手難は、マイカー旅行が主流になっていた国内旅行に大きな打撃を与えた。急伸していた海外旅行の伸率も大幅に鈍化した。しかし、人々の旅への意欲は衰えず、安価な方法を探し、近距離で、旅行日数を短くする工夫をしながら旅行を続けた。その観光行動に対し「安近短（あんきんたん）」という言葉が生まれた。

長引く景気停滞を背景に地域の衰退が顕在化し始めていた。1978年、国鉄が、特定の自治体と共同で一定期間（数か月から半年）実施する観光キャンペーンである「デスティネーション・キャンペーン（DC）」が始まる。

1981年には、神戸ポートアイランド博覧会が開催され、1,600万人以上の入場者を集め地域経済に大きく貢献し、これを契機に全国各地で地方博の開催が広まった。

1983年には千葉県浦安市に東京ディズニーランドが開園し、以後各地にテーマパークがオープンする。旅行需要の低迷の中、観光による地域振興の取組みが始まった時代である。

・テンミリオン計画

1987年、日本政府は当時500万人であった海外旅行者数を5年間で1,000万人にすることを目指した「海外旅行倍増計画」、通称「テンミリオン計画」を発表した。日本人海外旅行者数1,000万人とする目標は、当時の円高、好景気などの追い風により、5年を待たずに1990年に達成した。

この頃、旅行会社のパッケージツアーの新聞広告が目立ち始め、全産業の広告掲載量の上位を旅行会社が占めるようになった。掲載されているパッケージツアーは、格安ツアーで、旅行商品の廉価傾向が進み、格安航空券も市場に出回るようになる。

同年4月には、国鉄が巨額の累積債務の解消と経営改善を目的に分割民営化され、11月には半官半民の特殊法人であった日本航空も完全民営化された。以後、日本の旅行交通の中心を担う両社は、ともに顧客志向の営業が求められるようになった。

・観光立国宣言

2003年、小泉純一郎首相のもと、日本で初めて国として「観光立国宣言」がなされた。これは、観光が日本の力強い経済を取り戻すための極めて重要な成長分野であることを政府が明言したもので、急速に成長するアジアをはじめとする世界の観光需要を取り込むことにより、地域活性化、雇用機会の増大などの効果を期待するものであった。同年、官民一体となり「ビジット・ジャパン・キャンペーン（VJC）」が開始された。これは外国人旅行者の訪日促進活動であり、当初は2010年までに訪日外国人旅行者数を年間1,000万人とする目標が掲げられた。

2007年には「観光立国推進基本法」が制定され、翌年には「観光庁」が国土交通省の外局として新設された。

・2010年代以後のツーリズム

2010年代に入り、リーマンショック（2008年）後の世界的な景気低迷、さらに、2011 年 3 月の東日本大震災、福島原発事故などが、ツーリズムの世界にも大きな影響を与えた。

旅行会社については、インターネットでの予約手配に特化したオンライン旅行会社（OTA）が台頭する。世界はインターネットの時代となり、世界規模の海外の OTA が日本に上陸し、旅行業において国境がなくなろうとしている。

交通関係では、国内海外の LCC（格安航空会社）が大きな位置を占め始め、航空機利用の旅の形を変えようとしている。団塊の世代が 65 歳を迎え、クルーズ客船による豪華船旅も注目されている。宿泊関係では、世界の潮流である民泊サービスが制度化された。

2018 年には訪日外国人旅行者が 3,000 万人を突破した。訪日外国人旅行者数は、東京オリンピック・パラリンピックの開催される 2020 年には 4,000 万人とすることが目標とされていたが、2020 年 3 月に大会の延期が決定され、今後の推移を注視する必要がある。

## ■外国の観光の歴史

### ①旅の原型

7 世紀の中国・唐の時代の僧玄奘は、仏典を求め唐の都長安から天竺（インド）への長い旅をした。『西遊記』は、この記録を基に書かれたものである。

それより以前、中国の絹が中央アジアを越えてペルシア、小アジア（トルコ）、ギリシャ、ローマへと運ばれるようになったのは紀元前 2 世紀頃からである。「シルクロード（絹の道）」の旅である。13 世紀にこのルートで長安を訪れたマルコ・ポーロはヴェネツィアの貿易商であった。

11 世紀から 15 世紀中頃にかけて行われた十字軍遠征は、西ヨーロッパのキリスト教徒の東方遠征である。イスラム教徒は生涯に一度はメッカ巡礼を行うよう義務づけられ、多くの教徒がメッカへの旅をしている。

### ②グランドツアー

グランドツアーとは、17 世紀末から 18 世紀にかけて、イギリスの貴族や豊かな上流階級の子弟の学業の修了時に、古典的教養の修得のために行われたヨーロッパ大陸への旅行のことである。ヨーロッパ大陸周遊修学旅行ともいわれ当時盛んに行われた。自らの意思で自発的に行われた旅行で、その意味で「近代旅行の始まり」と位置づけられる。期間は数か月から数年間におよび、主な目的地は当時文化的先進国であったフランス、イタリアであった。

### ③世界最初の鉄道と旅行会社

1825年、イギリスで世界初の蒸気機関車を利用した商用鉄道が開業した。当初は石炭輸送のためのものであったが、鉄道敷設が拡大していく中で旅客輸送も開始され、1840年代には鉄道は代表的な陸上交通手段となっていた。

世界最初の旅行会社もイギリスに起こる。近代ツーリズムの祖、旅行業の創始者と呼ばれるトーマス・クック（Thomas Cook）によるものである。1841年、クックは禁酒運動大会への旅を当時高価だった鉄道を貸し切り列車とし割安料金で仕入れ、570名ほどの参加者を得て実施した。列車手配だけではなく昼食や現地での娯楽などの提供も行い成功裏におさめた。これが現在の団体旅行、パッケージツアーの原型となった。これを機会にクックは旅行会社の営業を始め、多くの団体旅行や海外旅行を手がけた。この時期が近代ツーリズムの確立期とされている。

### ④オーシャンライナーの旅

19世紀末から20世紀初めにかけて、ヨーロッパではアメリカ観光が流行し、アメリカでもヨーロッパ観光ブームが始まった。ヨーロッパ大陸と北アメリカ大陸を結ぶ大西洋定期航路の客船の高速化、大型化が進み、20世紀前半には豪華大型客船の時代となる。

このように大洋を渡る定期航路のことをオーシャンライナーといい、欧米の富裕層に人気を博した。氷山に衝突して沈没したタイタニック号のエピソードは有名で、映画『タイタニック』に見られるように、毎晩、正装でのディナーやダンスパーティが催され上流階級の人々が船旅を楽しんだ。

20世紀中ごろになると航空機を利用した旅が活発になり、オーシャンライナーの旅は下火になる。船旅は移動の手段ではなく、乗船自体を楽しむ豪華クルーズ客船の旅として今日まで続いている。

### ⑤バカンス法

1936年、フランスで世界初のバカンス法が制定され、すべての労働者に2週間の有給休暇が義務付けられた。フランスに続き、ヨーロッパではドイツやイタリアなどで同様の法律が制定された。それまで、貴族やブルジョワなどの特権階級だけが楽しんでいたバカンスを一般市民が手に入れたのである。フランスでは、その後1956年に3週間、1969年に4週間、そして1982年には5週間の連続休暇が認められた。

バカンスがフランスからヨーロッパ先進諸国へ実際に浸透していったのは、第二次世界大戦後のことである。海浜のリゾート地でのんびり過ごすのが一般的であったが、自然の中でキャンプをする、田舎暮らしを楽しむ、スキーリゾートに滞在するなど多様な旅が生まれた。

### ⑥マスツーリズムとこれから

第二次世界大戦後の荒廃から復興したアメリカ、ヨーロッパの先進諸国において「マスツーリズム」と呼ばれる観光現象が発生した。経済発展による大量生産・大量消費を背景に、かつては富裕層に限られていた旅行が大衆化し、大量の旅行者が生み出された現象である。

1950 年代にアメリカに出現し、1960 年代にはヨーロッパの先進国にも拡大し、1970 年代に日本が加わる。先進諸国の経済的豊かさが実現し、旅への志向が高まる中、ジェット旅客機が登場したことがマスツーリズム時代を本格化させる。

1970 年にはジャンボジェット旅客機（ボーイング 747）の就航により国際観光の大量化、高速化が加速し、マスツーリズムの拡大を決定づけた。この頃から、国際機関による国際観光開発の支援も盛んになり、国際観光地が世界中に拡大していった。

一方、1980 年代になると、一度に大量の旅行者が押し寄せることで起こるマスツーリズムの諸問題が顕在化してきた。観光地の自然環境破壊、地域文化の変容、治安の悪化、貧しいホストと豊かなゲストとの関係などである。

1980 年代の後半には、マスツーリズムに代わる新たな観光のあり方として、「オルタナティブツーリズム」（Alternative Tourism・もう一つの観光）や「サステイナブルツーリズム」（Sustainable Tourism・持続可能な観光）という概念が提唱され、世界各国でマスツーリズムの反省にたった新しいスタイルの観光が実践されている。

2001 年、米国同時多発テロが起こり、その衝撃は世界の旅行需要を一時低下させた。その後も世界各地で紛争、テロが続いている。また、SARS などの疫病も発生した。しかし、世界の旅行需要は堅調に拡大している。2010 年代に入り、各国の経済発展を背景にアジアやアフリカ諸国の人々も国際観光に加わり拡大傾向にある。全世界へのインターネットの普及が新しい旅行者層と旅のスタイルを生みだしている。

## 3. 観光の効果

### ■観光のもたらす効果

人々は貴重な時間とお金を費やし観光、すなわち旅行を楽しんでいる。それは、それに見合った効果があるからである。個人だけでなく企業や組織も旅行を実施している。それはビジネスの目標達成に効果があるからである。また、観光は地域、国、さらに国際社会にもさまざまな効果をもたらしている。観光の効果には、経済的効果だけではなく文化的効果、教育的効果、社会的効果があり、それこそが観光の役割ということができる。

### ■旅行者にもたらす効果

観光旅行は現代人の生活において必要不可欠なものである。経済的に豊かになり、余暇時間を手にした人々は、自分の意思で観光旅行を楽しんでいる。

観光は日常生活から離れたところで行われる活動である。日常生活とは、一般的に生活を支えるため、自己実現を図るために日々繰り返される仕事や学業であり、義務感を伴う活動である。そこでは個人差はあるもののストレスが発生し、その解消が必要となる。現代人の多くが、観光旅行にそのストレスからの精神的解放感、肉体的解放感さらにその回復感を得る効果を期待している。今日、観光に「癒(いや)し」を求める人は多い。

観光の効果は、一人ひとりそれぞれ異なり、休養、リフレッシュ、ストレス解消、健康回復・増進、自然・歴史・文化への感動、知的好奇心の充足、知識・教養の吸収、心の満足感、同行者との絆、出会いの喜び、人々との交流・触れ合い、そして思い出づくりなど、まさに十人十色であり、旅行目的、旅行先、旅行時期、同行者などによって得られる効果は変わってくる。

### ■企業・組織にもたらす効果

観光旅行は個人だけでなく、法人、すなわち企業や組織、団体にも大きな効果をもたらす。旅行するのは個人の旅行者であっても、その効果が法人にもたらされる場合は、それに必要な時間や費用は企業や組織、団体などの法人が負担することになる。

取引や商談、会議、視察、研修などの業務旅行に期待される効果は直接的なビジネスの成果である。これとは別に企業は団体を構成し観光旅行を実施している。ひとつはいわゆる「社員旅行」で、その効果は、慰労、社員間のコミュニケーションの深化、視野の拡大、会社に対するロイヤルティの向上など幅広い。

もうひとつは、企業が成績優秀な社員や優良な販売店などに対して報償として実施する「インセンティブ旅行」で、「報奨旅行」とも呼ばれる。期待される効果は、業績向上に対するモチベーションの向上である。さらに、取引先、顧客に対する「招待旅行」があり、期待される効果は、企業に対する好感度の向上と取引、売上の増加である。

## ■教育にもたらす効果

日本の小・中学校、高等学校には学校行事としての修学旅行がある。修学旅行は、教職員の引率により児童、生徒が団体行動で行う宿泊を伴う見学、研修のための旅行である。平素と異なる生活環境、自然や文化の見聞、人との交流、集団生活などの体験を通し、学校では得られない学習をする。近年は農漁業などの体験学習、スポーツ学習、平和学習なども取り入れられている。海外への修学旅行も増えており、国際感覚の醸成、語学習得、国際交流などその教育効果は大きい。

また、遠足や臨海学校、林間学校、合宿にも同様の効果が期待される。海外への短期留学や語学ホームステイなども語学習得だけではない大きな教育効果をもたらす。

## ■地域にもたらす効果

旅行者がもっとも活発に観光活動をする場所は旅行目的地である観光地である。旅行者が観光地に訪れることによりその地域にもたらされる効果は大きい。

近年、人口減少、少子高齢化、地場産業の不振などを背景に衰退傾向にある地域では、交流人口の拡大による域外消費の吸収増大、すなわち旅行者の誘致が大きな課題になっている。

観光の経済的効果は、旅行者の地域内での観光活動による観光消費がもたらす効果である。直接的には地域の宿泊業、観光施設、飲食業、土産店などの小売業、観光に係わるその他のサービス業などの売上となって現れる。それだけではなく、農水産物、加工品や卸売り、流通、保険などにも大きな経済波及効果がある。

観光は経済的効果だけでなく社会的効果も大きい。地域住民と旅行者との交流による相互理解の促進、地域ブランドイメージの形成、地域住民の愛着と誇りの醸成、地域の魅力、観光資源の再評価、地域文化活動の活発化などである。

## ■国にもたらす効果

日本人だけではなく訪日外国人も含め、多くの人々が旅行をすること、すなわち観光活動が活発化することは、国の経済面から考えると消費が増大し、観光産業が拡大し、その効果は幅広い産業に波及し、国民の所得の増大、雇用の拡大に寄与する。人口減少、少子高齢化の進む我が国において、訪日外国人旅行者を増やすことは、極めて大きな国家的課題となっている。

訪日外国人旅行者の日本における消費は「国際観光収入」といわれ、輸出に相当する。逆に、日本人旅行者の海外旅行における旅先での消費は「国際観光支出」といわれ、輸入に相当する。このことから、国際観光は「見えざる貿易」といわれている。観光という目に見えないサービスの国際間の経済関係を、目に見える財の貿易に例えた表現である。

## ■国際社会にもたらす効果

国際連合は1967年を「国際観光年」と定め、「観光は平和へのパスポート(Tourism; Passport to Peace)」というスローガンを世界に向けて発信した。観光を通した人々の国と国との交流が国際的な相互理解を増進し、世界平和に貢献することを世界に強く訴えたものである。観光を通じて国際的な人的交流が促進され、それぞれの国の社会、文化、言語、習慣などに対する理解が深まれば深まるほど、無知や不信感から生まれる無用な誤解が払拭され、紛争や対立の芽を事前に摘み取ることが可能となる。

観光は国際社会において、経済的な側面だけではなく、文化の交流と世界中の人々が求める世界平和の実現に大きな役割を果たしているといえる。

## ■観光がもたらす負の効果

観光は地域や国に大きな経済的効果、社会的効果、文化的効果を生み出してきた。しかし、観光は地域や国にとってマイナスの効果をもたらす側面もある。

旅行者が大量に押し寄せることによる、観光資源の損傷、劣化、消耗、さらに生態系、自然環境破壊などが大きな課題となっている。また、旅行者の増大によるゴミの発生や交通渋滞、生活環境の悪化、地価の高騰、物価の上昇などの負の社会現象が顕在化している。外国人旅行者が急増した地域では、マナー面の摩擦などが住民の間に不満を生み、このような現象を「観光公害」「オーバーツーリズム」と呼ぶ。

国際観光においては、観光開発による自然環境破壊、地域文化の変容、土地価格の高騰、治安の悪化、貧しいホストと豊かなゲストとの関係などが問題となっている。急激な開発により地域住民は土地や海を奪われ、ホテルなどで観光産業の従業員として低賃金で働かざるを得なくなり、観光がもたらす富が地域住民に必ずしも還元されていない事例も決して少なくない。

## 4. 観光の構成要素

### ■観光の 4 つの構成要素

観光は、観光主体である「旅行者」と、旅行者が訪問する観光客体である「観光資源」、旅行者と観光資源を結びつける観光媒体である「観光ビジネス」、さらに観光を促進し、また規制する「観光行政」の 4 つの要素により構成されている。

### ■旅行者（観光主体）

観光の主体、つまり観光する人は旅行者である。観光は、旅行者が求める観光資源を有する観光地を訪問することで成立する。観光客という言葉もよく使われるが、観光客は観光地側からの呼び方であり、業務旅行や教育旅行の旅行者が含まれないニュアンスがある。旅行者は観光の消費者であり、本書では観光主体となる観光する人を旅行者と表記する。

図表 1-2　観光の４つの構成要素

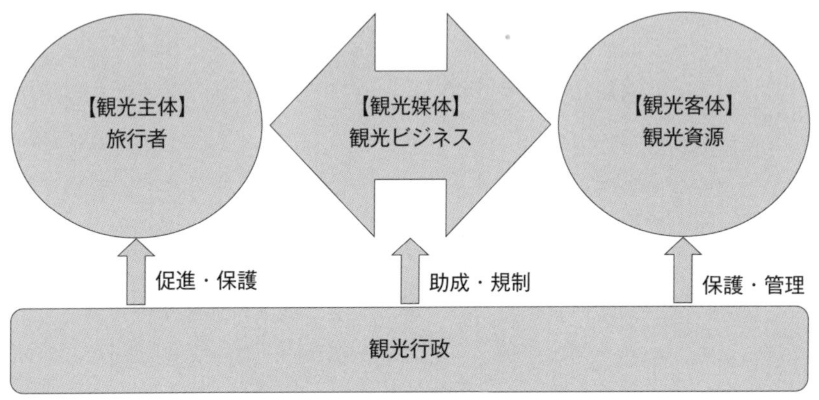


筆者作成

## ■観光資源（観光客体）

観光主体である旅行者は、求める観光客体である観光資源を有する場所、観光地を訪れる。これが観光行動であり、旅行、旅である。

観光資源とは、一定の地域に存在する観光旅行の対象となりうる、特徴的な歴史・文化遺産などの文化財、温泉などの有形の要素と気象、風景、民俗、芸能、伝説、歴史、人物、サービスといった無形、文化的な要素のことである。

観光資源は、観光の対象となる可能性を持つすべてのモノ・コトであり、「誘客の源泉」であり「感動の源泉」となるものである。旅行者が魅力と感じるものはすべて観光資源となる可能性がある。

## ■観光ビジネス（観光媒体）

観光主体である旅行者と観光客体である観光資源を結びつけるモノ・コトが観光媒体である。旅行者の居住地から観光資源のある観光地までを結びつける交通機関は、観光媒体の大きな部分を担う。観光情報ビジネスも観光媒体である。

旅行者の居住地（発地）には、旅行会社があり、目的地である観光地（着地）には、ホテルや旅館、観光土産店、観光資源そのものともなる観光施設がある。つまり、観光媒体は、発地と着地、その発地と着地を結ぶシーンに存在し、旅行者の観光行動をサポートしている観光ビジネスのことである。

### ■観光行政

4つ目の構成要素に、観光を促進したり規制したりする、国や地域による観光行政がある。観光行政は、国民の旅行の促進、旅行者の保護、観光資源の開発・整備や保護・管理、観光ビジネスに対する助成・規制を行っている。地域の観光行政は特に観光資源の開発・保護と地域観光ビジネスの支援に力を入れている。国は大きな経済効果のある外国人旅行者の誘致とその受け入れ整備に努めている。

## 5. 観光サービスと観光ビジネス

### ■観光サービス

観光の主体である旅行者が安全に、容易に、便利に、快適に旅行を楽しみ、満足感を得ることができるように、さまざまな個人や企業・組織がそれをサポートしている。その活動が観光サービスである。

観光サービスとは、旅行者がさまざまな観光行動の過程において、その欲求に対応した財やサービスを提供する活動のことである。財、すなわち形のある「モノ」を提供することよりも、サービスなどの形のない「コト」を提供する場面が多い。

観光サービスの提供により、経済的な利益を得ることを目的としているのが観光ビジネスである。一方いわゆるビジネスではない観光サービスの提供として国や地方自治体、その関連組織などによる無償の観光サービスや個人によるボランティア活動などがある。

観光サービスについては経済的側面が注目されるが、文化的側面、社会的側面など多面的にとらえる必要がある。観光サービスは、旅行者のさまざまな観光行動に対応した財やサービスを提供する活動であると同時に、観光の意義や観光の効果を高めるとともに、観光文化を育て、地域や外国との交流、相互理解を促進する諸活動でもある。

観光サービスは旅行者が移動するさまざまな場所で提供されている。旅行者の居住する発地、旅行の目的地である観光行動の現場である着地、その発地と着地を結ぶシーンで、旅行者の観光行動をサポートしている。

その観光サービスを提供する観光ビジネスは、旅行者と旅行者の目的である観光資源とを結びつける役割を果たしている。旅行者は旅行前、旅行中、旅行後に自らその対価を支払い、あるいは気づかぬうちに多くの観光サービスを受けることにより、旅行の満足感を高めている。

## ■観光ビジネス

観光ビジネスとは、営利を目的として人々の観光行動におけるさまざまな消費活動に対し財やサービスを提供するビジネスの総称である。旅行者が安全で快適な、楽しい旅ができるように有形無形の観光サービスを提供する観光ビジネスは、旅行者にとって不可欠な存在であり、大きな役割を果たしている。また、旅行者個人だけではなく、企業や教育機関、さらに国や地域に対しても直接的、間接的に貢献している。

人口減少、少子高齢化、景気低迷が続く中、観光は交流人口を増やす手段として注目されている。日本は「観光立国」を宣言し、観光ビジネスを国や地域が発展するために必要不可欠な産業と位置づけている。

観光ビジネスは旅行者の移動するさまざまな場所に存在している。旅行者が居住する市場、旅行の発地には、旅行情報の提供や予約、手配をする旅行会社や旅行図書、旅行用品、旅行保険などに係わる観光ビジネスがある。

目的地である観光地、旅行の着地には、さらに多くの観光ビジネスが存在する。宿泊施設や神社仏閣、城郭、動物園、ゴルフ場、スキー場、海水浴場、テーマパーク、遊園地などの観光施設、さらに、レストランや土産店などがある。

また、発地と着地を結ぶ交通機関も重要な観光ビジネスである。鉄道や航空、バス、フェリーなどである。マイカーを利用する場合も、高速道路事業者、ガソリンスタンド、道の駅などのサービスを受けることになる。

これら観光サービスは、人々が旅行する時、旅行前、旅行中、旅行後の各シーンで深く係わっている。観光ビジネスは旅行業、交通事業、宿泊業、観光施設、飲食業、情報業などのサービス業の集合体である。日本人だけでなく海外からの外国人旅行者も増大し、今まで観光に縁のなかった職業の人々も観光ビジネスに係わり始めている。

# 6. 観光マーケットの分類

## ■旅行者・旅行目的地からの分類

旅行者が日本在住か海外在住か、旅行目的地は日本国内か海外かによる分類である。観光マーケットを概観するときに最も多用し、一般的な分類となる。

①国内旅行

日本国内に在住している人が日本国内のある場所に旅行すること。

②海外旅行

日本に在住している人が日本以外の国を旅行すること。島国である日本においては、航空機か船舶を利用し出かける旅行となる。「アウトバウンド(outbound)」とも呼ばれる。パスポート（旅券）の携行が必要となる旅行である。

③訪日外国人旅行

日本以外に在住する外国人が日本を訪れ日本国内を旅行することである。「インバウンド（inbound)」と呼ばれることが多い。

## ■旅行期間からの分類

旅行期間による分類であり、日常会話で頻繁に使用される。

①宿泊旅行

宿泊を伴う１泊２日以上の旅行を指す。夜行列車や夜行バスなどの交通機関の中で泊まった場合（車中・機中・船中泊）も宿泊旅行に含まれる。

②日帰り旅行

日常生活圏とは離れたところを訪れるが、宿泊を伴わない旅行である。観光庁の統計調査においては、目安として片道移動距離が80km以上または所要時間（移動時間と滞在時間の合計）が８時間以上の場合としている。

## ■旅行目的からの分類

旅行というと多くの人は観光旅行を思い浮かべるが、余暇を観光地で楽しむことを目的としない旅行も存在する。

①観光旅行

余暇を利用し、日常生活から離れたところへ、自らの意思で訪れ、見学、学び、遊び、体験、休養などの活動を通して楽しむことを目的とした旅行のことである。

一般的に観光旅行に出かける際は「旅行に行く」「旅に出る」などと表現する。

②帰省旅行

余暇を利用して故郷に帰ることを指す。夏休みや年末年始などに故郷の実家に帰る旅行である。故郷での結婚式、葬式などへの参列、クラス会、同窓会などへの出席、また故郷の友人・知人の訪問、短期間の病人の介護なども、この帰省旅行に含まれる。

一般的にこの旅行に出かける場合は「帰省する」と表現し、どんなに遠くても「旅行に行く」と言うことはない。

③業務旅行

仕事のための旅行を指す。商取引や商談、会議、視察、研修などの業務を目的とする旅行である。それに必要な時間や費用は企業や組織、団体などの法人が負担することが多い。「ビジネストリップ」ともいわれる。また、その訪問先が海外の場合は「業務渡航」といわれることがある。一般的にこの旅行に出かける場合は「出張する」「出張に行く」と言う。

④教育旅行

教育、すなわち学習や学びを目的とする旅行のことである。学校行事として行われる修学旅行や遠足、林間学校、臨海学校、合宿などがある。また、学校とは別に個人で参加する短期留学、語学研修、ホームステイ、居住地を離れた研修セミナーなども含まれる。

## ■旅行人数からの分類

人数構成からの分類である。観光ビジネスにおいては、さまざまな場面で受入体制や料金設定が大きく異なる。

①個人旅行

個人が自らの意思で行く、少人数の旅行のことをいう。ひとり旅、夫婦旅行、ハネムーン、家族旅行、2、3名の友人との旅、小グループ旅行も含まれる。少人数についての定義はないが、8～10名以下を少人数と考えてよいだろう。

②団体旅行

同じ行程を同時に旅行する多人数の旅行者による旅行のことである。企業、学校、各種団体、親睦会、同好会などの組織・団体が企画し、同一目的のために同一行動をとる旅行が多い。多人数の定義はなく、交通機関の団体運賃、宿泊施設や観光施設の団体料金が何名から適用されるかは事業者・施設により定められており幅がある。例えば、JR 各社の団体割引乗車券は 8 名以上、宿泊施設のモデル宿泊約款（観光庁）では 15 名以上を団体としている。また、東京ディズニーリゾートでは 25 名以上に団体割引料金を設定している。

### ■旅行費用負担による分類

旅行費用の負担先により次のように分類される。

①個人旅行

観光旅行や帰省旅行など個人の家計から支出される旅行のことである。一般的には少人数の旅行が多いが、時には多人数の団体となることもある。

②法人旅行

商取引や商談、会議、視察、研修などの業務旅行で、企業等が経費から支出する旅行のことである。企業が福利厚生費から支出する職場旅行や成績優秀な社員の報奨を目的とした従業員報奨旅行、優良な販売店などを招待する取引先報奨旅行などもこれに当たる。さらに、顧客を招待する招待旅行、懸賞旅行も法人旅行である。

## 7. 観光マーケットの規模

### ■日本の旅行者数

「旅行・観光消費動向調査」（観光庁）によると、図表 1-3 のように、2018 年の日本人の国内旅行の延べ旅行者数はおよそ 5 億 6 千万人で、日本人ひとりが 4 回程度国内旅行をしたことになる。その内、宿泊旅行の延べ旅行者数は 2 億 9 千万人で、日帰り旅行の延べ旅行者数は 2 億 7 千万人であった。国内旅行は景気動向、災害、天候、連休、イベントなどに影響され年により増減があるが、6 億人前後で推移している。

日本政府観光局（JNTO）によると、2018年の日本人の海外旅行者数は1,895万人で過去最高になった。2012年から2015年までは減少傾向が続いたが、以後着実に増加してきた。景気の回復感、LCCの路線拡大、若年女性の海外旅行回帰などが背景にある。

日本政府観光局（JNTO）によると、2018年の訪日外国人旅行者は3,119万人で過去最高となり、2011年と比較すると約5倍になった。インバウンド拡大は観光産業だけの現象ではなく社会現象ともなっている。国は2020年に訪日外国人旅行者数を4,000万人とする目標を掲げている。

図表1-3　日本の旅行者数の推移（2011－2018）

| | 国内旅行 | | | 海外旅行 | 訪日外国人旅行 |
|---|---|---|---|---|---|
| | | 国内宿泊旅行 | 国内日帰り旅行 | | |
| | 延べ旅行者数(万人) | 延べ旅行者数(万人) | 延べ旅行者数(万人) | 旅行者数(万人) | 旅行者数(万人) |
| 2011 | 61,253 | 31,356 | 29,896 | 1,699 | 622 |
| 2012 | 61,275 | 31,555 | 29,720 | 1,849 | 839 |
| 2013 | 63,095 | 32,042 | 31,053 | 1,747 | 1,036 |
| 2014 | 59,522 | 29,734 | 29,788 | 1,690 | 1,341 |
| 2015 | 60,472 | 31,299 | 29,173 | 1,621 | 1,974 |
| 2016 | 64,108 | 32,566 | 31,542 | 1,712 | 2,404 |
| 2017 | 64,751 | 32,333 | 32,418 | 1,789 | 2,869 |
| 2018 | 56,178 | 29,105 | 27,073 | 1,895 | 3,119 |

出典：「旅行・観光消費動向調査（観光庁）」「日本政府観光局（JNTO）日本の観光統計データ」

## ■日本の旅行消費額

日本の観光マーケットの規模を、図表1-4の日本の国内旅行消費額（2018）で示す。国内宿泊旅行15.8兆円、国内日帰り旅行4.7兆円で国内旅行合計は20.5兆円になる。海外旅行の国内消費分は1.1兆円、訪日外国人旅行が前年から伸び4.5兆円となっている。2018年の国内旅行市場は26.1兆円と推計される。海外旅行は国内消費分の他に、国内で消費されない海外での支出が3.2兆円ある。

国内旅行市場における日本人の旅行消費額シェアはおよそ8割で圧倒的な大きさであることがわかるが、訪日外国人旅行のシェアは17％と拡大を続けており、観光マーケットの構成は年々変わりつつある。図表1-5は国内消費額の推移を表したものである。

図表 1-4　日本の国内旅行消費額（2018）

図表 1-5　日本の国内旅行消費額の推移（2011－2018）

単位:兆円

| | 2011年 | 2012年 | 2013年 | 2014年 | 2015年 | 2016年 | 2017年 | 2018年 |
|---|---|---|---|---|---|---|---|---|
| 日本人国内宿泊旅行 | 14.8 | 15.0 | 15.4 | 13.9 | 15.8 | 16.0 | 16.1 | 15.8 |
| 日本人国内日帰り旅行 | 5.0 | 4.4 | 4.8 | 4.5 | 4.6 | 4.9 | 5.0 | 4.7 |
| 日本人海外旅行（国内分） | 1.2 | 1.3 | 1.2 | 1.1 | 1.0 | 1.1 | 1.2 | 1.1 |
| 訪日外国人旅行 | 0.8 | 1.1 | 1.4 | 2.0 | 3.5 | 3.7 | 4.4 | 4.5 |
| 合計 | 21.8 | 21.8 | 22.8 | 21.6 | 24.8 | 25.8 | 26.7 | 26.1 |

出典：『数字が語る旅行業 2019』（JATA）
資料：観光庁「旅行・観光消費動向調査」、「訪日外国人消費動向調査」より算出

## ■世界の観光マーケット

『UNWTO Tourism Highlights 2019』（世界観光機関）によると、2018 年の「国際観光客到着数」は 14 億人を超えた。

比較的堅調な世界経済や新興国・地域での中間層の拡大、国際航空網の拡大と運賃の低下、LCC やシェアリングエコノミーなど新たなビジネスモデル、AI の活用などのデジタル技術の進歩、それらによる手頃な旅行費用やビザ手続の円滑化などに牽引され、国際観光客到着数は、UNWTO の長期予測よりも 2 年早く 14 億人に達成した。2010 年以降、9 年連続で成長している。

図表 1-6 のように、地域別ではアジア・太平洋が 3 億 4,800 万人で全体の 25% を占め、着実に拡大している。各国・地域の経済成長による購買力の上昇、国際航空の利便性の向上およびビザ手続の円滑化などによって成長が続いている。ヨーロッパは 7 億 1,000 万人で 51%、米州が 2 億 1,600 万人で 15%、この 3 地域で 90% 強を占めるが、アフリカ、中東も着実に成長して

いる。

旅行目的は、観光が56%、ビジネスが13%、知人親戚訪問（VFR）・健康・宗教などが27%となっている。国際観光収入の総額は1兆7,000億米ドルに達した。従来市場および新興市場双方からの堅調なアウトバウンド需要が、世界全体の国際観光収入の成長を促進した。アジア・太平洋が4,350億米ドルで全体の30%を占めている。ヨーロッパは5,700億米ドルで39%、米州が3,340億米ドル23%、国際観光収入もこの3地域で90%強を占めるが、国際観光客到着数同様、アフリカ、中東の成長率も堅調である。世界の輸出区分において、観光は化学、エネルギーに次ぐ第3位となっている。

図表1-6　国際観光客到着数・国際観光収入（2018）

| | 国際観光客到着数（人） | 国際観光収入（米ドル） |
|---|---|---|
| 総数 | 14億100万 | 1兆7,000億 |
| アジア・太平洋 | 3億4,800万 | 4,350億 |
| ヨーロッパ | 7億1,000万 | 5,700億 |
| 米州 | 2億1,600万 | 3,340億 |
| 中東 | 6,000万 | 730億 |
| アフリカ | 6,700万 | 380億 |

出典：『UNWTO Tourism Highlights 2019』より

## ■世界上位のデスティネーション

図表1-7は国際観光客到着数（2018）、図表1-8は国際観光収入（2018）の上位のデスティネーションを表したグラフである。

国際観光客到着数は、フランスが不動の1位で、スペイン、米国と続く。アジアでは中国がトップで、トルコ、タイと続き、日本は11位であった。

国際観光収入は、米国が群を抜き1位で、スペイン、フランスと続く。アジアではタイがトップで、日本は前年の10位から9位となった。

図表 1-7　国際観光客到着数（2018）

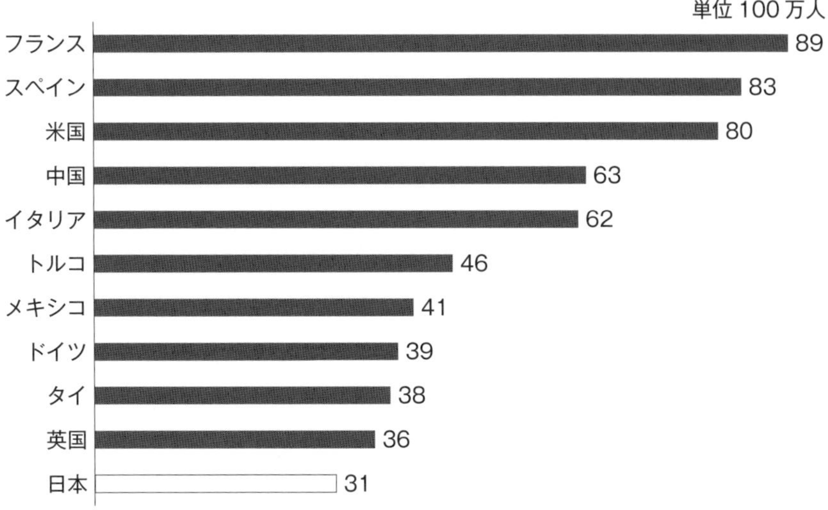


図表 1-8　国際観光収入（2018）

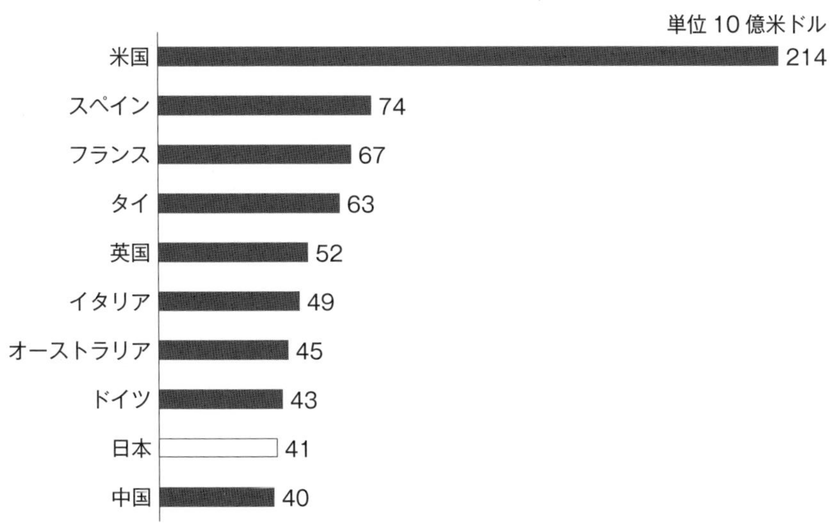


出典：『UNWTO Tourism Highlights 2019』より

# 8. 観光政策

## ■観光政策

観光政策とは、国および地方自治体（都道府県・市町村）が行政を行う上で策定した、観光分野に係わる基本的な考え方や方針、施策などのことである。

観光は、地域経済の活性化、雇用の機会の増大など国民経済のあらゆる領域にわたりその成長に寄与するとともに、健康の増進、潤いのある豊かな生活環境の創造などを通じて国民生活の安定向上に資するものであり、さらに国際相互理解を増進し、国際平和に貢献するものである。

国はこのような観点から観光政策を立案、策定している。

## ■観光政策の対象

国の観光政策の対象は、①旅行者（国民・外国人）、②観光資源（観光地）、③観光事業者（観光ビジネス）の3つである。

①旅行者（国民・外国人）

・旅行の促進：誰もが容易に旅行ができる制度、環境の整備。
・旅行者の保護：消費者を保護する制度整備、旅行者の安全確保。
・旅行者に対する規制：無秩序な観光行動の規制。
・訪日旅行の促進：日本の魅力の発信による来訪の促進。
・受入体制の整備：外国人旅行者が来やすくなる環境整備。

②観光資源（観光地）

・保護・保全・管理：観光資源の破壊、劣化から守る保護・管理。
・整備・開発：既存観光地や観光資源の整備、新たな資源の開発。
・地域の観光振興：魅力ある観光地域づくりの支援・促進。

③観光事業者（観光ビジネス）

・助成・支援：設備の助成、低金利融資、人材育成などの支援。
・規制・取り締まり：適正な事業運営の指導、観光開発の規制。

## ■観光行政

観光行政とは、国および地方自治体（都道府県・市町村）が決定した観光分野に係わる政策、すなわち観光政策を実現するために具体的な施策を実施すること、およびその実施機関のことである。

国や地方自治体が主体となるため直接的な収益を目的としたものではないが、大きな意味では無償の観光サービスと位置づけることができる。もちろん、国や地方自治体は結果的には国や地域およびその住民の利益になることを目指している。

## ■観光立国

国の観光政策および観光行政の基本となる方針は「観光立国」であり、それを法制化したものが「観光立国推進基本法」である。

観光立国とは、国内の特色ある自然景観、歴史的遺産、都市、レジャー施設、風土、食などさまざまな観光資源を整備して国内外の旅行者を誘致し、それによる収益を国の経済を支える基盤とすることである。

すでに、多くの国が観光立国をうたい、観光省、観光局など専管部署を設置し、国民の旅行の促進、観光資源の開発・整備、観光ビジネスへの助成・規制、特に国に大きな経済効果を生み出す外国人旅行者の誘致に努めている。

日本では長らく「観光」は国家的課題とみなされず、観光行政の位置づけは低かった。しかし、2003 年、小泉純一郎首相により、日本国家として初めての「観光立国宣言」がなされた。国土交通大臣を観光立国担当大臣に任じたことによって、一挙に観光が国の大きな課題となりその推進に向けて動き出した。

2007 年、それまで国の観光分野における基本の法律であった「観光基本法」(1963 年) を全面改正し、「観光立国推進基本法」が制定された。さらに、2008 年には、観光立国の実現のための役割を担う「観光庁」が国土交通省の外局として新設された。

## ■観光立国推進基本法

観光立国推進基本法は、2006 年に議員立法により成立し、翌 2007 年に施行された。観光が日本の力強い経済を取り戻すための極めて重要な成長分野であることを明言し、観光が 21 世紀における日本の重要な政策の柱として初めて明確に位置づけられた。

前文において、「観光は、国際平和と国民生活の安定を象徴するものであって、その持続的な発展は、恒久の平和と国際社会の相互理解の増進を念願し、健康で文化的な生活を享受しようとする我らの理想とするところである。また、観光は、地域経済の活性化、雇用の機会の増大等国民経済のあらゆる領域にわたりその発展に寄与するとともに、健康の増進、潤いのある豊かな生活環境の創造等を通じて国民生活の安定向上に貢献するものであることに加え、国際相互理解を増進するものである」と観光の重要性を強調している。また、この法律の目的は「観光立国の実現に関する施策を総合的かつ計画的に推進し、もって国民経済の発展、国民生活の安定向上及び国際相互理解の増進に寄与すること」と明記されている。

また、基本理念は次の４つにまとめられている。

①魅力的な地域づくりの認識の重要性
②国民の観光旅行促進の重要性
③国際的視点に立った観光の重要性
④観光ビジネスにおける関係者相互の連携の確保の必要性

さらに、関係者のそれぞれの責務、役割を以下のように明確にしている。

①国の責務については、観光立国の実現に関する施策を総合的に策定し実施する。
②地方公共団体の責務については、自主的かつ主体的に地域の特性を活かした施策を策定し実施、また広域的な連携協力に努める。
③住民の役割については、観光立国の重要性を理解し、魅力ある観光地の形成に積極的な役割を果たす。
④観光事業者の役割については、住民の福祉に配慮するとともに、観光立国の実現に主体的に取り組むよう努める。

## ■観光立国推進基本計画

2007年、2012年の２回にわたって、観光立国推進基本法の規定に基づき、観光立国の実現に関する基本的な計画として「観光立国推進基本計画」が実施された。そして2017年に新たな「観光立国推進基本計画」が発表された。

新たな基本計画の方向性は、「明日の日本を支える観光ビジョン」（2016年、明日の日本を支える観光ビジョン構想会議で策定された施策）を踏まえ、観光は我が国の成長戦略の柱、地方創生への切り札であるという認識の下、拡大する世界の観光需要を取り込み、世界が訪れたくなる「観光先進国・日本」への飛躍を図ることとしている。

計画の基本的な方針として以下の項目を掲げている。

①国民経済の発展：観光を国の基幹産業へ成長させ、日本経済を牽引するとともに、地域に活力を与える。

②国際相互理解の増進：観光を通じて国際感覚に優れた人材を育み、外国の人々の我が国への理解を深める。

③国民生活の安定向上：全ての旅行者が「旅の喜び」を実感できるような環境を整え、観光により明日への活力を生み出す。

④災害、事故等のリスクへの備え：国内外の旅行者が安全・安心に観光を楽しめる環境をつくり上げる。観光を通じて東北の復興を加速化する。

このため、新たなスタイルの旅を開拓し、より観光を魅力的にするとともに、特に若者や高齢者が観光に関心を持ち、実際に旅に出られるような環境を整えるとしている。

計画期間を 2020 年までの 4 年間とし、計画期間における具体的な目標を設定している。

①国内観光の拡大・充実

1）国内旅行消費額：21 兆円

②国際観光の拡大・充実

2）訪日外国人旅行者数：4,000 万人

3）訪日外国人旅行消費額：8 兆円

4）訪日外国人旅行者に占めるリピーター数：2,400 万人

5）訪日外国人旅行者の地方部における延べ宿泊者数：7,000 万人泊

6）アジア主要国における国際会議の開催件数に占める割合：3 割以上

③国際相互交流の推進

7）日本人の海外旅行者数　2,000 万人

具体的な施策として、観光庁が主導的な役割を果たすべき主な施策として次の 4 点を挙げている。

①国際競争力の高い魅力ある観光地域の形成

②観光産業の国際競争力の強化及び観光の振興に寄与する人材の育成

③国際観光の振興

④観光旅行の促進のための環境の整備

### ■観光ビジョンの実現に向けたアクション・プログラム

政府は具体的な行動計画として、毎年アクション・プログラムを策定している。「観光ビジョン実現プログラム2019」の主要実施項目は次のとおりである。

1. 外国人が真の意味で楽しめる仕様に変えるための環境整備
   外国人に伝わる多言語解説、Wi-Fiの環境整備など
2. 地域の新しい観光コンテンツの開発
   国立公園の滞在環境の向上、体験型宿泊コンテンツ（城泊等）の充実、スノーリゾート活性化、・ナイトタイム（夜間に楽しめるイベント、交通手段確保）の開拓など
3. 日本政府観光局と地域（自治体・観光地域づくり法人）の適切な役割分担と連携強化など
   グローバルキャンペーン等の先進的プロモーションなど
4. 出入国の円滑化等
   顔認証システムなどによる出入国の迅速化など

## 9. 観光行政機関

### ■観光庁

観光庁とは、日本の観光立国の実現に向けて、国の観光行政を担う専管部署として設置された行政機関であり、2008年に国土交通省の外局として設置された。英語名称はJapan Tourism Agency、略称はJTAである。

観光庁は、「開かれた観光庁」を標榜し、次のような「観光庁ビジョン」を発表している。

「私たちは、『観光立国の実現』を通じて、我が国経済社会の活性化、活力に満ちた地域社会の実現の促進、国際相互理解の増進や国際平和の実現、健康で文化的な生活の実現などに貢献します。このため、具体的な目標を定めて、以下のとおり『住んでよし、訪れてよしの国づくり』に取り組みます」

具体的な取り組みとして、

①我が国の魅力を内外に発信します。

②国内外の交流人口を拡大し、我が国や地域を元気にします。

③地域の自律的な観光地づくりを応援します。
④観光関連産業を活性化します。
⑤すべての人が旅行しやすい環境を整備します。
と掲げている。

観光立国の実現に関する施策を総合的に策定し実施することが主な役割であるが、それに伴い次の項目が観光庁の具体的な所掌業務となる。

①観光地および観光施設の改善その他の観光の振興
②旅行業、旅行業者代理業その他の所掌に係わる観光事業の発達、改善および調整
③全国通訳案内士、地域通訳案内士などの登録
④ホテルおよび旅館の登録

観光庁発足除幕式（2008 年）
国土交通省ホームページより

## ■国土交通省

国土交通省とは、国土の総合的かつ体系的な利用、開発及び保全、そのための社会資本の整合的な整備、交通政策の推進、気象業務の健全な発達並びに海上の安全及び治安の確保を図ることを任務とする行政機関であり、国交省と略して呼ばれることが多い。観光庁は、気象庁、海上保安庁と同じ国土交通省の外局である。

国土交通省は、都市計画・まちづくり・離島振興・景観形成、道路・河川・鉄道・自動車交通・船舶・港湾・航空・空港など、観光に係わる幅広い分野を所管し、観光立国の推進を担う行政機関であるといえる。

また、国土交通省の地方支分部局のひとつである地方運輸局も運輸・交通に関する業務のほか観光関連業務を行っている。全国を北海道、東北、関東、北陸信越、中部、近畿、中国、四国、九州の 9 運輸局が管轄している。

## ■日本政府観光局

「日本政府観光局（JNTO）」は観光庁が所管する訪日外国人旅行者を誘致する機関である。正式名称は「独立行政法人 国際観光振興機構」である。

日本政府観光局（JNTO）は、日本のインバウンドの拡大、ビジット・ジ

ャパン事業（VJ 事業）の中心的な役割を担っている。日本の正式な政府観光局として、地方自治体、旅行関連企業・団体などと連携しながら海外における観光宣伝、外国人旅行者に対する観光案内、その他外国人旅行者の来訪の促進に必要な業務を行っている。

ビジョンとして、「私たちは、日本のインバウンド旅行市場を拡大する政府観光局として、国民経済の発展、地域の活性化、国際的な相互理解の促進、日本のブランド力向上を実現することにより、未来の日本をより豊かに、元気に、明るくすることを目指します。」とうたっている。

主な事業活動は、

・外国人旅行者の来訪促進
・外国人旅行者の受入対策
・通訳案内士試験の実施に関する事務代行
・国際観光に関する調査及び研究
・国際観光に関する出版物の刊行
・国際会議などの誘致促進、開催の円滑化

である。

また、主要な訪日旅行市場となる国・地域の都市に海外事務所を設置し、各事務所は訪日旅行の促進に係る日本の現地事務所として、旅行会社・メディアとの日常的な連携、現地市場のマーケティング情報の収集・分析などを行うとともに、現地消費者に対する情報発信をしている。

海外事務所は、ソウル、北京、上海、広州、香港、ジャカルタ、デリー、シンガポール、バンコク、マニラ、ハノイ、クアラルンプール、シドニー、ニューヨーク、ロサンゼルス、トロント、ローマ、ロンドン、マドリード、フランクフルト、パリ、モスクワの22 都市に設置されている（2019 年 12 月現在）。

## ■観光に係わる省庁

観光行政には観光庁、国土交通省以外にも多くの省庁が係わっている。それは観光行政の大きな特徴であり、観光そのものの幅の広さを表しているともいえよう。

### ①総務省

公衆無線 LAN 環境整備、多言語音声翻訳技術開発、放送コンテンツの海

外展開の促進など

②法務省

出入国審査手続の迅速化、在留資格、出入国管理統計など

③外務省

在外公館を通じた広報、日本ブランド発信事業、ジャパンハウス事業、海外向けサイト、外国メディア向けプレスツアー、査証（ビザ）発給手続の迅速化・円滑化など

④文部科学省

文化財の保全・活用、文化の振興、文化交流、留学生交流、教育旅行、世界文化遺産、無形文化遺産、世界ジオパーク、スポーツイベント、スポーツツーリズムなど

⑤厚生労働省

休暇の取得促進、検疫体制、旅館施設の環境衛生管理、温泉利用促進、外国人患者受入医療機関、ヘルスツーリズム、メディカルツーリズムなど

⑥農林水産省

都市と農山漁村の交流、動植物検疫、日本の食、郷土料理、地産地消、世界農業遺産、森林景観、農漁村ステイ、グリーンツーリズムなど

⑦経済産業省

サービス産業・コンテンツ産業の育成、クールジャパン推進事業、地域経済の活性化、産業ツーリズム、コンテンツツーリズムなど

⑧環境省

国立公園、自然公園、世界自然遺産、エコツーリズムなど

## 10. 観光に係わる法律

### ■観光関連法

観光に係わる法律は数多くあり、その主なものは以下のとおりである。略称、通称のあるものは略称を記載する。

①観光の基本法

観光立国推進基本法

②海外旅行関連法規

旅券法・出入国管理法・関税法など

③インバウンド関連法規

出入国管理法・関税法・外為法・通訳案内士法・国際観光事業の助成に関する法律・コンベンション法・国際観光振興法など

④旅行促進関連法規

観光圏整備法・農山漁村余暇法・エコツーリズム推進法など

⑤自然観光資源関連法規

自然公園法・自然環境保全法・森林法・海岸法・河川法など

⑥文化観光資源関連法規

景観法・古都保存法・文化財保護法・地域伝統芸能活用法など

⑦観光開発関連法規

国土利用計画法・国土形成計画法・リゾート法・都市公園法など

⑧旅行業関連法規

旅行業法・景品表示法など

⑨宿泊業関連法規

旅館業法・温泉法・国際観光ホテル整備法・食品衛生法・建築基準法・公衆浴場法・消防法など

⑩交通運輸業関連法規

鉄道事業法・道路法・道路運送法・航空法・港湾法など

⑪休日休暇関連法規

祝日法・労働基準法など

## ■旅行業法

旅行業法とは、旅行業者について登録制度を実施し、旅行業者の業務の適正な運営を確保するとともに、旅行業協会などの団体の適正な活動を促進することにより、旅行業務に関する取引の公正の維持、旅行の安全の確保、旅行者の利便の増進を図ることを目的とする法律である。消費者、すなわち旅行者の保護が大きな要素となっている。

旅行業者の観光庁（都道府県知事）への登録、営業保証金の供託、旅行者との取引額の報告、旅行業務取扱管理者の選任、旅行業約款の決定、誇大広告の禁止、罰則規定などが設けられている。なお、旅行業者は、業務の範囲により、第 1 種旅行業者、第 2 種旅行業者、第 3 種旅行業者、地域限定旅行業者、旅行業者代理業者に区分されている。

2018 年に改正され、従来の旅行業法では対象外であった、旅行業者の委託等を受け、宿泊施設や運送手段・ガイドなどを手配する旅行サービス手配業（ランドオペレーター）の登録制が創設され、旅行サービス手配業務取扱管理者の選任、書面交付などが義務づけられた。これは、インバウンドの手配の適正化や国内のスキーバスなどの安全確保を目的としたものである。

また、規制を一部緩和し地域限定旅行業者の登録を容易とした。旅行業務取扱管理者に「総合」「国内」に加え、地域限定旅行業者向けに「地域限定旅行業務取扱管理者」を創設した。旅行業者は営業所ごとに 1 人以上の管理者の選任が必要だが、地域限定旅行業については管理者の近接する複数営業所の兼務が一定の条件の下で認められた。これにより、DMO や旅館・ホテルなどの旅行業への参入を促し、地域での体験交流などの着地型旅行商品の流通の活性化を狙う。

あわせて、第 1 種旅行業者の規制が強化された。決算申告書等の 1 年に 1 度の観光庁への提出などが義務づけられ、保証金（弁済業務保証金分担金）の金額も引き上げられた。これは旅行会社の大型経営破綻を受けての規制強化である。

## ■旅館業法

旅館業法とは、旅館業の適正な運営を確保することなどにより、旅館業の健全な発展を図るとともに、利用者のニーズにあわせたサービスの提供を促進し、公衆衛生及び国民生活の向上に寄与することを目的に定められた法律である。所轄官庁は厚生労働省である。

旅館業とは、「施設を設け、宿泊料を受けて、人を宿泊させる営業」であることとされ、「宿泊」とは「寝具を使用して施設を利用すること」とされている。旅館業の営業を行う場合は、旅館業法に基づく営業許可を得なければならない。

旅館業は次の 3 つに分類される。

①旅館・ホテル営業

施設を設け、宿泊料を受けて、人を宿泊させる営業。

②簡易宿所営業

宿泊する場所を多数人で共用する構造及び設備を設けてする営業。ベッドハウス、山小屋、スキー小屋、ユースホステル、カプセルホテルなどが該当する。

③下宿営業

1月以上の期間を単位として宿泊させる営業。

旅館業法は、2018年に改正され、従来のホテル営業と旅館営業の種別が統合され、「旅館・ホテル営業」になった。また、ホテル営業は10室、旅館営業は5室という最低客室数の基準、洋室の構造設備の要件も廃止され、客室の最低床面積も緩和された。また、ビデオカメラやテレビ電話、タブレット端末などの活用も認められ、玄関帳場・フロントの設置基準も緩和された。

一方、改正では無許可営業者に対する規制が強化された。さらに、無許可営業者に対する都道府県知事などによる報告徴収及び立入検査が創設された。なお、民泊は旅館業に該当するが、旅館業法の適用除外となる特区民泊の認定を受けた場合、または住宅宿泊事業の届出を行った場合は、旅館業法の営業許可を受けることなく、その営業を行うことができる。

## ■住宅宿泊事業法（民泊新法）

住宅宿泊事業法とは、訪日外国人旅行者が急増する中、多様化する宿泊ニーズに対応して普及が進む民泊サービスについて、その健全な普及を図るため、事業を実施する場合の一定のルールを定めた法律で、2018年に施行された。その背景には、民泊サービスが世界各国で展開されており、我が国でも急速に普及していること、急増する訪日外国人旅行者のニーズや大都市部での宿泊需給の逼迫状況を解消することなどがある。

民泊が旅館業法の対象外となる条件は「人を宿泊させる日数が1年間で180日を超えないもの」とされている。民泊新法では「住宅宿泊事業者」「住宅宿泊管理業者」「住宅宿泊仲介業者」という3つの事業者が位置付けられ、それぞれの役割や義務等が決められている。住宅宿泊事業に係わる届出制度、住宅宿泊管理業に係わる登録制度、住宅宿泊仲介業に係わる登録制度などが規定されている。

## ■国際観光振興法（旧外客容易化法）

外客容易化法とは、「外国人観光旅客の旅行の容易化等の促進による国際観光の振興に関する法律」の略称で、訪日外国人旅行者の来訪促進地域の整備や、宿泊その他の旅行費用の低廉化措置に加え、交通機関の多言語化など訪日外国人旅行者に対する接遇の向上を図り、外国人旅行者の旅行の容易化を促進することで、インバウンド振興を図ることを目的とした法律である。

2018 年に改正され、名称が「国際観光振興法（外国人観光旅客の来訪の促進等による国際観光の振興に関する法律）」に変更された。観光立国先進国を目指し、観光資源の開発・活用、海外における宣伝等の国際観光の振興に係わる施策を広く推進する。具体的には、鉄道などの公共交通事業者に対して、地方部における公共無線 LAN の整備、IC カードなどの決済環境の整備、トイレの洋式化、周遊バスの整備などを努力義務化した。また、国際観光旅客税の税収の使途を規定した（P.42 参照）。

## ■コンベンション法

コンベンション法とは、国際観光交流を拡大する方策として、国際コンベンションを振興するための法律で、正式名は、「国際会議等の誘致の促進及び開催の円滑化等による国際観光の振興に関する法律」である。

コンベンション法の目的は、日本国内における国際会議等の開催を増加させるため国際会議等の誘致促進を図り、それにともなう観光その他の交流の機会を充実させることにある。具体的な目的は外国人の会議参加者およびその同伴者による観光経済効果である。

国際会議等の誘致を促進するための活動は、日本政府観光局（JNTO）が担い、次の事項を行う。

①国際会議観光都市に対する国際会議等の誘致に関する情報の提供
②海外における国際会議観光都市の宣伝
③市町村が行う国際会議などの誘致に関する活動支援

## ■景観法

景観法は、都市、農山漁村等における良好な景観の形成を促進するため、景観計画の策定などを総合的に講ずることにより、美しく風格のある国土の形成、潤いのある豊かな生活環境の創造的、個性的で活力ある地域社会の実現を図ることを目的した法律である。

景観法自体は直接、都市景観を規制している訳ではなく、景観行政団体が景観に関する計画や条例を作る際の法制度となっている。また、都市部だけでなく農村部、自然公園等も対象としている。景観法の整備法、都市緑地保全法改正とともに景観緑三法と呼ばれている。

景観行政団体は、公聴会など住民の意見を反映させる手続を経て、良好な景観の形成に関する計画である「景観計画」を定めることができる。景観を正面から捉えた基本的な法制で、景観を整備・保全するための基本理念を明確化し、国民・事業者・行政の責務を明確化している。

## ■古都保存法

古都保存法とは、観光資源として大きな存在感を示している「古都」における「歴史的風土」を後世に引き継ぐべき国民共有の文化的資産として適切に保存するため国などにおいて講ずべき措置を定めた法律で、正式名は「古都における歴史的風土の保存に関する特別措置法」である。

現在、京都府京都市、奈良県奈良市、天理市、橿原市、桜井市、生駒郡斑鳩町、高市郡明日香村、滋賀県大津市、神奈川県鎌倉市、逗子市の合計８市１町１村が古都保存法に基づく「古都」に指定されている。「古都」とは、日本の往時の政治、文化の中心として歴史上重要な地位を有する市町村をいう。「歴史的風土」とは、歴史的な建造物や遺跡とそれらをとりまく樹林地などの自然的環境が一体となって古都らしさを醸し出している土地の状況を指す。これらの地域においては、歴史的風土保存区域の指定や歴史的風土特別保存地区の都市計画決定などの措置を講じ、区域内での開発行為を規制することにより、古都における歴史的風土の保存を図っている。

## ■観光圏整備法

観光圏整備法とは、観光地が広域的に連携した「観光圏」の整備に関する法律で、正式名は「観光圏の整備による観光旅客の来訪及び滞在の促進に関する法律」である。

観光圏とは、都道府県または複数の都道府県にまたがった地域を観光のためにまとめた地域のことを指す。それら観光地が広域的に連携した観光圏の整備を行うことで、国内外の旅行者が２泊３日以上滞在できる、国際競争力の高い魅力ある観光地づくりを推進する。

従来の観光地と呼ばれる狭い地域だけが取り組んだ観光振興では目指す目的の達成に限界があることから定められた法律で、地域の関係者との協議を行い地方自治体による観光圏の整備計画の作成とそれらの整備事業の実施に関係する観光事業者とともに行い、観光圏への旅行者誘致と滞在促進を目指すものである。

## ■農山漁村余暇法

農山漁村余暇法は、グリーンツーリズムを推進し、ゆとりある国民生活の実現を図るとともに、農山漁村地域の活性化を図り、農山漁村地域において都市住民を受け入れるための条件を整備することを目的とした法律。正式名称は「農山漁村滞在型余暇活動のための基盤整備の促進に関する法律」、略称は「農山漁村余暇法」、また「グリーンツーリズム法」と呼ばれることもある。

この法律は、農村滞在型余暇活動に資するための機能の整備を促進、農林漁業体験民宿業の登録制度を規定している。農林漁業体験民宿とは、「施設を設けて人を宿泊させ、農山漁村滞在型余暇活動に必要な役務を提供する宿」のことで、従来は農林漁業者等が経営する民宿が対象だったが、改正により、既存の宿泊施設（NPO、一般の民宿・旅館など）が地域の農林漁業者等と連携して農林漁業体験サービスを提供する場合も登録対象となった。

## ■エコツーリズム推進法

エコツーリズム推進法は、エコツーリズムを推進するための枠組みを定めた法律。地域の自然環境の保全に配慮をし、地域ごとの創意工夫を生かしたエコツーリズムを通して、自然環境の保全、観光振興への寄与、地域振興への寄与、環境教育への活用を推進するものである。この法律において、自然環境と密接に関係する風俗慣習などの伝統的な生活文化も「自然観光資源」として認めている。

エコツーリズム推進に取り組む地域（市町村）は、協議会を組織しエコツーリズムの実施方法や自然観光資源の保護などについての全体構想を主務大臣に対して認定を申請する。認定を受けると、国は認定を受けた市町村への広報支援を行うなど、その地域のエコツーリズム実現に関する施策を講ずる。

エコツーリズムのみを対象とした単独法は世界的にも珍しい先進事例となった。また、この法律によりエコツーリズムという観光やその考え方が一般に拡がり市民権を得た。

## 11. 観光に係わる税

### ■出国税

観光・ビジネス等を目的として出国する日本人や、訪日外国人旅行者が日本を出国する際に課せられる税金。航空会社または船舶会社が、チケット代金に上乗せする等の方法で、出国1回につき1,000円を徴収し、国に納付するものである。2019年1月から徴収が開始され、正式名称は「国際観光旅客税」である。

観光先進国実現に向けた観光基盤の拡充・強化を図るための恒久的な財源を確保するための導入で、その使い道は、

①ストレスフリーで快適に旅行できる環境の整備
②我が国の多様な魅力に関する情報の入手の容易化
③地域固有の文化、自然等を活用した観光資源の整備等による地域での体験滞在の満足度向上

と、国際観光振興法で定められている。

### ■入湯税

入湯税は、温泉を利用する浴場が所在する市町村が、温泉を利用する浴場の入湯客に課す税金である。地方税であり、温泉施設が徴収し、自治体に納付する。また、特定の使途に充てるために設けて課す目的税である。温泉旅館などに宿泊すると宿泊料、消費税の他に入湯税が加算される。日帰り温泉でも同様に徴収される。標準税率は1人1日当たり150円である。

税金の使途は、環境衛生施設、鉱泉源の保護管理施設および消防施設その他消防活動に必要な施設の整備ならびに観光の振興および観光施設の整備に要する費用に充てる、とされている。

## ■宿泊税

宿泊税は、宿泊施設を利用する宿泊者に対し課せられる税金である。日本では、2002 年に東京都が、2017 年に大阪府、2018 年に京都市が、2019 年に金沢市が導入している。それぞれ、観光の振興を図る施策に要する費用に充てることを目的としている。大阪府の導入以降、宿泊税導入を検討する自治体が増加している。

東京都では、「東京都宿泊税条例」によって宿泊税が規定され、対象となる宿泊施設は、旅館業法で定められた旅館・ホテル営業を行う施設であり、1 万円未満の宿泊を非課税としている。大阪府でも府の条例によって規定され、対象となる宿泊施設はホテル・旅館・簡易宿所であり、国家戦略特区の特区民泊も含んでいる。7,000 円未満の宿泊を非課税としている。

京都市では、非課税とする宿泊料金が設定されておらず、東京都や大阪府よりも高額な税額となっている。一方、小・中・高校による修学旅行については課税対象から除外している。金沢市も宿泊金額に係わらず課税することとなった。

## ■日本と海外の観光税

観光税とは、その税収を国や地域の観光振興に使われる税金のことであり、分類すると旅行者への課税と観光事業者への課税に分かれる。海外の国・地域、都市においてさまざまな形で実施されている施策である。

日本では、旅行者へ課税する「入湯税」がこれにあたる。地方自治体が実施する「宿泊税」や日本出国の際にかかる「出国税（国際観光旅客税）」も同様な性格を持つ。他に観光振興と関連性が高い法定外税（目的税、普通税）として、富士河口湖町の「遊漁税」、太宰府市「歴史と文化の環境税」、岐阜県の「乗鞍環境保全税」などがある。

海外では多くの国や都市で宿泊税が導入されている。ホテル税、客室税、滞在税などの呼称もあり、ハワイやアメリカ各州、ヨーロッパの都市にも多い。出国税も、韓国、タイ、カンボジア、オーストラリア、イギリスなど多くの国で導入されており、航空券代に含まれる場合が多い。

## 12. 観光に係わる国家資格

### ■旅行業務取扱管理者

旅行業務取扱管理者とは、旅行業法に定められている旅行業者および旅行業者代理業者の営業所における顧客との旅行取引の責任者の国家資格である。資格には国内の旅行業務のみを取り扱うことができる「国内旅行業務取扱管理者」と、国内と海外の両方の旅行業務を取り扱う「総合旅行業務取扱管理者」、さらに特定地域の旅行商品のみを取り扱うことのできる「地域限定旅行業務取扱管理者」の3種類がある。

国内旅行のみを取り扱う営業所には国内旅行業務取扱管理者資格または総合旅行業務取扱管理者資格を持つ者、海外・国内の両方の旅行を取り扱う営業所には総合旅行業務取扱管理者資格を持つ者を選任しなくてはならない。複数の営業所の兼任は禁止されている。なお、観光庁長官の指導により10名以上いる大規模営業所は2名以上選任することが求められている。

2018年改正法で、地域限定旅行業に限り、一定の条件を満たす場合、兼任の禁止が一部解禁された。複数の営業所が近接している場合には、複数の営業所を通じて1人の旅行業務取扱管理者を選任すれば足りることとなった。なお、兼任が認められるのは地域限定旅行業者のみである。地域限定旅行業として旅行ビジネスに参入することがこれまでよりも容易になった。

旅行業務取扱管理者は、旅行者に対しての取引条件の説明、適切な書面の交付、適切な広告の実施、旅行に関する苦情の処理、料金の掲示、旅行計画の作成、旅行業約款の掲示、旅程管理措置などの業務についての管理・監督を行う。

総合旅行業務取扱管理者試験は、日本旅行業協会（JATA)、国内旅行業務取扱管理者試験は、全国旅行業協会（ANTA)、地域限定旅行業務取扱管理者試験は、観光庁が実施している。

### ■全国通訳案内士

全国通訳案内士とは、報酬を受けて、外国人に付き添い、外国語を用いて旅行に関する案内をする外国人旅行者に対するプロの観光ガイドの国家資格である。

全国通訳案内士試験の外国語の種類は、英語の他、フランス語、スペイン語、ドイツ語、中国語、イタリア語、ポルトガル語、ロシア語、韓国語、タイ語となっている。全国通訳案内士は、単に語学力が優秀であるだけでなく、日本の地理・歴史、さらに産業、経済、政治および文化といった分野に至る幅広い知識、教養を持って日本を紹介するという重要な役割を担っている。

外国人旅行者の急増に対応するため法改正が行われ、通訳案内士の資格を持たない者の有償ガイドが可能になったが、通訳案内士の資格を持たない者は通訳案内士という名称および類似名称を用いてはならない。

なお、国家試験「全国通訳案内士試験」は日本政府観光局（JNTO）が実施している。また、都道府県の地域を限定した「地域通訳案内士」資格もあり、都道府県ごとに試験が実施されている。

### ■旅程管理主任者

旅程管理主任者とは、募集型企画旅行（パッケージツアー）または受注型企画旅行（修学旅行など）に同行して旅程を管理する添乗員の資格である。ガイドとは異なり、航空機・ホテルのチェックイン業務、宿泊・食事の確認など旅行中計画通りのサービスが受けられるよう手続きする業務である。この資格を持たない者は添乗業務に就くことができず、準国家資格と位置づけられている。

旅程管理主任者の資格を得るためには、観光庁に登録された研修機関（日本旅行業協会、全国旅行業協会、日本添乗サービス協会など）の行う旅程管理研修を修了し、かつ所定の添乗実務経験をしなくてはならない。国内旅行のみに添乗可能な「国内旅程管理主任者資格」と海外旅行・国内旅行の両方に添乗可能な「総合旅程管理主任者資格」とがある。

## 13. 地域の観光行政

### ■地域の観光行政機関

地域における観光行政の目的は、観光の振興、すなわち旅行者の増大を通しての魅力あるまちづくり、地域経済の活性化、地域文化の発展、さらに住民生活の向上にある。

地域の観光行政は、都道府県や市町村の観光局、観光部、観光課、観光係などで行われている。その地域にとっての観光行政の必要性、重要性によりそれぞれ位置付けが異なる。また、産業観光部や商工観光課、文化観光課など、異なる業務と併設している地域も多い。

また、都道府県や市町村が設置した「観光協会」が実質的な観光施策の推進主体となっている地域も多い。「観光連盟」「観光コンベンション協会」などの名称を使用している地域もある。さらに、国土交通省の地方支分部局のひとつである「地方運輸局」も運輸・交通に関する業務のほか観光関連業務を行っている。

## ■DMO

DMO（Destination Management Organization）とは、地域にある観光資源を活かして、地域の関係者と協同して観光まちづくりを行う法人のことで、欧米ではすでに実践され、定着している組織である。

観光庁は日本版DMOを、「地域の『稼ぐ力』を引き出すとともに地域への誇りと愛着を醸成する『観光地経営』の視点に立った観光地域づくりの舵取り役として、多様な関係者と協同しながら、明確なコンセプトに基づいた観光地域づくりを実現するための戦略を策定するとともに、戦略を着実に実施するための調整機能を備えた法人」としている。これからの地域の観光まちづくりの推進主体となることが期待されている。観光庁を登録主体として、登録が進んでいる。

また、DMC（Destination Management Company）とは、来訪者の実際の手配や体験を提供する地域に特化した旅行会社のことである。

## ■地域の観光施策

地域が実施する観光施策は、地域の特性によって異なるが、次のような項目が挙げられる。

### ①魅力ある個性的な観光まちづくり

都市観光・エコツーリズム・グリーンツーリズム・産業ツーリズム・個性的な街並み・温泉・祭り・イベント・食など。

### ②観光資源の発掘・保護・保全

地域の宝探し・自然環境保護・景観保全・修景など。

③外国人旅行者の誘致

海外向け観光宣伝・海外での誘致活動・ファムトリップ・多言語ホームページ・クールジャパンのアピールなど。

④着地型観光の取組み

着地型旅行商品・体験プログラム・オプショナルツアー・地場産業との連携・発地旅行会社との連携など。

⑤MICE 誘致の取組み

国際会議の誘致・イベントの誘致・スポーツイベントの開催・会議場の整備・海外ネットワークづくりなど。

⑥旅行者受入体制の整備

バリアフリー化推進・観光案内所・宿泊サービスの向上・二次交通の整備・Wi-Fi 環境の整備・ボランティアガイドなど。

⑦観光人材の育成とホスピタリティ向上

観光プロデューサーの育成・観光ビジネス従事者のサービス教育・ガイドの育成・ホスピタリティ教育など。

⑧観光情報の発信

インターネットの活用・スマートフォンへの情報提供・SNS の活用・メディアへの情報発信・旅行会社への情報提供など。

⑨広域観光の連携・推進

都道府県内または都道府県・市町村のエリアを越えた地域との広域連携、観光圏の活用など。

⑩観光統計の整備

観光入込客数・旅行者動向など観光統計データの整備。

# 第 2 課題

# 観光ビジネス総論

琉球エアーコミューター
（鹿児島県・与論空港）

# 1. 観光ビジネスの定義

## ■観光ビジネスの定義

前章で述べた通り、観光ビジネスとは、営利を目的として人々の観光行動におけるさまざまな消費活動に対し財やサービスを提供するビジネスの総称である。観光ビジネスは、旅行者と旅行者の目的となる観光資源を結びつける役割を担っている。観光ビジネスは、旅行業、宿泊業、交通事業、観光施設、飲食業、情報業などのサービス業の集合体であり、日本標準産業分類では業種として分類されていない。

観光ビジネスは民間の営利企業として、観光の中で極めて大きな役割を果たしている。観光の歴史や今日の観光の発展と深く係わってきた観光ビジネスは、日本の観光の土台を支える大きな存在となっている。

しかし、観光ビジネスは財やサービスの全てを「観光」のみに提供しているわけではない。例えば、観光ビジネスの代表ともいえる旅行会社は、観光目的の旅行者に旅行商品などさまざまなサービスを提供しているが、同時に観光目的でない業務目的の旅行者に対してもチケットやホテルの手配をしている。

都市ホテルは、海外や地方からの旅行者を受け入れ、宿泊や飲食を提供しているが、業務目的の旅行者も受け入れ、レストランは地域住民の飲食や企業の接待にも対応している。地域住民の結婚披露宴などの宴会も主要な業務である。航空会社も多くの観光目的の旅行者を運ぶが、同時に業務や日常生活に利用している人も多い。

観光ビジネスは、必ずしも観光を目的とした旅行者のみを顧客としているわけではないことに留意しなければならない。主要な顧客が旅行前、旅行中、旅行後の旅行者である産業を観光ビジネスということができる。

# 2. 観光ビジネスの種類

## ■観光ビジネスの種類

観光ビジネスは、人々の観光行動におけるさまざまな消費活動に対し財やサービスを提供するビジネスの総称であり、業種は多岐にわたる。

旅行業、宿泊業、交通事業、飲食業、観光施設は、誰もが観光ビジネスと認識している。他にも、観光土産店やアウトレットなどの小売業、旅行用品や土産品などの製造業、ガイドブックや旅行情報誌などの出版業、旅行情報サイトやWi-Fiルーターなどの情報通信業、車や自転車、スキー、マリンスポーツ用品などのレンタル業、外貨や旅行ローンなどの金融業、海外旅行保険などの保険業、別荘やリゾートマンションなどの不動産業等々、観光ビジネスの幅は広い。

また、これらのビジネスから派生する業務も多く、観光ビジネスは、「裾野の広い産業」といわれている。

## ■観光ビジネスの立地

観光ビジネスは、その財やサービスを提供する場所、立地から、図表2-1のように「市場（発地）」「移動空間」「観光地（着地）」に分類することができる。

「市場（発地）」は、旅行者となる消費者が居住する地域であり、主に都市部となる。旅行出発前の準備に係わる財やサービスを提供している観光ビジネスである。

「移動空間」は、市場と観光地を結ぶ空間に位置し、旅行者を安全かつ快適に観光目的地まで、また観光終了後居住地まで運ぶ観光交通やそれに伴う財やサービスを提供する観光ビジネスである。

「観光地（着地）」は、旅行者が目的とする観光資源を訪れ、観光を楽しむシーンで財やサービスを提供する観光ビジネスで、その種類は多い。

図表2-1　観光ビジネスの立地

出典：『観光サービス論』（2015）

## ■市場（発地）の観光ビジネス

### ①旅行会社

市場（発地）側の観光ビジネスの中心となる存在。旅行者に対して旅行商品を販売、交通機関や宿泊施設を予約手配、旅行情報を提供する。

### ②旅行用品店

スーツケースやキャリーバッグを始めとした旅行グッズやアウトドア用品など旅行に必要な用品を販売している。

### ③旅行図書出版社

旅行前、旅行中に必要な情報を、ガイドブックや旅行情報誌、地図、旅行会話集などの書籍として出版している。

### ④旅行情報サイト

旅行情報、現地情報、海外情報などをインターネットのホームページ上で紹介している。観光情報アプリもある。

### ⑤保険会社

海外旅行保険の他、国内旅行保険、航空傷害保険、ゴルファー保険、航空傷害保険など旅行と係わる保険を取り扱っている。

### ⑥クレジットカード会社

旅先での利用の多い、特に海外旅行では必携となるクレジットカードを発行している。旅行に関する付帯サービスもある。

### ⑦金融業

銀行、郵便局、両替店などの金融業は、外貨両替やトラベラーズチェックの発行などを行っている。

### ⑧レンタカー会社

自宅周辺からレンタカーを利用する旅行者は多い。多様な車種が用意され、カーナビの搭載も標準になっている。

## ■移動空間の観光ビジネス

### ①鉄道会社

JR、私鉄、モノレール、第三セクターなどが、旅行者が居住する都市から観光地まで旅行者を鉄路で運んでいる。

### ②航空会社

国内路線、海外路線があり、空路で旅行者を運んでいる。LCC（格安航空会社）なども含まれる。付帯する空港ビジネスもある。

③バス会社

高速バス、空港連絡バス、定期観光バス、貸切観光バスなど、陸路で旅行者を運んでいる。観光バスにはバスガイドの案内がある。

④船会社

国内航路と海外航路があり、フェリー、旅客船、高速艇などで海路で旅行者を運んでいる。クルーズ客船もある。

⑤高速道路会社

高速道路など自動車専用道路を維持・管理する会社である。休憩施設であるサービスエリア（SA）やパーキングエリア（PA）の運営も行っている。

⑥ガソリンスタンド

自動車燃料となるガソリンや軽油を販売する施設。サービスステーション（SS）と呼ぶこともある。

⑦ドライブイン・道の駅

ドライブインとは道路沿いにつくられた、自動車で乗り入れることのできる休憩・飲食・商業施設のことである。道の駅も全国に設置されている。

⑧駅弁屋

駅弁とは、鉄道駅や列車内で販売されている鉄道旅客向け弁当のこと。空港の「空弁」、高速道路のSAの「速弁」もある。

## ■観光地（着地）の観光ビジネス

①宿泊業

観光地（着地）側の観光ビジネスの中心となる存在。旅行者に宿泊サービスを提供する事業者で、ホテル、旅館、民宿、公共の宿、民泊などがある。

②飲食店

旅行者に飲食サービスを提供する施設。レストラン、食堂、料亭、主に酒類を提供する居酒屋、バー、ビアホールなどがある。

③土産店

地元の菓子、農水産物、加工品、民芸品などの特産物、特産品を主に扱い旅行者に販売する専門店。

④交通運輸業

観光地内、観光地間での観光交通サービスを指し、「二次交通」という。

空港連絡バス、定期観光バス、タクシー、登山鉄道、ケーブルカー、ロープウェイ、スキーリフト、遊覧船、川下り船、観光馬車、人力車など、移動だけでなくそれ自体を楽しむものも含まれる。

⑤観光施設（歴史文化）

神社、仏閣、教会、城郭、庭園、武家屋敷、民俗村など文化や歴史を見学する施設。

⑥観光施設（教育）

博物館、美術館、動物園、植物園、水族館、資料館など展示物等を観賞する施設。

⑦観光施設（娯楽）

テーマパーク、レジャーランド、遊園地、運動競技場、劇場など旅行者に娯楽を提供する施設。

⑧観光施設（レクリエーション）

スキー場、ゴルフ場、海水浴場、観光牧場など野外レクリエーション活動を提供する施設。

⑨観光施設（体験施設）

そば打ち体験、陶芸教室、農業体験、酪農体験などの体験を楽しむ施設。

⑩商業施設

アウトレットモール、観光市場などの商業施設。インバウンドにとってはデパート、家電量販店、ドラッグストアなどの商業施設も該当する。

⑪地場産業

酒、味噌、醤油などの伝統的な製造現場、織物、陶器、和紙、漆器などの工芸品の工房で見学や体験、ショッピングができる施設。

⑫レンタル業

観光地に着いてから借りるレンタカーやレンタル自転車、スキー場ではスキー用品、海浜ではマリンスポーツ用品のレンタルがある。

⑬旅行会社

観光地側にある旅行会社。現地発着の小旅行である着地型旅行商品やオプショナルツアー、体験プログラムなどを造成・販売する。

⑭観光案内所

旅行者に対して無償で観光案内をする施設。地域の情報をインターネットなどで発信している案内所もある。

⑮ガイドなどの個人

観光ガイド、通訳ガイド、登山ガイド、野外活動を指導するインストラクターなどがいる。宴会サービスを提供する芸者、コンパニオン、郷土芸能などを披露するエンターテナーもいる。また、マッサージ師、エステティシャンなども活躍している。

ガイドの案内を聞く旅行者（出雲大社）
筆者撮影

## 3. 観光ビジネスの発達

### ■旅行業

旅行業は、消費者とサプライヤー（宿泊施設や交通機関、観光施設などサービスを供給する事業者）の間に立って成立するビジネスである。従って、旅行会社は、人々の旅行への欲求が生まれ、宿泊施設や鉄道などの営業が開始されてから誕生した。

日本最初の旅行会社は、1905年、東海道線草津駅で弁当販売をしていた南新助（みなみしんすけ）が創業した「日本旅行会」（現在の日本旅行）である。1912年には、訪日外国人旅行者の誘致斡旋を目的として「ジャパン・ツーリスト・ビューロー（Japan Tourist Bureau）」が設立され、これが現在のJTBの前身となる。

戦後、修学旅行が復活し、その後、経済の飛躍的な発展に伴い、貸し切りバスなどを利用して団体で行く職場旅行、いわゆる慰安旅行が増加し、その需要を吸収するため、旅行会社が続々と設立される。

1964年、アジアで初めてのオリンピックが東京で開催され、東海道新幹線などの観光インフラが整備され、旅行会社が成長する。同年、日本人の海外観光旅行が自由化された。翌年、日本航空が海外パッケージツアー「ジャルパック」を発売する。1968年、日本交通公社（現JTB）が日本通運と共同で、海外パッケージツアー「ルック」の販売を開始する。その後、旅行会社各社がブランド名をつけて同様のパッケージツアーを発表する。国内旅行分野でも、1970年に日本交通公社が国内パッケージツアー「エース」の販売を開始し、パッケージツアーは旅行会社の主力商品となる。パッケージツアーの企画造成専門のホールセラーや海外の地上手配をするランドオペレーターも世界各地に誕生する。

1970年、大阪で万国博覧会が開催され、約6,400万人の入場者を数えた。旅行会社の数は増え、各社がフル回転した。

1980年代、成田空港の開港を経て、円高が進行し海外でのショッピングの魅力が増し、新しい海外旅行者が増加、海外旅行市場は急拡大していた。この頃、新しい販売手法として登場したのが、新聞広告による集客を目指した「メディア販売」であった。また、熟年・シニア層向けの特徴ある良質なパッケージツアーを企画造成し、新聞広告で募集する旅行会社が存在感を示した。

1990年代になると、格安航空券が市民権を得て、市場に格安ツアーが登場してくる。新聞広告だけでなく、海外旅行情報誌に広告を出す店舗を持たない旅行会社が参入した。この頃、SIT（P.156参照）を専門に取り扱う小規模な旅行会社が活躍する。

1990年代中頃から、旅行商品のインターネット販売が登場し、2000年代になるとインターネット宿泊予約サイトは主要な予約方法となり、専門に運営する会社はOTA（オンライ旅行会社）と呼ばれるようになる。

2010年代に入ると、世界規模の海外のOTAが日本に上陸する。並行して、旅行商品を企業の枠を横断して旅行者に提示するメタサーチサイトの存在感が高まった。さらに、個人所有の住居の空き部屋等を他人に貸し出すインターネット上のサービスとしてシェアリング・エコノミーが登場し、世界を席巻し旅行会社の概念を変えつつある。

## ■宿泊業の発達

宿泊ビジネスとしての旅館のルーツは、江戸期の街道宿場町の「本陣」「旅籠（はたご）」、社寺門前町の「社寺門前宿」、湯治場の「湯治場宿」、都市の「商人宿」「公事宿（くじやど）」、宿泊機能を持った「茶屋」「料亭」などである。

明治期になると、湯治が西洋医学の視点から再評価され、温泉旅行が大衆化され「温泉旅館」が生まれる。街道宿場町の本陣や旅籠は、開通された鉄道駅周辺に移動し「駅前旅館」となった。

戦後、高度経済成長を背景に興隆する社員旅行の宿泊需要に対応して、旅館の創業、大規模化が進む。団体客を効率よくこなす接客サービスが確立し、館内に物販施設や娯楽施設がつくられる。

1980年代になると、メディアによってもたらされた「温泉ブーム」「グルメブーム」が到来する。旅行客は団体から個人へとシフトし、家族客、女性客が増加する。それに対応し、露天風呂を設置、地元の旬の食材を使った会席料理が採用される。この頃、接客サービスの象徴としての「女将（おかみ）」が注目を集めるようになった。

1990年代に入ると、団体客用に大型化した旅館を中心に、個人客対応ができず旅館の独自色を出せなかった旅館の倒産、廃業も相次いだ。今日、旅館はインバウンドの拡大により外国人旅行者から注目されている。しかし、後継者不足などで全体的には減少傾向にある。また、宿泊業としてリゾート地の民宿、ペンション、公共の宿も定着している。民泊の制度も整備された。

一方、日本における西洋式ホテルの歴史は明治期にはじまる。明治政府は積極的な外客誘致を始め、外国人旅行者が徐々に増加してくる。各地に外国人向けの西洋式ホテルが誕生する。神戸の「オリエンタルホテル」(1870年)、東京の「帝国ホテル」(1890年) などである。並行して、日光の「金谷ホテル」(1873年)、箱根の「富士屋ホテル」(1878年)、軽井沢の「万平ホテル」(1891年) など、外国人が訪問する観光地、保養地にも西洋式ホテルが開業する。1938年には、中産階級も宿泊できる実用的なホテルとして、「第一ホテル」が東京・新橋に開業する。

1964年の東京オリンピックに向けて、東京、関西でホテル建設ラッシュとなる。この頃オープンしたのが今日「帝国ホテル」ともに「御三家」と呼ばれる「ホテルオークラ」(1962年)、「ホテルニューオータニ」(1964年) である。

1980年代になり、各地の県庁所在地などを中心にシティホテルやビジネスホテルの開業が相次ぐ。また、都市の再開発に伴いランドマーク的な存在としてホテルが建設された。この時期、異業種のホテル業界への参入も始まり、電鉄会社、航空会社、不動産会社などが次々とホテル業へと進出した。

1990年代、バブル経済の崩壊を機に、全国規模の大型リゾート開発で建てられた大型ホテルやシティホテルの破綻、廃業が目立った。2000年代になると、外資系ホテルが日本のホテル業界をリードし始める。今日、国内のホテルは、宿泊に特化したビジネスホテルなどと、手厚いサービスを売りにする高級ラグジュアリーホテルなどの両極化が進んでいる。

■観光交通

江戸時代までの、旅の主な手段は徒歩であった。乗り物としては駕籠、馬と船が一部では使用されていた。明治期になると、人力車や馬車鉄道、人車鉄道（人が押して客車を動かす鉄道）が登場する。1872年に日本初の鉄道が新橋—横浜間に開通し、鉄道の路線網は全国へと広がっていく。その後鉄道の動力は蒸気から電気に変わり高速化が進む。1964年には東海道新幹線が開通し、さらにスピードを増す。鉄道の発達は移動時間を短縮し、かつ移動を快適なものにした。大量輸送と運賃の低廉化は、人々が豊かになるのとあいまって多くの人の旅行を可能にした。また航空機の登場は、遠距離の旅、離島への旅を容易にするだけでなく、島国である日本からの海外旅行を身近なものにした。

一方、戦後マイカーが普及し、それに伴い舗装道路、さらに高速道路網などの整備が進んだ。日本の経済成長を背景に、大量生産された自動車は一般庶民にも手が届く存在となりモータリゼーションの時代を迎える。マイカーは自らの運転によって自由に移動できる重要な旅の交通手段となった。

船旅も大きく変化している。多くの島から構成される日本列島では、島はトンネルや橋梁で結ばれ、それぞれの島を結ぶ船は激減した。船旅は、自動車やトラックを積み込むことのできる長距離フェリーが中心になっているが、近年、移動のためだけではなく船旅自体を楽しむ大型クルーズ客船が注目されている。

## 4. 観光ビジネスの特徴

■観光ビジネスの特徴

①ホスピタリティ産業

訪れた人に対して、人的接客サービスを行う業種のことを「ホスピタリティ産業」という。観光ビジネスは、「究極のホスピタリティ産業」だとよくいわれる。それは、そこで働く人々の接客サービスの質がビジネスの成否の決め手となる産業だからである。観光ビジネスは、旅行前、旅行中の観光現場においては人が人にサービスを提供する対人サービス業であるという最大の特徴を持っている。

特に、旅行業、宿泊業、飲食業は、主に人的接客サービスを提供する業種であり、サービスやホスピタリティマインドなど目に見えない付加価値が旅行者の満足度を高める。

観光ビジネスは、このように質の高い労働力を多数必要とする「労働集約型産業」である。人件費比率の高さが経営課題となるが、一方で人手のかかる観光ビジネスは地域の雇用を生み出す。

**②平和産業**

観光ビジネスは「平和産業」である。

この平和産業であるという意味にはふたつの側面がある。

ひとつは、観光ビジネスは日本国内や世界が平和でなければ成立しないビジネスということである。人々は、戦争、紛争、テロなどが起きていない平和なときに、平和な地に観光を目的として旅行をする。観光ビジネスは平和なときだけに成り立つビジネスといえる。

ふたつ目は、観光ビジネスが国際観光においては国と国との人的交流を促進し、国際的な相互理解を増進する点において「観光は平和へのパスポート」といわれるように、世界平和に貢献するビジネスであるという意味である。

**③需要変動型産業**

観光ビジネスは、「需要変動型産業」であり、その需要の変動幅は大きい。

需要変動の原因となるものは、「景気」と「季節・曜日」である。

観光ビジネスは、なによりも社会全体の景気・不景気の影響を受けやすい。旅行者となる消費者の可処分所得や休暇取得が直接影響するが、実際には社会全体の景気感が需要に強く影響する。

もうひとつが観光ビジネスの最大の課題である「季節・曜日」による需要の変動である。旅行シーズンは一般的に季節のよい時期がオンシーズンといわれる。ピーク期はゴールデンウィーク、夏休み、年末年始となる。旅行の需要は、働く人や小中学生が比較的長期の休みを取ることができる時期に集中する。寒く、雪も降る冬には、多くの地域において需要が低下しオフシーズンとなる。季節変動とともに深刻な現象が曜日変動である。旅行は週末および祝祭日とその前日（休前日）に集中する。従業員の雇用、配置が極めて難しいのが観光ビジネスの特徴である。

④国際的産業

観光ビジネスは「国際的産業」である。

海外旅行や訪日外国人旅行は、物流ではなく人流を通しての輸出入であり、世界を舞台とする国際的産業といえる。

大手旅行会社は海外に多くの拠点を持ち、日本人の海外旅行を受入れ、海外の人々を日本に送り込む。海外に拠点を持たない旅行会社も海外の旅行会社と提携し同様に国際ビジネスを展開している。

航空会社は海外の多くの都市への路線網を張りめぐらし、日本人や外国人を運んでいる。国内のホテルはもちろん、多くの旅館や飲食店も外国人旅行者を迎えている。地域の観光地も外国人旅行者の受入整備を進めている。観光ビジネスの国際化は急速に進み、まさに国際的なビジネスといえよう。

⑤複合的産業

観光ビジネスは「複合的産業」である。複合的産業という意味には、ふたつの側面がある。

ひとつは、旅行者は旅行に行きたいと思い準備、出発し帰着するまで、さまざまな観光に係わる財やサービスを提供する業種に依存しなくてはならない。観光ビジネスは、多くの産業から成り立っている複合的なビジネスである。

ふたつ目の側面は、ひとつの観光ビジネスもさまざまな業種・業態で成り立っているということである。例えば、リゾートホテルは客室での宿泊を提供するという宿泊業が本業ではあるが、レストラン、バーなどの飲食業、土産店、雑貨品など販売する小売業、プール、テニスコートなどの施設をレンタルするレンタル業、オプショナルツアーを販売する旅行業、さらに教会、結婚式場など複数業種が、宿泊客に快適に過ごしてもらうというコンセプトでひとつのビジネスとして成立している。

リゾートホテル（石垣島）

⑥立地依存型産業

観光ビジネスは「立地依存型産業」である。

宿泊施設や飲食施設、観光施設、レクリエーション施設は、立地条件によって競争力が決定づけられる。立地条件には大立地条件と小立地条件がある。

大立地条件とは、観光地そのものの立地である。例えば、温泉旅館はその温泉地自体が旅行者の多くが居住する大都市に近いほど有利になる。また、遠くても新幹線で行けるなど、時間的な近さや利便性に優れていると有利になる。

小立地条件とは、その観光地の中での観光ビジネスの所在地の立地である。例えば、温泉旅館が風光明媚な海岸に立地している、あるいは、温泉街の中央に位置しているなどであれば有利である。

このように、宿泊施設だけでなく、観光ビジネスのほとんどは立地に依存するビジネスである。

**⑦装置産業**

観光ビジネスの多くは「装置産業」である。

旅行者が多額の消費をする旅館・ホテルなどの宿泊業やテーマパーク、スキー場などの観光レクリエーション施設、さらに鉄道、航空などの観光交通は、サービスを提供するために巨大な装置を必要とする「装置産業」である。多額の初期投資を必要とすることから「資本集約型産業」ということもできる。

例えば、ホテルの場合、土地の取得費用、造成費用、建物の建築費用、家具調度品の購入費用、庭や駐車場などの環境整備費用など数十億円、数百億円の初期投資が必要である。それを毎日の宿泊費、飲食費による収益で、何十年もかけて回収する。一部の観光ビジネスは何十年分の商品を一度に仕入れるいう不動産業的側面を持つ。

## ■観光ビジネス商品の特徴

観光ビジネスの商品には形のある財と形のないサービスがある。しかし、そのほとんどは、人が人に対して提供する「人的サービス」である。人的サービスは形のある財の商品とは異なり次のような特徴がある。

**①無形性**

形がなく目に見えず、事前に体験できない。見たり、触れたり、嗅いだり、味わったり、聞いたりと五感で商品の本質を感じ取ることができない。非有形性ともいう。

**②同時性**

売り買いした後にものが残らない。サービスの提供（生産）とサービスの享受（消費）が同時に行われる。したがって、生産と消費を切り離すことができない。不可分性ともいう。

③消滅性

サービスは形がなく、生産と消費を同時に行うため、形のある品物のように在庫、貯蔵することができない。また、返品、交換が不可能である。非貯蔵性ともいう。

④不均質性

マニュアルがあり教育されていてもサービスを提供する人や時、場所、場面によりその質は均一にはならず異なる。常に同じ品質で提供し続けることが困難な性質を持つ。非均一性ともいう。

⑤評価の不安定性

旅行者のサービスに対する評価は、同じサービスを受けても、旅行者の属性、ライフスタイル、旅行経験、天候、時間、場所や好き嫌いなどの感情によって異なり、安定しない。

⑥ホスピタリティの重要性

サービスを提供する人の行動・態度だけではなく、提供する人が持っているホスピタリティマインドによって旅行者の満足度に大きな差がでる。ホスピタリティが重要な要素となる。

## ■観光ビジネスの需要変動対策

観光ビジネスにとっての最も大きな課題は需要変動である。特に季節、曜日の需要変動の幅は大きく、それに対する対策が必要不可欠である。需要の平準化が業界全体のテーマになっている。オフシーズンの集客を底上げし、オフシーズンそのものを解消し年間を通じて安定的に旅行者を確保することが必要である。それぞれの立場で、次のような対策が取り組まれているが、国民の休日・休暇制度や小中学校の休みなどと密接に関係しており、決定打といえるものはない。

①価格対策

オンシーズンとオフシーズン、週末と平日、それぞれの価格に差をつけ、需要を平準化させることである。宿泊業、観光交通、それらを旅行素材として造成された旅行会社のパッケージツアーなどで、すでにこの価格対策が採用されており、一定の効果が現れている。

特に観光地に立地する旅館は季節と曜日により何段階にも分ける価格設定をしている。航空会社なども季節と曜日、時間帯に対応し便ごとの運賃を設定している。国内旅行だけでなく、海外旅行においても、日本人だけでなく世界的に需要が高まる夏休みはパッケージツアー代金が高額になる。逆にオフシーズンには極端な低価格設定、割引、特典の付与なども行われている。

「ダイナミックプライシング」という言葉が一般化している。需給状況に応じて価格を変動させることによって需要の調整を図る手法のことをいう。前述のように、航空料金、ホテルや旅館の宿泊料金では以前より導入されているが、最近ではスポーツ観戦チケット、テーマパークなども導入している。海外旅行の旅行代金にも採用され始め、販売の状況、季節、曜日、天候、競合などさまざまな市場状況のデータをAI（人工知能）が分析し、判断してリアルタイムで価格を決定する仕組みが整いつつある。

②ターゲット対策

オフシーズンや平日の旅行が可能な層をターゲットとして誘客をすることが考えられる。

この最大のターゲットは、人口ボリュームが大きいリタイヤした高年齢層で、いわゆる「団塊の世代」である。時間と経済的な余裕もあり、何よりも元気で旅行好きな人が多い世代でもある。実際に夫婦旅行が多く、今日の観光市場をリードしている。

子育ての終わった中高年の専業主婦も友人たちやサークル活動の仲間たちとのグループ旅行など、オフシーズンや平日の誘客が可能であろう。旅行費用が高くなる時期を避ける傾向にある大学生も学業があるもののオフシーズンに休暇が取りやすい。

このように、ライフスタイルや職業などにより、必ずしもオンシーズンや週末の旅行にこだわらない層をターゲットに設定する必要がある。

③インバウンド対策

確実に増加する訪日外国人旅行者を誘客することはそもそも大きな課題であるが、季節や曜日による需要変動の対策としても期待が寄せられている。

世界的に観光シーズンとなる夏休みに訪日外国人旅行者は多くなるが、一方で日本人旅行者と比べると季節変動は少なく年間を通して訪日している。しかも、来日してからの観光行動は週末、平日の曜日には全くとらわれない。

台湾や中国などでは旧正月が祭日で長期休暇となる。旧正月は１月下旬から2月上旬で、この時期は日本の観光業にとってはオフシーズンである。南の国・地域の人々にとって雪は憧れであり、オフシーズンである冬季に北海道などに雪を求めて訪れている。季節の逆転する南半球のオーストラリアからは、日本の冬のスキーを楽しみに彼らの夏休みに訪れる。

このように、季節や休日・休暇制度の異なる外国から日本のオフシーズンに旅行者を誘致することは需要変動の対策として重要である。

④イベント政策

寒く雪の多い北海道を冬に訪れる人は少なかったが、「さっぽろ雪まつり」はその最大の弊害であった雪を最高の観光資源とした好例である。現在では、「さっぽろ雪まつり」は海外からの旅行者を含め数多くの来場者を得ている。このイベントをきっかけに、食も美味しくなる冬も北海道の旅行シーズンとなった。

イベントにはこのような集客効果がある。スキー場で夏季に開催されるジャズフェスティバルや、温泉地で平日に開催する映画祭、島でオフシーズンに開催するスポーツ大会などすでに多くの実践例がある。

さらに国際大会や学会、展示会、見本市などにも季節、曜日を必ずしも選ばないイベントがある。日本全体の観光需要の平準化を考えるとそれらの開催、誘致は大きなポイントといえよう。

⑤観光資源政策

オフシーズンにその地にある観光資源を工夫してアピールすることにより、オフシーズンの来訪を拡大する可能性がある。

前述の「さっぽろ雪まつり」の他にも、寒冷地での観光のマイナス要素であった雪や氷を新たな観光資源にした例は多い。横手（秋田県）の雪を使った伝統的な行事「かまくら」や知床（北海道）の「流氷ウォーク」さらに、津軽地方（青森県）での「地吹雪体験ツアー」など、国内だけでなく雪が珍しい海外からも旅行者を集めている。

もともと、多くの日本人の好物であるカニ料理の旬は冬である。北陸や山陰などはオフシーズンであった冬季にカニ料理や冬ならではの旬の魚介類で集客に成功している。日本の食、特に魚介類は冬に旬を迎えるものが多い。カニの他、フグ、アンコウ、寒ブリ、ノドグロなどである。また、郷土料理に多い鍋料理も冬に好まれる。

今まで観光資源と考えられなかった地域資源も、工夫することによりオフシーズンの観光資源となる可能性が十分にある。

## 5. 観光ビジネスとホスピタリティ

### ■観光ビジネスにおけるホスピタリティ

前述の通り、観光ビジネスは、究極のホスピタリティ産業といわれている。それは、対応する人のホスピタリティが最も重要な要素となり、その商品・サービスの満足度を決定するからである。

観光ビジネスである宿泊業、交通運輸業、旅行業などは、主として人的接客サービスを提供する業種であり、その商品・サービスの販売の増減、新規顧客獲得の成否、リピーターの増減、さらに企業自体の存続発展、すべてが顧客に接する者のホスピタリティにより決まる。

観光ビジネス業界は、競争の激しい業界といわれ、商品・サービスに対する顧客の要求レベルが高く、ただ良い商品を提供するだけでは満足をしてくれない。より高度なサービス、つまりホスピタリティが求められる。

観光ビジネスにおいて、顧客と接する一人ひとりがホスピタリティマインドを持ちホスピタリティあふれる行動をとることが必要であり、顧客と直に接しない社員や役員もホスピタリティマインドを持つことが必要である。また、その対象は顧客だけでなく、同僚、上司、仕入先、取引先、株主、地域社会、その他のすべてのステークホルダーである。

ホスピタリティは、サービスのマニュアル化、高度化が進む観光ビジネスの企業が他社と差別化するための唯一の武器でもある。顧客と対応するシーンだけではなく、商品の仕入・製造や新商品・サービスの開発などにおいてもホスピタリティマインドをもって取り組むことが大きなポイントとなる。

ホスピタリティは、観光ビジネスに携わる企業が厳しい競争の中で、生き残るために不可欠な要素であり、「存在価値」と言っても過言ではない。

### ■ホスピタリティとサービス

ホスピタリティもサービスもともにラテン語を語源としている。ホスピタリティ（hospitality）は、「客人の保護」を表す「hospics」が語源となっている。昔の巡礼の旅人に現地の人が食事や宿を提供し、看護など見返りを求めず手を差しのべた行為から生まれた言葉である。転じて、もてなす側の主人を意味する「主人（host/hostess）」、さらに「病院（hospital）」「ホテル（Hotel）」などの言葉が生まれている。

一方、サービス（service）は、「奴隷」を表す「servus」が語源である。奴隷が主人に奉仕して、主人から対価を受け取る主従関係から生まれた言葉である。この言葉から英語の「奴隷（slave）」さらに「召使（servant）」「苦役（servitude）」という言葉が生まれた。

図表2-2は、ホスピタリティとサービスとの違いを表にしたものである。ホスピタリティは、「主人と客人の間の対等な関係」が前提であり、あくまでも「対等な人間関係の中」でのおもてなしを指す。顧客の立場は「パートナー」である。サービスは、「従者が主人に仕える」という義務や労働の概念がその前提にある。したがって、顧客の立場は、まさに「主人」であり主従関係での対応となる。

ホスピタリティは、「自らの喜びのために提供される自発的な行為」である。したがって、1対1の場面でしか提供され得ないのがホスピタリティであり、顧客一人ひとりに異なる対応をすることになる。サービスという行為の源は義務であり、顧客との関係は1対多、提供する側は誰にでも均一のサービスをすることが求められる。このため、サービスはその行為のマニュアル化、標準化が可能であるが、ホスピタリティはマニュアル化をすることは

図表2-2　ホスピタリティとサービス

| | ホスピタリティ | サービス |
|---|---|---|
| 語源 | ラテン語のhospics(客人の保護) | ラテン語のservus(奴隷) |
| 関係性 | 主客関係／対等関係 | 主従関係／上下関係 |
| 顧客の立場 | パートナー | 主人 |
| 行為の源 | 自発的に提供 | 義務として提供 |
| 行為の質 | マニュアル化が出来ない | マニュアル化・標準化が可能 |
| 提供方法 | 1対1(一人ひとり違う行為) | 1対多(誰にも同じ行為) |
| 存在意義 | あると満足 | ないと不満 |
| 対価 | 目的としない | 目的とする |

出典：『観光サービス論』(2015)

難しいといえる。

観光ビジネスにおいて、顧客はホスピタリティを感じると感謝の気持ちを抱き、高い満足感を得る。一方、サービスは、その行為がない、または不足していると不満を感じクレームにつながる。

ホスピタリティは対価を求めるのではなく、顧客に満足や喜びを与えることに重きをおいている点が、対価を目的とするサービスと大きく異なる。ホスピタリティにおいては、報酬は結果としてついてくるものという考え方である。

## ■観光ビジネスにおけるホスピタリティの定義

観光ビジネスにおけるホスピタリティは、「相手に喜んでもらうために自ら率先し、自分の最善を尽くす気持ちと行動」と定義される。

ポイントは、「自ら率先」することで、誰かに言われ義務としてすることではない。そして、「行動」だけでなく「気持ち」を伴うことが、ホスピタリティの行為である。

見返りや対価、報酬を求める行為ではなく、報酬は結果としてついてくるという考え方である。顧客を思いやり、相手の立場になって心をこめて手厚くもてなすことは、結果、自分自身に喜びや感動となって帰ってくる。この「リターン・アイの精神」がホスピタリティという行為の基本にある。

## ■おもてなし

これまで旅館・ホテルや飲食店などの接客業以外の業種では重要視されてこなかった「おもてなし」という言葉が、その領域を超えて、観光ビジネス全体、サービス業全体、さらには日本人の大切な精神のひとつとして語られるようになってきた。

おもてなしの語源は２つあるといわれている。ひとつは「もてなし」に「お」を付けた丁寧語である。「客をもてなす」といったときに使われる動詞「持て成す」の丁寧語からきている。「持て成す」とは、広辞苑によると、「相手が喜ぶように気を配る。歓待する。ご馳走する」とある。心をこめて客を接待することである。もうひとつの語源は、「表裏無し」で、表裏がない心で客を迎えるという意味だ。

おもてなしを英訳すると「hospitality」となり、両者はほぼ同義語として多くの人が使用している。相手の立場に立つ、思いやり、喜びを与えることなどの概念が両方の言葉には含まれている。

しかし、多くの日本人は、「おもてなし」には何かもう少し深い意味が込められていると考えている。おもてなしは、相手の「こころ」を大切にすること、相手の「こころ」に寄り添うことといわれる。また、茶道でも表現される侘び寂びの心を持ち、表に出過ぎない控えめなもので、その場にいない相手に対して、その人を迎えるにあたり、心をこめて準備をするなど、見えないところで努力し、相手に余計な気づかいをさせないのが、日本のおもてなしといえる。

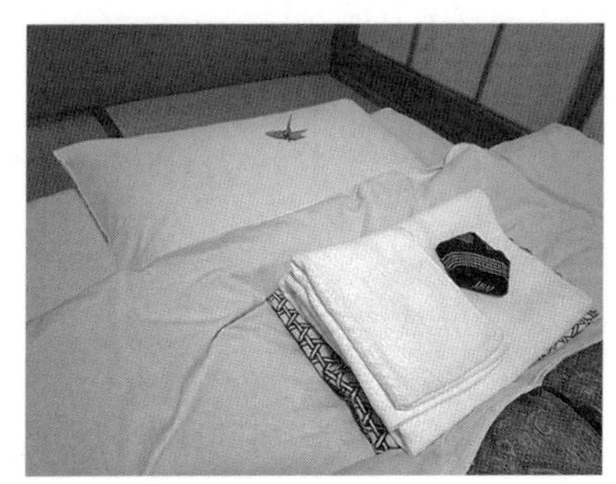

外国人旅館「澤の屋旅館」の折り鶴

## ■ホスピタリティレベルとサービスレベル

ホスピタリティは見返りや報酬を求めない行動であり、そこには商売気を感じさせるべきではない。しかし、観光ビジネスにおいては、ホスピタリティという行為は、企業が生き残るために必要不可欠な高度なサービスレベルと位置づけられている。観光ビジネスに従事するスタッフの顧客に喜んでもらうために自ら率先し自分の最善を尽くす気持ちと行動の積み重ねは、企業がビジネスに勝ち抜く最大の武器となっている。

図表2-3は、観光ビジネスにおける顧客対応の内容をホスピタリティレベルとサービスレベルに分類し表したものである。よく最大のホスピタリティは笑顔であると言われるが、決して否定するものではないがそれはホスピタリティの領域ではない。

笑顔はもちろん、気持ちのよい服装や身だしなみ、丁寧な言葉づかい、必要な場面でお礼やお詫びがしっかりと言えることは、最低限のビジネスマナーであり、ホスピタリティではない。顧客の要望をしっかりヒヤリングすることや、正確・的確、迅速に対応すること、そして約束を守ることも接客の基本対応である。顧客の要望に対し計画的に業務を処理し、必要な情報を案内・提供し、顧客の予算を考えながら最良の商品・サービスを販売し、それに対するアフターフォローをしっかりすること、これらは、顧客が当然期待しているサービスレベルである。対価をもらう以上、できて当たり前、十分にできなければ不満に思いクレームとなることもある。これらは業務に合わせ標準化でき、マニュアル化することができる。しかしこのレベルだけでは、リピーターは生まれず、よい口コミも期待できない。

予想外の要望に臨機応変に対応する、言動や行動に信頼感がある、いつ利用しても期待通りである、誰が対応しても任せられ組織力を感じさせる行為は、顧客に安心感をもたらす。対応にビジネスとは感じられない親しみを感じるようになる。他に配慮しつつリピーターに対し特別な対応をする、言葉にしない希望をくみ取り、顧客の立場になって一歩踏み込んだ対応をするなどの行為は、顧客の共感を呼ぶ。さらに、顧客の個別事情を把握し特別な配慮をする、必要なことを先読みして準備する、手間をいとわず新しい提案をする、そして予想もしていなかった嬉しいサプライズを演出するなどの行為

図表 2-3　ホスピタリティレベルとサービスレベル

| サービスのレベル | サービスの価値 | サービスの内容 |
|---|---|---|
| ホスピタリティレベル | 感動 | サプライズ |
| | | 加重提案 |
| | | 先読み |
| | | 個別配慮 |
| | 共感 | 踏み込み |
| | | 洞察・察知 |
| | | リピーター重視 |
| | | 親近感 |
| | 安心感 | 組織力 |
| | | コンスタント |
| | | 信頼感 |
| | | 臨機応変 |
| サービスレベル | 期待品質 | アフターフォロー |
| | | コスト管理 |
| | | 情報提供 |
| | | 計画的 |
| | 基本対応 | 約束遵守 |
| | | 迅速 |
| | | 正確・的確 |
| | | ヒアリング |
| | ビジネスマナー | お礼・お詫び |
| | | 笑顔 |
| | | 言葉づかい |
| | | 服装・身だしなみ |

出典：『観光サービス論』（2015）「JTB HOSPITALITY MANAGEMENT」を参考に作成

は、顧客に感動を与える。これらがホスピタリティレベルである。

期待するサービスレベルを超え、安心感を醸し出し、共感を生み、そして感動を与えるホスピタリティレベルの対応を当たり前のように繰り返すことにより、顧客の購入額が増加し、利用頻度が上がる。また、良い口コミや新規顧客の紹介につながる。もちろん、スタッフにとって最もうれしい、感謝の言葉や賛辞を得ることができる。

しかし、ホスピタリティレベルのサービス行為はマニュアル化することはできない。一人ひとりが経験値を高め、自ら率先し自分の最善をつくす気持ちを持ち続け行動することによって生み出され、形づくられる行為である。

## 6. 観光ビジネスのホスピタリティ行動

### ■顧客第一主義

多くの観光ビジネスは、経営理念、企業理念の中で顧客（お客様）第一主義を掲げている。

顧客第一主義とは、ビジネスにおいて顧客のメリットを最優先に考える理念である。また、顧客満足が企業の業績向上につながる唯一の要素であるとする考え方でもある。それを達成するためにホスピタリティの重要性が強調されている。

似た考え方で、顧客志向、消費者志向と言う言葉もある。企業活動の方向性や目標を顧客の要求や欲求を満たすこととする考え方である。例えば、企業のつくった商品・サービスをいかにして顧客に売るかではなく、顧客の求める、顧客のニーズに合った商品・サービスをいかにつくりだすか、ということである。顧客満足を高めるとともに顧客の声に耳を傾けることも重要になる。

観光ビジネスの主要な会社の経営理念、企業理念、行動方針などを見ると確かに顧客第一主義をうたい、筆頭にホスピタリティに係わる言葉が掲げられている。

JTBグループの経営理念の「私たちが大切にすること」の筆頭に「お客様満足の追求」がある。近畿日本ツーリストの企業理念の「社員の行動指針」の最初には「私たちは、お客さまの声に徹底的にこだわります」とある。日本旅行の経営理念の「行動規範」の一番目には「HOSPITALITY 私たちはお客様を大切にし」と書かれている。H.I.S. グループ企業理念の「行動憲章」の第一に「社会に有用な旅行商品・サービスの提供　お客様に満足・信頼していただけるよう」としている。帝国ホテルの理念・行動方針には「お客様の要請を発想の原点として」とあり、JAL グループの企業理念の最初には「お客さまに最高のサービスを提供」、ANA のグループ行動方針においては、「安全」の次に「お客様視点」がうたわれている。

## ■真実の瞬間

ホスピタリティを語るときに必ず紹介される逸話に「真実の瞬間」がある。スカンジナビア航空の CEO に就任し、赤字で苦しんでいた同社をたったの１年で立て直したヤン・カールソン氏の逸話である。彼が、ある時、自社の飛行機に搭乗し、機内食用のテーブル・トレーを引き出すと、それが汚れているのに気がついた。もし顧客が、テーブル・トレーが汚れているのを見たら、「ジェットエンジンも汚れている」と感じ、それでこの会社のすべてを判断するかもしれないと考えた。彼は、顧客が従業員や施設などと遭遇する最初の瞬間を「真実の瞬間」と呼び、それ以降、スカンジナビア航空は「真実の瞬間」から経営を見直し最前線のサービスの改善に取り組むことになった。

このように、企業と顧客の最初の接触や最前線の従業員の接客態度は企業の成功を左右する。「真実の瞬間」とはその最初の 15 秒、わずかな時間のことである。顧客が最初に接する現場スタッフの接客態度や店舗設備の状態が、その企業全体に対する印象・評価を決定する瞬間となる。「真実の瞬間」とはこの 15 秒間でいかに顧客満足を高められるかということである。

しかし、「真実の瞬間」での対応に失敗すると、今までの企業の努力は無駄となり、顧客に二度とこの企業の商品・サービスは購入しないと心に決めさせてしまう。さらにこのときに顧客が感じた不快な経験は個人にとどまらず、悪い口コミにより広まっていく。

観光ビジネスにはそのような場面があらゆるところにある。例えば、旅行会社において、店頭のカウンターが旅をしたい顧客との最初に接する「真実の瞬間」となることが多い。入店した時にスタッフの挨拶がない、対応も無愛想、笑顔がない、相談を始めても旅行の業務知識が足りないなど、そのスタッフだけの問題かもしれないが、顧客はその旅行会社全体を評価し、旅行商品に対してもきっと楽しい旅行はできないと思ってしまう。観光ビジネスの旅行者と接する現場のいたるところに「真実の瞬間」がある。

## ■老舗旅館のおもてなし

日本旅館は、観光ビジネスにおいてホスピタリティの重要性が声高にうたわれる遥か以前より、おもてなしを最大の売りとして、特に女将（おかみ）と仲居と呼ばれる女性の従業員が中心となり宿泊客を迎え入れていた。

北陸を代表する温泉地、石川県の和倉温泉にある「加賀屋」は、全国の旅行会社が投票する「プロが選ぶ日本のホテル・旅館100選」で何十回となく総合とおもてなし部門で一位をとり、名実ともに日本一の老舗温泉旅館として知られている。

加賀屋の経営理念には、サービスとは「プロとして訓練された社員が、給料を頂いてお客様の為に正確にお役にたって、お客様から感激と満足感を引き出すこと」、サービスの本質とは「正確性…当たり前のことを当たり前に」「ホスピタリティ…お客様の立場に立って」と記されている。

また、品質方針として「1. お客様の期待に応える　2. 正確性を追求する　3. おもてなしの心で接する（ホスピタリティ）　4. クレーム0（ゼロ）を目指す」の4つを掲げている。さらに、加賀屋の流儀として、お客様に「ノー」と言わないその正確性とホスピタリティを挙げている。

加賀屋におけるおもてなしとは、「宿泊客が求めていることを、求められる前に提供すること」であり、ニーズをいかに早く察知するかを考え、そのためには少しでも長く宿泊客のそばにいる時間を作ることが必要であるとしている。

クレームをゼロにするためには「クレームに感謝する」ことであるとし、月に一度の「アンケート会議」では宿泊客アンケートから、改善事項を探し、客室係へフィードバックされる。

加賀屋は客室係に大きな裁量を与えている。それだけでなく彼女たちが接客に十分な時間を割けるように食事の「自動搬送システム」が構築され、安心して働けるように企業内保育園「カンガルーハウス」が用意されている。

## ■従業員第一主義

観光ビジネスにおいて、顧客と接し、ホスピタリティを実践するのは現場の最前線で働くスタッフ、つまり従業員である。その従業員が会社や経営者、上司などに不満を抱いている状態では、ホスピタリティを顧客に自ら進んで提供することはできない。

従業員が仕事への誇りとやりがいを持ち、不満がない状態で仕事をできるからこそ、顧客に心を込めて商品やサービスを提供できる。それを実現させるためには、経営者や上司が、従業員に対しホスピタリティの精神を持って接することが重要である。

これは、「従業員満足（ES：Employee Satisfaction）」を向上させる考え方である。従業員の会社に対する満足度を高めることが顧客満足（CS）につながり、ひいては企業の業績向上につながると考えられている。

世界有数のホテルチェーンを築いたJ・ウィラード・マリオットは、革新的な経営者であった。マリオットは、「従業員第一主義」を宣言しそれを実践した。従業員に対し常にフレンドリーに接するばかりではなく、従業員のほぼ全員の名前も記憶していたという。「従業員を大事にすれば、従業員も顧客を大事にしてくれる」という信念が従業員第一主義の経営であった。また、彼は1年間のうち100日は全米のマリオットホテルに出かけ、ベッドの下を点検、従業員の声を聞くなど現場主義を徹底した。その結果として、従業員満足が高まり、顧客へ最上のホスピタリティを提供できるホテルチェーンとなった。

ザ・リッツカールトン・ホテルは、ホスピタリティ経営で知られている。「従業員満足とお客様満足の向上こそ利益をもたらす」という考え方がある。同ホテルは従業員を「内部のお客様」と呼んでいる。従業員同士もお互いを紳士・淑女としておもてなししようという考え方で、従業員が紳士・淑女としてもてなされていれば、顧客に対しても質の高いホスピタリティを提供することができる。また、現場スタッフがサービスの選択肢を狭めないために一定額の決裁権を持っている。

アメリカの航空業界に革命をもたらしたといわれるLCC（格安航空会社）、サウスウエスト航空は、「顧客第二主義」「従業員満足第一主義」を掲げている。「従業員を満足させることで、従業員自らが顧客に最高の満足を提供する」という経営哲学であり、実際に高い顧客満足度を得ている。「乗客に空の旅を楽しんでもらう」ことを従業員に推奨しており、出発前に客室乗務員によるパフォーマンスがあったりする。従業員の採用に際してはユーモアのセンスがあることを重要視するといわれている。

アルバイト従業員が多いにもかかわらず、東京ディズニーランドのホスピタリティには定評がある。それは従業員満足の上に成り立っているからといわれる。従業員一人ひとりがディズニー大好き、という気持ちだけで成り立っているわけではなく、会社が従業員満足を高めるためにさまざまな施策を行っているからである。その一つが1年に一度実施される「サンクスデー」である。サンクスデーとは、閉園後の夜に東京ディズニーランドをアルバイトのために貸し切り、社長を初め役員、社員が運営スタッフとなってアルバイトをもてなすというものである。

ディズニーランドと同様に、アルバイト従業員が多数を占めるスターバックスコーヒーも従業員を大事にし、人材が定着しているといわれる。スターバックスは6つの「ミッション」を宣言している。「Our Coffee Our Partners Our Customers Our Stores Our Neighborhood Our Shareholders」。1つ目の「Our Coffee」はコーヒーに対する情熱をうたい、2つ目は「Our Partners（従業員を大事に）」、3つ目は「Our Customers（顧客を大事に）」と続いている。顧客を大事にすることよりも上位に従業員を大事にすることを宣言し、実際にトレーニングやキャリア開発、人事制度などを整え、従業員の能力開発を積極的に行い、一方で、マニュアルを極力廃し、従業員個々の自主性や創意工夫を尊重している。

## 7. 観光ビジネスの顧客満足度

### ■顧客満足度

顧客満足とは、消費者が商品・サービスを購入、利用した際に感じる満足感や達成感のことである。CS（Customer Satisfaction）と呼ばれることが多い。目に見えるものではなく感情変化の度合いを示す概念であることから、顧客満足度とも呼ばれる。

顧客満足度に比例して売上や利益、リピート率、推奨率も向上すると言われている。そのため、多くの企業は顧客満足度調査（CS調査）を定期的に行い、顧客満足度向上運動（CS向上運動）に積極的に取り組んでいる。

顧客満足度は、顧客や消費者が事前に抱いていた期待値（事前期待値）と、実際の商品・サービスに対する満足感や達成感（評価値）の差異によってつくりだされるものである。形のない商品を扱う観光ビジネスにおける顧客や消費者の商品・サービスに対する事前期待値は極めて高い。CS向上は観光ビジネスにとって避けることのできないテーマである。

CS向上のために第1に必要なものは「ホスピタリティ」である。人の対応が商品・サービスの良し悪しを決定する観光ビジネスにおいてはこれを筆頭に挙げざるを得ない。第2に「従業員第一主義」である。現場の最前線で働く従業員の満足度がポイントになる。第3に「商品・サービス革命」である。CSの向上は取扱う商品・サービス自体が良質でなくてはならないし、良質であっても時代の変化、顧客ニーズの変化に対応していなければ価値はない。第4に「ITストラテジー」である。ITがビジネスを牽引する時代である。ITの活用によるCS向上を考えなくてはならない。第5に「期待値のコントロール」である。競争の激しい観光ビジネスは商品・サービスをよりよく見せる競争をしてきた。顧客の期待値をコントロールすることによりCSを向上させることも可能である。

## ■顧客ロイヤルティ

顧客ロイヤルティ（CL：Customer Loyalty）とは、顧客が企業やブランド、商品・サービスに対して感じる「信頼」や「愛着」「忠誠心」のことである。顧客が長期的にその企業やブランドに信頼、愛着を持ち継続的に商品・サービスを購入している状態を指す。顧客満足度と比べ、感情的に企業や商品・サービスへ持つより強い結びつきを表す概念である。

ロイヤルティが高い顧客は、自らが商品・サービスを継続的、定期的に購入するだけでなく、その商品・サービスを周囲の友人や知人に勧めることが多いと言われ、観光ビジネスにおいてもその存在が需要視されている。顧客ロイヤルティを高めることにより、リピート率が向上し、購入回数だけではなく顧客単価が向上する。また積極的に周囲に推奨し、良好な口コミを拡散してくれる。さらに新商品・サービスの開発の協力者になってくれる。

顧客ロイヤルティを高めるためには、リレーションシップ・マーケティングを採用することが効果的である。リレーションシップ・マーケティングとは、顧客との良好な関係を長期的、継続的に維持し、深めることで、顧客の強いロイヤルティを創出し高めていくマーケティング手法のことである。目的は顧客満足度を超えた顧客ロイヤルティを生み出すことでリピーターを確保することである。

リレーションシップ・マーケティングはマス・マーケティングとは違い、潜在顧客までを含めたすべての顧客を対象とするのではなく、既存顧客の中でロイヤルティが高く最も利益をあげることができる顧客を対象とする。その顧客ニーズに合った商品・サービスを開発し、提供する。新規顧客の獲得に多大な力を注ぐよりも、自社がすでに持っている顧客を大切にし、長期的な関係を維持していくほうがコスト的に有利であるという考え方である。これは、「顧客のうち上位20%の優良顧客が全体の売り上げの80%をもたらす」という20：80の法則（パレートの法則）からきたものである。

## ■顧客と個客

あるホテルが、すべての顧客に満足してもらうよう「顧客満足（CS：Customer Satisfaction)」の向上をめざし取り組んでいた。そのホテルでは、ビジネスマンから、小さな子どもがいるファミリー、熟年夫婦、小グループ、高齢者までさまざまな人が顧客であった。これらのすべての顧客に満足してもらうサービスとは一体何なのか、従業員皆で考えていた。そんな時、ある客室担当者が、宿泊客が地元の名物を食べられる店を探していることを知り、問われる前に店の紹介と地図を差し上げたところ大変喜ばれたと報告した。この客室担当者の一言により、すべての顧客が満足する一般的なサービスではなく、一人ひとりの顧客が満足できる個別的なサービスを行うことのほうが大事なのではと気づいた。

その後、このホテルでは顧客一人ひとりのカルテを作り、顧客のホテルの利用目的や趣味、食べ物の好き嫌いなどを従業員全員で共有し、一人ひとりの利用者が満足できるサービスを提供するようにした。現在、どのホテルでも実践しようとしている当たり前のサービス形態である。このように、個別のニーズを持った顧客の一人ひとりの満足を求めるのが「個客満足（PS：Personal Satisfaction)」という考え方である。

顧客とは、共通のニーズを持った複数の客のことで、個客とは、それぞれ個別のニーズを持った一人の客のことである。消費者や旅行者のニーズが多様化、個性化、高度化し、すべての顧客が満足できる一律的なサービスは、誰にも満足されない中途半端なサービスになってしまうことがある。したがって、一人ひとりに対応した個別的なサービスを行うこと、つまり個客満足の向上が求められている。そのためには、マニュアル化されたサービスではなく、ホスピタリティレベルのサービスが必要となる。その時の対応は、顧客に対し大切なパートナーであるという感覚で接しなくてはならない。今日の観光ビジネスは、顧客満足（CS）の追求から、個客満足（PS）の追求へと進化している。

## 8. 旅行業ビジネス

### ■旅行会社とは

旅行会社とは、旅行に出かけようとしている消費者に代わって事前に交通機関、宿泊施設、観光施設などの予約・手配の仲介、また自社で企画造成した旅行商品の販売を行う会社のことである。観光ビジネスの中で旅行者に近い市場に立地し、旅行者の旅に係わるさまざまな便宜をはかるビジネスをしているのが旅行会社である。かつては「旅行代理店」と呼ばれていたが、今日では「旅行会社」が一般的である。

なお、旅行業法では、「旅行業」すなわち旅行会社とは、報酬を得て、旅行者が必要とするサービス（企画旅行、手配旅行、旅行案内、旅行相談など）を提供する行為を行う事業者とされている。

旅行会社は、消費者に代わって事前に宿泊施設や交通運輸機関などの予約・手配を行うものであると同時に、「サプライヤー」（宿泊施設や交通機関、観光施設などサービスを供給する事業者）から見ると、それら事業者に代わって予約の受付・販売を行うものである。

旅行会社は消費者・旅行者とサプライヤーの中間に立ち、大きく分けてふたつの業務をしている。ひとつは消費者に代わって事前に交通機関、宿泊施設、観光施設などの予約・手配をする仲介業である。もうひとつは、自社で企画造成した旅行商品、すなわちパッケージツアーを造成し販売することである。今日では後者の比重が高い。

また、今日では旅行商品の仲介や販売だけでなく、旅行に係わる全てのサービスやサポートを提供している。例えば、旅行の相談、旅行保険の販売、旅行図書の販売、旅行積立、パスポートやビザ取得のための申請手続き代行やインバウンド、MICE、観光まちづくりなど多岐にわたっている。

### ■旅行会社のビジネスモデル

旅行会社は、旅行をする消費者とさまざまな観光サービスを提供する「サプライヤー」の中間に位置している。サプライヤーとは、観光サービスの供給者、すなわち交通運輸機関や宿泊施設、飲食施設、観光施設などのことである。

旅行会社のビジネスモデルには、大別すると仲介モデルとパッケージツアーモデルの2つがある。

①旅行会社のビジネスモデル（仲介）

旅行商品を仲介する基本的な流れは、図表2-4のようになる。例えば、まず旅行者が旅行会社にホテルの予約を依頼し宿泊代金と定められた取扱手数料を支払う、旅行会社はホテルを予約しホテルに宿泊代金を支払う。ホテルは旅行会社に予約を確約し所定の販売手数料を支払う。旅行会社は旅行者に予約確認のためのクーポンなど（近年はクーポンレス化が進んでいる）を手交する。通常、この取引は専用の予約コンピューターを使って瞬時に行われている。

この仲介業務のモデルは国内旅行でも海外旅行でも同様で、旅館・ホテルなどの宿泊施設、鉄道、航空、バス、船舶などの運輸交通機関、飲食施設、観光施設についても同じである。旅行者からは取扱手数料、サプライヤーからは販売手数料をそれぞれ受け取り、これが旅行会社の収入となっている。

近年インターネットの利用により、旅行に関する情報が容易に入手でき、宿泊や鉄道、航空などの予約が旅行会社を通さなくてもできるようになり、外国語が必要のない国内旅行については特にその傾向が顕著である。宿泊や鉄道、航空が旅行会社を通さずに旅行者に直接販売することを「直販」という。また、このように旅行会社が素通りされる現象を「バイパス現象」と呼び、旅行会社にとって大きな課題となっている。例えば、航空会社は従来航空券の販売手数料を旅行会社に支払っていたが、現在多くの航空会社では手数料の支払いは廃止されている。

図表 2-4　旅行会社のサービス・お金の流れ（仲介）

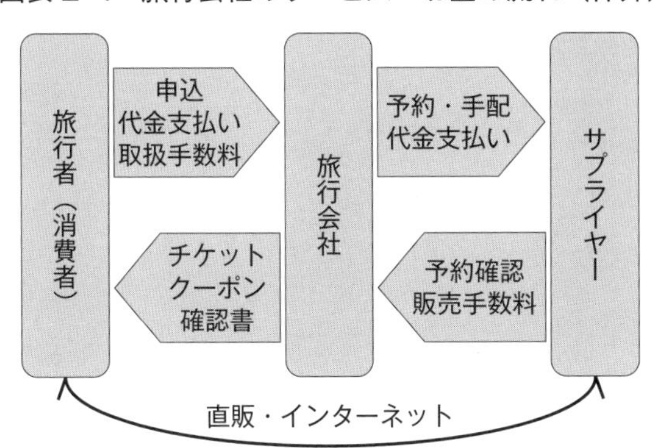


出典：『観光サービス論』（2015）

②旅行会社のビジネスモデル（パッケージツアー）

旅行会社の独自の商品であるパッケージツアーの場合は図表 2-5 のような流れになる。旅行会社は、自ら旅行を企画しそれに必要な旅行素材を、宿泊施設、交通運輸機関、観光施設などのサプライヤーから仕入れる。その代金は仕入れの交渉により決まる。旅行会社はその旅行素材を組み合わせ、旅行商品を造成し、自らの利益を確保し値付けし、参加者を募集する。消費者は気に入ったコース、納得いく価格のパッケージツアーに申込み、旅行代金を支払い、日程表、旅行条件書などが手交され、旅行当日を迎える。

今日、旅行会社の中核的商品になっているが、すべての旅行会社がパッケージツアーを企画造成しているわけではない。

図表 2-5　旅行会社のサービス・お金の流れ
（パッケージツアー）

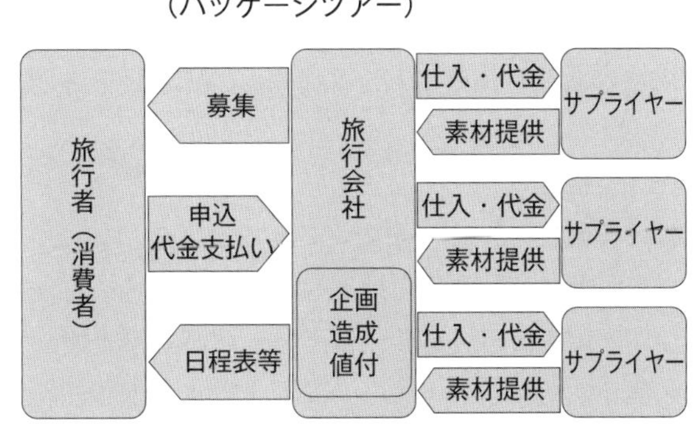


出典：『観光サービス論』（2015）

## ■旅行会社の種類

### ①世界基準による分類

近年、世界的には旅行会社を次の3つに分類することが一般的になっている。

#### 1）伝統的旅行会社

TTA：Traditional Travel Agency

従来型の旅行会社のこと。実店舗で旅行商品の販売を行う旅行会社で、業務は旅行商品の販売と企画造成である。日本においては、一般の人が認知しているほとんどの旅行会社がこれにあたる。規模の大きい旅行会社はオンライン旅行販売も並行して行っている。日本では、JTBや近畿日本ツーリスト、H.I.S.など、海外では、アメリカン・エキスプレス（米）、TUI（独）などが代表的なTTAである。

#### 2）オンライン旅行会社

OTA：Online Travel Agency

オンライン旅行販売に特化した、インターネット上の取引のみを行う旅行会社。異業種からの参入も多い。2010年代に旅行ビジネスの中心的な存在になってきている。世界的には、エクスペディアとブッキング・ホールディングの両グループがこの分野の代表的企業となっている。日本においては、楽天トラベルやじゃらんnet、一休.comなどがある。

#### 3）ビジネストラベルマネジメント

BTM：Business Travel Management

企業の出張業務を一元的に受注・管理し、出張費用の削減、経費管理、危機管理などのサービスの提供に特化した旅行会社。企業活動のグローバル化に伴い欧米を中心に広がっている事業形態。世界的には、カールソン・ワゴンリー・トラベル（仏）、BCDトラベル（蘭）などが代表的企業となっている。日本の大手旅行会社も海外BTMと提携し、別会社や専門部門で取扱っている。

### ②旅行業法による分類

旅行会社は、旅行業法上、図表2-6のように、取り扱い可能な業務の内容によって、5つに分類される。業務内容とは主に募集型企画旅行（パッケージツアー）の企画・実施の可否である。それぞれ、基準資産額、供託金（営業保証金）、登録先行政機関が定められている。各営業所に1名以上の旅行業務取扱管理者の資格を持つ者の選任と常駐が必要となる。

1）第１種旅行業

海外・国内の企画旅行の企画・実施、海外旅行・国内旅行の手配及び他社の募集型企画旅行の代売（代理販売）を行うことが可能。

2）第２種旅行業

国内の募集型企画旅行の企画・実施、海外・国内の受注型企画旅行の企画・実施、海外旅行・国内旅行の手配及び他社の募集型企画旅行の代売を行うことが可能。

3）第３種旅行業

国内・海外の受注型企画旅行の企画・実施、国内・海外旅行の手配及び他社の募集型企画旅行の代売を行うことが可能。また、実施する区域を限定（出発地、目的地、宿泊地および帰着地が営業所の存する市町村、それに隣接する市町村など）した国内の募集型企画旅行の企画・実施が可能。

4）地域限定旅行業

第３種旅行業同様、実施する区域を限定した国内の募集型企画旅行の企画・実施が可能。また、受注型企画旅行についても、募集型企画旅行が実施できる区域内で実施が可能で、手配旅行も同様の区域内の取り扱いが可能。

5）旅行業者代理業

他社の旅行商品を他社のために代理して販売する旅行業者。企画旅行を実施することはできず、旅行業登録された旅行業者と代理業業務委託契約を締結した範囲の旅行業務を行うことができる。

図表2-6　旅行業等の登録区分

| 旅行業等の区分 | | 登録行政庁 | 業務範囲 | | | |
|---|---|---|---|---|---|---|
| | | | 企画旅行 | | | 手配旅行 |
| | | | 募集型 | | 受注型 | |
| | | | 海外 | 国内 | | |
| 旅行業者 | 第1種 | 観光庁 | ○ | ○ | ○ | ○ |
| | 第2種 | 都道府県知事 | × | ○ | ○ | ○ |
| | 第3種 | 都道府県知事 | × | △（隣接市町村等） | ○ | ○ |
| | 地域限定 | 都道府県知事 | × | △（隣接市町村等） | △（隣接市町村等） | △（隣接市町村等） |
| 旅行業者代理業 | | 都道府県知事 | 旅行業者から委託された業務 | | | |

出典：観光庁ホームページ

### ③営業形態による分類

旅行会社は、その主な取扱業務によって次のように分類できる。

**販売対象を一般消費者とした旅行会社（B to C）**

**1）総合旅行会社**

パッケージツアーの企画造成実施から、個人旅行手配、団体旅行、教育旅行、インバウンドなど、すべての旅行販売、旅行営業をしている旅行会社。広範な地域に販売ネットワークを有する旅行会社が多い。ホールセール機能、ランドオペレーション機能を有するものもある。JTBや近畿日本ツーリスト、H.I.S.などがこれにあたる。

**2）リテーラー**

大手旅行会社やホールセラーが企画造成したパッケージツアーの販売や、個人手配旅行を主に取り扱う小売専門旅行会社のことである。第3種旅行業者の多くはこのリテーラーである。広範囲に店舗ネットワークを持つものや、地域営業に特化したもの、海外の特定地域のみを取り扱うものなどもある。

**3）メディア販売旅行会社**

新聞広告や会員組織を通じて自社の企画造成実施する国内・海外のパッケージツアーをコールセンターと呼ばれる電話受付箇所で受けつけ販売する旅行会社。

**4）オンライン旅行会社**

インターネットの自社サイト上のみで取引を行う旅行会社。国内外の宿泊や航空券などの手配旅行、宿泊と航空をセットにしたダイナミックパッケージなどを取り扱う。24時間いつでも膨大な数の商品を閲覧・検索でき、急速にその取扱い数を伸ばしている旅行会社である。楽天トラベルやじゃらんnet、一休.comなどがこれにあたる。「OTA：オンライン・トラベル・エージェント」とも呼ばれる。

**5）インハウス**

海外との取引の多い大企業が自社グループ内に設立し、主に自社の社員の業務旅行の手配を業務とする旅行会社のことで、「インハウスエージェント」とも呼ばれる。

**他の旅行会社をビジネスの対象とした旅行会社（B to B）**

**6）ホールセラー**

国内・海外のパッケージツアーを企画造成実施し、原則的には他の旅行会社に販売を委託する卸売専門旅行会社。大手旅行会社や航空会社のホールセール部門として分社化された会社が多い。日本航空グループの株式会社ジャルパック、全日空グループのANAセールス株式会社などが、その例である。

7）ランドオペレーター

旅行会社の依頼を受けて旅行先の地上手配を行う旅行会社。地上手配とは、宿泊、食事、観光、送迎、ガイド手配などのことである。海外旅行の現地手配、インバウンドの国内手配の他、国内のバス手配を行うものもある。「ツアーオペレーター」とも呼ばれる。2018年に旅行業法上、「旅行サービス手配業」と位置づけられた。

8）ディストリビューター

海外の航空座席や宿泊客室を旅行会社に卸売する会社。航空券と宿泊をセットしたユニット商品を販売する会社もある。

9）添乗員派遣会社

国内・海外のパッケージツアーや団体旅行の添乗員を旅行会社に派遣する会社。専門の添乗員が所属している。

## ■旅行会社の旅行商品

### ①旅行商品とは

旅行商品とは、最広義では旅行に際して必要となるモノやサービスすべてを指す。広義では、パッケージツアー、JR・私鉄・バス・航空・宿泊・観光施設などのチケットやクーポン、また旅行用品、旅行保険、トラベラーズチェックなど、旅行会社が取り扱っている商品すべてのことをいう。狭義では、旅行素材に企画性、旅程の保証、独自の付加価値をつけ、自らが値付けした旅行会社独自の商品であるパッケージツアーのことを指す。

### ②旅行業約款による分類

旅行者と旅行会社の取引については「標準旅行業約款」によって定められている。この約款の中では旅行商品を次の5つとし、その取引を規定している。

1）募集型企画旅行契約

旅行会社が旅行の目的地・日程・運送・宿泊などのサービス内容および旅行代金を定めた旅行計画を作成し、運送機関などのサービス提供者と契約を締結、造成してパンフレットや新聞広告などで参加者を募集して実施する旅行商品のことを指す。いわゆる「パッケージツアー」のことである。旅行会社には「旅程保証」責任があり、旅行内容が変更になった場合には変更補償金が支払われる。また、不慮の事故などによる損害には「特別補償」が適用され補償金が支払われる。

2）受注型企画旅行契約

旅行会社が旅行の目的地・日程・運送・宿泊などのサービス内容および旅行代金を定めた旅行計画を作成し、運送機関などのサービス提供者と契約を締結、造成して販売する旅行商品で、旅行会社が旅行者の依頼により旅行計画を作成して実施する旅行商品のことを指す。学校の修学旅行や企業の職場旅行、インセンティブツアーなどがこれにあたる。募集型企画旅行同様に「旅程保証」「特別補償」が適用される。

3）手配旅行契約

旅行会社が旅行者の委託により、旅行者が運送・宿泊機関などのサービスの提供を受けることができるように、旅行者のために手配する旅行商品。計画の意思決定は旅行者が行うオーダーメイド旅行である。

4）渡航手続代行契約

パスポートやビザなどの取得に関する手続き、出入国書類などの作成の代行業務とその関連業務のこと。手続き代行業務は有料で行われるため旅行商品のひとつとされている。

5）旅行相談契約

旅行者が旅行計画を作成するために必要な助言、旅行計画の作成、旅行費用の見積もり、旅行地に関する情報提供などのコンサルテーション業務のこと。基本的には有料であるため旅行商品のひとつとされている。

③旅行会社による分類

旅行会社は、自社で取り扱う旅行商品を、一般的に次のように分類して販売することが多い。

1）パッケージツアー

旅行業約款上は募集型企画旅行商品である。旅行会社が独自に企画造成し実施する主力商品である。また、ほとんどの旅行会社では他社のパッケージツアーも販売している。

2）個人旅行

旅行者の依頼に基づいて手配する個人の旅行。航空や宿泊など単体の商品は「単品」と呼ばれ、鉄道、航空、宿泊などを組み合わせた旅行のことを「総合旅行」と呼ぶ。

3）団体旅行

企業の実施する職場旅行、インセンティブ旅行、報奨旅行や組合やサークルの親睦旅行、宗教団体の旅行などである。旅行業約款上は受注型企画旅行となる。こうした団体を組織する企業などの顧客を「オーガナイザー」と呼んでいる。

4）教育旅行

中学校や高校で実施される国内外の修学旅行の他、遠足、林間学校、臨海学校、語学研修旅行、ホームステイ、海外フィールドワークなど教育機関で実施される旅行である。

5）業務旅行

国内・海外への業務出張旅行のことで「ビジネストリップ」ともいわれる。商談や取引の他、会議出席、視察旅行、研修旅行などがある。近年、出張業務を包括的に請け負う「BTM（ビジネストラベルマネージメント）」という業態ができている。

6）インバウンド

訪日外国人旅行者の日本国内の旅行を手配・実施する業務。海外の旅行会社から見ると「ランドオペレーター」業務である。外国人旅行者向けのパッケージツアーを企画実施している旅行会社もある。

7）旅行関連商品

旅行保険、外貨両替、トラベラーズチェック、旅行積立、旅行図書、旅行土産品、旅行用品など旅行に関連するサービスやグッズのことである。JTBではこれらの商品群を「TRS商品（Travel Related Services）」と社内で呼称している。

## ■パッケージツアー

### ①パッケージツアーとは

旅行会社が出発地（集合場所）から帰着地（解散場所）までの全旅程を管理する形態の旅行商品である。旅行会社自らが企画し、旅行素材を仕入れ造成、値付けし、パンフレットや新聞広告、インターネットなどで告知・宣伝し募集する旅行会社のオリジナル旅行商品である。旅行業約款上は募集型企画旅行となる。

品質管理され、販売の手間もかからず、収益性の高い商品なので、どの旅行会社も販売に力を入れている最主力商品である。

パッケージツアーの多くはブランド名を付けている。ブランド名は旅行者を惹きつけ、販売に寄与する効果を有している。

### ②パッケージツアーの構成要素による分類

パッケージツアーは、旅行の構成要素により大きく、3つに分けることができる。

#### 1）フルパッケージ

宿泊、交通、観光、食事などがセットされているパッケージツアー。出発地（集合場所）から帰着地（解散場所）までの全旅程に添乗員が同行するのが基本形である。添乗員は同行しないが、スルーエスコート（現地到着の空港から現地出発の空港まで添乗員同様に同行する現地スタッフ）や現地ガイドが対応するツアーも含まれる。国内・海外ともに周遊旅行、熟年旅行、SIT などに多い。

#### 2）スケルトンパッケージ

往復航空や列車と宿泊、空港送迎のみがセットされたパッケージツアー。「フリープラン」と呼ばれる。海外ではハワイ、パリ、ニューヨークなどの一都市滞在型ツアーに多い。国内旅行では沖縄や北海道ツアーに見られ、パッケージツアーの主流になっている。

#### 3）ダイナミックパッケージ

上記のパッケージツアーとは全く異質な、Web 上で完結する新しいタイプのパッケージツアーである。航空機をはじめとする交通手段とホテルなどの宿泊施設を、所定の範囲内で任意に選択でき、自由な旅程を可能にする旅行商品である。価格も毎日変動するシステムとなっている。ダイナミックプライシングと呼ばれる。

③パッケージツアーの販売方法による分類

1）ホールセール商品

ホールセラーや総合旅行会社のホールセール部門が企画・実施したパッケージツアーで、自社および他社に委託して販売するパッケージツアー商品。

2）ダイレクトセール商品

企画・実施した旅行会社が自社のみで顧客に対して直接販売するパッケージツアー。通常、新聞広告や組織会員を通じて募集し企画実施する。

# 9. 宿泊業ビジネス

## ■旅館とホテル

日本の宿泊業ビジネスは、日本の伝統的な宿である旅館と西洋から入ってきたホテルに大きく分類することができる。

旅館とホテルの仕様は、旅館業法によって定められていたが、2018 年に同法が改正され、ホテル営業と旅館営業の種別が統合され、「旅館・ホテル営業」となり、各種基準も緩和された（P.38 参照）。

従って旅館とホテルの法的な区別はなくなったが、本質的な違いは歴史的背景から生まれた「和」と「洋」という文化表現の相違にある。

## ■旅館とホテルの相違

旅館とホテルの違いは、ハード、ソフトどの観点からも極めて大きく、利用の仕方も異なる。日本人の旅行者はこのふたつの宿泊施設を使い分けている。インバウンドにおいては、訪日外国人旅行者が日頃から使い慣れている洋室、ベッドで、かつプライバシーが守られるホテルが一般的に好まれている。一方、日本固有の旅館で宿泊体験を希望する外国人旅行者も多い。

図表 2-7 は、旅館とホテルの相違を表にまとめたものである。両者には多くの違いがあるが、最終項のキーワードで、ともに宿泊者を迎え入れる気持・行動として「おもてなし」「ホスピタリティ」が経営の基本になっていることは共通している。

客室には大きな相違がある。旅館は和室、つまり畳の部屋で靴を脱いで入る。就寝時にはその部屋に布団が敷かれる。部屋の大きさはさまざまだが、

10～12畳程度で、定員は4～6名が標準である。今日、日本家屋でもあまり見られなくなった床の間がある。また、広縁や小さな次の間のついている部屋もある。浴室つきの部屋もあるが、それは日本家屋と同様の和式風呂である。それとは別に男女別に分かれた大浴場がある。温泉地では大浴場は温泉浴場で旅館の大きな売りとなる。

ホテルの客室は洋室で靴のまま入る。日本のホテルにはスリッパが用意されている。就寝はベッドで、ふたつのベッドが並ぶツインルームが基本で定員は2名である。1名のシングルルーム、3名が利用できるトリプルルームもある。ベッドの他に椅子テーブル、ライティングデスクがある。浴室は各部屋に洋式風呂があり、洋式トイレが併設されている。

さらに食事、食事場所、従業員の服装などに大きな違いがあり、それぞれの特徴ともなっている。販売形態も旅館のほとんどは一泊二食料金制を続けている。

旅館は特に人的な対応を密にしておもてなしを前面に打ち出し「和」の文化を強調している。一方、ホテルは宿泊客のプライバシーを大切にし、セキ

図表2-7　旅館とホテルの相違

| | 旅館 | ホテル |
|---|---|---|
| 立地 | 主に観光地 | 主に都市 |
| 建物 | 主に和風建築 | 洋風建築 |
| 客室 | 和室(和洋室・洋室も一部ある)<br>靴は脱ぐ<br>就寝は布団<br>定員は4～6名が基本 | 洋室(ベッドルーム)<br>靴のまま入る<br>就寝はベッド<br>定員は2名基本(1名・3～4名もある) |
| 浴室 | 大浴場(客室内にも和式風呂ある) | 原則客室内(洋式風呂) |
| パブリックスペース | 原則宿泊者のみが利用<br>スリッパ・浴衣で利用できる | 外来客も利用できる<br>スリッパ・浴衣での利用はできない |
| 食事 | 主に和食 | 主に洋食(和食も選択できるところもある) |
| 食事場所 | 主に客室・館内食事処・和式宴会場 | 洋食レストラン・洋式宴会場 |
| 従業員 | 和装仲居(客室係り) | 洋装(フロント・ベル・ウェイター・ウェイトレス) |
| 販売形態 | 主に一泊二食料金制 | 主に室料制・一泊朝食料金も設定 |
| 経営形態 | 小規模施設・地場事業者・家族経営 | 大規模施設・企業経営・ホテルチェーン |
| キーワード | おもてなし・伝統文化 | ホスピタリティ・プライバシー・セキュリティ |

出典：『観光サービス論』(2015)

ュリティの高さをうたっている。

## ■旅館とホテルの現状

図表 2-8 のように、2017 年度の施設数は旅館の 38,622 軒に対しホテルは 10,402 軒と、旅館が圧倒している。しかし、客室数においては 2009 年に逆転しホテルの約 90 万室に対し旅館は約 69 万室となっている。旅館は小規模なものが多く平均客室数は 17.8 室に対しホテルは 87.3 室である。

日本人のライフスタイルの変化や旅館の後継者不足などから、旅館は施設数、客室数ともに減少傾向にある。ホテルは着実に増加している。

2018 年の宿泊施設の延べ宿泊者数（全体）は 5 億 1 千万人泊であった。日本人延べ宿泊者数は 4 億 2 千万人泊、外国人延べ宿泊者数は 8.9 千万人泊であった。旅館は 1 億 1 千万人泊でホテルは 4 億 5 千万人と、ホテルが 4 倍以上の利用になっている。

客室稼働率は全体で 61% であり、旅館は 39% だったが、シティホテルは 80%、ビジネスホテルは 75%、リゾートホテルも 58% と高い稼働率を示している。（観光庁「宿泊旅行統計調査」2018）

図表 2-8　旅館・ホテルの施設数・客室数の推移

| | 旅館 | | | ホテル | | |
|---|---|---|---|---|---|---|
| | 施設数 | 客室数 | 平均客室数 | 施設数 | 客室数 | 平均客室数 |
| 2011年度 | 46,196 | 761,448 | 16.5 | 9,863 | 814,355 | 82.6 |
| 2012年度 | 44,744 | 740,977 | 16.6 | 9,796 | 814,984 | 83.2 |
| 2013年度 | 43,363 | 735,271 | 17.0 | 9,809 | 827,211 | 84.3 |
| 2014年度 | 41,899 | 710,019 | 16.9 | 9,879 | 834,588 | 84.5 |
| 2015年度 | 40,661 | 701,656 | 17.3 | 9,967 | 846,332 | 84.9 |
| 2016年度 | 39,489 | 691,962 | 17.5 | 10,101 | 869,810 | 86.1 |
| 2017年度 | 38,622 | 688,342 | 17.8 | 10,402 | 907,800 | 87.3 |
| 2017/2011 | ▲ 7,574 | ▲ 73,106 | — | 539 | 93,445 | — |

出典：『数字が語る旅行業 2018』日本旅行業協会（2018）
資料：厚生労働省

## ■旅館の種類

旅館の分類方法は、立地や規模、業態、機能などからさまざまに分類されるが、一般的に次のようになる。

### ①温泉旅館

温泉入浴を目的とした旅館である。主に観光旅行者が訪れ、温泉と食事を楽しむ。館内に温泉の大浴場があり、露天風呂を設置しているところも多い。客室浴室に温泉をひいているところもある。

### ②観光旅館

観光地に立地している観光目的の旅行者を対象とした旅館。温泉はなくても大浴場を有している。団体客の宴会の受入れを中心にしてきた旅館だが、今日は個人客対応にも注力している。

### ③割烹旅館

会食、接待用の飲食に多く利用され、料理も一流の調理人を雇い、落ち着いた雰囲気を大切にしている旅館。割烹とは、伝統的な日本料理に対する総称である。料理旅館、料亭旅館もこの分類になる。

### ④ビジネス旅館

かつては商人宿、駅前旅館ともいわれたもので、主にビジネス客が宿泊する都市部に立地する小規模旅館。近年は、FIT の外国人旅行者にも利用されている。

### ⑤京町家・古民家宿

京都では、京町家を改修して宿泊施設として利用しているケースがある。また、全国的にも古民家を利用しての古民家宿が増加している。共に日本人旅行者だけではなく訪日外国人旅行者に人気が高い。

## ■ホテルの種類

ホテルは、立地や規模、業態、機能などからさまざまに分類されるが、一般的に次のようになる。

分類の形式のひとつとして、いわゆる「格付け」がある。欧米では、第三者格付け組織によるホテルの総合評価（星の数など）制度が普及しているが、日本にはそのような国内のホテルの格付け制度はない。

### ①シティホテル

都市部に立地する高級大型ホテル。部屋数も多く建築も豪華で設備も充実している。宿泊だけでなくレストランや宴会場、プール、スポーツジムなどの付帯施設やテナント店舗を備えたホテル。また、外国人旅行者にも快適に利用できるよう国際的な仕様となっている。

②リゾートホテル

主にビーチ、高原、湖畔など風光明媚な環境の一等地に立地するホテル。観光、保養、スポーツなどの目的の旅行者が主要な宿泊客となる。長期滞在向きのホテルで、ゆったりしたタイプの部屋が多い。プールやプライベートビーチ、テニスコート、ゴルフ場、スパ、エステなど多くの付帯施設を持つものもある。

③ビジネスホテル

都市に中心部に立地、ビジネス客の出張利用に特化したホテル。企業の出張旅費の範囲内で宿泊料金を設定しているホテルで、日本特有の形態である。シングルルームの比率が高く、レストランなどの料飲部門は重視しない傾向にある。ホテルチェーンとして全国に展開しているホテルも多い。

④その他のホテル

都市の繁華街に立地しカプセル状の簡易ベッドが提供されるカプセルホテル（簡易宿所営業）がある。また、カーホテルやレジャーホテル（旅館業法に基づくラブホテル類似ホテル）もある。

## ■その他宿泊業ビジネス

日本の観光を支える宿泊業ビジネスには次のようなものがある。比較的安価で宿泊することができる経済的な宿泊施設である。

①民宿

民宿は、主に海水浴場、スキー場、観光地に立地する小規模で客室が和室の宿泊施設のことである。レジャーや観光目的の旅行者を対象としている。多くは家族単位での経営である。簡易宿所営業の許可を取得していることが多い。

②ペンション

民宿のうち、建物が西洋風の外観・内装で、客室はベッドとフローリングの床などを備えた洋室で、食事も主に洋食を提供する宿泊施設のことである。主に高原リゾートやスキー場、海水浴場、離島などに立地する。民宿同様、家族経営であることが多い。

③ユースホステル

ユースホステルとは、青少年の旅に安全かつ安価な宿泊場所を提供しようという主旨で生まれた宿泊施設。日本全国にあり、国際ユースホステル連盟を通じて世界中にネットワークを持つ。

④ゲストハウス

バックパッカーの利用などに主眼を置いた安価な宿泊料金で利用できる宿泊施設。ドミトリーと呼ばれる相部屋タイプの部屋に複数人が寝泊まりすることが多い。

⑤公共の宿

公共の宿とは、国、地方公共団体、厚生年金、国民年金など公の機関が出資設立、運営している宿泊施設のことである。宿泊料金は比較的低価格であるが、設備、食事、サービスも旅館やホテルと遜色のない宿も多い。ほとんどの施設が基本的には誰でも利用できる。「休暇村」「公営国民宿舎」「かんぽの宿」「ハイツ＆いこいの村」「旅と宿」などがある。

## ■民泊

民泊とは、自宅の一部や全部、または空き別荘やマンションの一室などに有料で旅行者を宿泊させることをいう。訪日外国人旅行者の増加により宿泊施設が不足する中で、インターネットを利用して部屋の貸し手と借り手を仲介する民泊ビジネスがある。

民泊サービスの健全な普及を図るため、2018年、住宅宿泊事業法（民泊新法）が施行された。民泊が旅館業法の対象外となる条件は「人を宿泊させる日数が1年間で180日を超えないもの」とされている。

## ■宿泊業ビジネスとインバウンド

宿泊業ビジネスの需要の変動幅は大きく、最大の課題となっている。訪日外国人旅行はその課題解決の大きな要素となっている。

外国人旅行者は平日、休日に関係なく日本国内で行動する。平日と週末、休日との繁閑差を埋めてくれる。季節的にも日本人は休暇となるゴールデンウィークやお盆、年末年始に集中するが、外国人旅行者は日本の連休とは関係がない。それだけではなく、外国人旅行者は旅行日数が長く、連泊する傾向にある。2～3泊、長い場合は数週間の滞在もある。

訪日外国人旅行者の利用する宿泊施設はホテルが中心となるが、カプセルホテルやゲストハウスなども利用されている。そして、日本ならではの情緒を味わうことができる旅館への宿泊希望も多い。

しかし課題もある。第１に、旅館には、宿泊施設としての認知度が不足している。訪日外国人旅行者に、旅館とホテルの違いが認識されておらず、日本旅館の魅力が十分に伝わっていない。

また、予約経路が不足している。旅館の自社ホームページが多言語対応していない場合が多く、電話でも日本語でしか予約できない。海外の宿泊予約サイトにも出稿していない旅館が多い。ホテルに比べ外国語対応が遅れており、館内に多言語表示がされていない旅館が多い。

外国人旅行者は就寝の時、布団ではなく、ベッドを求める人が多く、食事つきのプランは求めていない人も多いなどの受入の課題がある。ベッドも設置された「和洋室」、和の文化表現を壊さない畳の部屋に合った和室用ベッドの活用、食事に関しては、洋食、中華を含めた「メニュー選択性」、さらに客室と食事を別々に販売する「泊食分離」の導入などが試行されている。

しかし、旅館はハード、ソフトの両面で日本の伝統・文化の素晴らしさを味わえる数少ない空間である。どの旅館にも日本独特のおもてなしの心が根づいている。インバウンドにとって他の国との差別化できる大きな観光資源でもあることは間違いない。また、温泉地に旅館が多いのも外国人旅行者にとって大きな魅力である。

## 10. 観光交通ビジネス

### ■観光交通とは

観光交通とは、観光を目的とした移動に利用する交通手段のことで、観光ビジネスの核となる存在である。

観光中の移動とは、図表2-9のように、旅行者の居住圏（発地）から観光地域（着地）までとその復路となる観光地域から旅行者の居住圏までの移動、観光地域間の移動、観光地域内の移動のことである。観光地域には旅行者を誘引する観光資源が存在する、観光交通とは旅行者と観光資源を結びつける必要不可欠な手段である。また、それだけではなく観光地を演出し、観光交通自体が観光資源になることもある。

ただし、観光交通となる鉄道、自動車、航空機、船舶などは観光を目的とする旅行者だけではなく、ビジネス客や通勤、通学、買物客などにも利用される交通運輸機関である。

図表 2-9　観光交通の概念

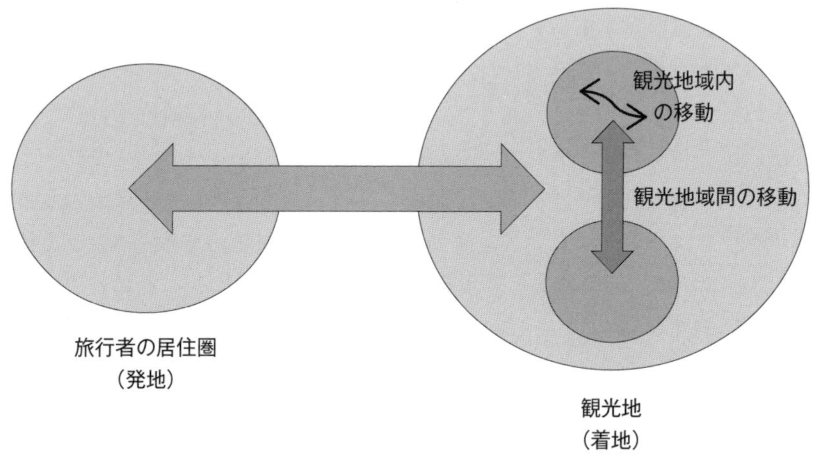


出典：『観光サービス論』（2015）

## ■観光交通の役割

観光交通は、次のような役割を担い、その中には移動の役割だけでなく、旅をさらに楽しくするための役割を担う場合もある。

①居住地と観光地を移動する手段としての役割

主に、鉄道、航空、バス、フェリーなど長距離を運行、運航する観光交通である。

②観光地域間を移動する手段としての役割

例えば、東京を出発し、京都と奈良を観光する場合の、京都―奈良間の移動の手段である。鉄道、バス、タクシーなどが利用される。

③観光地域内を移動する手段としての役割

観光地内の駅・空港、観光スポット、観光施設、宿泊施設を結ぶ観光交通である。バス、地下鉄、路面電車、モノレール、タクシーなどが利用される。

### ④観光地を演出する役割

移動の目的よりもその交通手段が観光地をより魅力的なものにする役割を果たすもの。観光ガイドつきの定期観光バス、観光地内を運行するレトロバス、観光馬車、観光水牛車、人力車などである。

### ⑤観光対象としての役割

移動の目的よりそれを利用すること自体が観光の対象となるもの。蒸気機関車(SL)、トロッコ列車、登山電車、ケーブルカー、ロープウェイ、遊覧船、川下り船、気球、さらに観光列車、豪華クルーズトレイン、豪華クルーズ客船などがある。

観光水牛車（沖縄・竹富島）

## ■観光交通の課題

### ①観光交通と二次交通

二次交通とは、観光地の最寄りの鉄道の駅や空港から観光目的地までの交通のことを指す。また、観光地間、観光地内の交通手段も二次交通と考えてよいだろう。

自動車が生活の足となっている地方では公共交通機関が整備されていない地域も多い。魅力的な観光資源であっても、交通の便が悪いために旅行先として選ばれないケースが多々あり、二次交通の有無、充実度は旅行先を選ぶ要素の一つになる。二次交通の整備は、観光地にとって重要な課題である。

### ②観光交通と環境問題

観光にとって環境問題は避けて通ることのできない課題である。観光交通ビジネスにとって重要なのは、観光地の自然環境の保護・保全と地域住民の生活環境への配慮である。特に、マイカーの普及と道路整備により、旅行手段として広く定着しているマイカー旅行による環境破壊が問題となっている。

マイカーに関する規制は多くの先進国の観光地ではすでに取組みが進んでいる。日本においても、マイカー乗り入れ規制や観光地に入る手前の駐車場にマイカーを駐車し、そこから鉄道やバスなどに乗り換えて観光地に移動するパーク・アンド・ライド、燃料電池車や電気自動車の活用などが取組まれている。

### ③観光交通とバリアフリー

本格的な高齢化が進展する中で、「交通バリアフリー法」（正式名称「高齢者、身体障害者等の公共交通機関を利用した移動の円滑化の促進に関する法律」）が制定され、鉄道の駅、空港、バスターミナル等の旅客施設の新設と大規模な改築、あるいは新車両の導入などの際のバリアフリー化が義務付けられた。

また、バリアフリーの対象は、増加する外国人旅行者も含まれる。特に、観光交通においては利用が難しいとの声が多く、案内所の整備や多言語表記、フリーきっぷ、フリーパスの開発などが進められている。

## ■鉄道交通ビジネス

### ①鉄道交通とは

鉄道とはレールの上を走行する車両を用いた交通機関のことである。モノレール、新交通システム、浮上式鉄道、ケーブルカー（鋼索鉄道）を含む。鉄道事業法上、トロリーバス（無軌条電車）、ロープウェイ（索道）も鉄道となる。

日本は鉄道網が発達し、速度や快適さも確保され、観光の移動に際してはマイカーを除くと最も利用されている。その長所は、大量輸送が可能なことで、例えば東海道新幹線の定員は1,000名以上である。また、日本の鉄道は特に定時制に優れており、高速性、安全性、経済性、環境優位性なども鉄道の長所として挙げられる。さらに、線路や駅は地域のシンボルになることも多い。

短所は、自由自在に走行できる道路交通とは違い、レールの上しか走行できないという制約がある。また、鉄道交通は地形の制約を受け、建設時に多額の設備投資が必要となり、その維持運営コストもかかる。地方のローカル線は日昼の運行本数が少なく、観光の移動手段としては実用性に欠ける場合も多い。

### ②鉄道交通ビジネスの役割分担

観光交通としての鉄道交通ビジネスは、次のような役割分担がなされている。

#### 1）都市間鉄道

東京、大阪を中心にして、全国の主要都市間の移動はJR、特に新幹線が担う。新幹線は東海道・山陽・九州・上越・東北・北陸・北海道・秋田・山形（図表2-10）の路線がある。新幹線未開通の主要都市間はJR在来線で結ばれている。

大阪―京都、大阪―名古屋、東京―横浜など一部区間は大手私鉄も主要都市を結んでいる。旅行者にとっては、居住圏から観光地に移動する最初に利用する鉄道となる。

### 2）都市内鉄道

地方中核都市、県庁所在都市などにおいては、JRの都市近郊線や私鉄・地下鉄・市電が都市内の移動を担っている。それぞれ都市観光に利用されている。また、都市部の大手私鉄は、特に沿線観光地への輸送に力を入れてい

図表2-10　日本の新幹線網

| | 起点 | 終点 | 備考 |
|---|---|---|---|
| 北海道新幹線 | 新青森 | 新函館北斗 | |
| | 新函館北斗 | 札幌 | 建設中 |
| 東北新幹線 | 東京 | 新青森 | |
| 秋田新幹線 | 盛岡 | 秋田 | ミニ新幹線 |
| 山形新幹線 | 福島 | 新庄 | ミニ新幹線 |
| 上越新幹線 | 大宮 | 新潟 | |
| 北陸新幹線 | 高崎 | 金沢 | |
| | 金沢 | 敦賀 | 建設中 |
| 東海道新幹線 | 東京 | 新大阪 | |
| リニア中央新幹線 | 品川 | 名古屋 | 建設中 |
| 山陽新幹線 | 新大阪 | 博多 | |
| 九州新幹線 | 博多 | 鹿児島中央 | |
| 九州新幹線（西九州ルート） | 武雄温泉 | 長崎 | 建設中 |

建設中の路線・駅名は仮称

る。東武鉄道の日光・鬼怒川、小田急電鉄の箱根・江の島、近畿日本鉄道の奈良・伊勢などは、その一例である。

### 3）地域内鉄道

主に観光地が立地する地域においては、JR ローカル線、地方公共団体と民間企業が運営する第三セクター鉄道が担っているケースが多い。また、観光目的の乗客がほとんどを占める登山鉄道・ケーブルカー・ロープウエィなどがある。

## ③観光対象としての鉄道交通

移動目的ではなく、利用すること自体が観光の対象となり、それ自体が観光資源になっている鉄道の事例もある。

### 1）SL 列車

SL（Steam Locomotive）とは蒸気機関車の愛称である。1975 年に全廃された蒸気機関車が、各地の JR・私鉄で観光用に運行され人気を博している。

「SL 冬の湿原号（JR 北海道）」、「SL ばんえつ物語（JR 東日本）」、「SL パレオエクスプレス号（秩父鉄道）」、「SL かわね路号（大井川鐵道）」、「SL やまぐち号（JR 西日本）」、「SL 人吉（JR 九州）」などがその例である。

### 2）トロッコ列車

トロッコ列車とは、観光用として無蓋貨車に座席をつけたもの、あるいは客車の壁を取り払って外気に直接触れるようにした列車である。展望が素晴らしく、季節や自然を肌で感じることができる。

「くしろ湿原ノロッコ号（JR 北海道）」、「トロッコわたらせ渓谷号（わたらせ渓谷鐵道）」、「ゆうすげ号（南阿蘇鉄道）」などがその例である。

### 3）寝台列車

夜行列車のうち寝台車で運行されている列車を寝台列車という。長距離を走る列車で、夜行高速バス、航空機との競争により利用客が減少したためにほとんどが廃止され、現在、定期運行されている寝台列車は JR の「サンライズ瀬戸・出雲」のみである。その希少価値が鉄道ファンや旅行愛好家の人気を集めている。

### 4）クルーズトレイン

クルーズトレインとは、クルーズ客船のような贅沢な旅を鉄道で提供する豪華観光寝台列車のことである。JR 各社の営業エリア内の観光地を数日間かけて周遊するもので、座席指定ではなく旅行商品として販売される。高級感のある客室やダイニングルーム、ラウンジ、景色を楽しむことができる展望車などを備えている。2013年にJR九州が運行を開始した「ななつ星in九州」が日本初。「TRAIN SUITE 四季島（しきしま）（JR東日本）」、「TWILIGHT EXPRESS 瑞風（みずかぜ）（JR西日本）」がある。

### 5）路面電車

路面電車は、主要都市に設置され、長く市民の足として利用されてきたが、現在までに多くの路線が廃止された。しかし近年都市交通として見直されるようになり、都市の名物として観光資源化した路線もある。また、低床車両、低騒音・高速化などを実現し、利便性を高めた新しい路面電車のシステム、「ライトレールトランジット（LRT・light rail transit）」も注目されている。

「都電荒川線（東京都交通局）」、「広島電鉄」、「伊予鉄道市内電車」、「長崎電気軌道」などの他、LRTは、「富山地方鉄道富山港線」があり、栃木県では「宇都宮ライトレール」が建設中である。

### 6）観光列車

観光列車は、乗ること自体を楽しむ列車のことで、「ジョイフルトレイン」「リゾート列車」「イベント列車」などと呼ばれ、季節限定列車も多い。「特急ライラック旭山動物園号（JR北海道）」、「リゾートしらかみ（JR東日本）」、「ストーブ列車（津軽鉄道）」、「お席トロ展望列車（会津鉄道）」、「急行・大正ロマン号（明知鉄道）」、「たま電車（和歌山電鐵）」、「アンパンマン列車（JR四国）」、「特急ゆふいんの森（JR九州）」などその数は多い。

### 7）ケーブルカー・ロープウェイ

ケーブルカーとは、山岳の急斜面でケーブル（鋼索）が繋がれた車両を巻上機などで巻き上げて運行する鉄道である。鋼索鉄道ともいう。ロープウェイは空中を渡したロープに吊り下げた輸送用搬器に人を乗せて輸送するもので、索道ともいわれる。ともに、山岳の観光地に立地し、登山を容易にするとともに景観が楽しめ観光交通である。

ケーブルカーには、「高尾登山ケーブル（東京都）」、「箱根登山ケーブルカー（神奈川県）」、「黒部ケーブルカー（富山県）」、「六甲ケーブル（兵庫県）」などがある。ロープウェイには、「函館山ロープウェイ（北海道）」、「蔵王ロープウェイ（山形県）」、「駒ヶ岳ロープウェイ（長野県）」、「雲仙ロープウェイ（長崎県）」などがある。

### ④鉄道交通関連用語

#### 1）駅案内

訪日外国人旅行者が頻繁に利用する駅の案内表示の多言語化や切符の購入に際しても多言語対応が進められている。ピクトグラムの使用、日本語、英語、中国語、韓国語の4か国語による外国語表記、駅ナンバリングの整備などである。さらに、多言語対応の駅観光案内所、無料公衆無線LANサービス、電子マネーに関する案内の充実、タブレット端末の活用などが急がれている。

#### 2）レールパス

JRや私鉄では訪日外国人旅行者向けのチケット、パスを販売している。代表的なものに、JRグループ6社が共同で提供している「Japan Rail Pass」、JR各社が地域限定で販売している「JR West Rail Pass（JR西日本）」「Hokkaido Rail Pass（JR北海道）」などがある。私鉄では、関西私鉄の各線に乗り降り可能となるチケット「KANSAI THRU PASS」などがある。

#### 3）駅弁

駅弁とは、鉄道駅や列車内で販売されている鉄道旅客向け弁当のことである。駅弁の基本は、ごはんとおかずがセットになっており、おかずには、魚や肉、野菜、海藻などの多彩な食材が使われている。地域ならではの食材を使用することも多い。鉄道を利用する訪日外国人旅行者も多くなり、日本固有のものといわれる「EKIBEN」にもファンが増えている。

#### 4）駅ナカ

駅ナカとは、鉄道会社が駅の構内に設けた商業エリアのことをいう。従来の売店や立ち食いそば店だけでなく有名店の出店もあり、飲食店から書店、マッサージ店、銀行ATM、コンビニエンスストア、ドラッグストア、高級スーパーマーケットなど多様な業種が集まる。鉄道利用者の移動の途中の「ついで」消費が促され、駅ナカの店は単位面積当たりの販売額が高く、販売効率が非常によいといわれている。

## ■陸上交通ビジネス

### ①バス

陸上交通ビジネスとして最も利用されるのがバスである。移動の目的と観光地めぐりの目的とに利用される。

バスとは多数の人を運ぶ大型自動車のことであり、車両の長さや旅客座席数により、一般の大型車の他、中型車、小型車、マイクロバスがある。また、2階建のダブルデッカー、一般車より車高の高いハイデッカーなどがある。

バスは運行形態によって次のように分類される。個人旅行では高速バスや定期観光バスなど乗合バスが多く利用され、団体旅行や旅行会社が主催するパッケージツアーでは貸切バスが利用されている。ホテルや観光施設が運行する送迎バスもある。

### 1）乗合バス（路線バス）

・一般路線バス

都市内輸送や鉄道駅と住宅地の輸送を担うバス。

・深夜バス

深夜時間帯のみに運行される路線バス。

・高速バス

主に高速道路を利用し都市間の輸送を担う路線バス

・空港アクセスバス

空港と都市中心部を結ぶ路線バス。リムジンバスと呼ばれる。

・コミュニティバス

地域住民の移動手段確保のために自治体等が運営するバス。

・定期観光バス

観光地をめぐる定期運行バス。通常ガイドの観光案内がある。

### 2）貸切バス（観光バス）

・観光バス（オーダーメイド）

修学旅行、社員旅行など学校、企業、団体での行事や訪日外国人の団体旅行など多人数で移動する場合に利用される貸切観光バス。

・観光バス（パッケージツアー）

旅行会社がパッケージツアーを設定しチャーターするバス。バスガイドの案内、観光地への入場や食事、買物等を伴う。

・ツアーバス

旅行会社がチャーターし、旅行参加者の移動のみを提供するパッケージツアーのバス。都市間移動、スキーバス等がある。バスガイド、観光地への入場や食事、買物等は含まれない。

### 3）特定輸送（送迎バス）

・送迎バス

最寄駅・港などからホテルや病院などへの利用客の送迎、工場や学校への通勤・通学輸送などに特化したバス。

### ②タクシー・ハイヤー

タクシーとは、乗務員が旅客の希望する任意の場所までの移動を引き受ける営業用自動車のこと、ハイヤーは、営業所から派遣する運転手つきの貸切営業乗用車のことである。路線バスなどの交通手段が整っていない観光地内の移動に適している。また、観光地には、乗務員が観光案内をする観光タクシーもある。

近年、新しいタクシー配車サービスが普及してきた。アメリカ発祥の「Uber（ウーバー）」がその先駆けで、本来はタクシー配車ではなく、ドライバーと利用者をマッチングするサービスである。日本においては、スマートフォンを利用するタクシー配車アプリとして普及している。配車の場所、時間、車種を指定すれば手配でき、クレジットカードを事前に登録しておけば、現金を所持していなくても利用可能である。

### ③観光地を演出する乗り物

移動の目的よりもその交通手段が観光地をより魅力的なものにする役割を果たす陸上交通としては、観光スポット付近で営業をする観光馬車、観光水牛車、観光雪上車、人力車などがある。いずれも、観光案内があるのが通常である。

### ④レンタカー

レンタカーとは、自動車を有料で貸し出すサービスのことで、観光においては、居住地からレンタルし観光目的地へ移動する場合と、観光目的地に到着後、鉄道駅または空港の営業所でレンタルし観光地内を運転する場合とがある。従って、レンタカーの営業所は、都市部と地域の主要鉄道駅、空港に立地している。近年では訪日外国人旅行者の移動手段の一つとしてレンタカーの利用が増えている

### ⑤カーシェアリング

カーシェアリングとは、登録を行った会員間で特定の自動車を共同使用し、好きな時に借りることのできるサービスのことである。

日本の現行法令上は、レンタカーと同様の扱いとされている。レンタカー

よりも短時間の利用を想定しており、レンタカーよりも安価になるように設定されている。観光での利用は未知数である。

⑥高速道路

高速道路とは、一般的に東名高速、中央自動車道、東北自動車道などの高速自動車国道のことを指す。法定最高速度の標準は時速100㎞で、移動時間を短縮することができる。観光においては、マイカーや高速バス、観光バスで利用され、高速道路網の整備に伴いその移動範囲は拡大された。

利用者の休憩用に設置されたサービスエリア（SA）、パーキングエリア（PA）があり、近年はさまざまな施設が設けられ充実が図られている。

⑦道の駅

道の駅とは、全国の主要道路に設けられた、道路利用者のための「休憩機能」、道路利用者や地域の人々のための「情報発信機能」、地域づくりを共に行うための「地域の連携機能」の３つの機能をあわせ持つ休憩施設である。全国に1,173駅が登録されている（2020年３月現在）。レクリエーション施設も充実し、観光の目的地となっている道の駅もある。

## ■航空交通ビジネス

長距離移動を要する観光に欠かせない交通手段が航空機である。離島への旅も航空機利用により身近になった。そして、島国である日本では、日本人の海外旅行、インバウンドにおいて、なくてはならない観光ビジネスである。航空機とは、人が乗って空中を航行する乗り物のことで、主に飛行機を指すが、観光用のヘリコプターなどもある。飛行機にはジェット機とプロペラ機がある。

①国際線と国内線

1）国際線

国際線とは、ある国と他の国とを結ぶ航空路線のことで、２か国以上の空港間を運航する航空機のことである。

成田国際空港、関西国際空港、中部国際空港、東京国際空港（羽田空港）および福岡空港、新千歳空港を中心に90以上の航空会社が海外都市へと運航している。日本の航空会社では主に日本航空（JAL）と全日空（ANA）がその役割を果たしており、それぞれ世界の数多くの都市へ定期運航している。また、前述の基幹空港だけではなく地方空港から運航する、日本および海外の LCC も増加している。

2）国内線

国内線とは、発着地がともに日本国内にある航空路線のことである。日本国内に 90 以上ある空港と空港を結んでいる。国内航空では、東京国際空港、成田国際空港、大阪国際空港（伊丹)、関西国際空港、新千歳空港、福岡空港、那覇空港を結ぶ路線を「幹線」と呼ぶ。この幹線を中心に地方空港や離島の空港へは、全日空グループと日本航空グループやスカイマークエアラインズやエア・ドゥ、スターフライヤー、ソラシドエア、さらに地域のコミューター航空会社が運航している。全日空グループと日本航空グループは 130 以上の路線を有している。また、日本の LCC（後述）も国内路線に参入している。

②航空交通ビジネスの用語

1）航空アライアンス

アライアンスとは、航空会社間の国際的な連合組織のことで「航空連合」ともいわれる。同一連合内においては、コードシェア便やマイレージサービスの相互乗り入れなど、旅客の利便性を図り、集客の向上を目指している。世界的なアライアンスは 3 つある。全日空やユナイテッド航空等が加盟する「スターアライアンス」、日本航空やアメリカン航空等が加盟する「ワンワールド」、エールフランスや大韓航空の「スカイチーム」である。

2）マイレージサービス

マイレージサービスとは、航空会社が行う顧客へのポイントサービスのこと。主なマイレージサービスは会員旅客に対する搭乗距離に応じたポイントを付加し、そのポイントに応じた無料航空券、割引航空券、座席グレードアップ、空港ラウンジ利用、優先予約などのサービス提供がある。

3）コードシェア便

コードシェア便とは、定期航空便に複数の航空会社の便名を付与して運航される便のこと。「共同運航便」とも呼ばれる。複数社による座席の販売強化や運航効率の向上をはかる運航形態のことである。主に、同一アライアンス内の航空会社同士で行われている。

4）オープンスカイ

オープンスカイとは、国際航空における自由航行のことで、乗り入れ・便数・路線・運賃・以遠権（いえんけん）（到着国を経由して第三国に運航する権利）などの完全自由化のことである。「航空自由化」とも呼ばれる。日本を含め、アメリカ、EU諸国、アジアの国々など多くの国がオープンスカイ政策をとっている。

### 5）国際線チャーター

国際線チャーター主に旅行会社が航空機一機を貸切る運航形態のこと。定期航空路線がない路線や団体旅行客の需要に対処する場合に行われることが多い。国際線を持たない地方空港発着などからの運航が期待されている。

### 6）LCC

LCC（Low Cost Carrier）とは、効率化の向上によって低価格の運賃で運航する航空会社で、「格安航空会社」ともいわれる。運航コストの低減、人件費の節減、機内サービスの簡略化、航空券販売コストの低減による効率化が図られている。LCCは航空交通ビジネスを大きく変え、インバウンドの拡大の大きな要素となっている。海外のLCCは10社以上が日本に就航する一方、国内ではピーチ・アビエーション、ジェットスター・ジャパン、春秋航空、エアアジア・ジャパンが就航している。

### 7）コミューター航空会社

コミューター航空会社とは、小型航空機で地方都市間や離島路線など近距離の地域間輸送を担う航空会社。「地域航空会社」ともいわれる。日本では離島への路線に多くあり、島民と島への観光旅行者を運んでいる。日本トランスオーシャン航空、日本エアコミューター、琉球エアーコミューター、北海道エアシステムなどがある。

### 8）ビジネスジェット

ビジネスジェットとは、個人や企業が主に商用目的で利用する航空機である。数人から十数人程度を定員とする小型機で、いわゆる社用機、自家用機である。少人数であるが富裕層やエグゼクティブがその旅客となるため、日本は積極的な受入れと、その体制つくりを始めている。

### 9）空港ビジネス

成田空港、関西国際空港、中部国際空港にはLCC専用ターミナルができた。また、出入国手続きをスムーズに行う自動化ゲートも設置されている。大量の乗降客を迅速に処理するための効率的な設備を整えるだけでなく、乗降客や乗り継ぎ客が快適に過ごせる待合室やロビー、ラウンジ、レストランや売店など多様なサービスを提供している。増加する訪日外国人旅行者向けの多言語サービスも進められている。羽田空港は、空港利用の旅行者だけではなく誰でもが楽しめるアミューズメント施設も充実している。

## ■海上交通ビジネス

島国の日本において船舶は最も歴史がある交通ビジネスである。海洋国家日本の歴史の中で、船舶が果してきた役割の大きさははかり知れず、海外交易や文化交流を、また島国である国内の移動を支えてきた。

特に、国際間の移動においては長い間主役を務めてきたが、航空機による海外渡航が一般化したため船舶での旅客輸送需要は激減し、今では一部の近隣諸国との間に就航している。しかし、今日でも船舶は観光にとって重要な観光交通ビジネスであり、国内航路は観光に重要な役割を果たしている。また、内外のクルーズ客船は注目されている。

### ①国際航路と国内航路

#### 1）国際航路

航空路線の発達で数は少なくなったが、海を隔てた隣国である、韓国、中国、ロシアとの間には定期便が運航されている。特に、韓国との航路は充実しており、多くの旅行者を運んでいる。主な国際航路は次のようなものがある。

・関釜フェリー：下関（山口県）～釜山（韓国）

・カメリアライン：博多（福岡県）～釜山

・ビートル（JR九州高速船）：博多～釜山

・ビートル（JR九州高速船）：比田勝（福岡県対馬）～釜山

・未来高速コビー／ニナ：比田勝・厳原（福岡県対馬）～釜山

・パンスタードリーム：大阪～釜山

・上海フェリー：大阪～上海（中国）

・日中国際フェリー：神戸・大阪～上海

・DBSクルーズフェリー：境港（鳥取県）～東海（韓国）～ウラジオストク（ロシア）

・SASCO：稚内（北海道）～コルサコフ（ロシア）※不定期

#### 2）国内航路

国内においては、自動車を一緒に載せることのできる長距離フェリーや主要な港を繋ぐ客船、離島を結ぶ航路など、日本列島の近海を多くの船舶が運航している。

・長距離フェリー

関東・関西・日本海側の主要港―北海道・九州・四国・沖縄の主要港を結んでいる。

・近距離航路

北海道近海、本州―北海道・九州、本州近海、九州近海のフェリー・客船の航路。

・瀬戸内海航路

本州―四国、本州・四国―瀬戸内海の島々を結ぶ航路。

・離島航路

伊豆諸島、小笠原諸島、南西諸島、八重山諸島などの離島を結ぶ航路。

離島を結ぶフェリー（ハートランドフェリー）

### ②さまざまな海上交通

#### 1）フェリー

フェリーとは、旅客と自動車を運搬できる構造を持つ貨客船のことで、「カーフェリー」とも呼ばれる。長距離を運航する大型のものから、距離の短い海峡などを運航する小型のものまである。片道300km以上の航路に就航しているフェリーは長距離フェリーといわれ、旅行者だけでなく陸上輸送の代替として物流の効率化に貢献している。

#### 2）クルーズ客船

クルーズ客船とは、海上での移動だけではなく船旅自体を楽しむ客船。ホテル並みの宿泊設備やレストラン、バー、フィットネスクラブ、図書室、美容院、シアター、ショップ、プールなどの設備があり、医師・看護師なども乗船し、長期間の船旅を楽しめるようになっている。

日本には「飛鳥Ⅱ（郵船クルーズ）」、「にっぽん丸（商船三井客船）」、「ぱしふぃっくびいなす（SHKライングループ）」の大型クルーズ客船があり、近隣外国周遊などの国際クルーズやさまざまなテーマでの国内クルーズを提供している。「飛鳥Ⅱ」には世界一周クルーズがある。また、外国のクルーズ客船が、アジア一周、世界一周の途中として日本に寄港している。

#### 3）遊覧船

川・湖・沼・港湾など景観の良好な観光地の水域で運航される旅客船。主に観光旅行者が利用する。一定規模の水域のある観光地にあり、それ自体が観光対象となっているものが多い。観光路線を運航する「水上バス」や船頭の操る小舟に乗って景色を楽しむ「川下り船」も遊覧船の一種である。

### 4）レストラン船

出港地と帰港地が同一で、レストラン施設を備え、レストラン以外のキャビンを持たない旅客船のことで、海上の眺望とレストランでの食事という目的に特化した客船である。小型和船で、船上での宴会や食事を楽しむ「屋形船」もその一種といえる。

# 第 3 課題

# 国内旅行

小樽運河（北海道小樽市）

# 1. 国内旅行市場

## ■国内旅行市場規模

国内旅行とは、日本人および日本国内に居住する人が居住地から離れ日本国内の各地を訪れる旅行のことである。日本国内は基本的に制限なく誰もがどこへでも旅行することができる。ただし、北方領土や危険地域など許可なく立ち入りできない島嶼、地域が一部ある。

「旅行・観光消費動向調査」（観光庁）によると、図表3-1のように、日本人の国内旅行の延べ旅行者数（2018年）はおよそ5億6,000万人で、日本人ひとりが1年間に4回程度国内旅行をしたことになる。その内、宿泊旅行の延べ旅行者数は2億9千万人で、日帰り旅行の延べ旅行者数は2億7千万人であった。国内旅行は、景気動向、災害、天候などに影響され増減する。また、連休の数、大型イベントの開催、新幹線など新規交通手段の開業などにも大きく左右される。

国内旅行消費額（2018）は、国内宿泊旅行15.8兆円、国内日帰り旅行4.7兆円で国内旅行合計は20.5兆円になる。日本の旅行の国内旅行市場における旅行消費額シェアはおよそ8割で圧倒的な大きさである。

図表3-1　国内旅行の旅行者数と消費額の推移（2011－2018）

| | 国内旅行延べ旅行者数 | | | 国内旅行消費額 | | |
|---|---|---|---|---|---|---|
| | 延べ旅行者数(万人) | 国内宿泊旅行<br>延べ旅行者数(万人) | 国内日帰り旅行<br>延べ旅行者数(万人) | 消費額(億円) | 国内宿泊旅行<br>消費額(億円) | 国内日帰り旅行<br>消費額(億円) |
| 2011 | 61,253 | 31,356 | 29,896 | 197369 | 147,841 | 49,529 |
| 2012 | 61,275 | 31,555 | 29,720 | 194,208 | 149,710 | 44,498 |
| 2013 | 63,095 | 32,042 | 31,053 | 201,871 | 154,101 | 47,770 |
| 2014 | 59,522 | 29,734 | 29,788 | 184,204 | 138,909 | 45,295 |
| 2015 | 60,472 | 31,299 | 29,173 | 204,090 | 158,120 | 45,970 |
| 2016 | 64,108 | 32,566 | 31,542 | 209,547 | 160,335 | 49,212 |
| 2017 | 64,751 | 32,333 | 32,418 | 211,130 | 160,798 | 50,332 |
| 2018 | 56,178 | 29,105 | 27,073 | 204,834 | 158,040 | 46,794 |

出典：「旅行・観光消費動向調査（観光庁）」より

## ■国内宿泊旅行マーケットの構造

国内旅行は「宿泊旅行」と「日帰り旅行」とに区分することができる。市場規模が大きく、その特性や動向が把握可能な「宿泊旅行」に関する現状を見ていく。

図表 3-2 は、国内宿泊旅行の延べ旅行者数の目的別のシェア、すなわち国内宿泊旅行のマーケット構造を表したものである。「観光・レクリエーション」の延べ旅行者数は約 1 億 6,500 万人で 5 割強と最も大きなシェアを占めていることが分かる。次いで、「帰省・知人訪問等」が 3 割弱と続いている。帰省旅行とは、帰省や郷里での冠婚葬祭への参加のための旅行のことである。この帰省旅行のボリュームが大きいのが国内宿泊旅行の特徴となる。

商談や会議、視察などの仕事のための旅行である「出張・業務」は 16% 程度となっている。

なお、国内旅行宿泊者数は 5 億 3,800 万人泊（2018 年、外国人宿泊数含む、観光庁『宿泊旅行統計調査報告』より）となっている。うち、外国人延べ宿泊者数は 9,428 万人泊で、毎年着実に増加している。

図表 3-2　国内宿泊旅行マーケットの構造 / 延べ旅行者数（2018）

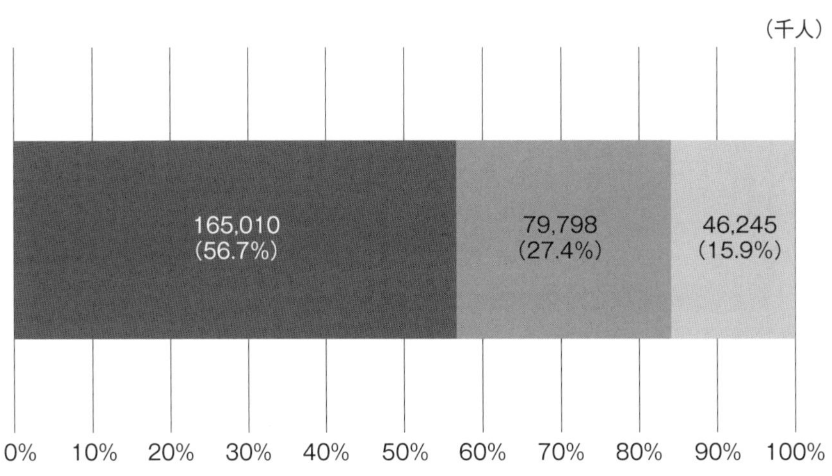


出典：「旅行・観光消費動向調査（観光庁）」より

# 2. 国内旅行の特徴

## ■国内宿泊旅行の出発時期

国内宿泊旅行は、四季が明確であり、休暇時期が限定的な日本においては季節、月、曜日により大きな変動がある。

旅行者数のボリュームにより、最も旅行者数が多い時期を「繁忙期」または「ピーク期」、少ない時期を「閑散期」または「オフ期」、その中間的な時期を「通常期」または「ショルダー期」と呼ぶ。

図表3-3は、出発月別の国内宿泊旅行の延べ旅行者を表したものである。月別にみると、夏休みの8月がピーク期となっている。これは小中学生が休みであり、長期休暇が取れやすい、帰省に伴う旅行も多いからである。夏休みの家族旅行、友人との旅行は定着し慣例化している。3月は春休み、卒業旅行や花見の旅行が集中する。5月は、行楽シーズンであるとともにゴールデンウィークの長期休暇によるものである。祝祭日の日並びにより旅行先や旅行日数が毎年変わる。9月は連休も多く、夏期の休暇取得をずらしこの時期に旅行する（レイトサマー：「遅い夏休み」の意）人が多い。

図表3-3　国内宿泊旅行の出発月（2018）

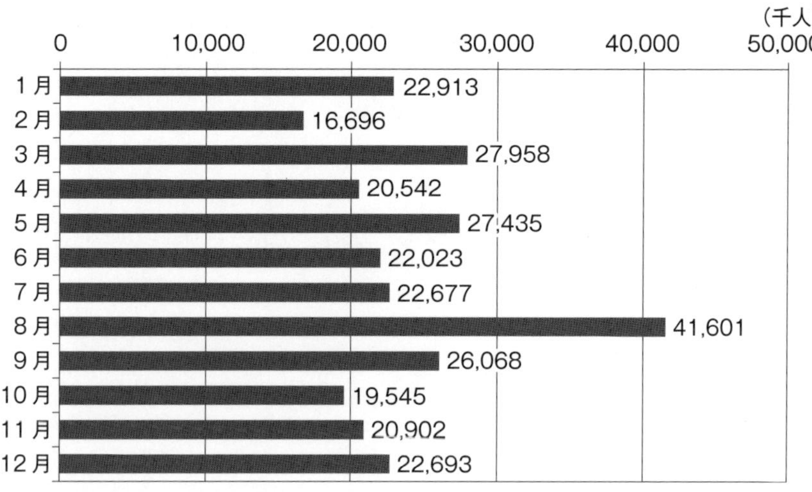


出典：『旅行年報2019』公益財団法人日本交通公社　資料「旅行・観光消費動向調査（観光庁）」

## ■国内宿泊旅行の宿泊数

図表 3-4 は、国内宿泊旅行の宿泊数を表したものである。宿泊数では「1 泊」が全体の 5 割を占め、「2 泊」と合わせると 8 割弱となる。このように国内宿泊旅行は短期の旅行が中心であり、この傾向が長く続いている。日本の国内宿泊旅行の最大の特徴であるとともに、最大の課題である。

図表 3-4　国内宿泊旅行の宿泊数（2018）

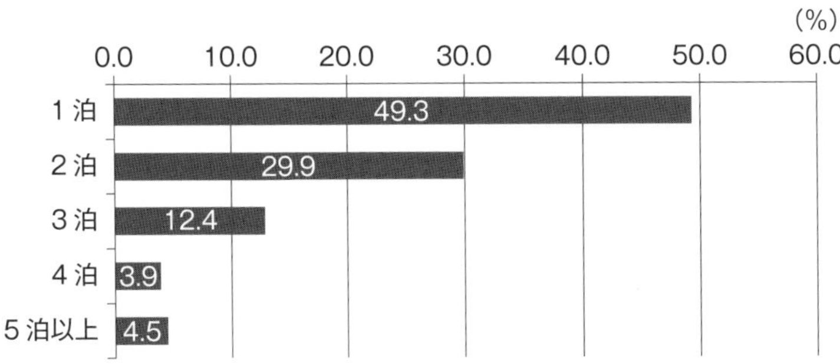


出典：『旅行年報 2019』公益財団法人日本交通公社　資料「JTBF 旅行実態調査」

## ■国内宿泊旅行の旅行同行者

図表 3-5 は、国内宿泊旅行の同行者を表したものである。夫婦・カップル旅行が最も多く 36% 程度となっている。その内訳は子育て後の夫婦が最も多い。次に多いのは家族旅行で、27% 程度で、その内訳をみると小中高生連れ家族旅行が多い。友人・知人旅行は 20% 弱で、未婚の男女が多い。ひとり旅は 17% 程度で、男性のひとり旅が多い。

図表 3-5　国内宿泊旅行の同行者（2018）

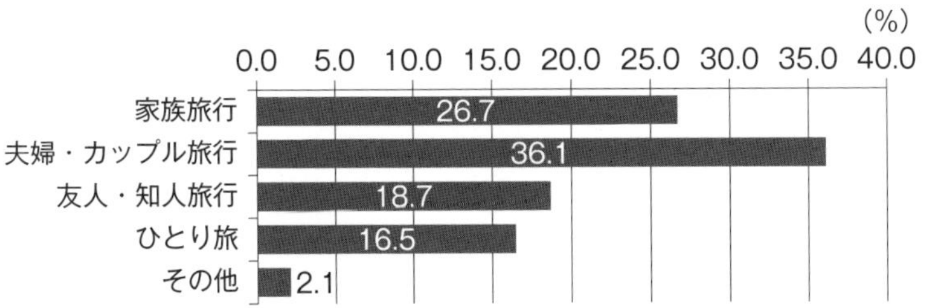


出典：『旅行年報 2019』公益財団法人日本交通公社　資料「JTBF 旅行実態調査」

## ■国内宿泊旅行の宿泊施設

図表3-6は、宿泊を伴う観光目的とした国内旅行の利用宿泊施設を表したものである。「ホテル」が全体の約6割を占めている。「旅館」は約3割となっている。近年、「ホテル」のシェアが上昇し、「旅館」のシェアの減少傾向が続いている。

しかし、日本固有の「旅館」が一定のシェアを占めていることは、国内宿泊旅行においての最大の特徴となる。日本人は旅行目的やデスティネーションによって「ホテル」と「旅館」を使い分けている。

図表3-6　国内宿泊旅行の宿泊施設（2018）

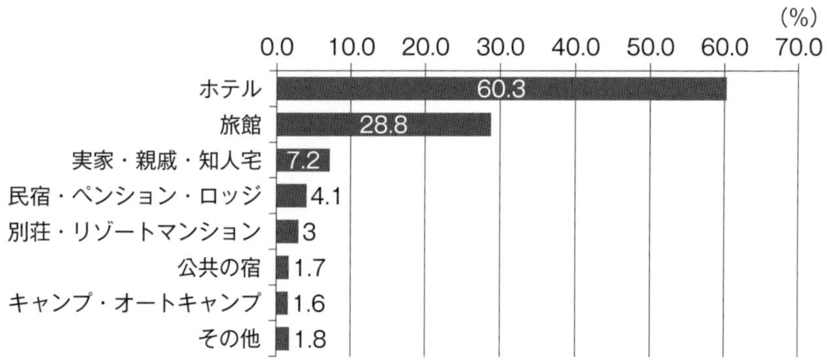


出典：『旅行年報2019』公益財団法人日本交通公社　資料「JTBF旅行実態調査」

## ■国内宿泊旅行の交通手段

目的地までの交通手段は何を利用しているのであろう。図表3-7は、宿泊を伴う観光目的とした国内旅行の目的地までの交通手段を表したものである。「自家用車」いわゆるマイカーでの旅が約40%で、「列車」「飛行機」と続いている。

日本の旅行はマイカー旅行が主流であるといえる。これはマイカー普及率が高いことと、高速道路網が整備されていること、近距離の1泊旅行が多いことなどが理由に挙げられる。しかし、遠距離となる旅行には新幹線などの鉄道が利用され、北海道、沖縄や離島などは航空機が利用されている。また、近年は遠距離の目的地であっても低価格の長距離バスが利用されることがある。

図表 3-7　国内宿泊旅行の交通手段（2018）

| 交通手段 | (%) |
| --- | --- |
| 自家用車 | 40.1 |
| 列車 | 26.3 |
| 飛行機 | 23.2 |
| バス・貸切バス | 6.7 |
| レンタカー | 2.6 |
| その他 | 1.0 |

出典：『旅行年報 2019』公益財団法人日本交通公社　資料「JTBF 旅行実態調査」

## ■国内宿泊旅行の旅行費用

図表 3-8 は、交通費、宿泊費、飲食費、土産代などを含めた国内宿泊旅行 1 回 1 人当たりの費用である。平均旅行費用は 5 万 3,550 円（2018 年）だった。「2 万円～ 3 万円未満」が約 18% と一番多い。次いで「3 万円～ 4 万円未満」と続く。これは 1 泊旅行が多いことによるものである。一方で、「5 万円～ 7 万円未満」「7 万円～ 10 万円未満」も 1 割前後ある。また、10 万円以上のシェアも 1 割以上あり、豪華な国内宿泊旅行を楽しんでいる様子もうかがうことができる。

図表 3-8　国内宿泊旅行の旅行費用（2018）

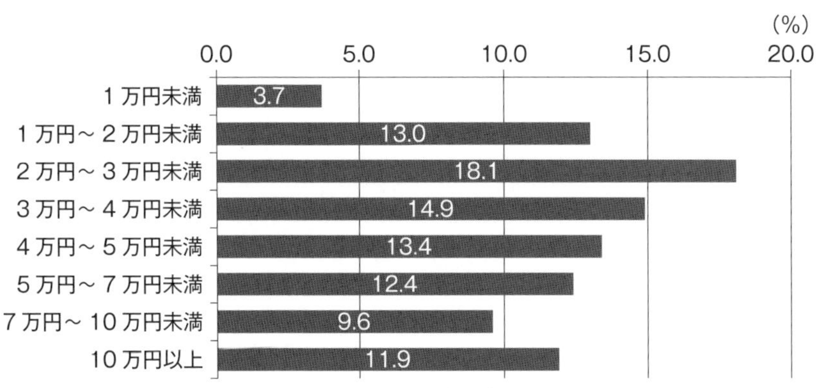


出典：『旅行年報 2019』公益財団法人日本交通公社　資料「JTBF 旅行実態調査」

## 3. 国内旅行の期待と現地活動

### ■国内旅行の期待

図表3-9は、「国内旅行先の最も楽しみにしていたこと」を表したものである。「おいしいものを食べること」が第1位で2割近くいた。目的地でその地域ならではの食材、料理は旅行前の期待となっている。日頃なかなか食することができない高級料理やその土地ならではの郷土料理、その時期にしか食べられない旬な食材を使った料理、話題になっているご当地グルメやB級グルメなどである。

2位は「温泉に入ること」で、日本人の温泉志向は老若男女に幅広く根強い。3位、4位が、「自然景観を見ること」「文化的な名所を見ること」が並んでいる。これは従来からの旅行の普遍的な目的であり活動である。「スポーツやアウトドア活動を楽しむこと」が約6%あった。「買物をすること」を第一の期待とした人は少ない。

図表3-9　国内旅行先の最も楽しみにしていたこと（2018）

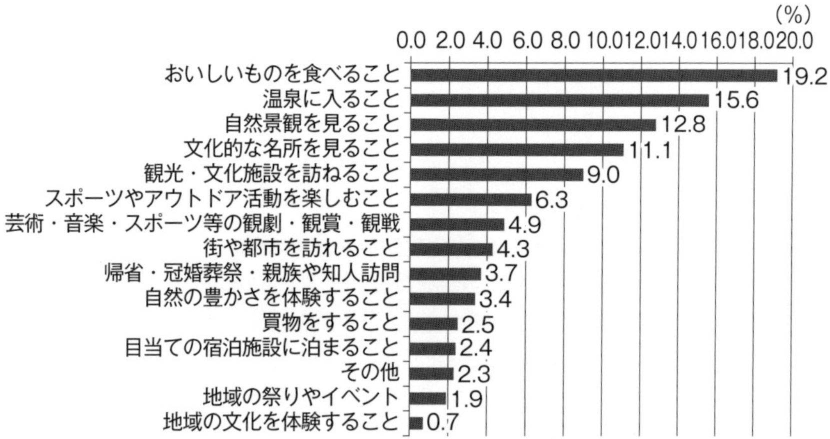


出典：『旅行年報2019』公益財団法人日本交通公社　資料「JTBF旅行実態調査」

### ■国内旅行先の現地活動

国内旅行の旅行先で実際どのような活動をしているのであろうか。図表3

-10は、「国内旅行先の現地活動（複数回答）」を表したものである。「自然や景勝地の訪問」が1位で4割ほどいた。「歴史・文化的な名所の訪問」は5位で、旅先で自然に触れ、美しい景色を見ることとのほうが多かった。第2位は「温泉」で4割弱が体験している。第3位は「現地グルメ・名物料理」で、期待の「おいしいものを食べること」の実践である。

「まち並み散策・まち歩き」は3割程度ある。「ショッピング・買物」は25％程であった。「都市観光・都市見物」も20％程度あり、都市自体が観光の対象となっていることが分かる。「祭・イベント」「芸術鑑賞（観劇・コンサート・ライブなど）」「季節の花見」など季節、時期が限定的な観光の対象の体験も決して少なくない。

図表３-10　国内旅行先の現地活動（2018）複数回答

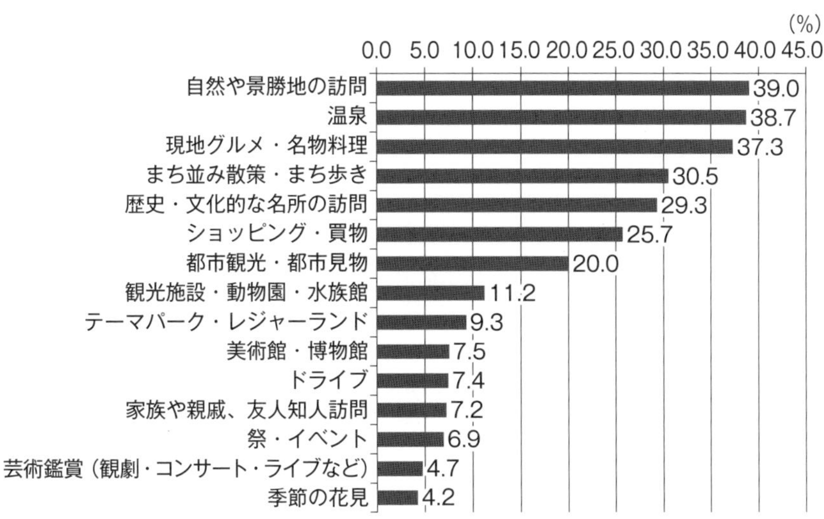


出典：『旅行年報 2019』公益財団法人日本交通公社　資料「JTBF旅行実態調査」

# 4. 国内旅行のデスティネーション

## ■都道府県別日本人延べ宿泊者数

国内宿泊旅行のデスティネーション（旅行目的地）となる都道府県を見てみる。観光庁の『宿泊旅行統計調査（2018)』によると、国内旅行の延べ宿泊者数は5億3,800万人泊となっている。うち、外国人延べ宿泊者数は9,428万人泊で、毎年着実に増加している。

図表3-11は都道府県別の延べ宿泊者数の上位の都道府県を表したものである。1位は東京都が群を抜いている。この宿泊数には観光目的以外の業務目的なども含まれていることによるが、東京は都市観光の場でもある。3位の大阪府も同様である。

2位は北海道で国内最大の観光地といっていいだろう。札幌を始めとした、函館、小樽、旭川などの都市観光、他では味わうことのできない大自然、数多くの良質な温泉、新鮮な海産物など観光資源が豊富な地である。寒い冬にも雪祭りや流氷などを目当てに多くの旅行者が訪れている。4位千葉県には東京ディズニーリゾートと成田空港がある。5位は沖縄県で、日本を代表する海のリゾート地であり、独特な琉球文化を残す地であり、特徴ある多くの島々がある。

6位の神奈川県は、港町横浜と古都鎌倉、箱根温泉がある。7位の静岡県は、富士山と伊豆の温泉が多くの旅行者を呼んでいる。8位長野県は、山や高原などの自然を満喫でき、温泉も多い。冬はスキーで賑わい、四季を通して個人旅行でも団体旅行でも楽しむことのできるデスティネーションである。

図表3-11　都道府県別日本人の延べ宿泊者数上位15（2018）

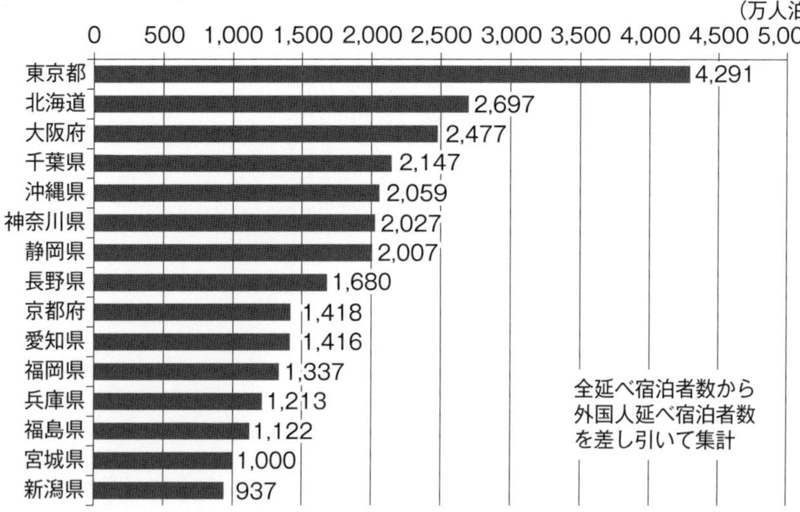


出典：「宿泊旅行統計調査（観光庁）」より

9位の京都府は世界的な観光都市であり、修学旅行生の宿泊も多い。10位愛知県、11位福岡県はビジネス旅行者も多いが、観光要素も充実している。以下、港町神戸、姫路城がある兵庫県、観光スポットと温泉がある福島県、宮城県、新潟県と続いている。

## ■国内旅行で行ってみたい旅行先

「JTBF旅行意識調査（2019)」(『旅行年報2019』公益財団法人日本交通公社）によると、「今後1～2年の間に行ってみたい国内旅行の旅行先」の上位は、図表3-12のようになっている。具体的な地名を行きたい順に3つまで自由に回答してもらい、最も行きたい地域を3ポイント、2番目に行きたい地域に2ポイント、3番目に行きたい地域を1ポイントとして、その合計値をランキングしている。

1位は北海道で、同調査で連続して首位を維持している。日本人が最も憧れを抱く観光地であることが分かる。大自然、良質な温泉、新鮮な食、雪、スキー、祭イベント等々、豊富な観光資源が広大な大地に存在している。2位は沖縄県で、北海道と並ぶ二大デスティネーションといえる。日本には数少ないマリンリゾート地であり、自然が残され、琉球文化も味わうことができる。海外旅行気分が味わえるデスティネーションである。

3位は京都府で、古都京都は日本人にとって特別なデスティネーションである。リピーターも多い。4位5位は東京都、大阪府で、世界的なレベルの都市観光の場である。東京は東京スカイツリーや隣県になるが東京ディズニーリゾート（TDR)、大阪はユニバーサル・スタジオ・ジャパン（USJ）の魅力が大きい。

以下多様な観光地と温泉がある九州地方が続いている。ハウステンボスや軍艦島もある長崎県、屋久島や奄美大島を含む鹿児島県、新幹線開通で注目を集めた金沢がある石川県、TDRのある千葉県が上位に入った。

東北地方、四国地方も行きたいデスティネーションとして上位に続いているのは興味深い。富士山、伊豆の温泉の静岡県、伊勢志摩のある三重県が続いている。

図表 3-12　国内旅行で行ってみたい旅行先（2019）

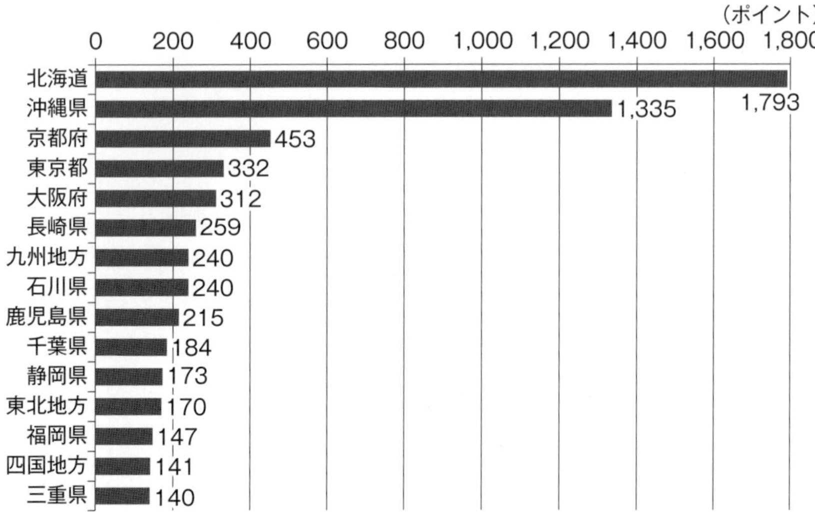


出典：『旅行年報 2019』公益財団法人日本交通公社　資料「JTBF 旅行意識調査」

## ■温泉

国内旅行のデスティネーションとして欠かすことができず、日本の国内旅行の特徴となっているのが温泉である。温泉は海外の国・地域にも存在するが、旅行先としてこのように国民に愛され定着している国は日本をおいて他にない。

温泉とは、地中から湧き出す湯、またはその場所、その湯を用いた入浴施設のことをいう。また、温泉法による温泉の定義は、源泉温度が摂氏 25 度以上であること、またはリチウムイオン、水素イオンなどの 19 の特定の成分が 1 つ以上規定値に達しているものである。温泉は自然の恵みというイメージがあるが、掘削技術の進んだ今、東京都心でも温泉地が次々と誕生している。

全国で温泉地の数は約 3,000 ヵ所（環境省 2018 年度データ）あり、全都道府県に分布している。日本における温泉利用の歴史は長く、神話の世界までさかのぼることができる。湯治の歴史も古く、現在の有名温泉地は湯治場から形成されたところがほとんどである。

温泉地の数の多い都道府県の上位は、①北海道、②長野県、③新潟県である。江戸時代の儒学者である林羅山が詩に詠んだ「三名泉」と呼ばれる温泉地は、有馬温泉（兵庫県）、草津温泉（群馬県）、下呂（げろ）温泉（岐阜県）である。また、歴史の長い「三古泉」（日本書紀・風土記に登場）と呼ばれる温泉地は、道後（どうご）温泉（愛媛県）、有馬温泉、白浜温泉（和歌山県）である。源泉数の数から「三大温泉」と呼ばれる温泉地もある。別府温泉（大分県）、由布院（ゆふいん）温泉（大分県）、伊東温泉（静岡県）であり、いずれも多くの旅行者を惹き付ける大観光地となっている。

図表3-13は、旅行会社などのプロが選んだ「日本の温泉地のランキング」である。1位の草津温泉は、自噴湧出量が日本一で泉質に定評がある。名物の湯もみや温泉街の中心にある湯畑が有名である。2位は地獄めぐりも有名な大規模温泉街を形成する別府八湯温泉、3位は飛騨川に面した名泉、下呂温泉である。

4位は世界でも珍しい天然砂むし温泉で有名な指宿（いぶすき）温泉、5位は夏目漱石の『坊ちゃん』にも登場する四国の歴史ある名湯、道後温泉。6位は京阪神の奥座敷と呼ばれ、金泉、銀泉でも知られる歴史ある名泉、有馬温泉。7位の登別温泉は温泉街に噴煙を上げる地獄谷が有名で、各旅館の温泉浴場の大

図表3-13　にっぽんの温泉100選上位10（2018年度）

| | 温泉地名 | 所在地 |
|---|---|---|
| 1 | 草津 | 群馬 |
| 2 | 別府八湯 | 大分 |
| 3 | 下呂 | 岐阜 |
| 4 | 指宿 | 鹿児島 |
| 5 | 道後 | 愛媛 |
| 6 | 有馬 | 兵庫 |
| 7 | 登別 | 北海道 |
| 8 | 和倉 | 石川 |
| 9 | 由布院 | 大分 |
| 10 | 城崎 | 兵庫 |
| 11 | 黒川 | 熊本 |
| 12 | 飛騨高山 | 岐阜 |
| 13 | 伊香保 | 群馬 |
| 14 | 山代 | 石川 |
| 15 | 玉造 | 島根 |
| 16 | 月岡 | 新潟 |
| 17 | 箱根湯本 | 神奈川 |
| 18 | 鳴子 | 宮城 |
| 19 | 塩原 | 栃木 |
| 20 | 山中 | 石川 |

※全国2,000余りの温泉地を対象として、旅行会社などのプロが投票

出典：「第32回にっぽんの温泉100選」（主催：観光経済新聞社 2018）より

きさに驚かされる。

8位は名旅館として名高い「加賀屋」がある能登の和倉(わくら)温泉。9位の由布院温泉は、良質な温泉とともにこだわりのある高級な小規模旅館が人気を集めている。10位は外湯めぐりや冬のカニ料理が楽しみな城崎(きのさき)温泉である。

11位の黒川温泉は、ほとんどの旅館に露天風呂があり、購入すると3ヵ所の露天風呂に入れるという「入湯手形」で人気を博し、落ち着いた和風旅館で温泉街を形成している。「ミシュラン・グリーンガイド」で二つ星を獲得し話題となった。以下、古い街並みや朝市が楽しめる飛驒高山温泉、長い石段の両側に旅館が並ぶ伊香保(いかほ)温泉、北陸の名湯山代(やましろ)温泉、山陰を代表する玉造(たまつくり)温泉と続く。いずれも、それぞれの地域を代表する温泉地で年間を通して多くの旅行者を迎え入れている。

草津温泉の湯畑
筆者撮影

## ■街並み

国内観光のデスティネーションとして、人気があり定着しているのが「街並み観光」である。ひとつの観光スポットを見学するだけでなく、街全体を散策し五感で味わう観光を楽しんでいる。

### ①古都

古都とは、昔に都がおかれていた場所のことであり、日本においては、京都、奈良がその代表である。都は置かれていなかったが鎌倉もそれに含まれる。これらの街は「古都保存法」により後世に引き継ぐべき歴史的風土が残されている。それぞれ日本を代表する大観光地である（P.40参照）。

### ②小京都

小京都とは、古い町並みや風情が京都に似ているとことから名づけられた街の愛称である。全国に20以上の小京都と呼ばれる地域がある。代表的な小京都は、「みちのくの小京都・角館(かくのだて)」「飛驒の小京都・高山」「山陰の小京都・津和野(つわの)町」「安芸の小京都・竹原」「薩摩の小京都・知覧(ちらん)」などであり、特に女性に人気で、今も風情ある街並みが旅行者を魅了している。

図表 3-14　主な小京都

| 地名 | 呼称 | 所在地 |
|---|---|---|
| 角館 | みちのくの小京都 | 秋田県仙北市 |
| 足利 | 東の小京都 | 栃木県足利市 |
| 加茂 | 北越の小京都 | 新潟県加茂市 |
| 高山 | 飛騨の小京都 | 岐阜県高山市 |
| 郡上八幡 | 奥美濃の小京都 | 岐阜県郡上市 |
| 西尾 | 三河の小京都 | 愛知県西尾市 |
| 伊賀上野 | 伊賀の小京都 | 三重県伊賀市 |
| 出石（いずし） | 但馬の小京都 | 兵庫県豊岡市 |
| 大洲(おおず) | 伊予の小京都 | 愛媛県大洲市 |
| 津和野 | 山陰の小京都 | 島根県津和野町 |
| 尾道 | 瀬戸内の小京都 | 広島県尾道市 |
| 山口 | 西の京都 | 山口県山口市 |
| 秋月 | 筑前の小京都 | 福岡県朝倉市 |
| 杵築（きつき） | 杵築の小京都 | 大分県杵築市 |
| 知覧(ちらん) | 薩摩の小京都 | 鹿児島県南九州市 |

出典：全国京都会議ホームページ等

③小江戸

小京都と似た言葉に「小江戸（こえど）」がある。江戸との係わりが深く、江戸の風情を残す古い街並みを残している地域である。代表的な「小江戸」は埼玉県の川越で、他に栃木県の栃木宿、千葉県の佐原（さわら）などがあり、首都圏からの日帰り街歩きで訪れる人が多い。

図表 3-15　主な小江戸

| 地名 | 旧国名 | 所在県 |
|---|---|---|
| 川越 | 武蔵国 | 埼玉県川越市 |
| 佐原 | 下総国 | 千葉県香取市 |
| 栃木 | 下野国 | 栃木県栃木市 |
| 大多喜 | 上総国 | 千葉県大多喜町 |
| 厚木 | 相模国 | 神奈川県厚木市 |
| 甲府 | 甲斐国 | 山梨県甲府市 |
| 掛塚 | 遠江国 | 静岡県磐田市 |
| 彦根 | 近江国 | 滋賀県彦根市 |

出典：各市町ホームページ

### ④宿場町

昔の宿場町を再現した街並みが人気の地域がある。旧中山道の妻籠宿、馬籠宿は1970年代から人気の観光地となっている。大内宿（おおうちじゅく）、海野宿（うんのじゅく）、熊川宿も注目の観光スポットになっている。多くの宿場町は「重要伝統的建造物群保存地区」に指定されている。それぞれ、古い建物を残すだけでなく、電柱を地中化し、舗装道路をはがし、まるで江戸時代にタイムスリップしたかのような街並みを再現している。時代劇のロケもよく行われている。

図表3-16　歴史的景観が残る主な宿場町

| 宿場名 | 街道名 | 所在地 |
|---|---|---|
| 大内宿 | 旧会津西街道 | 福島県下郷町 |
| 海野宿 | 旧北国街道 | 長野県東御市 |
| 奈良井宿 | 旧中山道 | 長野県塩尻市 |
| 妻籠宿 | 旧中山道 | 長野県南木曽町 |
| 馬籠宿 | 旧中山道 | 岐阜県中津川市 |
| 関宿 | 旧東海道 | 三重県亀山市 |
| 熊川宿 | 旧若狭街道 | 福井県若狭町 |
| 五條新町 | 旧紀州・伊勢街道 | 奈良県五條市 |
| 平福宿 | 旧因幡街道 | 兵庫県佐用町 |
| 智頭宿 | 旧因幡街道 | 鳥取県智頭町 |

出典：重要伝統的建造物群保存地区一覧、ZEKKEI Japan HPより

### ⑤人気の街並み

前述以外にも特徴ある人気の街並みは日本各地にある。

運河沿いに石造りの倉庫群が並ぶ小樽運河では、クルージングを楽しむこともできる。金沢のひがし茶屋街には茶屋様式の町家が多く残る。長浜黒壁スクエアは、江戸時代から明治時代の伝統的建造物を活かして整備された街並みに各種ショップが点在する。おかげ横丁は、伊勢神宮内宮に続く明治時代初期の鳥居前町の町並みを再現したものである。舟運で栄えた時代がしのばれる白壁の街並みの倉敷美観地区はいつも旅行者で賑わっている。

赤レンガの煙突、赤瓦の屋根と白壁とが織りなす西条酒蔵通りでは、酒蔵が開放される日もある。昭和30年代の商店街を再現した昭和のまち豊後高田も散策にふさわしい。

図表 3-17　人気の街並み

| 街並み名 | 内容 | 所在地 |
|---|---|---|
| 小樽運河 | 運河と石造りの倉庫群 | 北海道小樽市 |
| 登米市の町並み | 武家屋敷が並ぶ街 | 宮城県登米市 |
| 蔵の街喜多方 | 蔵とラーメンの街 | 福島県喜多方市 |
| 谷根千 | 谷中・根津・千駄木 | 東京都台東区/文京区 |
| 旧軽井沢銀座 | 軽井沢のメイン通り | 長野県軽井沢町 |
| ひがし茶屋街 | お茶屋建の家並み | 石川県金沢市 |
| 足助の町並み | 白壁の土蔵の宿場町 | 愛知県豊田市 |
| 高山市三町 | 城下町の中心地 | 岐阜県高山市 |
| おかげ横丁 | 伊勢神宮の門前町 | 三重県伊勢市 |
| 黒壁スクエア | 古建築とガラスの街 | 滋賀県長浜市 |
| ならまち | 町家の建ち並ぶ街 | 奈良県奈良市 |
| 北野異人館街 | 港を見下ろす異人館 | 兵庫県神戸市 |
| 倉敷美観地区 | 白壁となまこ壁 | 岡山県倉敷市 |
| 竹原町並み保存地区 | 塩田で栄えた街並み | 広島県竹原市 |
| 西条酒蔵通り | 酒蔵の白壁と煙突 | 広島県東広島市 |
| 鞆の浦 | 昔の土蔵が残る港町 | 広島県福山市 |
| うだつの町並み | うだつのある商家 | 徳島県美馬市 |
| 門司港レトロ | 大正ロマン漂う建物 | 福岡県北九州市 |
| 昭和の町豊後高田 | 昭和の街並みを再現 | 大分県豊後高田市 |
| 壺屋やちむん通り | 石畳と陶器の街 | 沖縄県那覇市 |

出典：各観光スポットホームページより

## ■城郭

美しい日本の城郭は、歴史ある神社、仏閣とともに大きな観光要素となってきた。近年、テレビの大河ドラマや「日本 100 名城」の選定などもあり、「城ブーム」と呼ばれる盛り上がりを見せている。特に若い女性がそのブームを牽引している。

確かに、遠くから見ても、近くで見ても美しい城郭の姿は日本の美を感じる。また、天守閣に登り周囲を見渡すのも楽しい。

日本の城は、かつては２万 5,000 以上あったといわれているが、現在は一般の人が見学できるのは再建されたものを含めて 200 城ほどである。そのうち江戸時代以前からの天守が現存しているのは 12 城だけである。

城は、江戸時代の「一国一城令」、明治時代の「廃城令」により、多く失われ、火災、地震、落雷などでも消失している。さらに戦時中の空襲などで

図表 3-18　人気の城郭

（★は天守が現存する 12 城）

| 城名 | 内容 | 所在地 |
|---|---|---|
| 五稜郭 | 星型の西洋式城郭 | 北海道函館市 |
| ★弘前城 | 日本有数の桜の名所 | 青森県弘前市 |
| 会津若松城 | 戊辰戦争で落城 | 福島県会津若松市 |
| 忍城 | 「のぼうの城」のモデル | 埼玉県行田市 |
| 小田原城 | 難攻不落の堅城 | 神奈川県小田原市 |
| ★松本城 | 白と黒の対比が美しい | 長野県松本市 |
| 名古屋城 | 金の鯱鉾が有名 | 愛知県名古屋市 |
| ★犬山城 | 木曽川のほとりに建つ国宝 | 愛知県犬山市 |
| ★丸岡城 | 別名霞ヶ城の桜の名所 | 福井県坂井市 |
| ★彦根城 | 江戸期譜代大名井伊家の居城 | 滋賀県彦根市 |
| 大阪城 | 秀吉築城の大阪のシンボル | 大阪府大阪市 |
| ★姫路城 | 日本の城の最高峰 | 兵庫県姫路市 |
| 竹田城跡 | 天空の城と称される | 兵庫県朝来市 |
| ★備中松山城 | 天守閣が残る山城 | 岡山県高梁市 |
| ★松江城 | 唯一の正統天守閣といわれる | 島根県松江市 |
| ★丸亀城 | 石垣の名城 | 香川県丸亀市 |
| ★高知城 | 天守と本丸御殿が現存 | 高知県高知市 |
| ★松山城 | 連立式天守の平山城 | 愛媛県松山市 |
| ★宇和島城 | 築城名人藤堂高虎の築城 | 愛媛県宇和島市 |
| 熊本城 | 復興のシンボル | 熊本県熊本市 |

も失なわれた。日本の名城、姫路城のように天守や櫓等の主要建築物が現存しているのはまれな例といえる。

図表 3-18 は、人気の城の一覧である。全国に美しく、歴史を感じる多くの城郭がある。

## ■島

「島旅」という言葉があり、多くの日本人はその言葉にロマンを感じる。船や飛行機でしかいけない島旅は、確かに旅を実感でき、島によって差はあるものの自然や島独特の歴史や文化が残されていて、心癒されるものがある。海外旅行の感覚もあり、島には人に元気を与える不思議なパワーがある。

四方を海に囲まれた日本には、6,852 の島があるといわれ、そのうち約 400 島が有人島である（国土交通省）。基本的にはその有人島が観光の対象

図表３-19　人気の島

| 島名 | 内容 | 所在地 |
|---|---|---|
| 利尻島・礼文島 | 登山の島、花の浮島 | 北海道利尻町・礼文町 |
| 田代島 | 猫神社もある猫島 | 宮城県石巻市 |
| 三宅島 | イルカとバードウォッチングの島 | 東京都三宅村 |
| 父島・母島 | 元祖エコツーリズムの島 | 東京都小笠原村 |
| 佐渡島 | 日本海最大の離島・トキの島 | 新潟県佐渡市 |
| 日間賀島 | 大人気・多幸と福の島 | 愛知県南知多町 |
| 佐久島 | アートを発見する島 | 愛知県西尾市 |
| 隠岐島 | 島丸ごとブランド化 | 島根県隠岐の島町 |
| 大久野島 | 瀬戸内のうさぎ島 | 広島県竹原市 |
| 小豆島 | 映画の舞台となったオリーブの島 | 香川県小豆島町 |
| 直島 | 現代アートが点在する島 | 香川県直島町 |
| 端島（軍艦島） | 日本有数の廃墟スポット | 長崎県長崎市 |
| 対馬 | 文化財が豊富な国境の島 | 長崎県対馬市 |
| 五島列島 | キリスト教文化が残る島 | 長崎県五島市 |
| 屋久島 | 屋久杉とものの け姫の森 | 鹿児島県久島町 |
| 奄美大島 | 自然と文化が共存する島 | 鹿児島県奄美市 |
| 与論島 | のんびりロングステイしたい島 | 鹿児島県与論町 |
| 宮古島 | 海の美しいホスピタリティの島 | 沖縄県宮古島市 |
| 石垣島 | 八重山観光の拠点 | 沖縄県石垣市 |
| 竹富島 | 水牛車と星砂の浜 | 沖縄県竹富町 |

出典：『島旅宣言』（2009）・じゃらんニュース（2019）より

となる。

北海道の利尻島、礼文島、日本海の佐渡島、隠岐島、太平洋の伊豆諸島、瀬戸内海の島々、対馬や五島列島、そして、鹿児島、沖縄の南の島々、それぞれに個性がある。近年、さまざまなテーマで島の魅力が発信され、アートを楽しむ直島（なおしま）、ウサギと出会う大久野島、世界遺産にも登録された廃墟スポット軍艦島など、島ならではの新しい楽しみ方が増えている。

## ■花見

四季が豊かな日本において、欠かせないのが桜の花見である。どの地域にも桜はあり春の訪れとともに満開となり人々を楽しませる。わざわざ旅をして見たい桜の名所は日本各地にある。満開の時期が異なるため、桜前線を追いかける旅行もある。

日本各地の桜の名所は「桜まつり」等の名称で祭りやイベントが開催され、地元の人だけではなく多くの旅行者を招き入れている。また、東京国立博物館や皇居の乾通り(いぬいどお)、大阪の造幣局のように普段は一般公開されていないが花見の季節に特別公開する場所もある。近年は、夜桜見物が定着し、ぼんぼりなどを設置するだけでなく、幻想的にライトアップし夜間特別公開される名所も多い。

花見は、訪日外国人旅行者の大きな来日目的になっている。また、花見の風習がアジアや欧米に伝わっている。

図表 3-20　人気の花見スポット

| 花見スポット | 内容 | 所在県 |
|---|---|---|
| 弘前公園 | 日本三大夜桜のひとつ、2,600本の桜 | 青森県 |
| 北上展勝地 | 桜並木のライトアップが幻想的 | 岩手県 |
| 角館 武家屋敷 | 古い街並みに400本のシダレザクラ | 秋田県 |
| 白石川堤一目千本桜 | 堤を彩る桜のトンネル、1,200本の桜並木 | 宮城県 |
| 三春滝桜 | ベニシダレザクラの見事な一本桜 | 福島県 |
| 幸手権現堂桜堤 | 桜のトンネルと周辺の菜の花 | 埼玉県 |
| 目黒川 | 約4kmにわたる桜並木 | 東京都 |
| 千鳥ヶ淵 | 千鳥ヶ淵緑道の桜が幻想的にライトアップ | 東京都 |
| 吉野山 | 日本三大桜の名所のひとつ、山全体が桜 | 奈良県 |
| 新倉山浅間公園 | 桜、富士山、五重塔が見られる絶景 | 山梨県 |
| 高田公園 | 内堀と外堀に約4,000本の桜 | 新潟県 |
| 高遠城址公園 | 1,500本のタカトオコヒガンザクラ | 長野県 |
| 清水寺 | 1,500本の桜が咲き誇る世界遺産の古刹 | 京都府 |
| 嵐山 | 渡月橋越しに見渡す絵画のような桜 | 京都府 |
| 竹田城跡 | 雲海に包まれた幻想的な光景 | 兵庫県 |
| 仁和寺 | 京都の春の終わりを告げる御室桜 | 京都府 |
| 哲学の道 | 約2kmの疏水沿いの散策道が桜道に | 京都府 |
| 醍醐寺 | 「花の醍醐」と言われるの桜の名所 | 京都府 |
| 造幣局 桜の通り抜け | 1週間限定で一般開放「桜の通り抜け」 | 大阪府 |
| 姫路城 | シーズンには観桜会などが開催 | 兵庫県 |

出典：楽天トラベル「マイトリップ」サイト（2019）

## ■紅葉

紅葉とは、秋になって樹木の葉が落葉前に紅色や黄色に変色する現象のことで、日本の秋の観光資源である。紅葉は、高原、渓谷、標高が高い湖沼、滝周辺に多くみられ、広い敷地や整備された庭園のある寺社や公園にも名所が多い。紅葉をめでる習慣は平安の頃始まったといわれ、特に京都市内には紅葉の名所が多い。

これらの紅葉の名所での紅葉(もみじ)狩りを目的に旅行に出かける人も多い。桜前線とは逆に北海道から始まる紅葉前線を追いかける旅もある。紅葉の見頃は開始後 20 ～ 25 日程度で、時期は北海道と東北地方が 10 月、関東から九州では 11 月から 12 月初め頃である。

紅葉の名所は海外にもあるが、多くの訪日外国人旅行者は、日本の紅葉は世界で一番美しいといい、外国人旅行者の地方誘客の大きな観光資源となっている。

図表 3-21　人気の紅葉スポット

| 紅葉スポット | 内容 | 所在県 |
|---|---|---|
| 筑波山 | ブナをはじめとした落葉紅葉樹が色づく | 茨城県 |
| 高尾山 | イロハモミジが沢山見られる東京郊外 | 東京都 |
| 養老渓谷 | 紅葉を川沿いの遊歩道から楽しむ | 千葉県 |
| 河口湖畔 | 「もみじ回廊」の巨木モミジは見事 | 山梨県 |
| 奥只見湖 | 遊覧船から美しい紅葉を堪能 | 新潟県 |
| 大洞院 | 見事な紅葉を立体的に楽しめる | 静岡県 |
| 香嵐渓 | 約4,000本の木々が紅や黄色に染まる | 愛知県 |
| びわ湖バレイ | ロープウェイで壮大な紅葉を楽しむ | 滋賀県 |
| 嵐山 | 大堰川の水面に映える紅葉は絶景 | 京都府 |
| 清水寺 | 奥の院からの眺めは絶景 | 京都府 |
| 永観堂 | 「もみじの永観堂」と呼ばれる紅葉の名所 | 京都府 |
| 東福寺通天橋 | 「通天紅葉」と呼ばれるカエデがある | 京都府 |
| 北野天満宮 | 「史跡 御土居もみじ苑」の紅葉は見事 | 京都府 |
| 高雄山神護寺 | 樹齢500年以上の古木の紅葉 | 京都府 |
| 石清水八幡宮 | 男山の紅葉と常緑樹のコントラスト | 京都府 |
| 高台寺 | 庭園が借景と共に美しく紅葉する | 京都府 |
| 高野山 | 各所の紅葉樹が彩り美しい | 和歌山県 |
| 大阪城公園 | 園内各所でケヤキ・イチョウ・ハゼが色づく | 大阪府 |
| 大山 | 西日本最大のブナの原生林が色づく | 鳥取県 |
| 深耶馬渓 | そそり立つ岩肌にモミジなどの紅葉 | 大分県 |

出典：日本気象協会「tenki.jp」（2018）

## ■テーマパーク

テーマパークとは、ひとつの国の文化、物語、映画、時代などの特定のテーマをベースにして園内が構成、演出された観光施設である。日本では一般の遊園地とは区別しているが、日本以外の国においてはテーマパークと遊園地は区別されず「アミューズメント・パーク」といわれている。

テーマパークという言葉は、1983年千葉県浦安市に開業した「東京ディズニーランド（TDL）」で用いられるようになってから一般化した。それ以前でも、ひとつの統一テーマで作られた、愛知県犬山市にある博物館「明治村」（1965年開園）や京都市の「東映太秦（うずまさ）映画村」（1975年開園）などがあり、これらが日本のテーマパークの草分けともいえる。

代表的なテーマパークは、「東京ディズニーリゾート（TDR）」である。TDRとは、TDLと「東京ディズニーシー（TDS）」を合わせたディズニーパークの総称である。入園者数は3,200万人（2018年度・TDLとTDSの合計）を超えている。名実ともに日本一の観光スポットといえよう。大阪市の「ユニバーサル・スタジオ・ジャパン（USJ）」、佐世保市の「ハウステンボス」とTDRで日本三大テーマパークと呼ぶことがある。

図表3-22　代表的なテーマパーク

| テーマパーク | 所在地 | 開園年 | テーマ |
|---|---|---|---|
| 東京ディズニーランド | 千葉県浦安市 | 1983年 | 夢・魔法 |
| 東京ディズニーシー | 千葉県浦安市 | 2001年 | 海 |
| ユニバーサル・スタジオ・ジャパン | 大阪府大阪市 | 2001年 | ハリウッド映画 |
| ハウステンボス | 長崎県佐世保市 | 1992年 | 中世オランダ |
| 志摩スペイン村 | 三重県志摩市 | 1994年 | スペイン |
| 博物館明治村 | 愛知県犬山市 | 1965年 | 明治時代 |
| 東映太秦映画村 | 京都府京都市 | 1975年 | 時代劇 |
| 日光江戸村 | 栃木県日光市 | 1986年 | 江戸時代 |
| サンリオピューロランド | 東京都多摩市 | 1990年 | キャラクター |
| 琉球村 | 沖縄県恩納村 | 1982年 | 琉球文化 |

出典：『観光サービス論』（2015）

## ■動物園・水族館

### ①動物園

動物園とは、生きた動物を収集、飼育、保護、研究し、教育、観賞、レクリエーションなどの目的で公開している施設であり、通常、陸上に生息する哺乳類や鳥類を中心に扱っている。

日本で最も古い動物園は、1882 年に開業した東京都台東区の上野恩賜公園内にある東京都立の「恩賜上野動物園」、通称「上野動物園」である。動物園は、現在日本全国に 91 施設（日本動物園水族館協会加盟・2019 年）ある。近年、行動展示を実施するなどさまざまな工夫を試みた「旭川市旭山動物園」が観光スポットとなった。

### ②水族館

水族館とは、海や河川・湖沼などの水中や水辺で生活する生き物を収集、飼育、保護、研究し、教育、観賞、レクリエーションなどの目的で公開している施設のことである。水族館では魚類を中心にガラスやプラスチックの透明な水槽に入れ公開されている。現在日本全国に 57 施設（日本動物園水族館協会加盟・2019 年）ある。

イルカ、アシカ、シャチなどの海獣によるショーなどを楽しむことができる水族館も多い。沖縄の「沖縄美（ちゅ）ら海水族館」は大水槽を泳ぐジンベエザメやイルカショーが人気で、沖縄県の一大観光地となっている。

図表 3-23　代表的な動物園・水族館

| | 施設名 | 所在地 | 開園年 | 特徴 |
|---|---|---|---|---|
| 動物園 | 旭山動物園 | 北海道旭川市 | 1967年 | 行動展示で一大観光地に |
| | 上野動物園 | 東京都台東区 | 1882年 | 日本で最初にできた動物園 |
| | 多摩動物公園 | 東京都日野市 | 1968年 | 生息地域ごとの地理学展示 |
| | アドベンチャーワールド | 和歌山県白浜町 | 1978年 | パンダが6頭いる人気パーク |
| | 富士サファリパーク | 静岡県裾野市 | 1980年 | 日本最大級のサファリパーク |
| 水族館 | 沖縄美ら海水族館 | 沖縄県本部町 | 2002年 | 世界最大級の大水槽「黒潮の海」が人気 |
| | アクアマリンふくしま | 福島県いわき市 | 2000年 | 展示数日本トップクラス |
| | 鳥羽水族館 | 三重県鳥羽市 | 1955年 | 飼育種類数日本トップクラス |
| | 海遊館 | 大阪府大阪市 | 1990年 | 日本2位の大水槽「太平洋水槽」が人気 |
| | 鴨川シーワールド | 千葉県鴨川市 | 1970年 | シャチのパフォーマンスが人気 |

出典：『観光サービス論』（2015）

## ■博物館・美術館

### ①博物館

博物館とは、歴史、芸術、民俗、産業、自然科学等に関する資料を収集・保管し、研究すると同時に、一般に展示・公開する施設である。日本には4,000館以上の博物館があり、公立のものと私立のものがある。日本初の博物館は1872年に創設された東京上野の「東京国立博物館」である。

博物館は、観光の対象となることが多く、「広島平和記念資料館（広島県)」、「福井県立恐竜博物館（福井県)」、「鉄道博物館（埼玉県)」、「カップヌードルミュージアム（神奈川県)」など内外の多くの旅行者が訪れる施設もある。

### ②美術館

美術館とは、内外、古今の美術作品などを収集・保管し、研究すると同時に、一般に展示・公開する施設であり、博物館の一種である。日本においては、明治後期に国立博物館で美術品展示が行われている。1930年に倉敷市に開設された「大原美術館」は、日本初の西洋美術中心の私立美術館である。1952年開館の「東京国立近代美術館」は近代美術を展示する日本初の国立美術館である。海外からの評価の高い美術館には外国人旅行者の来館が多い。

図表3-24　代表的な博物館・美術館

| | 施設名 | 所在地 | 開館年 | 特徴 |
|---|---|---|---|---|
| 博物館 | 国立科学博物館 | 東京都台東区 | 1926年 | 日本の科学博物館の代表 |
| | 広島平和記念資料館 | 広島県広島市 | 1955年 | 「原爆資料館」とも呼ばれる平和博物館 |
| | 福井県立恐竜博物館 | 福井県勝山市 | 2000年 | 日本の恐竜博物館の代表 |
| | 鉄道博物館 | 埼玉県さいたま市 | 2007年 | 鉄道に関する博物館、愛称「てっぱく」 |
| | カップヌードルミュージアム | 神奈川県横浜市 | 2011年 | 人気のインスタントラーメンの博物館 |
| 美術館 | 大原美術館 | 岡山県倉敷市 | 1930年 | 倉敷美観地区にある日本最初の近代西洋美術館 |
| | 箱根彫刻の森美術館 | 神奈川県箱根町 | 1969年 | 日本最初の野外彫刻美術館 |
| | 足立美術館 | 島根県安来市 | 1970年 | 近代日本画の美術館、庭園が海外でも高い評価 |
| | 三鷹の森ジブリ美術館 | 東京都三鷹市 | 2001年 | ジブリ作品をテーマにしたアニメーション美術館 |
| | 金沢21世紀美術館 | 石川県金沢市 | 2004年 | 開放的な新現代アートの美術館 |

出典：『観光サービス論』（2015）

## ■タワー

タワーとは、塔、塔状の高層建築物のことである。その用途は、主に、電波塔、灯台、展望台、商業施設、モニュメントなどである。遮蔽物がなく360度の眺望を楽しめる展望台は、多くの旅行者を呼ぶ観光施設となっている。日本全国、とくに大都市や港湾都市に立地し、その地のシンボル、ランドマークとなっている。観光の視点では、その特異な姿を見ることと、展望台に登り高所からの眺望を観賞する２つの面がある。

電波塔と展望台を兼ね備えたタワーとして1954年に名古屋テレビ塔、1958年に東京タワーが開業した。2012年には、東京都墨田区に世界一高い電波塔である東京スカイツリーが開業し、東京を代表する観光スポットとなった。

図表3-25　代表的なタワー

| タワー施設 | 所在地 | 開業年 | 高さ | 用途 |
|---|---|---|---|---|
| 東京スカイツリー | 東京都墨田区 | 2012年 | 634m | 電波塔・展望台 |
| 東京タワー | 東京都港区 | 1958年 | 333m | 電波塔・展望台 |
| 福岡タワー | 福岡県福岡市 | 1989年 | 234m | 電波塔・展望台 |
| 名古屋テレビ塔 | 愛知県名古屋市 | 1954年 | 180m | 電波塔・展望台 |
| ゴールドタワー | 香川県宇多津町 | 1988年 | 158m | 展望台 |
| さっぽろテレビ塔 | 北海道札幌市 | 1967年 | 147m | 電波塔・展望台 |
| 京都タワー | 京都府京都市 | 1964年 | 131m | 展望台 |
| 神戸ポートタワー | 兵庫県神戸市 | 1963年 | 108m | 展望台 |
| 五稜郭タワー | 北海道函館市 | 2006年 | 107m | 展望台 |
| 通天閣 | 大阪府大阪市 | 1956年 | 100m | 展望台・広告塔 |

出典：『観光サービス論』（2015）

東京スカイツリー

■スキー場

スキー場とは、スキーやスノーボードなどをするための場所や施設のことである。スキー場にはリフトやロープウェイ、ゴンドラリフトなどがあり、それらによって山頂付近まで上り、スキーやスノーボードでゲレンデを滑り降りるスポーツの場である。また、ゲレンデに隣接する宿泊施設や温泉施設を併設しているスキー場もある。

日本における最初のスキー場は1911年に開設された五色(ごしき)温泉スキー場(山形県)であり、民間用にリフトが最初に設けられたのは1948年開設の草津国際スキー場(群馬県)である。

現在、スキー場は北海道から九州までの全国各地約500ヶ所に点在し、良質な雪のある北海道や長野県、新潟県、山形県などの豪雪地帯に多くある。

近年、オーストラリアやアジア諸国のスキーヤーが良質な雪を求めて、賑わいを見せるニセコスキー場(北海道)、白馬スキー場(長野県)、ガーラ湯沢スキー場(新潟県)などが話題になっている。スキー場はスキー・スノーボードともに長期的に日本人の参加人口は減少傾向にあり、市場規模は縮小傾向にある一方、訪日外国人旅行者にとっては魅力的な訪問先であり、需要拡大が期待されている。

図表3-26　代表的なスキー場

| スキー場 | 所在地 |
| --- | --- |
| ニセコユナイテッド | 北海道 |
| キロロリゾート | 北海道 |
| ルスツリゾート | 北海道 |
| 蔵王温泉スキー場 | 山形県 |
| 苗場スキー場 | 新潟県 |
| 舞子スノーリゾート | 新潟県 |
| GALA湯沢スキー場 | 新潟県 |
| 志賀高原スキー場 | 長野県 |
| 野沢温泉スキー場 | 長野県 |
| 白馬八方尾根スキー場 | 長野県 |

## ■農業公園・観光農園・観光牧場

### ①農業公園

農業公園とは、農業振興を図る交流拠点として、自然とのふれあい、農業、園芸、造園への理解と環境、食の教育を目的として、農業体験機能、レクリエーション機能などを有する場として、農林水産省の主導により全国各地に整備された施設である。農業パーク、農業のテーマパークとも呼ばれる。ドイツやデンマークなどの農村風景を模した農業公園が多く、ひとつのモデルとなっている。

### ②観光農園

観光農園とは、農産物の収穫体験ができる個人農家や法人が経営する農園のことである。農産物の収穫体験とは「味覚狩り」のことで、日本では歴史のあるレクリエーションである。多くの農園は、本業を農業としており副業として観光農園を営んでいるが、観光農園を専業としているところもある。

### ③観光牧場

観光牧場とは、放牧による畜産を営む牧場の全部または一部を一般旅行者に開放している牧場のことである。ウシ、ウマ、ヒツジなどの家畜を飼養する施設で、家畜が自由に動き回れるよう、ある程度の広さのある柵で囲った放牧場がある。日本では北海道や高原などに立地することが多い。

図表３-27　代表的な農業公園・観光牧場

| | 施設名 | 所在地 | 開園年 | 特徴 |
|---|---|---|---|---|
| 農業公園 | 熊本県農業公園カントリーパーク | 熊本県合志市 | 1991年 | 農業館を核として農業公園全体がストーリー性のある展示 |
| | 伊賀の里モクモク手づくりファーム | 三重県伊賀市 | 1995年 | ソーセージの手作り体験教室など、交流型の農業公園 |
| | 安城産業文化公園デンパーク | 愛知県安城市 | 1997年 | 「日本デンマーク」安城市での都市と農村の交流の場 |
| | 滋賀農業公園ブルーメの丘 | 滋賀県日野町 | 1997年 | ドイツの田舎町と農業をテーマにした丘陵にある農業公園 |
| | 淡路ファームパークイングランドの丘 | 兵庫県南あわじ市 | 2000年 | 職人自慢の食や農業体験できるコアラもいる農業公園 |
| 観光牧場 | マザー牧場 | 千葉県富津市 | 1962年 | 鹿野山に広がる広大な敷地の観光牧場 |
| | 神戸市立六甲山牧場 | 兵庫県神戸市 | 1976年 | スイスの山岳牧場を範にした高原牧場 |
| | 八ヶ岳ウエスタン牧場 | 山梨県北杜市 | 1977年 | 体験乗馬からウエスタン乗馬まで楽しめる観光牧場 |
| | 小岩井農場まきば園 | 岩手県雫石町 | 1991年 | 小岩井農場の一部が公開された観光牧場 |
| | ノーザンホースパーク | 北海道苫小牧市 | 1989年 | 馬と大地と人と絆をテーマにした観光牧場 |

出典：『観光サービス論』(2015)

## ■国立公園

国立公園とは、自然公園法に基づき、代表的な景観の地を国が指定し、自然保護や管理をし、国民の保養などに利用する自然公園のこと。1934 年に瀬戸内海国立公園、雲仙国立公園、霧島国立公園の3か所が最初の指定を受けた。現在は図表3-28のように34か所の国立公園が存在している。

自然が豊かな国立公園内には多くの旅行者が訪れ、重要な観光資源となっている。訪日外国人旅行者が訪れるようになり、改めて注目されるようになった。

所管する環境省は国立公園をナショナルパークとしてブランド化し、特に外国人旅行者を国立公園へ誘致する「国立公園満喫プロジェクト」を開始した。世界の旅行者が長期滞在したいと憧れる旅行目的地にしようというものだ。

国立公園マーク

環境省は2017年に国立公園マークを制定した。

図表3-28　日本の国立公園（2019）

| 国立公園 | 所在県 | 国立公園 | 所在県 |
|---|---|---|---|
| 利尻礼文サロベツ国立公園 | 北海道 | 妙高戸隠連山国立公園 | 新潟県・長野県 |
| 知床国立公園 | 北海道 | 白山国立公園 | 富山県・石川県・福井県・岐阜県 |
| 阿寒摩周国立公園 | 北海道 | 伊勢志摩国立公園 | 三重県 |
| 釧路湿原国立公園 | 北海道 | 吉野熊野国立公園 | 三重県・奈良県・和歌山県 |
| 大雪山国立公園 | 北海道 | 山陰海岸国立公園 | 京都府・兵庫県・鳥取県 |
| 支笏洞爺国立公園 | 北海道 | 大山隠岐国立公園 | 鳥取県・島根県・岡山県 |
| 十和田八幡平国立公園 | 青森県・秋田県・岩手県 | 瀬戸内海国立公園 | 兵庫県・和歌山県・岡山県・広島県・山口県・徳島県・香川県・愛媛県・福岡県・大分県 |
| 三陸復興国立公園 | 岩手県・宮城県 | 足摺宇和海国立公園 | 愛媛県・高知県 |
| 磐梯朝日国立公園 | 山形県・福島県・新潟県 | 西海国立公園 | 長崎県 |
| 日光国立公園 | 福島県・栃木県・群馬県・新潟県 | 雲仙天草国立公園 | 長崎県・熊本県・鹿児島県 |
| 上信越高原国立公園 | 群馬県・新潟県・長野県 | 阿蘇くじゅう国立公園 | 熊本県・大分県 |
| 秩父多摩甲斐国立公園 | 埼玉県・東京都・山梨県・長野県 | 霧島錦江湾国立公園 | 宮崎県・鹿児島県 |
| 尾瀬国立公園 | 群馬県・福島県・新潟県・栃木県 | 屋久島国立公園 | 鹿児島県 |
| 富士箱根伊豆国立公園 | 東京都・神奈川県・山梨県・静岡県 | 奄美群島国立公園 | 鹿児島県 |
| 小笠原国立公園 | 東京都 | 西表石垣国立公園 | 沖縄県 |
| 中部山岳国立公園 | 新潟県・富山県・長野県・岐阜県 | 慶良間諸島国立公園 | 沖縄県 |
| 南アルプス国立公園 | 山梨県・長野県・静岡県 | やんばる国立公園 | 沖縄県 |

## 5. 地域の食と観光土産

### ■郷土料理

郷土料理とは、農林水産省によると「それぞれの地域独特の自然風土・食材・食習慣・歴史文化等を背景として、地域の人々の暮らしの中での創意工夫により必然的に生まれたものであり、家族への愛情や地域への誇りを持ちながら作り続けられ、かつ地域の伝統として受け継がれてきた調理・加工方法による料理」のことである。

美味しいものを食べに行くことは、旅行動機、旅行目的の大きな要素になっている。そのひとつがその地域でしか食べることのできない郷土料理である。図表3-29のように、地域を感じさせる美味しい郷土料理は、どの地域にもある。

図表3-29　農山漁村の郷土料理百選（農林水産省）

| 都道府県 | 郷土料理 | 都道府県 | 郷土料理 | 都道府県 | 郷土料理 |
|---|---|---|---|---|---|
| 北海道 | ジンギスカン | 岐阜県 | 栗きんとん | 岡山県 | ママかり寿司 |
| | 石狩鍋 | | 朴葉みそ | 広島県 | カキの土手鍋 |
| | ちゃんちゃん焼き | 静岡県 | 桜えびのかき揚げ | | あなご飯 |
| 青森県 | いちご煮 | | うなぎの蒲焼き | 山口県 | ふく料理 |
| | せんべい汁 | 愛知県 | ひつまぶし | | 岩国寿司 |
| 岩手県 | わんこそば | | 味噌煮込みうどん | 徳島県 | そば米雑炊 |
| | ひっつみ | 三重県 | 伊勢うどん | | ぼうぜの姿寿司 |
| 宮城県 | ずんだ餅 | | てこね寿司 | 香川県 | 讃岐うどん |
| | はらこ飯 | 新潟県 | のっぺ | | あんもち雑煮 |
| 秋田県 | きりたんぽ鍋 | | 笹寿司 | 愛媛県 | 宇和島鯛めし |
| | 稲庭うどん | 富山県 | ます寿し | | じゃこ天 |
| 山形県 | いも煮 | | ぶり大根 | 高知県 | かつおのたたき |
| | どんがら汁 | 石川県 | かぶら寿し | | 皿鉢料理 |
| 福島県 | こづゆ | | 治部煮 | 福岡県 | 水炊き |
| | にしんの山椒漬け | 福井県 | 越前おろしそば | | がめ煮 |
| 茨城県 | あんこう料理 | | さばのへしこ | 佐賀県 | 呼子イカの活きづくり |
| | そぼろ納豆 | 滋賀県 | ふなずし | | 須古寿し |
| 栃木県 | しもつかれ | | 鴨鍋 | 長崎県 | 卓袱料理 |
| | ちたけそば | 京都府 | 京漬物 | | 貝雑煮 |
| 群馬県 | おっきりこみ | | 賀茂なすの田楽 | 熊本県 | 馬刺し |
| | 生芋こんにゃく料理 | 大阪府 | 箱寿司 | | いきなりだご |
| 埼玉県 | 冷汁うどん | | 白みそ雑煮 | | からしれんこん |
| | いが饅頭 | 兵庫県 | ぼたん鍋 | 大分県 | ブリのあつめし |
| 千葉県 | 太巻き寿司 | | いかなごのくぎ煮 | | ごまだしうどん |
| | イワシのごま漬け | 奈良県 | 柿の葉寿司 | | 手延べだんご汁 |
| 東京都 | 深川丼 | | 三輪そうめん | 宮崎県 | 地鶏の炭火焼き |
| | くさや | 和歌山県 | 鯨の竜田揚げ | | 冷汁 |
| 神奈川県 | へらへら団子 | | めはりずし | 鹿児島県 | 鶏飯 |
| | かんこ焼き | 鳥取県 | かに汁 | | きびなご料理 |
| 山梨県 | ほうとう | | あごのやき | | つけあげ |
| | 吉田うどん | 島根県 | 出雲そば | 沖縄県 | 沖縄そば |
| 長野県 | 信州そば | | しじみ汁 | | ゴーヤーチャンプルー |
| | おやき | 岡山県 | 岡山ばらずし | | いかすみ汁 |

## ■御当地人気料理

宇都宮餃子

農山漁村との関係は薄いものの、地域住民にご当地自慢の料理として広く愛されている料理23品目も、「農林水産省選定・郷土料理百選」とは別枠で「御当地人気料理特選」として選定されている。いわゆる、ご当地グルメ、B級グルメと呼ばれるものも入っており、伝統的な郷土料理以上に旅行者を引きつけるものもある。

これらの地域の食は、確実に旅行者を呼ぶ観光資源の地位を得ている。

図表 3-30　御当地人気料理（ご当地グルメ）特選（農林水産省）

| 都道府県 | 御当地人気料理 | 都道府県 | 御当地人気料理 | 都道府県 | 御当地人気料理 |
|---|---|---|---|---|---|
| 北海道 | うに・いくら丼 | 埼玉県 | やきとん | 広島県 | 広島風お好み焼き |
| | スープカレー | 東京都 | もんじゃ焼き | 福岡県 | 明太子 |
| 岩手県 | 盛岡冷麺 | 神奈川県 | よこすか海軍カレー | 長崎県 | ちゃんぽん・皿うどん |
| | 盛岡じゃじゃ麺 | 静岡県 | 富士宮やきそば | | 佐世保バーガー |
| 宮城県 | 牛タン焼き | 大阪府 | お好み焼き | 熊本県 | 太平燕（タイピーエン） |
| 秋田県 | 横手やきそば | | たこ焼き | 宮崎県 | チキン南蛮 |
| 栃木県 | 宇都宮餃子 | 兵庫県 | 明石焼き | 鹿児島県 | 黒豚のしゃぶしゃぶ |
| 群馬県 | 焼きまんじゅう | | 神戸牛ステーキ | | |

## ■駅弁

駅弁とは、鉄道駅や列車内で販売されている鉄道旅客向け弁当のことである。駅弁の基本は、ごはんと地域ならではの食材を含めた魚や肉、野菜のおかずがセットになっている。衛生面から、あえて冷ましてから詰め、冷めても美味しく食べられる味つけや調理方法で作られるのが特徴である。諸説はあるが、1885年に栃木県の宇都宮駅で販売されたおにぎりが最初であるといわれている。

目当ての駅弁を購入し列車内で食べることを楽しみに旅行する人は多く、駅弁自体も観光資源となっている。

また、空港で販売している「空弁（そらべん）」、ネクスコ中日本の高速道路サービスエリアの「速弁（はやべん）」など、駅弁に類する商品も開発されている。

図表 3-31　人気の駅弁

| 駅弁名 | 販売地域 | 駅弁名 | 販売地域 |
|---|---|---|---|
| いかめし | 北海道森駅 | 崎陽軒　シウマイ弁当 | 神奈川県横浜駅 |
| 網焼き牛たん弁当 | 宮城県仙台駅 | ますのすし | 富山県富山駅 |
| 牛肉どまん中 | 山形県米沢駅 | 稲荷寿司 | 愛知県豊橋駅 |
| だるま弁当 | 群馬県高崎駅 | 近江牛めし | 滋賀県草津駅 |
| 峠の釜めし | 群馬県横川駅 | かしわめし | 福岡県折尾駅 |

## ■伝統工芸品

伝統工芸品とは、地域の自然や暮らしを背景に、長く日常生活で使われ、手工業で伝統的な技法により、伝統的な原材料を主に使用し作られたものである。日本各地には多様な伝統工芸品があり、その生産工程を見学することができる。旅行者を呼ぶ大きな観光資源となっている。また、その土地ならではの土産品として購入されることも多い。図表 3-32 は、「経済産業大臣指定伝統工芸品」のうち、観光資源として定着しているものである。

図表 3-32　代表的な伝統工芸品

| 都道府県 | 伝統工芸品 | 都道府県 | 伝統工芸品 |
|---|---|---|---|
| 岩手県 | 南部鉄器 | 山形県 | 天童将棋駒 |
| 福島県 | 会津塗 | 新潟県 | 小千谷縮 |
| 石川県 | 輪島塗 | 栃木県 | 益子焼 |
| 埼玉県 | 岩槻人形 | 千葉県 | 房州うちわ |
| 東京都 | 江戸切子 | 神奈川県 | 箱根寄木細工 |
| 岐阜県 | 一位一刀彫 | 滋賀県 | 信楽焼 |
| 京都府 | 西陣織 | 兵庫県 | 播州そろばん |
| 岡山県 | 備前焼 | 広島県 | 熊野筆 |
| 山口県 | 萩焼 | 香川県 | 丸亀うちわ |
| 福岡県 | 博多人形 | 佐賀県 | 伊万里焼 |
| 熊本県 | 山鹿灯籠 | 沖縄県 | 琉球紅型（びんがた） |

出典：「経済産業省指定伝統工芸品」より選定

【調査概要】

『旅行年報 2019』（公益財団法人日本交通公社 2019）

「JTBF 旅行実態調査」

調査対象：全国 16 歳～ 79 歳旅行を実施した人 調査方法：ウェブ調査

調査時期：2018 年 5・7・10 月 /2019 年 1 月、回答者：6,328 人

「JTBF 旅行意識調査」

調査対象：全国 16 歳～ 79 歳の男女　調査方法：郵送自記調査

調査時期：2019 年 5 ～ 6 月、回答者：1,491 人

# 第 4 課題

# 海外旅行

スペイン広場（イタリア・ローマ）

# 1. 海外旅行準備

## ■海外旅行準備

海外旅行とは、日本人および日本に在住している人が日本以外の国へ旅行することである。島国である日本においては、航空機か船舶を利用し出かける旅行となる。「アウトバウンド（outbound）」と呼ばれることがある。

パスポート（旅券）の携行が必要など国内旅行とは異なり事前の準備が必要となる。また、旅行をする国・地域や旅行目的、滞在期間などにより、渡航先の国のビザ（査証）が必要なことがある。

外貨の準備やそれ以外の決済手段の用意、海外旅行保険の加入も考えなくてはならない。

## ■パスポート

パスポート（passport）は日本語では「旅券」という。政府ないしはそれに相当する公的機関が交付し、外国を旅行する者に国籍、氏名、生年月日など身分に関する事項について証明を与え、外国官憲に保護を依頼する公文書である。世界中で通用する唯一の「身分証明書」であり、海外旅行をする際には必ず携行しなくてはならないものである。日本のパスポートには、日本国外務大臣の名前で「日本国民である本旅券の所持人を通路故障なく旅行させ、かつ、同人に必要な保護扶助を与えられるよう、関係の諸官に要請する。」との、いわゆる「保護要請文」が和文・英文で記載されている。

パスポートには、一般旅券・公用旅券・外交旅券・緊急旅券の4種類がある。一般の人のパスポートである一般旅券には、有効期間5年用（紺色）と10年用（赤色）の2種類があり、成人者はどちらを取得するか選択できるが、未成年者（20歳未満）は5年用しか取得できない。有効期限内なら何度でも出入帰国できる「数次旅券」が原則となっている。

日本のパスポート

パスポートの申請は、原則として住民票のある都道府県のパスポート申請窓口で行い、通常約1

週間後に同じ窓口で受領する。現在交付されているパスポートは、偽変造防止などを目的としてICチップの組み込まれたIC旅券となっている。

## ■ビザ

ビザ（visa）は日本語では「査証」という。国が自国民以外に対して、その人物の所持するパスポートが有効であり、その人物が入国しても差し支えないと示す書類、いわば渡航先の入国許可証である。

日本人が海外へ渡航する際のビザは、渡航先国、渡航目的、滞在期間等によって要否、種類が異なる。基本的には、日本にある渡航先国の大使館・総領事館にて取得する必要がある。しかし、日本人の海外旅行で、観光、商用、親族・知人訪問等を目的とする在留資格「短期滞在」に該当する場合、「ビザ免除」の対象となる国が多い。

日本のパスポートを所持した日本国民は「短期滞在」（滞在で報酬を得る活動をしない場合）を目的とする場合は、190以上の国・地域に「ビザなし」で入国することが可能である。この数には、「アライバルビザ（到着時のビザ取得）」と「電子渡航認証（インターネットでの渡航申請）」を含んでいる。（2019年現在）

ビザなしでの滞在可能日数は国・地域によりそれぞれ異なる。ビザや電子渡航認証などの申請する場合、パスポートの残存有効期限がほとんどの国で定められているので注意が必要である。また、短期滞在でビザ免除国でも入国の際に残存有効期限が定められているので各国の条件を確認する必要がある。それ以外の国・地域へは渡航前に大使館などでのビザの取得が義務づけられている。

また、ビザなし入国が可能な場合でも、ビザを取得している場合でも、入国許可の最終判断は現地の入国審査官により決定されるので、入国拒否に遭うこともある。

## ■外貨両替

海外旅行の旅先で食事、買い物のときに支払う通貨は、基本的に現地の通貨となる。アメリカであればUSドル（＄）、中国であれば人民元（￥）、韓国であれば韓国ウォン（₩）、フランスやドイツであればユーロ（€）である。USドルは世界の国々で、日本円（￥）もアジアの国々で直接使えることがあるが、基本的には旅行先の国の通貨に両替し使用することになる。

外貨両替とは、ある国の通貨を別の国の通貨に交換することである。日本円からの外貨両替は日本国内でもほとんどの旅行先の国でも可能である。

成田空港、関西空港などの出国空港にある銀行、両替店で両替することが多いが、事前に郵便局、銀行、旅行会社、両替店、金券ショップなどで両替することもできる。ただし、日本国内で両替できる外国通貨の種類は限られている。旅行先においても、到着空港の銀行、両替店や市中の銀行、両替店、ホテルなどで日本円から現地通貨に両替することができる。

外貨両替のときに確認しなくてはならないことは「為替レート」である。為替レートとは、日本円と海外の通貨を交換する時の取引価格のことであり、「1 ドル＝○○円○○銭」というように表現される。為替レートは刻々と変化している。また、両替時には両替手数料が必要となる。日本での両替と旅行先での両替のどちらが有利かは、渡航先や通貨によって、また時期によっても異なるので注意する必要がある。

## ■海外での決済手段

旅行者が、海外旅行で多額の現金を持ち歩くことには不安がある。そこで、現金以外の形で持っていく方法がある。それぞれのメリットとデメリットを把握し、旅行先の通貨事情、自分の旅のスタイルに合った方法を選択する必要がある。

### ①クレジットカード

ほとんどの国・地域のホテルや一流レストラン、大型店舗では、日本同様に支払いに利用できる。海外ではホテルにチェックインをする時、身分証明の ID カードとしてクレジットカードの提示を求められることも多いので、個人旅行にとってクレジットカードは必需品といえる。また、クレジットカード会社は、世界各地で会員サポートを行っており、海外でのサービスが利用できるメリットがある。クレジットカードのブランドにより、また国・地域や店舗により利用できないことがある。また、クレジットカードには海外キャッシングサービスが付帯していて海外の ATM で現地通貨を引き出すこともできる。

海外で利用するクレジットカードには「国際ブランド」がついていることが必要である。日本で使われているクレジットカードのほとんどに、いずれかの国際ブランドが付いている。主要国際ブランドとして認知されているのが、VISA（ビザ）、Mastercard（マスターカード）、JCB（ジェーシービー）、American Express（アメリカン・エキスプレス）、Diners Club（ダイナースクラブ）の５種類で、中でもVISAとMastercardが世界で大きなシェアを占めている。近年、銀聯（ぎんれん）カードとDiscover（ディスカバー）カードも、国際ブランドとして利用範囲を広げている。

②国際キャッシュカード

日本の銀行口座にあるお金を旅行先である海外のATMから現地通貨で引き出せるカードのことである。インターナショナルカードとも呼ばれ、口座を開設している銀行で発行される。キャッシュカード一体型のクレジットカードの機能で、VISAは「PLUS」、MasterCardとJCBは「Cirrus」のネットワークで引落指定の預金口座から直接海外で引き出すことができる。

多額の現金を持ち歩く必要がないので安全性が高く、主要な海外都市のATMは24時間365日使えるところが多く、曜日や時間を気にせずにいつでも現金が入手可能で利点は多い。世界200以上の国・地域に300万台以上（イギリスのリテール・バンキング・リサーチによる・2018）のATMがある。しかし、小都市や途上国の場合、利用可能なATMは決して多くはない。

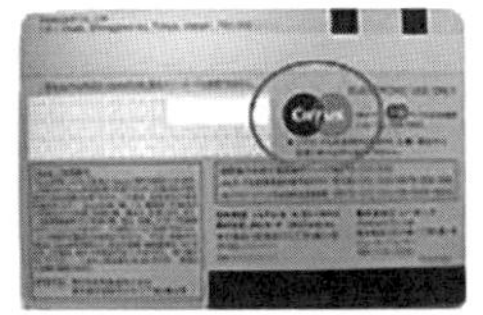

ATMネットワークのロゴ

③トラベラーズチェック（T/C）

「旅行小切手」ともいう。サインをすることによって現金化が可能な小切手のことである。アメリカのように店頭で現金同様に支払いに使用できる国と、銀行やホテルなどで現金化しなくてはならない国とがある。券面には、サインする箇所が2か所あり、1か所は購入時にすぐ署名し、もう1か所は使用時に署名する。安全面でメリットが大きいが、現金化の際に手数料を徴収する国もある。使用時にはパスポートの提示を求められることもある。一般の海外旅行での活用は減少している。

## ■海外旅行保険

海外旅行中には、想定外のことが起こる可能性がある。旅行中に病気やケガをしたときの医療費や盗難に遭った際の補償などを行うのが海外旅行保険である。トラブル処理や現地での日本語サポートなどのサービスもある。国内旅行における国内旅行保険の加入率は高くないのに対し、海外旅行保険の加入率は高い。

海外旅行保険の主な補償項目は、疾病治療費用、傷害治療費用、疾病死亡・後遺障害、傷害死亡・後遺障害、賠償責任、救援者費用、携行品損害、入院一時金、航空機寄託手荷物遅延費用、航空機遅延費用などである。セットプランと補償内容を自由に選択できるフリープランが用意されている。旅行会社や保険会社で加入することができ、インターネット契約も増加している。国際空港には自動販売機も設置されている。

## ■渡航情報

海外旅行の旅先となる海外の国々の治安は必ずしも安定しておらず、急激に変化する場合がある。外務省はインターネット上に「海外安全ホームページ」を開設し、最新の渡航情報を提供している。

「危険情報」とは、海外への渡航・滞在における安全に関する情報で、その国の治安情勢やその他の危険要因を総合的に判断し、それぞれの国・地域に応じた安全対策の目安を発信している。危険情報では、対象地域ごとに以下の4つのカテゴリーに分類しているので、海外旅行の際には必ず目を通しておきたい。

レベル1：十分注意してください。

レベル2：不要不急の渡航は止めてください。

レベル3：渡航は止めてください。（渡航中止勧告）

レベル4：退避してください。渡航は止めてください。（退避勧告）

また、新型インフルエンザなど危険性の高い感染症に関し、渡航・滞在にあたって特に注意が必要と考えられる国・地域について発出される「感染症危険情報」も同ホームページに掲載されている。

空港のインフォメーションボード

## 2. 海外旅行市場

### ■海外旅行市場規模

日本人および日本に在住する人が日本以外の国へ旅行する、海外旅行の2018年の消費額は、国内消費分で1.1兆円、海外消費分3.2兆円、合計すると4.3兆円（出典：『数字が語る旅行業2019』）と大きな経済規模を持っている。2015年以降海外旅行者数は、増加傾向にあり、今後も消費額の伸びが期待される。

### ■海外旅行者数

2018年の海外旅行者数は延べ1,895万人で、過去最高の海外旅行者数を記録した2012年（1,849万人）を超え史上最高を記録した。2016年から3年連続の増加である。

増加の理由は、6年前のような円高効果ではなく、景気の回復感、企業の海外出張の増加、若い女性の海外旅行回帰、家族旅行の海外志向、LCCの普及、インバウンド増加による刺激などと考えられる。

図表 4-1 は、日本人の海外観光旅行が自由化された 1964 年から 2018 年までの海外旅行者数の推移である。全体を俯瞰すると、日本経済の成長、個人収入の上昇、休暇の拡大、国際化の進展、海外旅行志向の高まりなどを背景として、海外旅行者数は順調に拡大していることがわかる。特に、海外観光旅行自由化直後の 1965 年頃の「第 1 次海外旅行ブーム」、1970 年のジャンボジェット機の就航による大量輸送と航空運賃の低下により旅行価格が手頃なものとなり 1971 年頃に起こった「第 2 次海外旅行ブーム」、1978 年の成田空港の開港を経て、円高が進行し海外のショッピングの魅力が増した 1987 年頃の「第 3 次海外旅行ブーム」の時期は海外旅行者数が急伸した。その後も 2,000 万人に迫る勢いで増加していったが、1996 年頃より、足踏み状態が続き、大きな落ち込みも見せる。

全体として海外旅行志向という大きな流れは変わっていないが、オイルショックなどによる経済停滞は海外旅行者数に影響していることが読み取るこ

図表 4-1　海外旅行者数推移

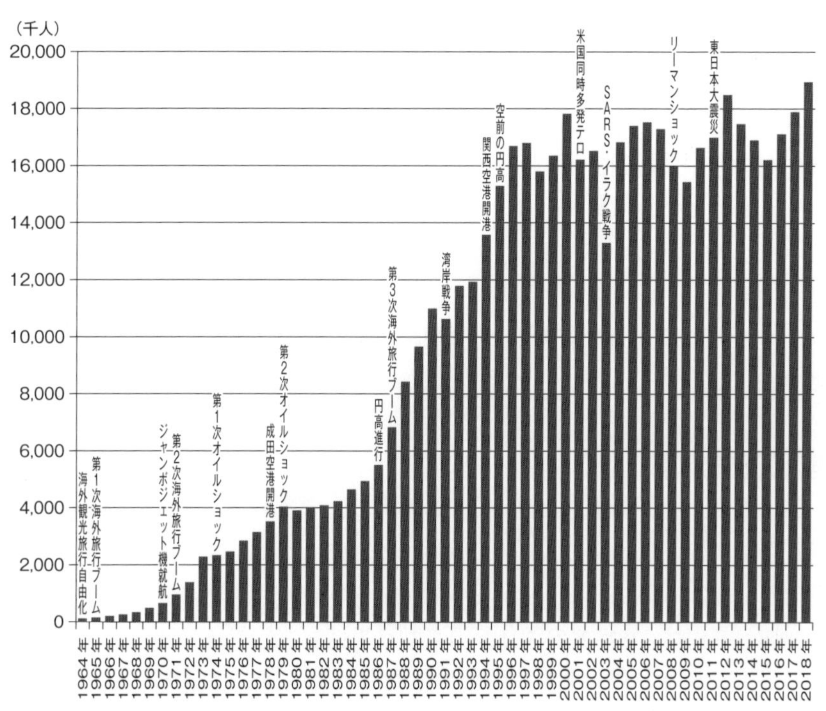


出典：法務省「出国管理統計」

とができる。湾岸戦争の起こった 1991 年、金融機関破綻が続いた 1998 年、米国同時多発テロの発生した 2001 年は、いずれも前年を下回った年である。また、イラク戦争が勃発し、アジアで SARS（重症急性呼吸器症候群）が流行した 2003 年、リーマンショックが起こった 2008 年、翌年の 2009 年も激減している。

このように海外旅行者数は観光インフラの拡大や円高などの影響で増加していくが、逆に、戦争・紛争・テロなどの情勢不安や疫病の流行、景気後退、国家間の関係、災害、円安傾向などにより低迷する。

## ■海外旅行マーケットの構造

海外旅行に出かける主な目的から海外旅行マーケットの構造を概観していく。図表 4-2 は、海外旅行の目的別のシェアを表したものである。「観光旅行」が 7 割強を占めており、海外旅行においての観光旅行のシェアは非常に大きいことがわかる。次いで「出張・業務」が 2 割強となっている。「帰省・知人訪問」は 5% 程度であるが、国際化の進行の中でシェアが拡大する可能性がある。

図表 4-2　海外旅行マーケットの構造（2018）

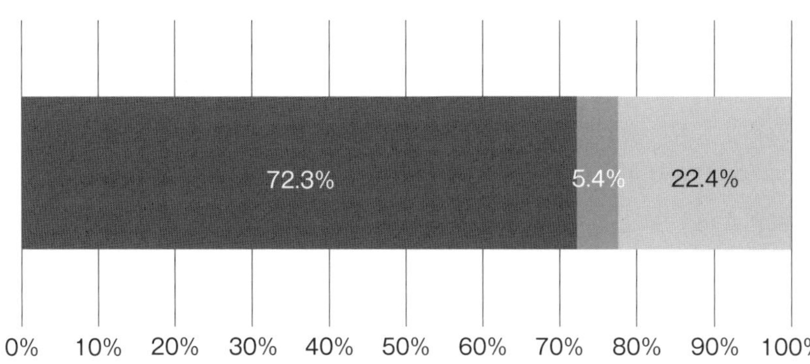


出典：「旅行・観光消費動向調査（観光庁）」

## 3. 海外旅行の特徴

### ■海外旅行の出発月

図表 4-3 は、海外旅行（延べ出国者数）の出発月別人数（2018）を表したものである。

図表 4-3　海外旅行（延べ出国者数）の出発月（2018）

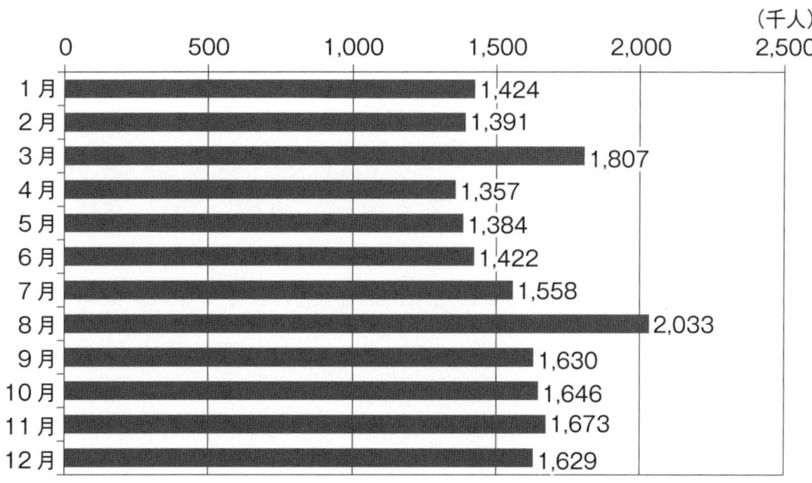


出典：『旅行年報 2019』公益財団法人日本交通公社　資料「出入国管理統計（法務省）」

国内宿泊旅行と比べると、月別の変動は少なく、年間平準化されている。とはいえ、長期休暇が取得しやすい夏休みの 8 月が群を抜いている。8 月は業務渡航が減少するのでほとんどが観光旅行と考えられる。次いで、3 月で春休みを利用した海外旅行と考えられる。9 月は連休も多く、国内旅行と同様にレイトサマー需要もある。

4 月、5 月はゴールデンウィークに海外旅行が集中するが、月単位では決して多くない。10 月、11 月、12 月は業務渡航が底上げをしている。

### ■海外旅行の性別・年齢層別出国者数

2018 年の日本人海外旅行者数 1,895 万人のうち、男性は 1,032 万人、女性は 864 万人であった。男女の比率は、男性が 54%、女性が 46% で、男性は業務旅行が多く、女性よりもやや多いもののほぼ半々といってもよい現状である。

図表 4-4 は、海外旅行の性・年齢層別出国者数を著したものである。マーケット規模が大きいのは男性 40 代で 241 万人となっている。これは、この世代の男性に業務旅行が多いためと考えられる。次いで、男性 50 代が続いているが、同様に業務旅行が影響している。次が女性 20 代で、同世代の男性を大きく引き離し、210 万人を超えている。20 代 OL・学生の海外旅行需要が着実に戻ってきている。女性 40 代、50 代のいずれもが 100 万人を大きく超えており、女性の海外旅行への関心の高さがうかがえる。

図表 4-4　海外旅行の性・年齢層別出国者数（2018）

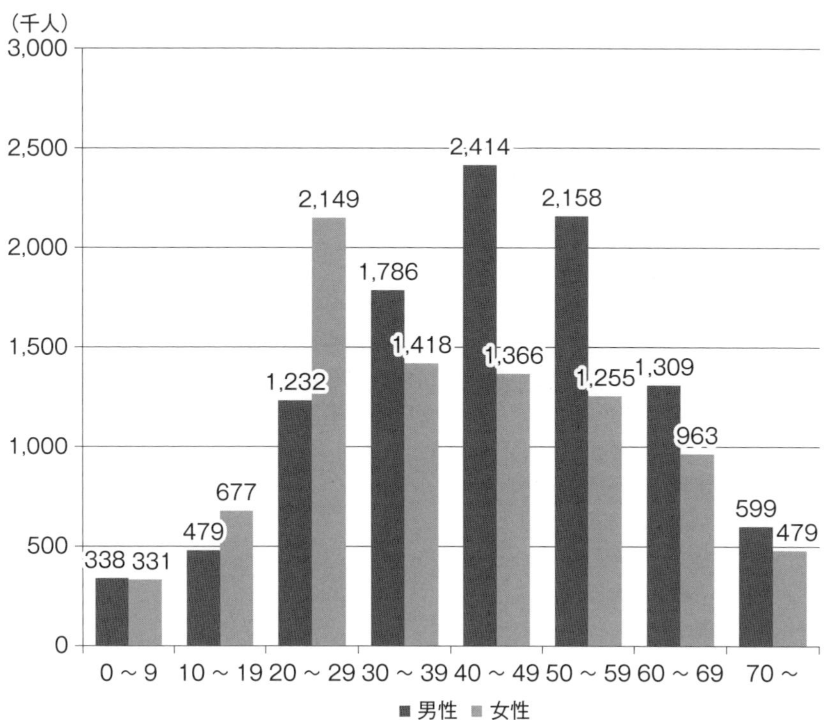


出典：『旅行年報 2019』公益財団法人日本交通公社　資料「出入国管理統計（法務省）」

## ■海外旅行の宿泊数

図表 4-5 は、海外旅行の宿泊数（2018）を表したものである。平均宿泊数は、5.0 泊であった。

表を概観すると海外旅行の割に宿泊数が少ないのが読み取れる。「3泊」が最も大きなシェアで25％程度となっている。これは韓国、台湾、中国の1都市の旅行日数であり、東南アジアだと少し忙しい旅行になる。「1～3泊」を合計すると46％となり、大半が国内旅行並みの短期間旅行であることが分かる。

「4泊」が15％、「5泊」が11％と、10％台となっている。ハワイ旅行で一番多い日数であり、アメリカ西海岸、オーストラリア旅行が該当する。「6泊」「7泊」が7％台で、アメリカ東海岸、ヨーロッパの1都市への旅行の日数になる。

「10泊」以上は、合計して8％程度ある。この日数はヨーロッパ周遊、南アメリカ、アフリカなどのロングデスティネーションを訪れることのできる日数である。また、マレーシア、タイ、オーストラリア、ハワイなどへのロングステイも含まれている。

図表4-5　海外旅行の宿泊数（2018）

|  | (%) |
|---|---|
| 1泊 | 3.6 |
| 2泊 | 17.6 |
| 3泊 | 24.9 |
| 4泊 | 15.3 |
| 5泊 | 11.1 |
| 6泊 | 7.4 |
| 7泊 | 7.1 |
| 8～9泊 | 5.6 |
| 10～13泊 | 3.6 |
| 14～20泊 | 1.9 |
| 21～27泊 | 0.7 |
| 28泊以上 | 1.3 |

出典：『旅行年報2019』公益財団法人日本交通公社　資料「旅行・観光消費動向調査（観光庁）」

## ■海外旅行の同行者

図表4-6は、海外旅行の同行者を表したものである。この調査結果をみると「夫婦・カップル旅行」が33％ともっとも大きなシェアを占めているこ

とがわかる。その中でもシェアが高いのは「子育て後」である。アメリカ本土やヨーロッパなどのロングデスティネーションに旅行している。

次いで多いのは「友人・知人旅行」で 23% であった。行先は韓国やタイなどの東南アジアが多い。「家族旅行」は 23% で、「大人のみ」の家族が多く、「三世代」も少なくない。行先はグアム・サイパン、ハワイ、南太平洋などアイランドリゾートとシンガポールが多い。

「ひとり旅」も 19% あり、男性のひとり旅が多い。行先はタイ、中国、マレーシアなどのアジアとイギリス、ドイツなどのヨーロッパ地域であった。ひとり旅は FIT が多いが、ひとりでも参加可能なパッケージツアー、1 名から催行するパッケージツアーが増えたこと、気軽に利用できる LCC（格安航空会社）の就航、現地ホテルがインターネットで容易に予約ができるようになったことなども影響しているものと考えられる。国内旅行に比べ、ひとり旅が多いのが海外旅行の特徴と考えられる。

図表 4-6　海外旅行の同行者（2018）

| | (%) |
|---|---|
| 家族旅行 | 22.9 |
| 夫婦・カップル旅行 | 33.0 |
| 友人・知人旅行 | 23.4 |
| ひとり旅 | 18.5 |
| その他 | 2.2 |

出典：『旅行年報 2019』公益財団法人日本交通公社　資料「JTBF 旅行実態調査」

## ■海外旅行の旅行費用

2018 年の、交通費や宿泊代、飲食代、土産代などを含めた旅行 1 回 1 人あたりの海外旅行総費用は 23.0 万円であった。ここ数年ほとんど同じ金額である。

図表 4-7 は旅行 1 回 1 人あたりの旅行費用を表しているものである。「10 万円以上 15 万円未満」「20 万円以上 30 万円未満」の割合が高く 15% であった。前者は東アジア・近場の東南アジア旅行の金額である。後者はハワイ

やオーストラリア、ヨーロッパ1都市への旅行である。

「7万円以上10万円未満」「15万円以上20万円未満」が12%、13%となった。前者は東アジアや東南アジアのFITや格安旅行で金額である。後者は中国や東南アジアのパッケージツアーの金額である。「30万円以上40万円未満」はアメリカ本土、ヨーロッパ旅行であり、「5万円未満」は韓国が主である。

「50万円以上」を合計すると1割を超える。ヨーロッパ周遊旅行や南米、ハワイなどリゾート地域への長期滞在旅行と考えられる。

図表4-7　海外旅行の旅行費用（2018）

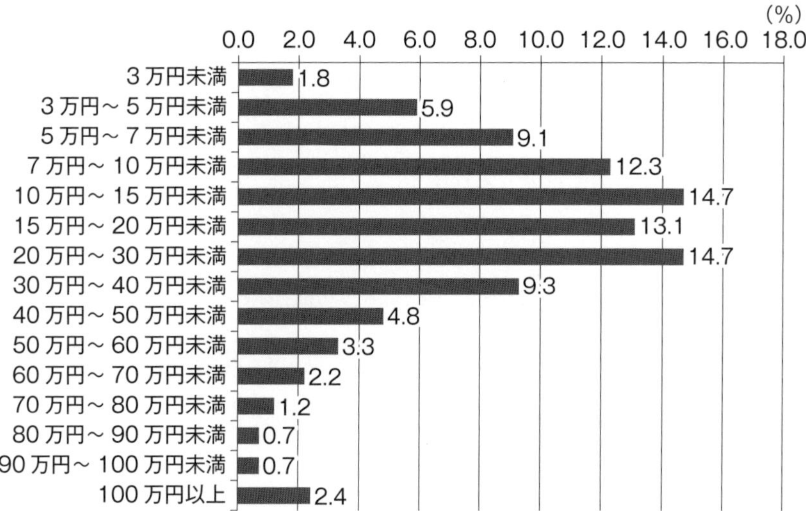


出典：『旅行年報2019』公益財団法人日本交通公社　資料「JTBF旅行実態調査」

# 4. 海外旅行の旅行形態

## ■パッケージツアー

パッケージツアー（Package Tour）とは、旅行会社が出発地（集合場所）から帰着地（解散場所）までの全旅程を管理し、その日程、内容、料金すべてを設定し参加者を募る旅行のことを指す。旅行業法上は「募集型企画旅行」という。日本の海外旅行はパッケージツアーによって急速に拡大してきた。

海外旅行においては、今日でもパッケージツアーの利用は多い。旅程に添乗員ないし現地係員が食事や観光に同行するフルパッケージ型の利用は減り、往復の航空とホテル宿泊のみが手配されたスケルトン型（フリープラン型）が主流になってきている。

また、近年インターネット上で完結する、旅行者が航空や宿泊、レンタカーなどを自由に選んで組み合わせる「ダイナミックパッケージツアー（Dynamic Package Tour）」も普及している。

パッケージツアーには、重要な旅程の変更に対して旅程保証制度や旅行参加中の損害を補償する特別補償制度が設けられている。

## ■一般団体ツアー

旅行会社が企業や組織、各種団体からの依頼によって企画実施する団体旅行のことである。依頼主である企業や組織、各種団体はオーガナイザーと呼ばれ、「オーガナイザーツアー（Organizer Tour）」ともいわれる。旅行業法上は「受注型企画旅行」という。

旅行会社は、目的地、日程、宿泊先、食事場所、移動手段など依頼主が希望した内容で旅行を企画し仕入手配し、パッケージツアーと同様に値付けをする。企業の職場旅行、報奨旅行、招待旅行、視察旅行や各種団体、商店会、町内会、サークル、スポーツクラブなどが組織内で募集する団体旅行である。募集型企画旅行と同様に旅程保証、特別補償の制度が設けられている。

## ■ FIT

FIT（エフ・アイ・ティ）とは、「Foreign Independent Tour」の頭文字をとった言葉で、海外個人旅行のことを指す。「Free Individual (Independent) Traveler（個人自由旅行）」の意味もある。1964 年の海外観光旅行自由化以降、海外旅行はパッケージツアーに参加することがしばらくは一般的だった。しかし、海外旅行のリピーターが増えるに従い一般的なツアーに満足できず、航空チケット、ホテルなどを個人で手配し、自分で自由度の高い旅程を作成したいというニーズが高まり、FIT は着実に増加している。

## ■VFR

VFR（ヴイ・エフ・アール）とは、「Visiting Friends and Relatives」の頭文字をとった言葉で、「友人・親族訪問を目的とした旅行」を意味する。日本の国際化が進み、海外に業務、留学などで滞在する人が増加している。また、国境を越えた交流が進み海外の友人との繋がりも増えている。VFRは、そのような海外にいる友人や家族、親戚に会いに行く海外旅行を指し、近年増加が目立つ。

## ■SIT

SIT（エス・アイ・テイ）とは、「Special Interest Tour」の頭文字をとった言葉で、一般的な周遊型、滞在型の観光ではなく、テーマ性、趣味性の高い特別な目的を持った旅行のことを指す。スポーツ観戦ツアーや、トレッキングツアー、サイクリングツアー、スケッチ旅行、冒険旅行など、目的を優先してデスティネーションを決定する。旅行経験が豊富になるにつれ物見遊山的な観光に飽き、旅行目的が多様化、個性化、高度化してきたことから、SITが注目されている。南米やアフリカ、南極など多くの旅行者が訪れない秘境への旅行もSITと呼ぶことがある。

## ■海外修学旅行

近年では中学高校の修学旅行先として海外が選択されるケースも増えている。海外修学旅行を実施している学校はいずれも国際理解・国際交流の促進、外国語教育の充実を図ることを目的としている。訪問先の同世代の中学生・高校生との交流を組み込むことが多い。実施する学校は私立が多いが、公立も少なくない。

2018年度に海外修学旅行を実施した高校は962校（全国修学旅行研究協会調査）であり、増加傾向にある。

方面別では、東南アジア、北アメリカ、オセアニア、ヨーロッパなど、国・地域別では、台湾、シンガポール、オーストラリア、グアム、マレーシアなど、日本との交流が深く治安のよい国・地域が選ばれている。

学校行事としての修学旅行の他、語学研修、ホームステイなど学内で募集し実施する海外研修旅行も数多く実施されている。

## ■海外クルーズ

豪華大型客船に乗って海外旅行を楽しむ、海外クルーズ市場は欧米では長くブームとなっている。日本においてもクルーズ人口は着実に増加し、2018年の日本人の外航クルーズ人口（海外へ行くクルーズ）は21.5万人（国土交通省）であった。

大型クルーズ客船の客室はホテルと変わらず、船内にはレストランやバー、プール、フィットネス、スパ、ライブラリー、シアター、カジノ、ダンスホール、美容室、医務室などの施設が整備され、退屈せずに船旅が楽しめるようになっている。アジア一周、世界一周などがあり、寄港地では下船してのオプショナルツアーが用意されている。日本には「飛鳥Ⅱ」、「にっぽん丸」、「ぱしふぃっくびいなす」の大型クルーズ客船があり、近隣外国周遊などの国際クルーズを提供し、「飛鳥Ⅱ」は世界一周クルーズもある。また、外国のクルーズ客船が、アジア一周、世界一周の途中の入港地として日本に寄港している。

日本発着のクルーズだけではなく、飛行機で現地まで行きクルーズを楽しむ旅も人気がある。地中海、エーゲ海、カリブ海、北欧、カナダ、アラスカなど世界中で運航されている。

## ■海外挙式

海外挙式または海外ウエディングは、1970年代頃から始まった挙式のスタイルである。国内で挙式・披露宴を行うよりも、海外ウエディングのほうが割安な場合もあり、ハネムーンを兼ねることができるメリットがある。

海外旅行の一般化、結婚式の多様化などを背景に増加し、日本のブライダル企業が世界各国に進出して、日本人好みの結婚式を企画している。かつての海外ウエディングは、ふたりだけの挙式が主流だったが、近年は家族や親戚、友人なども参加し、十数名ほどで行くケースも増えている。

日本人が海外で挙式をする国は分散化しているが、ハワイが群を抜いて多い。その他にグアム、アメリカ本土、カナダ、オーストラリアなどの人気が高い。

## ■バックパッカー

バックパッカーとは、低予算で個人海外旅行を楽しむ旅行者のことを指す。バックパック（リュックサック）を背負って移動する者が多いことからこの名がある。

格安航空券を利用し、宿泊はユースホステル・ゲストハウス・ドミトリーなどの安価な宿を現地で確保する。食事は現地の人が行く食堂などでとり、移動は現地の公共交通機関を利用する。観光だけではなく地元住民との出会いや同じ旅行者との交流が重要な要素となっている。

今日のバックパッカーはノートパソコン、スマートフォンを携行し、インターネット上のブログ・掲示板・SNSなどデジタルのコミュニケーション手段を活用し旅をする。バックパッカーは、学生など若者が圧倒的に多いが、近年、社会人や夫婦での旅も増えている。

「ギャップ・パッキング（Gap-Packing）」という言葉がある。ギャップ・イヤー（高校卒業から大学入学、もしくは大学卒業から就職などの期間）に多くの国々を巡る旅のことで、欧米人の若者に多く、日本でも注目されている。

## 5. 海外旅行の期待と現地活動

### ■海外旅行の期待

図表4-8は、「海外旅行先の最も楽しみにしていたこと」を表したものである。「おいしいものを食べること」が第1位で19%であった。目的地でその国ならではの本場の料理を食べることが旅行前の期待となっている。海外旅行は国・地域ごとに特徴ある料理があることが旅行の動機ともなり目的にもなる。

2位は「文化的な名所を見ること」、3位は「自然景観を見ること」で、文化的な名所を見ることが多い結果となっている。「街や都市を訪れること」が続く。都市観光、街歩きは海外旅行の大きな魅力である。「買物をすること」は9%弱と高い割合とはならなかった。

「エステ・スパ・マッサージを受けること」「芸術・音楽・スポーツ等の観劇・観賞・観戦」は海外旅行らしい楽しみだが共に2%程度だった。

図表 4-8　海外旅行先の最も楽しみにしていたこと（2018）

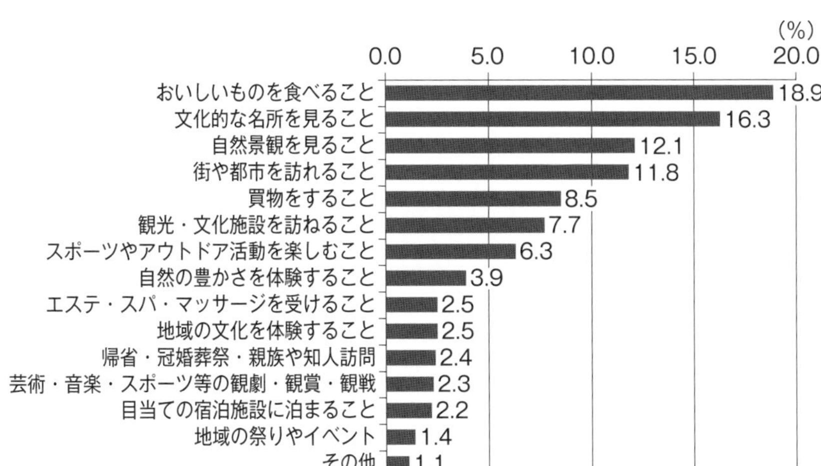


出典：『旅行年報 2019』公益財団法人日本交通公社　資料「JTBF 旅行実態調査」

## ■海外旅行先の現地活動

日本人の海外旅行者は、海外旅行の旅行先で実際どのような活動をしているのだろう。図表 4-9 は、「海外旅行先の現地活動（複数回答）」を表したも

図表 4-9　海外旅行先の現地活動（2018）複数回答

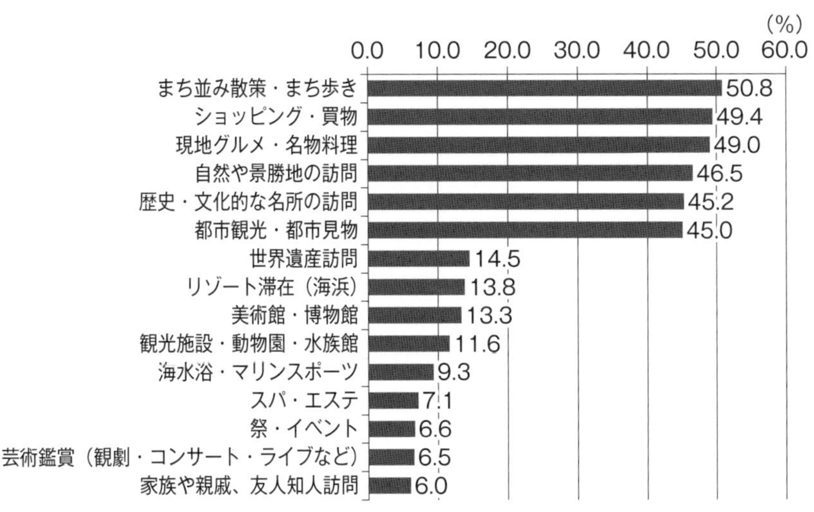


出典：『旅行年報 2019』公益財団法人日本交通公社　資料「JTBF 旅行実態調査」

のである。「まち並み散策・まち歩き」が1位で5割を超えている。海外旅行においては滞在した都市での街歩きが、最も多い現地での活動であることがわかる。海外旅行においては滞在する都市、街全体が観光対象となっている。

「ショッピング・買物」「現地グルメ・名物料理」「自然や景勝地の訪問」が続き、いずれもおよそ5割の人が楽しんでいる。「歴史・文化的な名所の訪問」「都市観光・都市見物」も45%程の人が現地での活動として挙げている。海外旅行の定番ともいえる。

「リゾート滞在（海浜）」は10%だった。海外ならではの楽しみである「スパ・エステ」「祭・イベント」「芸術鑑賞（観劇・コンサート・ライブなど）」も7%程度あった。

## 6. 海外旅行のデスティネーション

### ■海外旅行のデスティネーションの上位の国・地域

海外旅行のデスティネーションを見ていく。図表4-10は、2017年の海外旅行者の旅行先の20万人以上の国・地域を表したものである。（日本から各国・地域への到着者数・受入国統計JNTO）。

1位は日本との関係の深い「アメリカ」で360万人であった。しかし、この数値には米国本国であるハワイ州、またグアム、サイパンなども含まれている。ハワイ州、グアム、サイパン（北マリアナ）を除くと134万人ほどになる。

アメリカ本土とハワイ等の数字を分けて考えると、隣国である「中国」「韓国」が1位と2位になる。「中国」へは268万人の日本人が訪れている。「韓国」にも231万人が訪問している。国家間の外交関係の悪化などで年により増減するが、この両国が突出している。距離的に近いことを含め、両国との交流の深さ、また両国にある観光資源の魅力の多さが感じられる。それに続く「台湾」への旅行者も190万人と多く、増加傾向にある。

日本人の最も好きなデスティネーションといわれてきた「ハワイ」にはやはり多くの日本人が訪れ、159万人であった。以下東南アジアが続き、観光資源の豊富な「タイ」は154万人と東南アジアで突出している。次いで「シ

図表 4-10　日本人海外旅行者の旅行先（受入統計）2017

（人）

| | 訪問先国・地域 | 人数 |
|---|---|---|
| 1 | アメリカ※ | 3,595,607 |
| 2 | 中国 | 2,680,033 |
| 3 | 韓国 | 2,311,447 |
| 4 | 台湾 | 1,898,854 |
| 5 | （ハワイ州） | 1,587,781 |
| 6 | タイ | 1,544,442 |
| 7 | シンガポール | 846,440 |
| 8 | 香港 | 813,207 |
| 9 | ベトナム | 798,119 |
| 10 | （グアム） | 620,547 |
| 11 | ドイツ | 584,871 |
| 12 | フィリピン | 584,180 |
| 13 | インドネシア | 573,310 |
| 14 | フランス | 484,293 |
| 15 | スペイン | 442,132 |
| 16 | オーストラリア | 434,550 |
| 17 | マレーシア | 392,777 |
| 18 | イタリア | 385,971 |
| 19 | マカオ | 328,805 |
| 20 | カナダ | 304,318 |
| 21 | イギリス | 246,857 |
| 22 | スイス | 227,010 |
| 23 | インド | 222,527 |
| 24 | オーストリア | 208,248 |
| 25 | カンボジア | 203,373 |

※アメリカの数値には、米国本国（全米 50 州とコロンビア特別区）への入国者の他、北マリアナ諸島、グアム、米領サモア、プエルトリコ、米領バージン諸島などの地域への入域者が含まれる。

出典：「各国・地域別日本人訪問者数［日本から各国・地域への到着者数］」JNTO

ンガポール」が 85 万人、「香港」が 81 万人、「ベトナム」が 80 万人と続いている。さらに、「フィリピン」58 万人、「インドネシア」57 万人で、フィリピンはセブ島が、インドネシアはバリ島が人気のデスティネーションとなっている。「マレーシア」も 39 万人となっている。ハワイとともに人気の高い「グアム」は 62 万であった。

ヨーロッパでは「ドイツ」が 58 万人でトップだった。ヨーロッパでは、「フランス」が 48 万人、「スペイン」44 万人、「イタリア」39 万人、「イギリス」25 万人と続いている。

「オーストラリア」は 40 万人を超えている。「カナダ」へも 30 万人が旅行している。また、「インド」「カンボジア」も 20 万人を越えている。

概観すると、距離的に近く 2 ～ 3 泊で行くことのできる中国、韓国、台湾に香港を加えた東アジアが大きなシェアを占めている。そして、変わることなく人気のハワイ、グアムが日本人の海外旅行の定番デスティネーションといえる。

さらにさまざまな楽しみ方ができるタイ、シンガポール、ベトナムにマリンリゾートのあるフィリピン、インドネシアなどの東南アジアが続いている。遠距離ではアメリカ本土、ヨーロッパのドイツ、フランス、スペインが上位に入っている。

## ■海外旅行で行ってみたい旅行先

「JTBF 旅行意識調査（2018）」（『旅行年報 2018』公益財団法人日本交通公社）によると、「今後 1 〜 2 年の間に行ってみたい海外旅行の旅行先」の上位は、図表 4-11 のようになっている。具体的な地名を行きたい順に 3 つまで自由に回答してもらい、最も行きたい地域を 3 ポイント、2 番目に行きたい地域に 2 ポイント、3 番目に行きたい地域を 1 ポイントとして、その合計値をランキングしている。

1 位は「ハワイ」で他を圧倒している。日本人にとっていつも変わらぬ憧れのデスティネーションであることがわかる。2 位は「イタリア」だった。3 位に「アメリカ本土」、4 位に「フランス」、「スペイン」が 8 位と、西欧各国が上位に入っている。

5 位は「オーストラリア」で、日本とは季節が逆で時差も少ない点が特徴である。6 位には、気軽に行くことができる「台湾」が入った。7 位に隣国である韓国が入った。

9 位は、日本に近いリゾート「グアム」で、10 位は大自然を満喫できる「カナダ」であった。

多くの人がすでに訪れている東南アジアでは「シンガポール」が上位にはいった。続いて「スイス」「イギリス」「ドイツ」と、また西欧諸国が並んだ。「タイ」が 15 位で「中国」は 20 位であった。

海外旅行で行ってみたい旅行先を概観すると、実際に旅行している国・地域とかなり相違している。ハワイは別格として、ロングデスティネーションとなるイタリア、フランス、イギリスなど西欧の国々が上位となり、日本人のヨーロッパ旅行への憧れが読み取れる。東南アジアではシンガポールの人気が高い。

図表4-11　海外旅行で行ってみたい旅行先（2019）

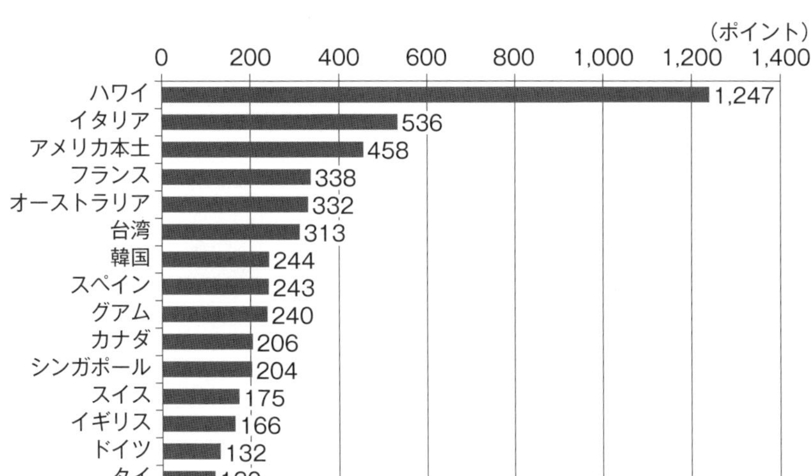


出典：『旅行年報2019』公益財団法人日本交通公社　資料「JTBF旅行意識調査」

【調査概要】
『旅行年報2019』（公益財団法人日本交通公社 2019）
「JTBF旅行実態調査」
　調査対象：全国16歳～79歳旅行を実施した人　調査方法：ウェブ調査
　調査時期：2018年5・7・10月/2019年1月、回答者：6,328人
「JTBF旅行意識調査」
　調査対象：全国16歳～79歳の男女　調査方法：郵送自記調査
　調査時期：2019年5～6月、回答者：1,491人

## ■東アジア

中国、韓国、台湾、香港はいずれも日本人の海外旅行デスティネーションの上位を占める隣国である。各都市への航空便数も多く、どの都市にも2～4時間程度のフライトで行くことができる。近年はLCCも数多く就航し、航空運賃も安価になった。国内旅行と同様の気軽さで訪れることのできる国々である。日本語の通じる都市も多い。

悠久の歴史と多様な文化、広い国土をもつ中国の見どころは多い。歴史ある建物と超近代建築が混在する上海、紫禁城（しきんじょう）・万里の長城などが世界的に有

名な北京、シルクロードの東の起点で始皇帝の陵墓や兵馬俑坑博物館がある西安、水と奇岩の絶景が広がる桂林など、見るべき観光スポットは数限りない。各地の中華料理を楽しむグルメを目的とした旅も多い。

韓国は、日本から最も近い海外デスティネーションである。所要時間が、日本から約2時間半のため週末を使っての旅が可能である。首都ソウルは多様な都市観光を楽しむことができる。世界遺産の歴史的建造物だけではなく、夜中までにぎわう東大門市場や伝統的健康法の汗蒸幕、エステ、ショッピング、さらにグルメは焼肉だけではなく宮廷料理や屋台と多彩だ。海鮮料理が美味しい釜山や、歴史情緒あふれる慶州、高級リゾートが建つ済州島にも多くの日本人旅行者が訪れている。

台湾で基点となるのは台北である。世界四大博物館のひとつといわれる故宮博物院があり、文化的な見どころも多い。本場の中華グルメ、夜市、エステも楽しめる。日月潭などの風光明媚な景勝地や、山々が連なる大自然、温泉なども台湾の魅力である。

香港は近代的な高層ビルときらびやかな看板が立ち並ぶ活気あふれる大都市である。九龍半島でグルメとショッピング、香港島へ渡るスターフェリーでのクルージング、ビクトリア・ピークの山頂からの100万ドルの夜景、香港ディズニーランドも人気がある。香港からは世界遺産とカジノの街マカオへ簡単に行くことができるため、香港とマカオを組み合わせる旅行者も多い。

## ■東南アジア

東南アジア諸国への観光は、日本の各都市から5～7時間程のフライトで行けること、時差があまりないこと、物価が安いこと、国ごとに特徴ある観光スポットとグルメがあることなどで海外旅行のデスティネーションとして人気が高い。また、近年LCCが各都市へ就航し、より一層身近なデスティネーションとなった。

東南アジアで日本人旅行者の人気No.1は「微笑みの国」といわれるタイで、年間150万人以上の日本人が訪れている。首都バンコクは、王宮や寺院、屋台グルメ、ムエタイ観戦など見どころが多い。遺跡で有名なアユタヤやスコータイ、古都チェンマイ、高級リゾートのプーケット、パタヤ、自然が残るリゾート、サムイ島なども魅力的な観光地となっている。そして、世界三大スープの一つともいわれるトムヤンクンをはじめとする香辛料の効いたタイ料理は多くの旅行者を魅了している。

シンガポールは、安全で美しくさまざまな顔を持つ街を、自由に散策するのが楽しい都市国家であり、日本人の旅行先として人気が上昇している。大人気のマリーナベイサンズ、マーライオンパーク、ナイトサファリ、セントーサ島のユニバーサル・スタジオ・シンガポールなど観光スポットが豊富だ。また、ラッフルズ・ホテルなど上質のホテルステイを満喫したり、ショッピング、カジノも楽しむことができる。名物チリクラブやチキンライスだけではなく、世界中のグルメを味わうことができる。

ベトナムは、アジアン雑貨やサイゴン川のクルーズディナーなどが楽しめるホーチミン、フランス統治時代の建物が残り歴史を感じさせる首都ハノイの２都市に多くの旅行者が訪れている。ハノイ近郊の世界遺産ハロン湾も定番の観光スポットとなり、島々が奇峰の如くそそり立つ神秘的な景観を優雅なクルーズで楽しむことができる。また、ベトナム中部のダナンは、世界遺産のミーソン遺跡や古都フエのゲートタウンとして注目され始めている。生春巻きやフォーなどのグルメもベトナムならではの体験である。

マレーシアは、首都クアラルンプールが起点となる。高層ビルが立ち並ぶ近代都市で観光スポットも豊富だ。中心地にそびえ立つ超高層ビル「ペトロナスツインタワー」は20世紀完成の高層ビルとしては世界で最も高い。オールドタウンと呼ばれる古い歴史を持つエリアは英国統治時代に建てられた美しいムーア建築の建物が点在する。世界遺産の古都マラッカはマレーシアを代表する観光地となっている。歴史のあるリゾートアイランド、ペナン島、アンダマン海に浮かぶランカウイ島での滞在も人気がある。雄大な自然や珍しい動物に出会えるボルネオ島まで足を延ばすのもよい。

カンボジアの観光の目玉は、世界遺産に登録されているアンコールの巨大遺跡群である。アンコール・ワットは遺跡の圧倒的な規模とその造形美と歴史的な背景によって、世界中からの旅行者を魅了している。アンコール・トムは門と城砦、寺院などから成る12世紀末の都市遺跡。アンコールの遺跡への観光拠点はシェムリアップになる。

フィリピンの観光は、近代的な首都マニラと世界的なビーチリゾートとして知られるセブ島がメインになる。セブ島では、マリンスポーツはもちろん、ゴルフ場、スパ施設などを楽しむことができる。英語が公用語のひとつになっていることから語学研修・語学留学に訪れる人も多い。

インドネシアは、1万7千以上の島々で構成され、およそ490もの異なる民族が暮らす国で、地域ごとに多様な伝統文化や食事を体験することができる。特に人気が高いのはバリ島でのリゾートライフ、バリ島中部にある芸術の村ウブド、さらにジャワ島にある世界最大級の仏教寺院ボロブドゥール遺跡群である。

ミャンマーは、近年日本人旅行者が増えてきた。黄金や色鮮やかな寺院、遺跡が見どころの人気観光地となっている。かつての首都であるヤンゴンの北側に位置するシュエダゴン・パゴダが最大の観光スポットである。世界三大仏教遺跡の一つとされるバガン遺跡の数千にも及ぶパゴダ（仏塔）の光景は圧巻である。

## ■ハワイ・グアム

日本人の海外旅行の一番の人気デスティネーションとえばハワイである。世界各地に気軽に行けるようになった今日でもハワイ人気は衰えてはいない。日本人に優しく、安全、清潔で、日本語が通じ、老若男女誰でもが楽しめるというイメージがある。

観光の起点は都市とリゾート両方の魅力を持つオアフ島のホノルルである。日本発のほとんどのパッケージツアーは、往復の航空便とともにホテルの立地、グレード、オーシャンビューなどの部屋タイプまで指定できるようになっている。

ホノルルでは、ワイキキビーチに多くのホテルが集中している。美しいビーチはもちろん、ホテルやレストラン、ショッピングスポットがありリゾートライフを満喫できる。アラモアナショッピングセンター、ダイヤモンドヘッド、ハナウマ湾、ハレイワタウン、タンタラスの丘など見どころが豊富だ。サンセットディナークルーズ、ホエールウォッチングクルーズなども楽しめる。

オアフ島以外では、リゾート地として名高いマウイ島、キラウエア火山、星空観測など大自然を楽しむことができるビッグアイランド、ハワイ島、熱帯雨林や渓谷に囲まれたカウアイ島、素朴なモロカイ島、ハワイ最後の楽園ともいわれるラナイ島などに滞在する旅行者も多い。

グアム島は、日本から約3時間半で行くことができる常夏のアイランドリゾートで、手軽に訪れることができるのが魅力的だ。海に面するリゾートホテルに滞在し、マリンスポーツやダイビング、ドルフィンウォッチングなどが楽しめる。また、スパ施設やエンタテインメントも充実している。週末の旅行が可能なデスティネーションである。

同様に週末旅行が可能なアイランドリゾートがサイパン島である。日本から約３時間半のフライトで到着する。マリンスポーツだけではなく、ダイビング、ゴルフなども楽しむことができる。サイパン島からクルーズ船やスピードボートで行くことができるマニャガハ島も魅力的なデスティネーションである。

## ■アメリカ・カナダ

アメリカは、東西で時差が３時間もあるほど広大で、多くの民族が共存する多様性が魅力である。

日本から近い西海岸には、ディズニーランドやハリウッド、ビバリーヒルズのあるロサンゼルスや、カジノとエンタテインメントの街ラスベガス、世界自然遺産のグランドキャニオンやヨセミテ国立公園がある。ゴールデンゲートブリッジがあり、ケーブルカーが急坂を行く港町サンフランシスコ。ワイナリーが点在するカリフォルニアワインの産地ナパバレーも注目されている。メキシコとの国境まで足を延ばすとエキゾチックな街サンディエゴもある。

東海岸には、自由の女神、五番街、ミュージカル鑑賞、野球観戦とさまざまな魅力を持つ巨大都市ニューヨークがあり都市観光を満喫できる。アメリカ合衆国の首都、ホワイトハウスのあるワシントンD.C.、古い街並みとボストン美術館があるボストンも人気がある。

中部には、ミシガン湖の南西岸に位置する経済、金融、交通の拠点、ジャズやブルースなど音楽の街として知られるシカゴがある。カナダとの国境には世界的な大瀑布ナイアガラの滝がある。

南部のオーランドには、テーマパークが集中し、マイアミは白砂のビーチに太陽が降り注ぐ高級リゾート地である。

カナダは季節によって楽しみ方ががらりと変わる国である。西海岸のバンクーバーが玄関口となる。世界一住みたい街にも選ばれるバンクーバーは都会と自然が共生する公園都市である。春には花の街ヴィクトリアを散策し、夏はカナディアン・ロッキーの大自然を満喫し、秋はメープル街道の紅葉、冬から春にかけてはウィスラーやバンフでスキーを楽しみ、イエローナイフではオーロラ鑑賞ができる。中世の街並みが広がるケベックシティや大迫力のナイアガラ瀑布、赤毛のアンの舞台プリンスエドワード島も人気の観光スポットとなっている。

■ヨーロッパ

1週間以上の旅行日数とそれなりの旅行費用がかかるが、ヨーロッパ旅行は多くの日本人の憧れである。数か国を巡る周遊型旅行が主流であったが、近年は一つの都市の滞在を楽しむ旅行が増えている。ヨーロッパの主要都市には日本からの直行便がある。

イギリスは、首都ロンドンの都市観光が人気だ。ビッグベン、ロンドン塔、そして世界最大の大英博物館やバッキンガム宮殿、ウェストミンスター寺院はぜひ訪れたい。市内では音楽やスポーツ、エンタテインメントなども楽しめる。ピーターラビットの故郷として名高い湖水地方やウィルトシャー州にあるストーンヘンジを訪れる旅行者も多い。

フランスは、世界で最も人気のあるデスティネーションである。「花の都」と呼ばれる首都パリは、芸術・ファッション・グルメの都として世界の人々の憧れの街である。凱旋門、エッフェル塔、ルーヴル美術館など見どころが多い。シャンゼリゼ通りでのショッピングやカフェ巡りも楽しい。ヴェルサイユ宮殿やモンサンミッシェルも訪れたい。ロワールの古城巡り、ボルドーのワインセラー巡りに足を延ばすのもよい。

イタリアには旅行者を魅了する都市が多くある。コロッセオ、フォロ・ロマーノ、スペイン広場、そしてヴァチカン市国のサンピエトロ寺院がそびえる「永遠の都」首都ローマ、美術・建築・音楽で知られる芸術の街フィレンツェ、水の都として知られる水上都市ヴェネチア、ファッションの街ミラノ、ポンペイ遺跡のある食の都ナポリなどである。美しい海岸線のアマルフィ、とんがり屋根の街並みで知られるアルベロベッロを訪れる旅行者も少なくない。いずれの街もグルメとショッピングのレベルが高い。

ドイツは、ノイシュバンシュタイン城などを巡る中世の街をつなぐロマンチック街道が一番の人気である。グリム童話にゆかりのある街を結ぶメルヘン街道など個性的な街道がたくさんある。首都ベルリン、ビールと音楽の街ミュンヘン、文豪ゲーテの生まれた街フランクフルト、活気あふれる港町ハンブルグも多くの旅行者が訪れている。

スペインは、世界三大美術館のひとつともいわれるプラド美術館、王宮や旧市街など見どころの多い首都マドリードと、ガウディの名建築サグラダ・ファミリアやピカソの美術館などがあるバルセロナの人気が高い。スペインの歴史の表舞台となった古都トレド、イスラム教とキリスト教の文化が融和するコルドバ、美食の街サンセバスチャンへも足を延ばしたい。近年、古城や修道院を利用したホテルであるパラドールへ泊まるツアーも人気がある。

ギリシャの首都アテネは、世界で最も古い都市のひとつで、丘の上の要塞アクロポリスにはパルテノン神殿をはじめとした歴史的建築物が数多く残っている。世界中から多くのハネムーナーが訪れるエーゲ海に浮かぶサントリーニ島やミコノス島にも足を延ばしたい。

スイスは、アルプスの名峰、大規模な氷河、宝石のような湖、のどかな牧草地など自然の風景を満喫させてくれる。ツェルマットやサンモリッツといったスキーリゾート、ベルン旧市街、山間を走り抜ける鉄道の旅などが楽しめる。

オーストリアの首都ウィーンはモーツァルトを輩出した音楽の都である。ハプスブルク家の離宮シェーンブルン宮殿が最大の見どころ。映画『サウンド・オブ・ミュージック』の舞台になったザルツカンマーグートでは壮大な自然の風景を堪能できる。

オランダでは、水の都首都アムステルダムの運河巡りができ、アンネ・フランクの家を訪れる人も多い。広大な花畑で有名なキューケンホフ、ミッフィーの街ユトレヒトや古都デルフトも人気だ。

ベルギーの首都ブリュッセルには世界で最も美しい広場といわれるグランプラスがあり、王の家や小便小僧なども見どころである。

近年、北欧の観光が人気である。北欧の玄関、デンマークの首都コペンハーゲンにはチボリ公園がある。アンデルセンの生誕地オーデンセ、「ハムレット」の舞台として知られるクロンボー城も有名である。森と湖とデザインの国フィンランドの首都ヘルシンキにはデザインショップが並ぶ。ムーミンやサンタクロース、オーロラにも出会える。北欧最大の国スウェーデン、首都ストックホルムは水の都、その美しさは北欧の中でも群を抜いている。ノルウェーの首都オスロにはムンクの名画「叫び」が所蔵される国立美術館がある。フィヨルドクルーズ、ベルゲンの美しい街並みも人気がある。

## ■オセアニア

オーストラリアは南半球にあるため、日本とは季節が逆になるが、時差があまりないのが嬉しいデスティネーションである。オペラハウスやクルーズ、世界各地の料理が楽しめるシドニー、世界最大の珊瑚礁であるグレート・バリア・リーフが近いケアンズ、オーストラリアを代表するリゾート、ゴールドコースト、そして、先住民アボリジニの聖地ウルル（エアーズロック）、緑あふれる街メルボルン、ペンギンたちの行進を間近で見られフィリップ島などがオーストラリアの人気観光地である。コアラやカンガルーに出会えるのも楽しい。

ニュージーランドは北島と南島からなる。北島のオークランドがニュージーランド最大の都市で、グルメやショッピングだけでなく、トレッキングなどアクティビティも充実した美しい都市である。南島のクイーンズタウンは「ガーデンシティ」と呼ばれる緑豊かな都市で、ミルフォード・サウンドではフィヨルドクルージングを楽しむことができる。

## ■南アメリカ

近年、南アメリカに行くツアーが人気になっている。

ブラジルでは、有名なカーニバルやボサノバを生み出したリオデジャネイロ、そしてブラジルとアルゼンチンの両国にまたがるイグアス国立公園に水煙を挙げるイグアスの滝が見どころである。

ペルーは、断崖の上に築かれた空中都市マチュ・ピチュ、インカ時代のなごりをとどめるクスコ、そして地上絵で知られるナスカなどが人々を惹きつけている。また、ボリビアでは、奇跡の景色が広がるウユニ塩湖が注目されている。

## ■アフリカ

日本から遠いアフリカ大陸の国々も注目されている。雄大な自然、野生動物たちとの出会い、独自の文化など他の地域では味わえない魅力がある。

エジプトの首都カイロは北アフリカ最大の都市であり、ここを拠点にピラミッドとナイル川クルーズを楽しむことができる。同じく北アフリカのモロッコは、活気あふれるマラケシや青い街並みが神秘的なシャウエン、サハラ砂漠ツアーもある。赤道直下の国ケニアは野生動物の宝庫で、さまざまなサファリツアーがある。キリマンジャロの美しい姿も楽しみたい。

ザンビアとジンバブエの国境に位置するヴィクトリアの滝の大迫力の景観は見逃せない。南アフリカは、ケープタウンを中心に観光するのが定番で、テーブルマウンテン、ケープポイントに、ペンギンが生息するボルダーズビーチと観光スポットも多い。南アフリカは、アフリカ有数のワインの産地でもあり、ワイナリーを巡るのもよい。

## 7.　海外観光地の食と観光土産

### ■世界の有名料理

海外旅行の楽しみの大きな要素に、現地で本場の料理を食べることがある。世界三大料理という言葉がある。伝統的には中華料理、フランス料理、トルコ料理を指す。その後に続くのが、イタリア料理、日本料理といわれている。

図表4-12は、海外旅行者で話題となる世界の有名料理である。

なお、食に関してユネスコの無形文化遺産として登録されているのは、日本の「和食」の他、「フランスの美食術」「地中海の食事（スペイン、イタリアなど７か国の共同提案）」「メキシコの伝統料理」、トルコの「ケシケキの伝統」、「トルココーヒーの文化と伝統」に加え、韓国の「キムジャン：キムチの製造と分配」、グルジアの「クヴェヴリ」である。

図表4-12　世界を代表する料理

| 国　名 | 代表的な有名料理 | 特　徴 |
|---|---|---|
| フランス料理 | エスカルゴ・ブルギニョオン | ソースのバリエーション・洗練されたコース料理<br>西洋料理の代表、世界の国々の正餐に |
| 中国料理 | 北京ダック | 薬食同源思想、八大中華料理、油の多用<br>世界中に普及 |
| トルコ料理 | ケバブ | 東西食文化の融合、ヨーグルトを活用<br>オスマントルコ帝国時代から伝統料理 |
| イタリア料理 | パスタ | オリーブオイルの多用、トマトソースの多用<br>パスタの発祥、西洋料理の母 |
| インド料理 | カリー | スパイスの多用、ハーブの活用<br>インダス文明から5千年の歴史、英国経由で世界に |

| スペイン料理 | パエリア | オリーブオイルの多用、ニンニクの多用<br>地中海の海の幸 |
|---|---|---|
| メキシコ料理 | タコス | 唐辛子のバリエーション、トルティージャの活用<br>アステカ族・マヤ族料理が母体 |
| タイ料理 | トムヤムクン | 香辛料の多用、ハーブの多用<br>14世紀アユタヤ朝以降、アジア各国に影響 |
| インドネシア料理 | ナシゴレン | 香辛料の多用<br>インド・中近東・中国の影響 |
| 韓国料理 | チゲ | 薬食同源思想、唐辛子、ニンニクの多用<br>キムチ、朝鮮王朝時代から |
| ロシア料理 | ボルシチ | バター・チーズの多用、シチュー・煮込み料理<br>帝政ロシア時代からの歴史 |
| ギリシャ料理 | ムサカ | オリーブオイルの多用、タコ・イカ・エビの多用<br>古代ギリシャ時代からの歴史 |
| モロッコ料理 | タジン鍋 | 香辛料の多用、香味食材の活用<br>ベルベル料理が母体 |

出典：「世界十大料理への一考察」ホームページ・世界の料理に関する各サイトを参考として作成

## ■世界の観光地の人気グルメ

海外旅行では、ガイドブックに掲載されているような有名レストランで現地でしか味わえない本場の料理を食べるのが楽しみである。また、地元の人が利用するレストランや屋台で地元の庶民グルメを食べるのも嬉しいひと時であり、思い出に残る。最近は味だけではなく、日本では撮ることのできない食の写真を撮影する旅行者が多い。その写真がSNSなどで発信され、人気に火がつくこともある。

図表4-13は、海外の旅やグルメが掲載されているサイトを参考に、日本人が多く訪れる国・地域のグルメを並べたものである。高級料理から庶民のグルメまで並んでいる。確かにその国に訪れたら、一度は食べてみたい食が並んでいる。日本国内でも食せるが、地元で食べることに意味がある。

フィッシュアンドチップス

図表 4-13　世界の観光地の人気グルメ

| 国・地域 | グルメ | 国・地域 | グルメ |
|---|---|---|---|
| 中国 | 麻婆豆腐 | フランス | ガレット |
| 韓国 | サムギョプサル | ドイツ | ソーセージ |
| 台湾 | 小籠包 | オランダ | ハーリング |
| 香港 | お粥 | イタリア | ピザ |
| タイ | ガパオライス | スペイン | パエリア |
| シンガポール | チリクラブ | ポルトガル | パステス・デ・バカリャウ |
| ベトナム | 生春巻き | スイス | チーズフォンデュ |
| マレーシア | ラクサ | オーストリア | ウィンナーシュニッツェル |
| フィリピン | レチョン | ギリシャ | ムサカ |
| インドネシア | ナシゴレン | トルコ | ケバブ |
| カンボジア | プラホック | ロシア | ボルシチ |
| ミャンマー | モヒンガー | カナダ | プーティン |
| インド | カレー | メキシコ | タコス |
| ネパール | ダルバート | ブラジル | シュラスコ |
| ブータン | エマ・ダツィ | ペルー | ロモ・サルタード |
| スリランカ | エッグホッパー | モロッコ | タジン鍋 |
| イギリス | フィッシュアンドチップス | ハワイ | ロコモコ |

出典：「世界料理を知ろう！人気観光地で見る一度は食べたい料理 30 選」Pokke MagazineHP などを参考に作成

## ■世界の有名な酒

海外旅行での食事には、その国・地域の特徴ある食と共にその食に合う、その食を皿に美味しくする地元の酒を飲みたい。地元に人々に愛され飲み続けられている酒は大きな観光資源である。図表 4-14 は、多くの旅行者にも知られる世界の酒である。

図表 4-14　世界の有名な酒

| 名称 | 国・地域 | 種　類 | 度　数 | 特　徴 |
|---|---|---|---|---|
| 【アジア】 | | | | |
| 白酒 | 中国 | 醸造酒 | 38%<br>前後 | 中国の穀物を原料とする伝統的な蒸留酒 |
| 台湾ビール | 台湾 | ビール | 5%<br>前後 | 台湾の代表的なビール |
| ビア・シン | タイ | ビール | 5%<br>前後 | タイの代表的なビール |
| シンガポール・スリング | シンガポール | カクテル | 16～<br>17% | ドライ・ジンベースの爽やかなシンガポール・カクテル |
| タイガービール | シンガポール | ビール | 5% | シンガポールの代表的ビール |
| ビンタン | インドネシア | ビール | 5% | インドネシアの代表的ビール |
| トルコワイン | トルコ | ワイン | 13%<br>前後 | 海洋気候が産んだ歴史あるワイン |

| サンミゲル | フィリピン | ビール | 5%前後 | フィリピンの代表的ビール |
|---|---|---|---|---|
| 馬乳酒 | モンゴル | 醸造酒 | 1~3% | 馬乳を発酵させて醸造する自然飲料 |
| キングフィッシャー | インド | ビール | 8%前後 | インドの代表的ビール |
| ラク | トルコ | 蒸留酒 | 45~50% | 「アスラン・スユテュ(獅子の乳)」と詠われる蒸留酒 |
| 【ヨーロッパ】 | | | | |
| スコッチ・ウイスキー | イギリス | ウイスキー | 40%以上 | スコットランドの伝統的製造法で作られるウィスキー |
| ドライ・ジン | イギリス | ジン | 45%前後 | イギリス家庭が産んだ伝統的なジン |
| コニャック | フランス | ブランデー | 40% | 原料のブドウにユニ・ブラン、オーク樽で熟成 |
| ドライ・ベルモット | フランス | ワイン | 18% | ニガヨモギを用いた辛口フレーバードワイン |
| シュタインヘーガー | ドイツ | ジン | 38% | ドイツ独自のスパイスが効いたジン |
| ジュネヴァ・ジン | オランダ | ジン | 35%以上 | ジンの元祖と呼ばれるワイン |
| ベルギービール | ベルギー | ビール | 7%前後 | 1000種類以上ある伝統的なビール |
| スイート・ベルモット | イタリア | ワイン | 18% | ニガヨモギを用いた甘く口のフレーバードワイン |
| サングリア | スペイン | ワイン | 10%前後 | 柑橘系の伝統的フレーバードワイン |
| ポートワイン | ポルトガル | ワイン | 20%前後 | ブランデーを用いた特殊製法のワイン |
| ウーゾ | ギリシア | リキュール | 40% | ブドウの皮を材料にしたリキュール |
| ギネスビール | アイルランド | ビール | 7%前後 | アイルランドの至宝と詠われる黒ビール |
| アイリッシュ・ウイスキー | アイルランド | ウイスキー | 40%以上 | アイルランドの伝統的製造法で作られるウィスキー |
| スピリタス | ポーランド | ウォッカ | 96~97% | アルコール度数世界最高のウォッカ |
| ロシア製ウォッカ | ロシア | ウォッカ | 40%前後 | ロシア国民に愛されるウォッカ |
| 【南北アメリカ】 | | | | |
| バーボン | アメリカ | ウイスキー | 40%以上 | トウモロコシを原料に焦げた樽で熟成したウィスキー |
| テキーラ | メキシコ | テキーラ | 34~55% | メキシコで作られる竜舌蘭が原料の蒸留酒 |
| チリワイン | チリ | ワイン | 13%前後 | 地中海性気候が作れる天然仕立てのワイン |

出典:「世界の珍しいお酒」ホームページなどを参考に作成

## ■世界の人気土産品

日本人の海外旅行での土産購入額は以前に比べると減少している。しかし、海外旅行での家族や友人への土産の購入は楽しいものであり、自分自身への土産選びは思い出づくりでもある。

パッケージツアーでも土産品店に強制的に連れて行かれることは少なくなったが、自由な時間に街歩きを楽しみ、土産品店だけではなく、デパート、スーパーマーケット、市場や地元の人が利用する店に入り身振り手振りで買物をするのは楽しい。時には値段の交渉をするのも海外でのショッピングの面白さである。

「海外土産通販サービス」というものがある。いわゆる義理土産といわれる職場や近所へ挨拶として渡す土産を対象としたものである。出発前に、土産を注文し、帰国時に自宅に届くシステムで、旅行先で時間がなくて困ることも、重い荷物を運ぶこともない。案外利用されているようである。

しかし、土産はやはり現地でじっくりと、あれやこれやと悩みながら買物をしたいものだ。

図表 4-15　世界の人気土産品

| 国・地域 | 土産品 | 国・地域 | 土産品 |
|---|---|---|---|
| 中国 | 中国茶 | オランダ | デルフト焼き |
| 韓国 | 韓国コスメ | イタリア | ヴェネチアンガラス |
| 台湾 | パイナップルケーキ | スペイン | アントニオ・ガウディグッズ |
| 香港 | 子ども用チャイナドレス | スイス | ハーブティー |
| タイ | タイ・シルク | オーストリア | ザッハトルテ |
| シンガポール | プラナカン雑貨 | フィンランド | マリメッコのウニッコ |
| ベトナム | ベトナムコーヒー | ギリシャ | オリーブオイル |
| マレーシア | 錫製ビアマグ | トルコ | 目玉の魔除けのお守り |
| フィリピン | ピーニャ製品 | ロシア | マトリョーシカ |
| インドネシア | ガムランボール | アメリカ | ターゲットの雑貨 |
| カンボジア | クロマー・スカーフ | カナダ | メープルシロップ |
| イギリス | ハロッズのオリジナルグッズ | メキシコ | タコス |
| フランス | フレーバーティー | ブラジル | マテ茶 |
| ドイツ | ゾーリンゲンの刃物 | オーストラリア | コアラのグッズ |
| オランダ | デルフト焼き | ハワイ | コナコーヒー |
| イタリア | ヴェネチアンガラス | グアム | マカダミアナッツチョコレート |

出典：各国の観光サイト・海外旅行ブログなどを参考に作成

マトリョーシカ

## ■世界の通貨

世界で流通している通貨の数は 180 種類以上ある。図表 4-16 は、世界の主な通貨単位を表したものである。

図表4-16　世界のおもな通貨単位

| 国・地域 | 通貨単位 | 国・地域 | 通貨単位 |
|---|---|---|---|
| **【アジア】** | | ノルウェー | ノルウェー・クローネ |
| 韓国 | ウォン | ハンガリー | フォリント |
| 中国 | 人民元 | ブルガリア | レフ |
| モンゴル | トグログ | ポーランド | ズロチ |
| 台湾 | 新台湾ドル | ルーマニア | レイ |
| 香港 | 香港ドル | ロシア | ルーブル |
| マカオ | パタカ | **【南北アメリカ】** | |
| インドネシア | ルピア | アメリカ合衆国 | アメリカ合衆国ドル |
| カンボジア | リエル | カナダ | カナダ・ドル |
| シンガポール | シンガポール・ドル | コスタリカ | コロン |
| タイ | バーツ | メキシコ | メキシコ・ペソ |
| フィリピン | フィリピン・ペソ | キューバ | キューバ・ペソ |
| ブルネイ | ブルネイ・ドル | ジャマイカ | ジャマイカ・ドル |
| ベトナム | ドン | バハマ | バハマ・ドル |
| マレーシア | リンギット | アルゼンチン | アルゼンチン・ペソ |
| ミャンマー | チャット | チリ | チリ・ペソ |
| ラオス | キープ | ブラジル | レアル |
| インド | インド・ルピー | ペルー | ソル |
| スリランカ | スリランカ・ルピー | ボリビア | ボリビアーノス |
| ネパール | ネパール・ルピー | **【オセアニア】** | |
| ブータン | ニュルタム | オーストラリア | オーストラリア・ドル |
| モルディブ | ルフィア | ニュージーランド | ニュージーランド・ドル |
| ウズベキスタン | スム | フィジー | フィジー・ドル |
| アラブ首長国連邦 | UAEディルハム | ニューカレドニア | CFPフラン |
| クウェート | クウェート・ディナール | パラオ | アメリカ合衆国ドル |
| サウジアラビア | サウジアラビア・リヤル | **【アフリカ】** | |
| バーレーン | バーレーン・ディナール | エジプト | エジプト・ポンド |
| イスラエル | 新シェケル | エチオピア | ブル |
| **【ヨーロッパ】** | | ケニア | ケニア・シリング |
| (ユーロ圏)※ | ユーロ | セーシェル | セーシェル・ルピー |
| スイス | スイス・フラン | タンザニア | タンザニア・シリング |
| イギリス | スターリング・ポンド | チュニジア | チュニジア・ディナール |
| スウェーデン | スウェーデン・クローナ | ナイジェリア | ナイラ |
| チェコ | チェコ・コルナ | 南アフリカ | ランド |
| デンマーク | デンマーク・クローネ | モーリシャス | モーリシャス・ルピー |
| トルコ | トルコ・リラ | モロッコ | モロッコ・ディルハム |

※ユーロ圏：アイルランド / イタリア / エストニア / オーストリア / オランダ / キプロス / ギリシャ / スロバキア / スロベニア /スペイン / ドイツ / フィンランド / フランス / ベルギー / ポルトガル / マルタ / ルクセンブルク/サンマリノ / バチカン / モナコ/アンドラ / モンテネグロ / コソボ(一部地域は除く)

# 第5課題

# インバウンド

浴衣で散策（岐阜県高山市）

# 1. インバウンド市場

## ■インバウンドとは

インバウンド（inbound）とは、訪日外国人旅行のことをいう。日本以外に居住する外国人が日本を訪れ日本国内を旅行することである。近年、訪日外国人旅行者数が劇的に拡大し、インバウンドという言葉も一般化した。日本経済への影響も大きく、観光業界のみならずデパートや小売業を始め多くの業界から注目されるようになった。中国人旅行者の購買現象を表した「爆買い」が流行語となり、民泊が解禁になるなど、インバウンドの隆盛が新たな社会現象を生み出し、メディアにも多く取り上げられるようになった。このインバウンドのさらなる拡大が、観光立国宣言以降、日本のツーリズムの大きな課題となっている。

## ■訪日外国人旅行者数と目標

2019年に日本を訪れた外国人旅行者数は、約3,188万人で過去最高を記録した。観光立国推進基本計画において当初2010年の達成を目標としていた1,000万人を3年遅れ2013年に突破し、2016年には2,000万人の大台をはるかに超え、そして2018年には3,000万人を突破した。

インバウンドに関する国の目標は、東京オリンピック・パラリンピックが開催される2020年の訪日外国人旅行者数を4,000万人、訪日外国人旅行消費額は8兆円とされている（東京オリンピック・パラリンピックの開催は、

図表 5-1　観光における新たな目標値

| | 2020年 | 2030年 |
|---|---|---|
| 訪日外国人旅行者数 | 4,000万人<br>（2015年の約2倍） | 6,000万人<br>（2015年の約3倍） |
| 訪日外国人旅行消費額 | 8兆円<br>（2015年の2倍超） | 15兆円<br>（2015年の4倍超） |
| 地方部での外国人延べ宿泊者数 | 7,000万人泊<br>（2015年の3倍弱） | 1億3,000万人泊<br>（2015年の5倍超） |
| 外国人リピーター数 | 2,400万人<br>（2015年の約2倍） | 3,600万人<br>（2015年の約3倍） |
| 日本人国内旅行消費額 | 21兆円<br>（最近5年間の平均から約5%増） | 22兆円<br>（最近5年間の平均から約10%増） |

「明日の日本を支える観光ビジョン（2016年）」より

延期されることが2020年3月に決定した)。政府内に設置された「明日の日本を支える観光ビジョン構想会議」が、2016年に取りまとめた「明日の日本を支える観光ビジョン」において、観光における新たな目標値が図表5-1のように示された。

## ■訪日外国人旅行者数の推移

図表5-2は、訪日外国人旅行者数の推移を表したものである。

図表5-2　訪日外国人旅行者数の推移（1964−2019）

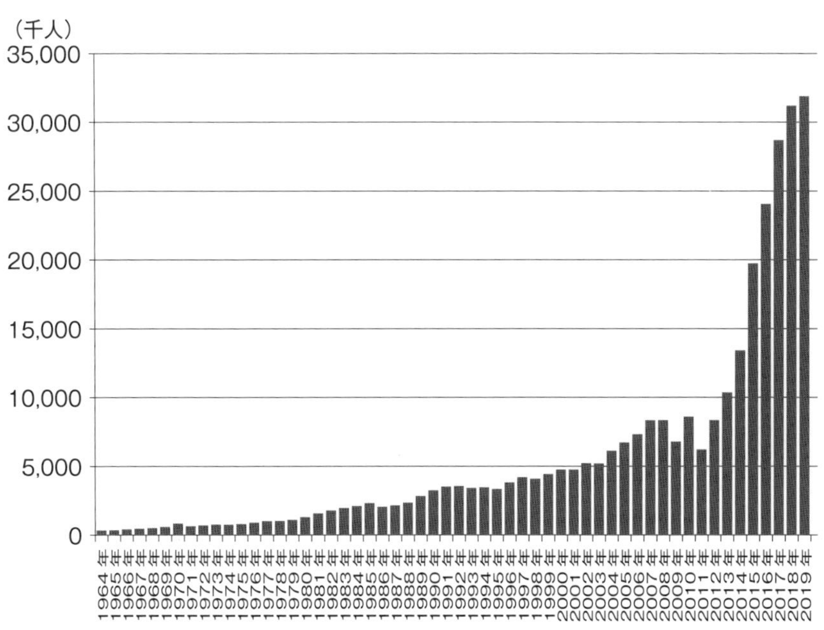


出典：日本政府観光局（JNTO）

訪日外国人旅行者数は、円高により日本への旅行に割高感を感じさせた時期に減少、低迷し、米国同時多発テロ（2001年)、SARS流行（2003年)、イラク戦争（2003年～）などによる伸び悩みを経てはいるが、長期的に見ると右肩上がりで順調に拡大していた。

その後、官民一体の取組みである「ビジット・ジャパン・キャンペーン（VJC)」がスタートした2003年以降は極めて順調に推移したが、リーマンショック（2008年）による世界的な景気低迷、2011年の東日本大震災、福島原発事故などにより、大きく減少した。しかし、2012年には早くも復調の兆しを見せ、2013年には1,000万人を達成し、2016年に2,000万人の大台をはるかに超え、2019年に過去最高の約3,188万人の旅行者数を記録した。

## ■訪日外国人旅行者数増加の背景

訪日外国人旅行者数の急伸の背景、要因は次のようなことが複合的に影響している。

実は、そもそも海外旅行者は、日本だけでなく世界全体で増えている。国連世界観光機関（UNWTO）の発表によると、世界で海外旅行に出かける人数は年々増え、2018年は14億人（到着ベース、一泊以上の旅行者・推計）を超えたとしている。その要因は世界経済が総じて成長傾向にあるためと分析している。

日本のインバウンド拡大の理由は、第1に、円安傾向の定着による外国人にとっての旅行費用の割安感の継続である。第2に、大きなシェアを持つアジア諸国の経済発展を背景とした中間所得者層の増加に伴い旅行需要が拡大していることである。第3にアジアの国々に対するビザ発給要件の緩和やビザ免除措置が講じられたことによる効果である。

第4に、日本への関心の高まりが挙げられる。日本には歴史ある伝統や観光スポットがあるだけではなく、外国人旅行者を惹きつける、アニメ・漫画・ゲーム、化粧品、エンタテインメントなどがあり、SNSの普及で日本の魅力がさらに海外に届きやすくなったと考えられる。「和食」のユネスコ無形文化遺産登録、東京オリンピック・パラリンピック開催の決定（2013年）も影響した。第5に、アジアを中心としたLCC（格安航空会社）の新規就航、路線の拡大である。運賃が低下し海外旅行のハードルを下げた。また、大量輸送が可能なクルーズ客船の日本寄港数の増大も大きな要因となった。

第6に、官民一体となって2003年からスタートした「ビジット・ジャパン・キャンペーン」以降継続的に取り組まれている「ビジット・ジャパン事業（VJ）」による訪日プロモーション効果が現れてきている。アジア各国では、「日本観光ブーム」が起こっているといわれ、欧米においても、クールジャパン、和食などが注目された。

一方で、大きな市場である中国・韓国との不安定な外交関係、長引く原発問題、為替レートの変動、自然災害の多発などでの交流の縮小懸念がある。特に日韓関係悪化に伴い、2019年の韓国からの旅行者数は前年と比べて大きく減少した。また、2020年に入り新型の疫病の流行拡大により中国をはじめとして世界各国・地域からの旅行者数が減少している。

## ■世界各国・地域の外国人訪問者数

図表5-3は、世界各国・地域の外国人訪問者数上位30（2018年）を表したものである。2018年のデータが公表されていない国もあり、正確な比較はできないが、観光大国フランス、スペイン、アメリカが上位となっている。中国、イタリアと続き、5位までが6,000万人を大きく超える旅行者を外国から呼び込んでいる。いずれの国も、大陸に位置し隣国と陸続きという背景もあり、人の交流が盛んであることがわかる。

日本の外国人訪問者数は毎年着実に増加し、2018年は世界で11位となった。アジアにおいても、中国やトルコ（※）（6位）、タイ（9位）に続き4位となり、世界の観光主要国の仲間入りをしたといえる。前述の4,000万人という目標値がどの位置に当たるのか確認してみてほしい。

※ここでは法務省出入国管理統計の地域分類に基づき、トルコをアジアとしてカウントしている。

図表5-3　世界各国地域の外国人訪問者数（2018）

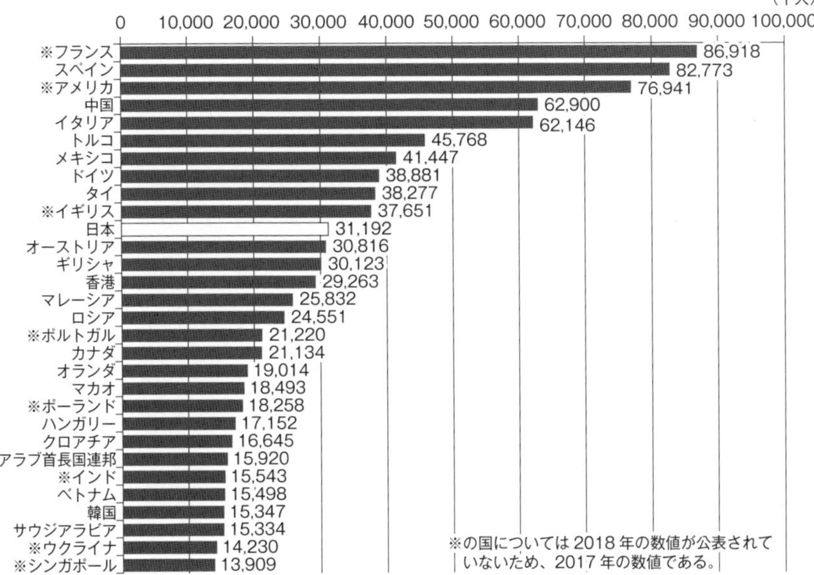


出典：国連世界観光機関（UNWTO）、各国政府観光局、日本政府観光局（JNTO）

## ■国・地域別訪日外国人旅行者数

図表 5-4 は、日本を訪れた外国人旅行者の国・地域別の人数（2015－2019年）を表したものである。

概観すると、2019 年の訪日外国人旅行者数は、総数では 3,188 万人と 3,000 万人を超えたが、伸率は鈍化した。アジアの国々から訪れた旅行者数は約 2,682 万人で、微増であったが、全体の 84% と大きなシェアを占めている。日本のインバウンドはアジアの人々を迎え入れることによって成立していることが分かる。特に隣国である中国、韓国、台湾、香港の 4 カ国・地域のシェアはおよそ 70% である。距離的に遠いヨーロッパ、北アメリカからの旅行者は 2 桁の伸率となり、堅調に増加している。共にシェアは 6% を超えて

図表 5-4　訪日外国人旅行者数国・地域別人数（2015－2019）

（人）

| | | 2019年 | | 2018年 | | 2017年 | | 2016年 | | 2015年 |
|---|---|---|---|---|---|---|---|---|---|---|
| 順位 | 国・地域 | 人数 | 伸率 | 人数 | 伸率 | 人数 | 伸率 | 人数 | 伸率 | 人数 |
| 総数 | | 31,882,049 | 2.2% | 31,191,856 | 8.7% | 28,691,073 | 19.3% | 24,039,700 | 21.8% | 19,737,409 |
| アジア計 | | 26,819,278 | 0.2% | 26,757,917 | 8.3% | 24,716,396 | 21.0% | 20,428,866 | 22.7% | 16,645,843 |
| 1 | 中国 | 9,594,394 | 14.5% | 8,380,034 | 13.9% | 7,355,818 | 15.4% | 6,373,564 | 27.6% | 4,993,689 |
| 2 | 韓国 | 5,584,597 | −25.9% | 7,538,952 | 5.6% | 7,140,438 | 40.3% | 5,090,302 | 27.2% | 4,002,095 |
| 3 | 台湾 | 4,890,602 | 2.8% | 4,757,258 | 4.2% | 4,564,053 | 9.5% | 4,167,512 | 13.3% | 3,677,075 |
| 4 | 香港 | 2,290,792 | 3.8% | 2,207,804 | −1.1% | 2,231,568 | 21.3% | 1,839,193 | 20.7% | 1,524,292 |
| 6 | タイ | 1,318,977 | 16.5% | 1,132,160 | 14.7% | 987,211 | 9.5% | 901,525 | 13.2% | 796,731 |
| 8 | フィリピン | 613,114 | 21.7% | 503,976 | 18.8% | 424,121 | 21.9% | 347,861 | 29.6% | 268,361 |
| 9 | マレーシア | 501,592 | 7.1% | 468,360 | 6.6% | 439,548 | 11.5% | 394,268 | 29.1% | 305,447 |
| 10 | ベトナム | 495,051 | 27.3% | 389,004 | 25.9% | 308,898 | 32.1% | 233,763 | 26.1% | 185,395 |
| 11 | シンガポール | 492,252 | 12.6% | 437,280 | 8.2% | 404,132 | 11.7% | 361,807 | 17.2% | 308,783 |
| 13 | インドネシア | 412,779 | 4.0% | 396,852 | 12.6% | 352,330 | 30.0% | 271,014 | 32.1% | 205,083 |
| 17 | インド | 175,896 | 14.2% | 154,029 | 14.6% | 134,371 | 9.3% | 122,939 | 19.3% | 103,084 |
| ヨーロッパ計 | | 1,986,529 | 15.5% | 1,720,064 | 12.7% | 1,525,662 | 7.3% | 1,421,934 | 14.2% | 1,244,970 |
| 12 | イギリス | 424,279 | 27.0% | 333,979 | 7.6% | 310,499 | 6.2% | 292,458 | 13.1% | 258,488 |
| 15 | フランス | 336,333 | 10.3% | 304,896 | 13.5% | 268,605 | 6.0% | 253,449 | 18.3% | 214,228 |
| 16 | ドイツ | 236,544 | 9.8% | 215,336 | 10.1% | 195,606 | 6.7% | 183,288 | 12.7% | 162,580 |
| 18 | イタリア | 162,769 | 8.5% | 150,060 | 19.2% | 125,864 | 5.5% | 119,251 | 15.6% | 103,198 |
| 19 | スペイン | 130,243 | 9.5% | 118,901 | 19.1% | 99,814 | 8.7% | 91,849 | 19.0% | 77,186 |
| 21 | ロシア | 120,043 | 26.6% | 94,810 | 22.7% | 77,251 | 40.9% | 54,839 | 0.9% | 54,365 |
| 北アメリカ計 | | 2,187,557 | 12.8% | 1,939,719 | 10.4% | 1,756,732 | 11.9% | 1,570,420 | 19.8% | 1,310,606 |
| 5 | アメリカ | 1,723,861 | 12.9% | 1,526,407 | 11.0% | 1,374,964 | 10.6% | 1,242,719 | 20.3% | 1,033,258 |
| 14 | カナダ | 375,262 | 13.5% | 330,600 | 8.2% | 305,591 | 11.9% | 273,213 | 18.1% | 231,390 |
| オセアニア計 | | 721,718 | 14.5% | 630,527 | 11.7% | 564,527 | 11.6% | 505,638 | 17.9% | 429,026 |
| 7 | オーストラリア | 621,771 | 12.5% | 552,440 | 11.6% | 495,054 | 11.2% | 445,332 | 18.4% | 376,075 |
| 南アメリカ計 | | 111,200 | 6.1% | 104,804 | 13.8% | 92,106 | 18.1% | 77,958 | 5.1% | 74,198 |
| アフリカ計 | | 55,039 | 44.3% | 38,151 | 9.6% | 34,803 | 3.1% | 33,762 | 5.8% | 31,918 |

出典：日本政府観光局（JNTO）

いる。

2019年に日本を訪れた旅行者数が最も多かった国は中国で、959万人と過去最高を記録し、シェアは全体の30%を占めている。また、15%の伸率を維持している。2位は韓国からの558万人で、前年から26%の減少となった。シェアは18%であった。3位は台湾で489万人、4位の香港は229万人で共に微増にとどまった。5位は日本との係わりの深いアメリカで、172万人と2桁の伸率を維持している。この東アジアの隣国である4カ国・地域とアメリカが不動のベスト5で全体の4分の3となる。

6位はタイが132万人と100万人を大きく超え、日本のインバウンドにとって大きな存在感を示した。7位のオーストラリアも堅調に増加し60万人を大きく超えてきた。8位のフィリピンも毎年大きな伸率を示し60万人を超えている。9位マレーシア、10位ベトナム、11位シンガポールと東南アジアの国が続く。フィリピン、ベトナム、インドネシアはこの4年間で2倍以上になっている。イギリスは40万人を、フランスは30万人を超えている、ドイツも20万人を大きく超えた。カナダは40万人にせまっている。

## ■国・地域別訪日外国人旅行者数ー月別

図表5-5は、月別の国・地域別訪日外国人旅行者数（2019）である。外国人旅行者がいつ日本に訪れているかが分かる。最近は季節に偏らず観光地や街かどで見かけることが多くなり、全体を見ると平準化されていて各月200万人以上が訪れていることが分かる。季節変動が顕著な日本人旅行者と比較すると観光業界にとってありがたい旅行行動といえる。

全体では旅行者の多い月は7月、4月、6月と続く。しかし、表の網掛けの月は各国・地域のベスト3となる月を表したものであるが、それぞれの国の休暇制度、旅行習慣の違いにより異なることが分かる。また日本人旅行者のピーク期となる日本の夏休みの8月に集中が見られないこともインバウンドの特徴といえる。

図表 5-5　訪日外国人旅行者数国・地域別・月別（2019）

（人）

| | 1月 | 2月 | 3月 | 4月 | 5月 | 6月 | 7月 | 8月 | 9月 | 10月 | 11月 | 12月 | 累計 |
|---|---|---|---|---|---|---|---|---|---|---|---|---|---|
| 総数 | 2,689,339 | 2,604,322 | 2,760,136 | 2,926,685 | 2,773,091 | 2,880,041 | 2,991,189 | 2,520,134 | 2,272,883 | 2,496,568 | 2,441,274 | 2,526,387 | 31,882,049 |
| アジア計 | 2,366,944 | 2,323,258 | 2,287,450 | 2,369,734 | 2,344,872 | 2,483,217 | 2,563,058 | 2,156,004 | 1,827,278 | 1,959,436 | 2,016,676 | 2,121,351 | 26,819,278 |
| 中国 | 754,421 | 723,617 | 691,279 | 726,132 | 756,365 | 880,651 | 1,050,420 | 1,000,639 | 819,054 | 730,631 | 750,951 | 710,234 | 9,594,394 |
| 韓国 | 779,383 | 715,804 | 585,586 | 566,624 | 603,394 | 611,867 | 561,675 | 308,730 | 201,252 | 197,281 | 205,042 | 247,959 | 5,584,597 |
| 台湾 | 387,498 | 399,829 | 402,433 | 403,467 | 426,537 | 461,085 | 459,216 | 420,279 | 376,186 | 413,701 | 392,102 | 348,269 | 4,890,602 |
| 香港 | 154,292 | 179,324 | 171,430 | 194,806 | 189,007 | 209,030 | 216,810 | 190,260 | 155,927 | 180,562 | 199,702 | 249,642 | 2,290,792 |
| タイ | 92,649 | 107,845 | 147,443 | 164,817 | 107,857 | 62,984 | 73,202 | 49,589 | 62,057 | 145,333 | 140,265 | 164,936 | 1,318,977 |
| フィリピン | 35,987 | 35,170 | 48,277 | 69,266 | 59,578 | 46,842 | 37,771 | 31,470 | 37,758 | 64,690 | 64,763 | 81,542 | 613,114 |
| マレーシア | 31,399 | 36,660 | 50,615 | 46,092 | 42,629 | 30,534 | 22,957 | 19,827 | 28,778 | 48,864 | 64,987 | 78,250 | 501,592 |
| ベトナム | 35,375 | 39,377 | 47,881 | 55,295 | 39,900 | 35,419 | 40,762 | 43,709 | 38,325 | 46,510 | 41,892 | 30,606 | 495,051 |
| シンガポール | 22,676 | 26,102 | 43,687 | 36,704 | 37,650 | 47,264 | 21,716 | 19,698 | 29,147 | 41,937 | 65,295 | 100,376 | 492,252 |
| インドネシア | 32,477 | 24,622 | 39,609 | 39,768 | 30,107 | 49,290 | 25,215 | 16,160 | 25,021 | 34,094 | 37,213 | 59,203 | 412,779 |
| インド | 12,468 | 9,071 | 17,752 | 18,376 | 19,914 | 15,359 | 13,222 | 13,308 | 15,895 | 13,929 | 14,863 | 11,739 | 175,896 |
| ヨーロッパ計 | 92,337 | 99,499 | 186,225 | 240,955 | 164,278 | 134,028 | 178,049 | 165,158 | 188,424 | 248,153 | 165,715 | 123,708 | 1,986,529 |
| イギリス | 21,554 | 23,554 | 38,610 | 44,537 | 31,642 | 25,801 | 28,928 | 26,213 | 49,580 | 68,401 | 37,709 | 27,750 | 424,279 |
| フランス | 15,320 | 17,397 | 29,408 | 46,005 | 30,863 | 21,317 | 34,634 | 30,851 | 26,530 | 39,457 | 24,290 | 20,261 | 336,333 |
| ドイツ | 11,358 | 13,384 | 28,659 | 27,829 | 21,552 | 15,697 | 18,593 | 17,264 | 22,768 | 26,276 | 19,525 | 13,639 | 236,544 |
| イタリア | 6,033 | 5,897 | 14,956 | 24,062 | 12,463 | 11,357 | 13,566 | 22,804 | 13,354 | 14,731 | 12,350 | 11,196 | 162,769 |
| スペイン | 4,382 | 4,533 | 8,916 | 13,858 | 9,971 | 9,762 | 15,771 | 20,009 | 11,472 | 13,739 | 10,535 | 7,295 | 130,243 |
| ロシア | 6,316 | 5,601 | 11,701 | 13,787 | 9,691 | 8,844 | 9,005 | 8,321 | 10,454 | 14,348 | 13,142 | 8,833 | 120,043 |
| 北アメリカ計 | 130,340 | 120,332 | 221,773 | 219,055 | 199,117 | 207,718 | 196,104 | 151,865 | 163,454 | 200,133 | 190,290 | 187,376 | 2,187,557 |
| アメリカ | 103,191 | 92,669 | 176,564 | 170,247 | 156,962 | 175,491 | 156,865 | 117,828 | 127,190 | 153,363 | 148,993 | 144,498 | 1,723,861 |
| カナダ | 22,293 | 23,883 | 37,959 | 38,897 | 35,335 | 25,402 | 29,285 | 27,568 | 28,525 | 37,667 | 33,316 | 35,132 | 375,262 |
| オセアニア計 | 89,476 | 52,965 | 49,987 | 79,852 | 52,878 | 43,360 | 41,553 | 32,459 | 72,742 | 67,955 | 55,834 | 82,657 | 721,718 |
| オーストラリア | 81,063 | 47,658 | 44,175 | 70,504 | 46,223 | 37,283 | 34,873 | 26,951 | 60,498 | 51,563 | 48,327 | 72,653 | 621,771 |
| 南アメリカ計 | 7,420 | 5,883 | 10,689 | 13,089 | 9,033 | 7,794 | 8,712 | 6,797 | 13,217 | 12,160 | 8,503 | 7,903 | 111,200 |
| アフリカ計 | 2,777 | 2,337 | 3,952 | 3,933 | 2,847 | 3,852 | 3,651 | 7,790 | 7,717 | 8,657 | 4,201 | 3,325 | 55,039 |

※網掛けは各国・地域のベスト３の月

出典：日本政府観光局（JNTO）「訪日外客数」を加工

# 2. インバウンドの特徴

## ■訪日外国人旅行者の来訪目的

図表 5-6 は、2019 年の訪日外国人旅行者の来訪目的を表したものである。8 割弱が「観光」で来訪している。「業務」は 14% であった。「親族・知人訪問」が 5% 程度あった。

## ■訪日外国人旅行者の訪日経験回数

図表 5-7 は、2019 年の訪日外国人旅行者の訪日経験回数を表したものである。「1 回目」が 36% で一番多く、「2 回目」16% と続く。5 回目以上のリピーターも 3 割いる。

図表 5-6　訪日外国人旅行者の来訪目的（全国籍・地域・2019）

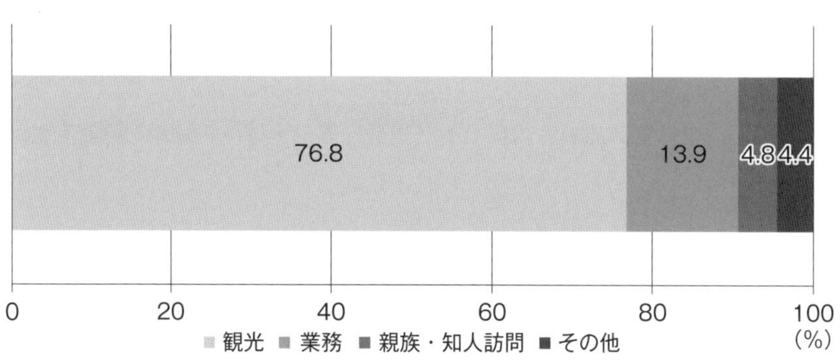


出典：観光庁「訪日外国人消費動向調査」

図表 5-7　訪日外国人旅行者の訪日経験回数（全国籍・地域・2019）

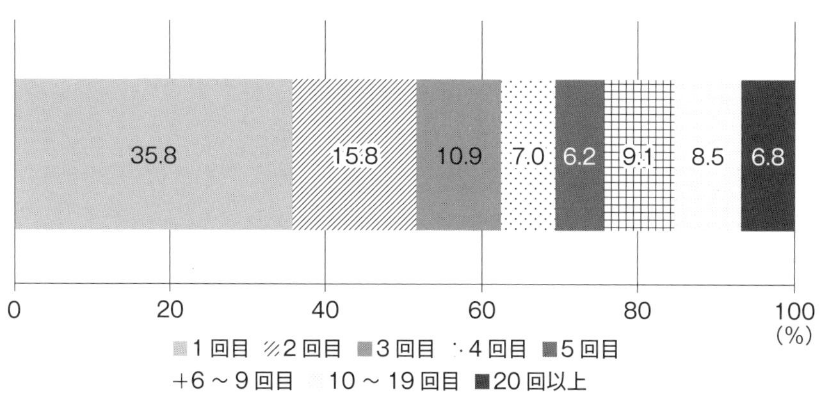


出典：観光庁「訪日外国人消費動向調査」

## ■訪日外国人旅行者の同行者

図表 5-8 は、訪日外国人旅行者の同行者を表したものである。観光を目的とした旅行者の同行者をみると、「家族・親族」が最も多く 4 割弱を占める。続いて「友人」がおよそ 25% となっている。「夫婦・パートナー」は 18% とやや少ない。

## ■訪日外国人旅行者の滞在日数

図表 5-9 は、訪日外国人旅行者の平均滞在日数を表したものである。「4 ～ 6 日」がおよそ 53% で半数以上を占める。次に「7 ～ 13 日」がおよそ 30

％となっている。地理的に近い東アジア、東南アジアは「4～6日」が多く、遠隔地となる欧米は「7～13日」が多い。この比率はほとんど変化がない。

図表 5-8　訪日外国人旅行者の同行者（複数回答／全国籍・地域／観光目的・2019）

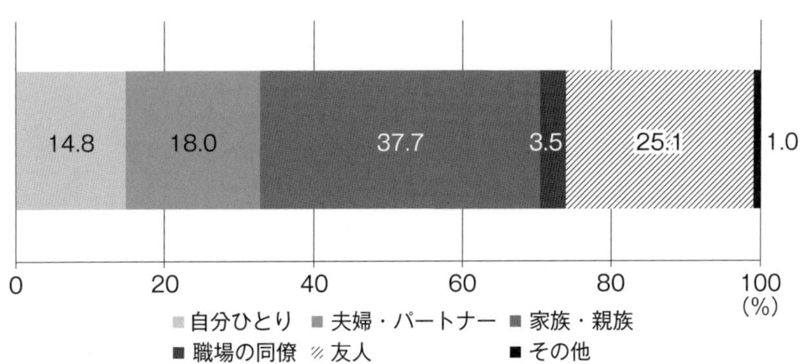


出典：観光庁「訪日外国人消費動向調査」

図表 5-9　訪日外国人旅行者の滞在日数（全国籍・地域／観光目的・2019）

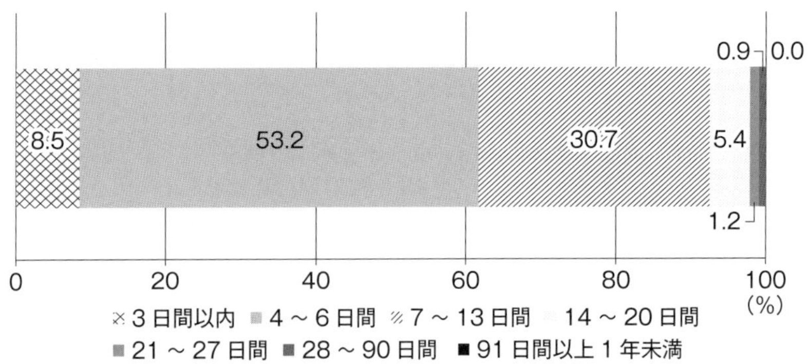


出典：観光庁「訪日外国人消費動向調査」

## ■訪日外国人旅行者の宿泊施設

図表 5-10は、訪日外国人旅行者の利用宿泊施設を表したものである。観光を目的とした旅行者の利用した宿泊施設タイプは、圧倒的に洋室にベッドという形式の「ホテル」の利用が主流である。しかし、ほとんどの外国人旅行者には不慣れな和室、畳という形式の「旅館」も20％が利用している。

図表 5-10　訪日外国人旅行者の宿泊施設（複数回答 / 全国籍・地域 / 観光目的・2019）

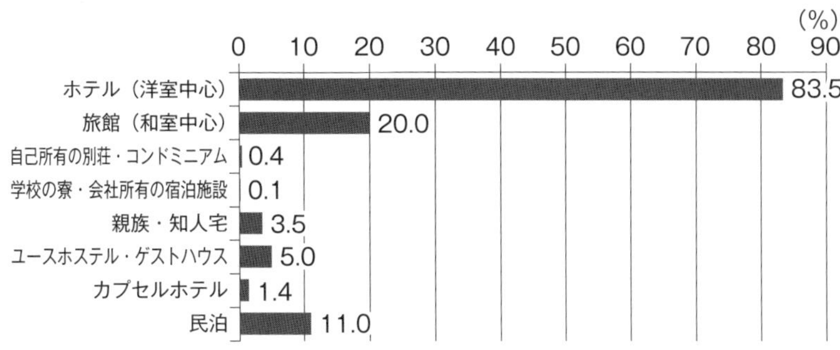


出典：観光庁「訪日外国人消費動向調査」

浸透し始めた「民泊」も 11% ある。

## ■訪日外国人旅行者の旅行手配方法

図表 5-11 は、訪日外国人旅行者の旅行手配方法を表したものである。「個人手配」すなわち FIT が 73% と最も多かった。日本のインバウンドは FIT での来訪が主流になっている。「団体ツアーに参加」が 20% 程度、「個人旅行向けパッケージ商品」の利用も 7% 程度ある。アジアの国・地域からの訪日はまだ団体、パッケージツアーが少なくない。

図表 5-11　訪日外国人旅行者の旅行手配方法（全国籍・地域 / 観光目的・2019）

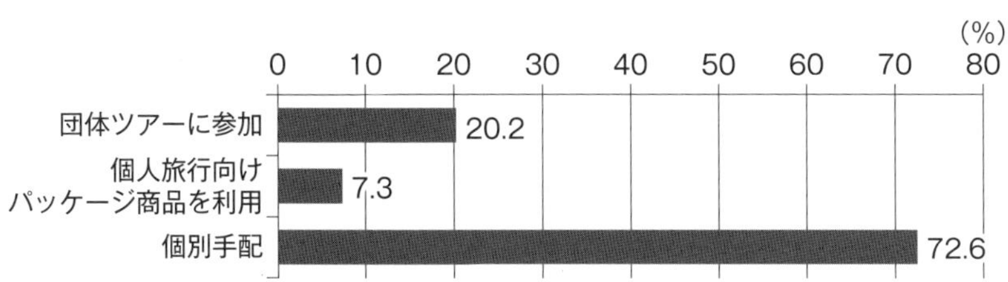


出典：観光庁「訪日外国人消費動向調査」

## ■訪日外国人旅行者が訪日前に期待したこと

図表 5-12 は、訪日外国人旅行者の「訪日前に最も期待していたこと（複数回答）」「訪日前に期待していたこと（単一回答）」および「今回したこと

図表 5-12　訪日外国人旅行者が訪日前に期待したこと・今回したこと（全国籍・地域 / 観光目的・2019）

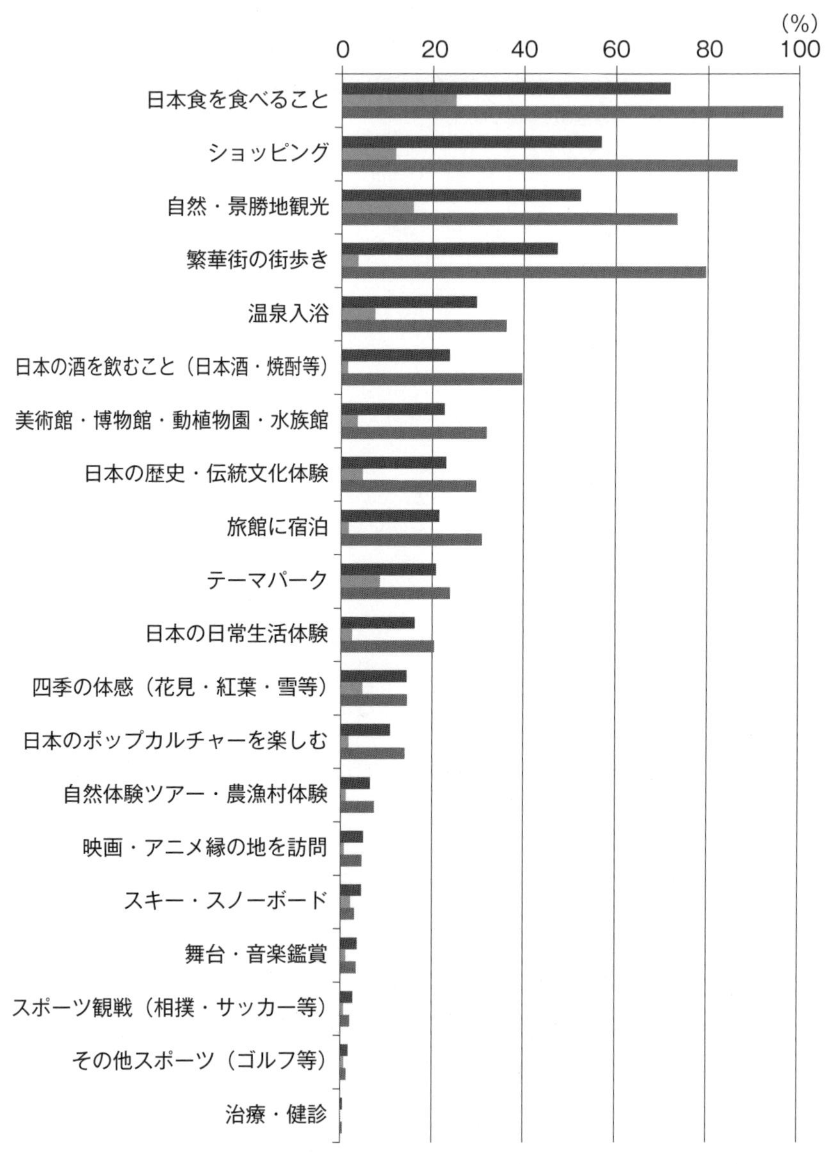


出典：観光庁「訪日外国人消費動向調査」

(複数回答)」を表したものである。訪日外国人旅行者の期待とその実態を知るために、「訪日前に最も期待していたこと（複数回答)」の順位で並べている。

「訪日前に期待していたこと（複数回答)」は「日本食を食べること」が72% でトップであった。続いて、「ショッピング」(57%)、「自然・景観地観光」(52%)、「繁華街の街歩き」(47%)、「温泉入浴」(30%）の順となっている。複数回答の期待においては「日本食」が他を圧倒している。「日本の酒を飲むこと」(24%）が上位にあるのは興味深い。「日本の歴史・伝統文化体験」「旅館に宿泊」「日本の日常生活体験」「日本のポップカルチャーを楽しむ」など日本らしさを味わうことも二桁の回答になっている。

「訪日前に最も期待していたこと（単一回答)」は、「日本食を食べること」が 25% で群を抜いてトップであった。「自然・景観地観光」(16%)、「ショッピング」(12%）が続き、二桁なのはこの 3 位までで、最大の期待は分散していることが分かる。

### ■訪日外国人旅行者が今回したこと

今回したことは「日本食を食べること」が 97% で訪日前の期待と同様トップであった。ほとんどの旅行者が体験している。海外旅行中にその国の食事をするのは当たり前かもしれない。続いて、「ショッピング」(87%)、「繁華街の街歩き」(80%)、「自然・景観地観光」(73%）の順で多く、これらも多くの旅行者が体験している。

それに続き「日本の酒を飲むこと」(40%)、「温泉入浴」(36%)、「旅館に宿泊」(31%）と日本らしさを味わう活動が上位に挙がった。「美術館・博物館・動植物園・水族館」「テーマパーク」「日本の日常生活体験」も期待していたこと以上の体験率になっている。「日本のポップカルチャーを楽しむ」「映画・アニメ縁の地を訪問」も少なくない。

## 3. インバウンドと消費

### ■訪日外国人旅行者の消費額

2019 年の訪日外国人旅行者（全国籍・地域）の旅行消費額、いわゆる「インバウンド消費」は 4 兆 8,135 億円と過去最高を記録した。

図表 5-13 は、訪日外国人旅行者の旅行消費額の 8 年間の推移を表したものである。旅行者数の増加に伴い消費額は拡大している。7 年前の 4 倍以上、5 年前の 2 倍以上であり、驚異的に拡大したと言ってもいい。しかし伸率は 2018 年から鈍化し、2019 年も微増にとどまった。

図表 5-13　訪日外国人旅行消費額の推移　（全国籍・地域）

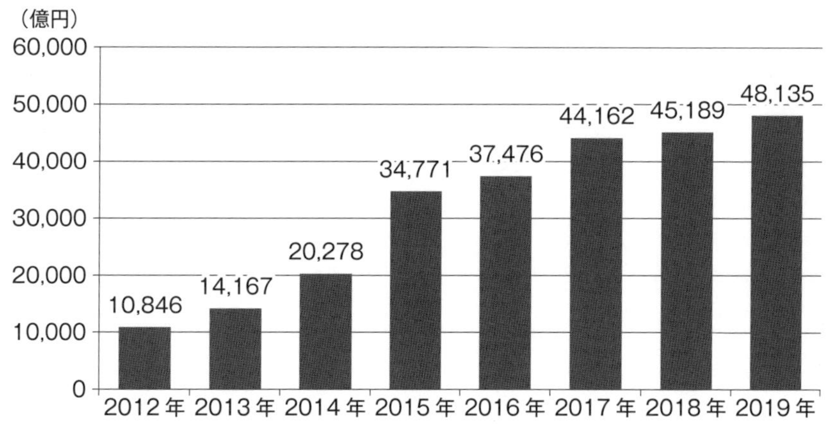


出典：観光庁「訪日外国人消費動向調査」

## ■国・地域別の訪日外国人旅行消費額

図表 5-14 は、2019 年の国籍・地域別の旅行消費額を表したものである。図表 5-15 を見るとそのシェアを確認することができる。

国・地域別の旅行消費額は、中国が 1 兆 7,704 億円で、消費額全体の 3 分の 1 以上を占めた。続いて台湾が 5,517 億円で 12% を占め、韓国が 4,247 億円で前年より大きく減少した。香港、アメリカが続き、この上位 5 カ国・地域で全体の 7 割のシェアを持つ。

## ■訪日外国人旅行者の 1 人当たりの消費額

2019 年の訪日外国人旅行者の 1 人当たりの旅行消費額は、15 万 8,531 円となり、前年の支出額をわずかに上回った。

図表 5-16 は、訪日外国人旅行者 1 人当たりの消費額の推移を表したものである。順調に拡大し 2015 年が最大となっている。円安傾向に加え、消費税免税制度の充実が後押しになった。また、中国人旅行者の意欲的な買物、

図表 5-14　国・地域別の訪日外国人旅行消費額（2019）

（億円）

| 国・地域 | 旅行消費額 | 構成比 |
|---|---|---|
| 全国籍・地域 | 48,135 | 100.0% |
| 中国 | 17,704 | 36.8% |
| 台湾 | 5,517 | 11.5% |
| 韓国 | 4,247 | 8.8% |
| 香港 | 3,525 | 7.3% |
| アメリカ | 3,228 | 6.7% |
| タイ | 1,732 | 3.6% |
| オーストラリア | 1,519 | 3.2% |
| イギリス | 999 | 2.1% |
| ベトナム | 875 | 1.8% |
| シンガポール | 852 | 1.8% |
| フランス | 798 | 1.7% |
| カナダ | 670 | 1.4% |
| マレーシア | 665 | 1.4% |
| フィリピン | 659 | 1.4% |
| インドネシア | 539 | 1.1% |
| ドイツ | 465 | 1.0% |
| イタリア | 324 | 0.7% |
| スペイン | 288 | 0.6% |
| インド | 274 | 0.6% |
| ロシア | 218 | 0.5% |
| その他 | 3,040 | 6.3% |

出典：観光庁「訪日外国人消費動向調査」

図表 5-15　国地域別訪日外国人旅行消費額シェア（2019）

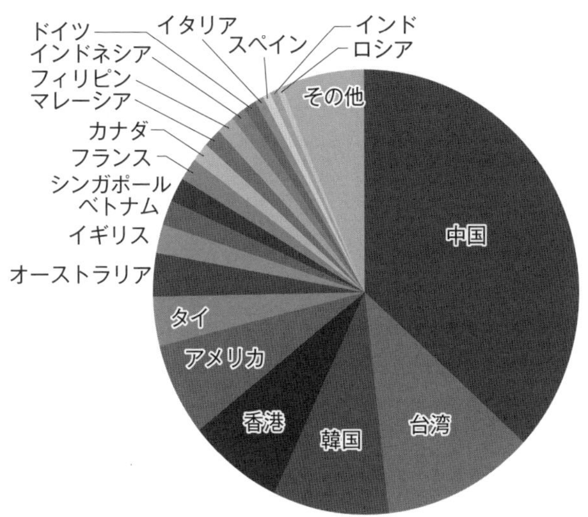


出典：観光庁「訪日外国人消費動向調査」

いわゆる「爆買い」現象が起こった年である。しかし、2016年の円高傾向、中国人旅行者の買物行動の落ち着きなどにより15万円台になりその後横ばい状態が続いている。

図表5-16　訪日外国人旅行者1人当たりの消費額の推移（全国籍・地域／クルーズ客を除く）

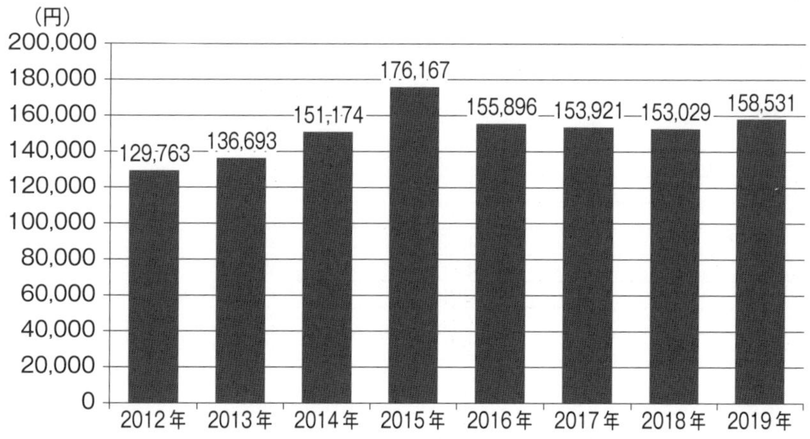


出典：観光庁「訪日外国人消費動向調査」

## ■国・地域別の訪日外国人旅行者1人当たりの消費額

図表5-17は、2019年の国・地域別の訪日外国人旅行者1人当たりの消費額を表したものである。主要国のうち旅行者1人当たりの消費額が最も高いのは、中国ではなくオーストラリアの24万7,868円であった。これは滞在日数が多いことと、スキー関係と推測される娯楽等サービス費が突出して多いからである。2位はイギリスで24万1,264円であった。滞在日数の長いフランス、スペインが続いている。中国は21万2,810円で5位となった。携行品輸入の関税引き上げ、越境EC（電子商取引）の拡大などの影響で、旅行中の買い物支出が以前に比べると落ち着いたことがその理由であるが、それでも買物代は全体の平均の倍以上で突出している。

以下、滞在日数の長い、ドイツ、イタリア、アメリカ、ロシア、カナダと続く。ベトナムが、中国を除くとアジアで一番、消費額が多い。これは買物代が多いからで、買物代も中国を除くとトップになる。さらに、シンガポール、インドと続き、これらの国・地域が1人当たりの平均消費額を上回って

図表 5-17　国・地域別の訪日外国人旅行者１人当たりの消費額（2019）

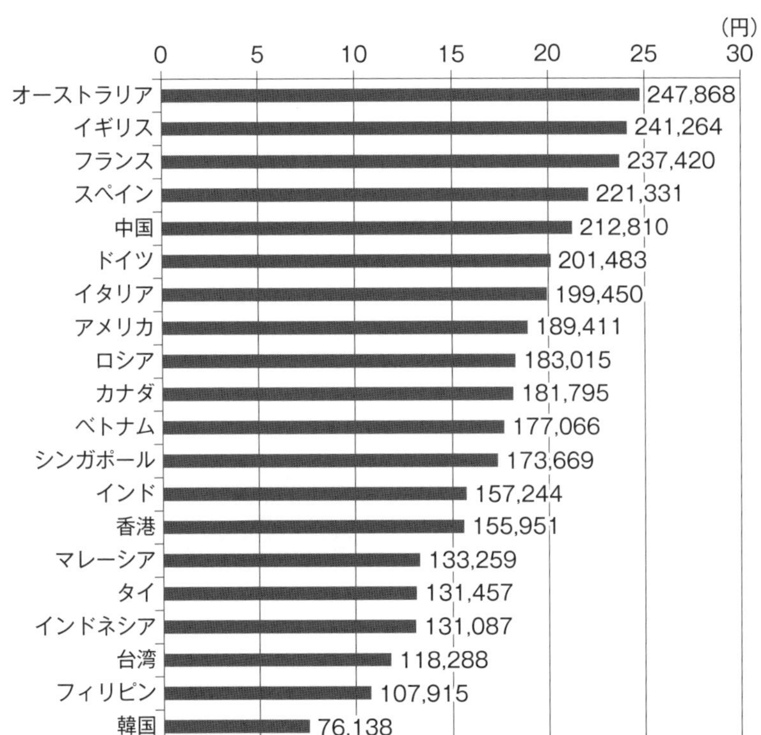


出典：観光庁「訪日外国人消費動向調査」

いる。韓国は 10 万円を大きく下回っているが、総じて訪日韓国人旅行者の旅行日数が少ないためである。

## ■訪日外国人旅行者の１人当たりの費目別旅行支出額

図表 5-18 は、外国人旅行者の１人当たりの費目別旅行支出額を表したものである。旅行支出額 15.9 万円のうち最も大きく占めているのは買物代でおよそ 5.3 万円と総額の 34% であった。次が宿泊料金でおよそ 4.7 万円、30 % を占めている。飲食費はおよそ 3.5 万円で 22% を占めている。交通費がおよそ 1.7 万円で、娯楽等サービス費は少ない。

国・地域別で、最も特徴的なのは、中国で買物代が他を圧倒していることで、買い物代はおよそ 10.9 万円と全体平均の倍程の支出で、近年減少しているとはいえ中国人旅行者の買物志向は変わっていないと考えられる。

欧米各国は、滞在日数が長いことから宿泊費のシェアが大きくなっている。宿泊費が一番高いのはイギリスで、10万円を超え平均の倍以上になっている。

東アジア、東南アジアの国・地域の宿泊料金シェアは小さい。しかし、シンガポールは宿泊費が平均よりかなり高い。ベトナムは買物代が高く、全体平均よりも高い。

イギリスはスポーツ観戦で、オーストラリアはスキー参加者が多く共に娯楽サービス費が突出している。

図表5-18　訪日外国人旅行者1人当たり費目別旅行支出額（2019）

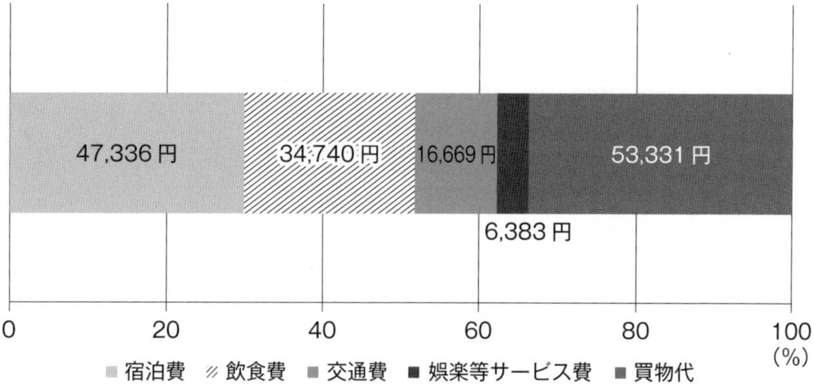

出典：観光庁「訪日外国人消費動向調査」

## ■訪日外国人旅行者の1人当たりの買物代

訪日外国人旅行者の1人当たりの旅行支出額のうち最も大きく占めている買物代は1人当たり平均5.3万円であった。買物は観光ビジネスだけではなく小売ビジネスを中心に大きな経済効果をもたらす。

図表5-19は、国・地域別訪日外国人1人当たりの買物代（2019）を表したものである。中国が突出し、10.9万円になっている。2位のベトナムを大きく引き離している。ベトナムは2位で5.9万円、買物意欲に高さがうかがわれる。3位は香港で、買物が大きな旅行目的になっているようだ。ロシアも買物代でいつも上位に入る。以下、アジアの国・地域が並び、欧米の国々の買物代は2～3万円であまり高くない。韓国の最下位は滞在日数が少ないためと考えられる。

図表５-19　国・地域別訪日外国人１人当たりの買物代（2019）

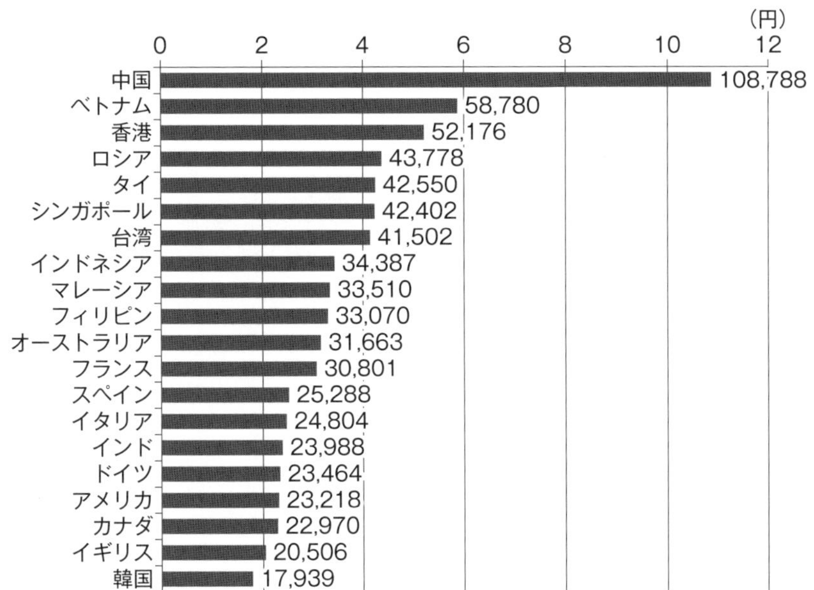


出典：観光庁「訪日外国人消費動向調査」

なお、クルーズ客は１人当たりの買物代の4.0万円であった。

## ■訪日外国人旅行者の買物場所

訪日外国人旅行者はどんな店で買い物を楽しんでいるのだろうか。図表５-20は、観光目的の訪日外国人旅行者の買物場所を表したものである。

日本国内のどこにでもあり、気軽に入ることができる「コンビニエンスストア」の利用率がトップであった。医薬品・健康グッズ・トイレタリーなどを購入する「ドラッグストア」が２位になっている。３位４位は「空港の免税店」「百貨店・デパート」で、ここまでが、訪日外国人旅行者の半数以上が利用している。

「スーパーマーケット」が続き、「観光地の土産店」も３割程度が利用している。「都心の複合商業施設」「家電量販店」がそれに続く。「ファッション専門店」や海外には少ない「100円ショップ」「ディスカウントストア」にも訪日外国人旅行者は訪れている。

図表 5-20　訪日外国人旅行者が日本滞在中に利用した買物場所（複数回答／全国籍・地域／観光目的・2019）

（%）

| 買物場所 | 利用率 |
|---|---|
| コンビニエンスストア | 77.7 |
| ドラッグストア | 66.1 |
| 空港の免税店 | 62.1 |
| 百貨店・デパート | 60.0 |
| スーパーマーケット | 49.8 |
| 観光地の土産店 | 33.8 |
| 都心の複合商業施設 | 22.6 |
| 家電量販店 | 21.2 |
| ファッション専門店 | 19.9 |
| 100円ショップ | 16.5 |
| ディスカウントストア | 16.2 |
| アウトレットモール | 16.0 |
| その他ショッピングセンター | 14.4 |
| 鉄道駅構内の店舗 | 10.5 |
| 宿泊施設 | 7.2 |
| 高速道路のSA・道の駅 | 5.4 |
| クルーズ寄港港湾内の店舗 | 0.6 |
| その他 | 2.9 |

出典：観光庁「訪日外国人消費動向調査」

## ■訪日外国人旅行者の日本滞在中に利用した決済方法

訪日外国人旅行者が日本に来て食事や買い物をする場合、基本的には自国か日本で両替をして日本円で支払いをすることになるが、現金以外での支払いも一般化している。

図表 5-21 は、2017 年と 2019 年の訪日外国人旅行者の利用した決済方法を、全国籍・地域と主要国・地域について表したものである。

「現金」が 1 位で、ほとんどの訪日外国人旅行者が支払いに使っている。現金のみを取り扱う小規模な店舗が多いことも理由の一つである。2 位は「クレジットカード」で約 6 割の旅行者が利用している。

3 位の 2018 年から調査項目に加わった「モバイル決済（Alipay、WeChat 等)」が急増している。従来は圧倒的に「デビットカード」の利用が多かっ

図表 5-21　訪日外国人旅行者の日本滞在中に利用した決済方法（複数回答 / 全国籍・地域 / 観光目的・2017・2019）

（%）

| | 全国籍・地域 | | 韓国 | | 台湾 | | 香港 | | 中国 | | アメリカ | |
|---|---|---|---|---|---|---|---|---|---|---|---|---|
| | 2017年 | 2019年 | 2017年 | 2019年 | 2017年 | 2019年 | 2017年 | 2019年 | 2017年 | 2019年 | 2017年 | 2019年 |
| 現金 | 96.3 | 97.4 | 97.7 | 98.0 | 98.2 | 98.6 | 97.8 | 98.5 | 92.8 | 95.8 | 95.1 | 95.7 |
| クレジットカード | 55.9 | 59.9 | 40.6 | 46.2 | 57.1 | 65.4 | 56.8 | 57.3 | 66.9 | 62.4 | 70.7 | 75.9 |
| モバイル決済（Alipay, WeChat等） | – | 22.9 | – | 0.1 | – | 0.6 | – | 3.1 | – | 76.5 | – | 0.3 |
| 交通系ICカード（Suica等） | 6.8 | 16.4 | 2.9 | 5.8 | 10.6 | 17.8 | 11.2 | 18.5 | 7.7 | 21.6 | 7.3 | 19.9 |
| デビットカード（銀聯, Visaデビット等） | 13.8 | 10.2 | 1.7 | 0.7 | 1.2 | 1.7 | 6.5 | 3.3 | 44.8 | 28.5 | 5.4 | 4.1 |
| 割引クーポン | – | 2.1 | – | 0.4 | – | 1.8 | – | 1.5 | – | 4.8 | – | 0.4 |
| その他ICカード（Edy等） | – | 0.2 | – | 0.1 | – | 0.2 | – | 0.3 | – | 0.3 | – | 0.2 |
| 仮想通貨（BitCoin等） | – | 0.0 | – | 0.0 | – | 0.0 | – | 0.1 | – | 0.1 | – | 0.1 |

※「ー」のある項目は、2017 年まで調査項目になかったもの
出典：観光庁「訪日外国人消費動向調査（2017・2019 年）」より作成

た中国の回答の多さが数字を押し上げている。同じくキャッシュレス決済のひとつである「交通系 IC カード」は、各国・地域で回答が増えている。インバウンド消費を取り込むためには、キャッシュレス決済に対応する必要性が高いといえる。

「仮想通貨（BitCoin 等）」の利用も数字には表れないがごく少数あり今後の新しい決済方法として注目される。

## ■消費税免税店制度

インバウンドの拡大の要因の一つに近年の消費税免税店制度の拡充が挙げられる。

免税とは、出国する旅行者に対して、商品にかかる税金（消費税や酒税、輸入品の関税など）を免除して販売することをいう。

消費税免税店制度とは、消費税免税店を経営する事業者が、外国人旅行者などの非居住者に対して特定の物品を一定の方法で販売する場合に、消費税が免除される制度のことである。

消費税免税店とは外国人旅行者などの非居住者に対して特定の物品を一定の方法で販売する場合に消費税を免除して販売できる店舗のことで、「輸出物品販売場」が正式名称である。事業者が経営する販売場ごとに、事業者の納税地を所轄する税務署長の許可を受けなくてはならない。

対象者は「非居住者」であること。外国人でも、日本国内の事業所に勤務する者、6ヶ月以上日本に在住する者は非居住者には該当しない。

免税対象物品は、次の条件を満たす物品に限られ、事業用、販売用として

購入することが明らかな場合は対象外となる。

① 通常生活の用に供されるものであること。

② 同一の非居住者に対して、同一店舗における1日の一般物品（家電製品、バッグ、衣料品など）の販売合計額が5千円以上であること。

③ 同一の非居住者に対して、同一店舗における1日の消耗品（食品類、飲料類、たばこ、薬品類、化粧品類、その他消耗品）の販売合計額が5千円以上、50万円までの範囲であること。

「一般物品」と「消耗品」の合算で5千円以上、50万円以下の場合も指定された方法の包装をすることにより対象となる。

免税店は「輸出免税物品購入記録票」を作成し、パスポートなどに貼付して割印すること、「購入者誓約書」に免税物品を購入する非居住者の署名を受け、約7年間保存することなどが義務づけられていたが、2020年4月から、手続きの電子化の運用が開始され紙による手続きが廃止された（2021年9月までは、紙による手続きも認められる）。非居住者は、出国の際に、購入記録票を税関に提出し、購入した免税物品を携帯して国外へ持ち出さなくてはならない。

## ■消費税免税店の種類

免税店には、「一般型消費税免税店」と「手続委託型消費税免税店」の2種類がある。「一般型」とは商品を販売する店舗で免税手続をする免税店を指し、「手続委託型」とは商店街やショッピングセンター内に出店している店舗が免税手続カウンターに免税手続を委託する場合を指す。また、外航クルーズ客船の寄港時に埠頭へ免税店を臨時出店する「事前承認港湾施設内輸出物品販売場（臨時販売場）」の制度もある。

## ■消費税免税店の数

消費税免税店は全国に広がっている。図表5-22は、消費税免税店数の推移を表したものである。2019年10月時点の免税店数は、全国で52,222店となり、この数年間堅実に増加していることが分かる。都市圏への集中はまだ見られるものの、地方においても着実に増加している。

免税店には、「免税」「Tax Free」のPOPや看板を掲げ外国人旅行者に分かりやすくしている。また、「免税店シンボルマーク」の掲示も進められて

図表 5-22　消費税免税店数の推移

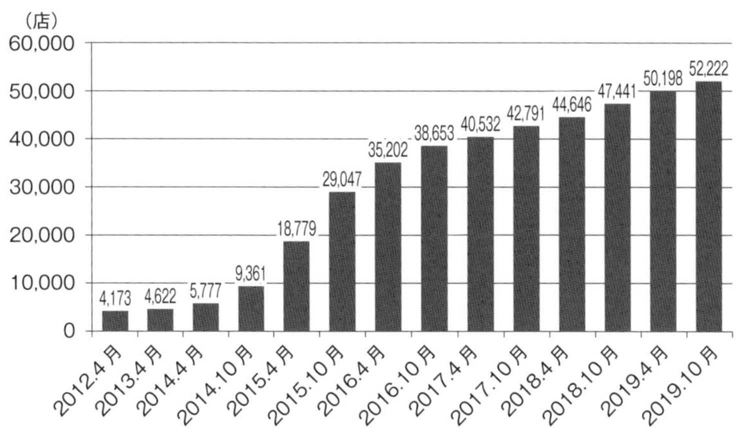


出典：観光庁ホームページ（2019.8）

いる。時折見られる「Duty Free（保税免税店）」は「外国製品を日本に輸入する際に課せられる関税を免除する」ことを指し、日本国内では一部の店舗に限られている。

## 4. インバウンドと為替・ビザ

### ■インバウンドと円安

今日、インバウンドの増加の背景には「円安」傾向があるといわれている。円安とは、ドル、ユーロなどの諸外国通貨に対して円の価値が低くなることをいう。例えば、1ドル＝100円だったのが1ドル＝120円になった時、円安ドル高になったと表現する。1ドルが100円で買えていたものが、120円必要になったと解釈すれば理解しやすい。逆に1ドル＝80円にると、円高ドル安と表現する。

円安は海外から見て日本の商品が安くなるため売れやすくなり、輸出企業に有利なる。国際観光において、海外旅行は輸入、インバウンドは輸出に相当する。従って円安は今日のインバウンドの好調を支えている大きな要素であることは間違いない。実際に為替レートはインバウンドの伸長に大きな影響を及ぼしてきた。

## ■為替レートの変遷

終戦後、軍用交換相場は1ドル＝15円となった。その後の急速なインフレにより、1947年に1ドル＝50円、1949年には1ドル＝360円になり、その後、360円の固定相場の時代となった。

1973年、変動相場制への移行し、導入直後に1ドル＝260円台まで円高が進んだ。1985年のプラザ合意によるドル安誘導政策で急激に円高が進行し、1986年には160円を突破した。

その後、為替レートは図表5-23の対ドル為替レートの推移のように、その変遷を俯瞰すると長い円高傾向が続いているが、日本や世界の金融、経済、政治や有事などの要因により円安円高を繰り返し、海外旅行やインバウンドに影響を与えてきた。

2011年にドル円史上最安値75.5円が記録されている。2012年に底を打ち、円安傾向に転じた頃からインバウンドが急伸したことがわかる。

図表5-23　対ドル為替レートの推移

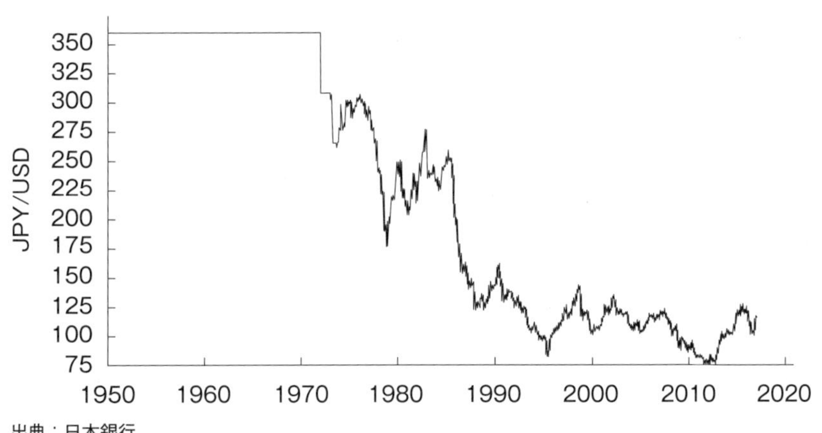


出典：日本銀行

## ■近年の為替とインバウンド

2011年、1ドル76円だった為替レートが、訪日外国人旅行者が急増し始めた2015年には1ドル120円台まで円安になった。日本でインバウンドが急増する2012年以降、円高から円安に転じていて、訪日外国人旅行者数の推移を比較してみると、両者に強い相関関係があるといえる。

最も来訪者の多い中国を見てみると、2011 年には対中国元レートが 12 円を記録していたが、2014 年後半には 19 円以上にまで上昇し円安状態となった。これにより中国人旅行者にとって日本の旅行がより割安に、よりお得に感じるようになった。12 円の時と比べると約 2/3 の費用で日本旅行を楽しむことができることになり、日本で「爆買い」をする背景の大きな要因となった。しかし、その後、円高傾向となっても、中国人旅行者は増加している。インバウンドにとって円安傾向は、その伸長の大きな要因の一つとなるが、今日さまざまな要因が関連しているので、必ずしも円高になるとインバウンドが減少するとはいえない。

## ■ビザ

ビザ（visa）は日本語では「査証」という。国が自国民以外に対して、その人物の所持するパスポートが有効であり、その人物が入国しても差し支えないと示す書類、いわば渡航先の入国許可証である。日本人が海外へ渡航する際のビザは、渡航先国、渡航目的、滞在期間等によって要否、種類が異なるが、日本のパスポートを所持した日本国民が「短期滞在」（滞在で報酬を得る活動をしない場合）を目的として、外国に入国する場合は、190 以上の国・地域に「ビザなし」で入国することが可能である。

逆に外国人が日本を訪問する場合、インバウンドにおいても日本のビザが必要となる。日本も 60 以上の国・地域の旅行者の商用、会議、観光、親族・知人訪問などを目的とする短期滞在の場合には「ビザ免除」にしている。しかし、訪日が期待される近隣のアジア諸国に対しては、従来ビザ免除の取り扱いは決して多くはなくインバウンド拡大の大きな障壁になっていた。近年、国はそれらの国に対して戦略的なビザ発給要件の緩和を実施している。

## ■ビザ発給要件の緩和

国は治安への十分な配慮を前提としつつ、インバウンド拡大に大きな効果の見込まれるタイ、マレーシアへのビザ免除、インドネシア、フィリピン、ベトナムなど東南アジアの国々、そして中国に対してビザの緩和措置を実施している。このいわゆるビザ緩和が訪日外国人旅行者の急増に大きな影響を及ぼした。多くの国の旅行者が日本のビザを取得できるようになり、日本への訪問が容易になりリピーターを生み出している。

日本には、2種類のビザがあり、有効期間内に一回のみ使える「一次ビザ」と有効期間内に何回でも使える「数次ビザ」がある。それぞれのビザには有効期間が定められていて、定められた有効期間内に日本へ入国しなければならない。また、別途定められる滞在期間がある。

## ■ビザ免除の国・地域

図表5-24は、商用、会議、観光、親族・知人訪問などを目的とする短期滞在の日本訪問の際「ビザ免除」となる国・地域である。ただし、日本で報酬を受ける活動に従事する場合、またはそれぞれ国毎に決められた短期滞在の期間を超えて滞在する場合にはビザを取得する必要がある。

図表5-24　ビザ免除措置国・地域一覧表（2020年3月時点）

| アジア | 中南米 | 大洋州 | 欧州 | 欧州 | 欧州 |
|---|---|---|---|---|---|
| インドネシア | アルゼンチン | オーストラリア | アイスランド | スペイン | ポーランド |
| シンガポール | ウルグアイ | ニュージーランド | アイルランド | スロバキア | ポルトガル |
| タイ | エルサルバドル | | アンドラ | スロベニア | 北マケドニア共和国 |
| マレーシア | グアテマラ | **中東** | イタリア | セルビア | マルタ |
| ブルネイ | コスタリカ | アラブ首長国連邦 | エストニア | チェコ | モナコ |
| 韓国 | スリナム | イスラエル | オーストリア | デンマーク | ラトビア |
| 台湾 | チリ | トルコ | オランダ | ドイツ | リトアニア |
| 香港 | ドミニカ共和国 | | キプロス | ノルウェー | リヒテンシュタイン |
| マカオ | バハマ | **アフリカ** | ギリシャ | ハンガリー | ルーマニア |
| | バルバドス | チュニジア | クロアチア | フィンランド | ルクセンブルク |
| **北米** | ホンジュラス | モーリシャス | サンマリノ | フランス | イギリス |
| アメリカ | メキシコ | レソト | スイス | ブルガリア | |
| カナダ | | | スウェーデン | ベルギー | |

出典：外務省（2020.3）　※それぞれの国・地域によって条件は異なる

アジアの国・地域では韓国、台湾、香港に加え、シンガポール、マカオ、そして近年、タイ、マレーシア、インドネシアもビザ免除となっている。北米のアメリカ、カナダ、大洋州のオーストラリア、ニュージーランドもビザ免除国である。

ヨーロッパはイギリス、フランス、ドイツ、イタリアなど多くの国がビザ免除国となっている。中南米はブラジルを除く主要な国々はビザ免除の対象になっている。その他、イスラエル、トルコ、アフリカの一部の国もビザ免除対象国となっている。

現在、訪日旅行者の多い国でビザの取得が必要なのは中国、フィリピン、ベトナム、インド、ロシア、そしてブラジルなどの国であるが、ビザの免除・緩和措置は今後も進められると考えられる。

## 5. インバウンド促進施策

### ■訪日外国人旅行者の満足度

図表 5-25 は、観光目的の訪日外国人旅行者の訪日旅行全体の満足度を表したものである。半数の旅行者が「大変満足」と答えている。「大変満足」に「満足」を加えると、95% になる。「大変不満」「不満」「やや不満」は合計で、1% に満たず、多くの訪日外国人旅行者は日本の旅行に満足していることが分かる。

しかし、旅行の満足度は概して高く出る傾向がある。貴重な時間とお金をかける旅行に対しては旅行者自身が満足したと感じる傾向にあるからである。問題は「大変満足」ではなく、「満足」と答えた 40% である。この旅行者は、決して大きなことではないが「大変満足」を選択できなかった小さな「不満」があったと考えるべきであろう。「大変満足」をさらに増やすことが

図表 5-25　訪日外国人旅行者の満足度
（全国籍・地域 / 観光目的・2019）

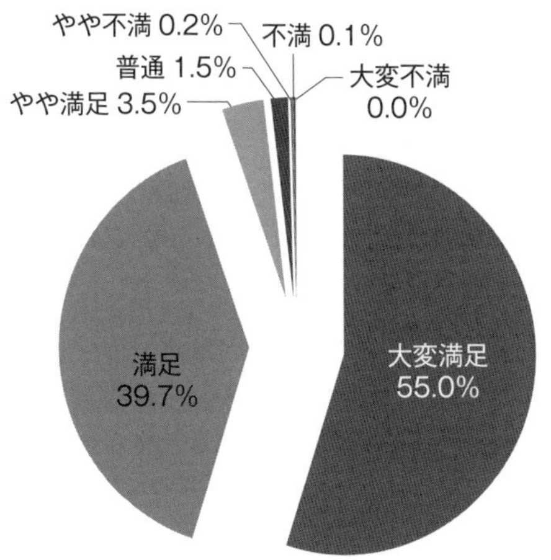


出典：観光庁「訪日外国人消費動向調査」

重要となる。

図表5-26は、観光目的の訪日外国人旅行者の訪日旅行全体の国・地域の満足度を表したものである。

国・地域により大きく異なることが分かる。「大変満足」を見ていくと、アジアの各国・地域は比較的低く、欧米各国が高くなっているのが分かる。韓国の「大変満足」は38%と極めて低く、「満足」を加えて90%になるが、十分に満足せずに帰国していると推測される。アジアの中でも、東アジアの国・地域は東南アジア各国に比べ「大変満足」が低い。満足度と滞在期間が大きく関係していることが推測される。フィリピンは「大変満足」「満足」でほぼ100%になっている。欧米各国には、「大変不満」「不満」「やや不満」

図表5-26　訪日外国人旅行者の訪日旅行全体の満足度国・地域別（国籍・地域別/観光目的・2019）

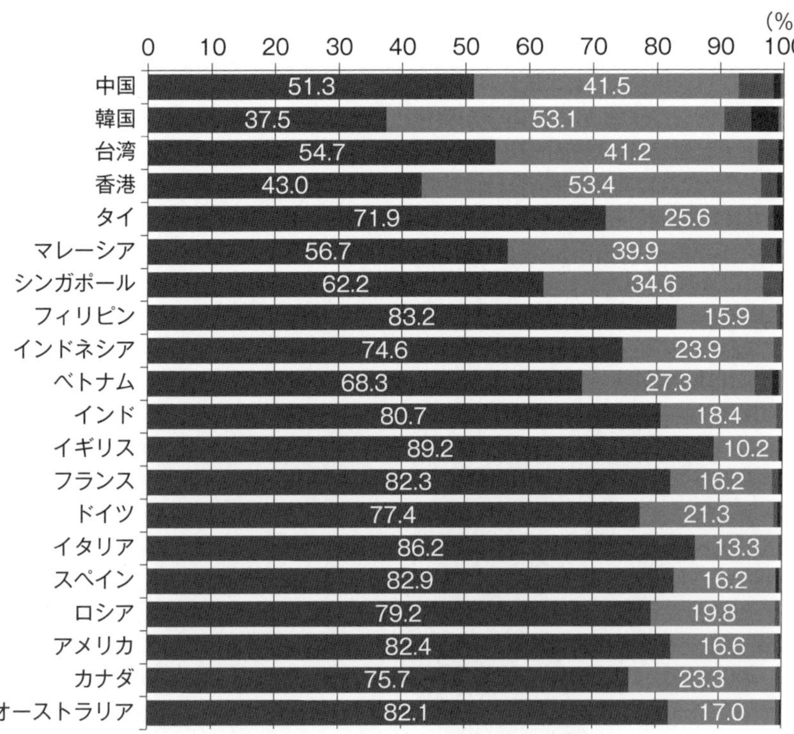


出典：観光庁「訪日外国人消費動向調査」

はほとんどなく、「大変満足」「満足」を足すと98%から99%になっている。長期滞在が滞在中の満足度を上げていると考えられる。

## ■訪日外国人旅行者が旅行中に困ったこと

図表5-27は、訪日外国人利用者の多い成田空港、羽田空港、関西国際空港、福岡空港などで訪日外国人旅行者から回答を収集した「訪日外国人旅行者の国内における受入環境整備に関するアンケート」の2019年度と2017年度の「旅行中に困ったこと（複数回答）」を表したものである。

2019年度においては、「コミ箱の少なさ」が最も多く23%あり、次いで「施設等のスタッフとのコミュニケーションがとれない」17%で続いた。3位は「公共交通の利用」12%、4位が「多言語表示の少なさ・わかりにくさ（観光案内板・地図等）」11%、5位が「無料公衆無線LAN環境」11%で、ここまでが1割を超えている。いずれも2年前と比較すると減少し、大幅に改善が進んでいることが分かる。訪日外国人旅行者の不満は、「コミュニケーション」と「公共交通」「多言語対応」「通信環境」に集中している。

なお、「困ったことはなかった」は39%であった。2年前よりも7%程増

図表5-27　訪日外国人旅行者が旅行中に困ったこと（複数回答）

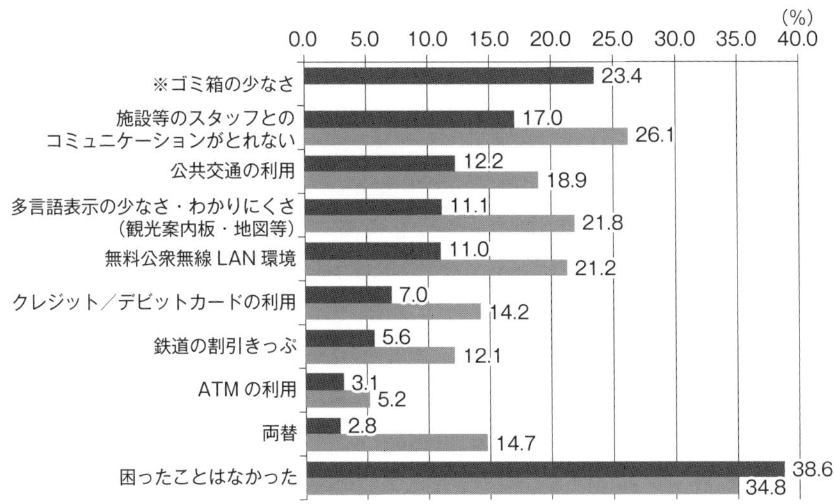


出典：「令和元年度『訪日外国人旅行者の受入環境整備に関するアンケート』調査結果」（観光庁）

加している。

## ■多言語対応

### ①多言語対応

訪日外国人旅行者が日本を旅行中に困ったことの上位には、言語対応、コミュニケーションに関する困りごとが挙がっている。これらの不満を少しでも解決することが、外国人旅行者の満足度を上げ、消費拡大につながると考えられる。

インバウンド需要の拡大に伴って、多言語対応がさまざまなシーンで求められているが、実際にどの言語で対応する必要があるのか。訪日する国・地域をみると使用言語が多様化していることがわかる。これらの言語全てに対応する必要はないが、今後ますます対応が必要な言語の多様化は進行すると想定される。現時点のインバウンド対応を考えたとき、英語は必要不可欠として、中国語（簡体字・繁体字）、韓国語の必要性も高い。また、全国的にはそれほど多くなくとも、その地域、施設に特別に多く旅行者が訪れる国・地域があれば、その言語にも対応する必要があるのは当然であろう。

### ②多言語表示

空港ターミナル、港湾ターミナル、鉄道駅、鉄道車内、バスターミナル、バス車内など外国人旅行者の利用する交通機関、ホテル・旅館などの宿泊施設、レストラン・食堂などの飲食店、免税店をはじめとしたデパート・スーパーマーケット・コンビニエンスストア・ドラッグストア・小売店などの商業施設は、英語だけでなく中国語（簡体字・繁体字）、韓国語の表示も必要となっている。また、城郭・神社仏閣・美術館・博物館などの観光施設においては、建築物、展示物の解説・案内を含めて多言語表示が求められている。また、言語や年齢などに係わらず、誰もがわかりやすい表示であるピクトグラムの活用もポイントとなる。

### ③ホームページ

訪日外国人旅行者が積極的に検索している観光地や観光施設のホームページの多言語化は今や欠かすことのできないインバウンド対策となっており、数多くのサポート会社があるので活用して進めていきたい。ホームページの運用は、一度開設したら頻度の高い更新、情報発信を行うことがポイントとなる。

④パンフレット

観光地や観光施設などにおけるパンフレットは、訪日外国人旅行者にとって欠かすことのできない観光ツールである。案内・解説だけではなく地図、アクセス方法を含め英語や来訪者の多い国・地域の言語で作成したい。

⑤アプリ

観光地や観光施設などにおけるパンフレットと併用して、多言語対応のアプリを導入するのは効果的である。また、会話を助ける翻訳アプリなどを、スタッフのスマートフォンやタブレットにダウンロードしておくと外国人旅行者とのコミュニケーションに役立つ。

⑥デジタルサイネージ

デジタルサイネージとは、屋外・店頭・公共空間・交通機関など、あらゆる場所で、ディスプレイなどの電子的な表示機器を使って情報を発信するシステムの総称である。交通ターミナル、商業施設、観光施設などでは多言語で表示することによって外国人旅行者の利便性が増す。

⑦音声ガイド

観光地、特に観光施設、工場見学、博物館・美術館、演劇の上演などでは、音声ガイドを多言語化することを考えたい。専用端末だけでなくラジオ、スマートフォンなどの活用も進んでいる。音声ガイド端末とGPSの位置情報を利用して、さまざまな情報を旅行者に提供する地域発信型の観光音声ガイドサービスも登場している。

⑧ SNS

日本においても定着している、双方向コミュニケーションが可能なSNS(Social Networking Service：ソーシャル・ネットワーキング・サービス)である、Facebook、Twitter、Instagram、微博（ウェイボー）などを活用し英語やその他の言語で発信することは効果的であり、実際の集客に効果が出てきている。

⑨翻訳支援ツール

翻訳支援ツールは、CATツールともいわれる。CATはComputer Aided/Assisted Translationの略語。翻訳支援ツールとは、翻訳を支援するソフトウェアの総称である。Google翻訳をはじめ数多くのアプリがあり、音声翻訳の精度もあがっている。実際に訪日外国人旅行者と接する場面ですでに多く使われている。翻訳支援ツールの進化は目を見張るものがあり、今後もこの流れは加速していく。

⑩多言語コールセンター

コールセンターとは、電話で英語をはじめとした多言語でオペレーターが対応する施設である。自社で設置する場合もあるが、専門のコールセンターと契約して利用する施設も多い。訪日外国人旅行者と施設従業員で交互に受話器をやり取りしながら、オペレーターを介して会話を行う。宿泊施設・観光施設・飲食店・小売店・交通機関が利用するケースが多い。

⑪指さし会話シート

店舗、飲食店などでよく使われる会話、商品・メニュー、値段・個数などをイラスト・写真を交えて表示したシートを、お互いに指で指して意思の疎通を図るツールが「指さし会話シート」である。アナログではあるが、準備しやすく使い方もわかりやすい方法である。

事業者向けに指さし会話シートを準備してホームページから無料でダウンロードさせている自治体もみられる。

⑫外国人スタッフ

外国人旅行者が多くなると、それぞれの言語が喋れる外国人スタッフが必要となってくるケースがある。正社員、契約社員、短期アルバイトなどのニーズに対応する外国人専門の人材派遣会社がある。また、母国語と日本語が喋れる数多くの留学生が日本の大学、専門学校に在籍しており、留学生支援センターなどを通して、雇用するのも可能である。外国人スタッフの雇用には、語学だけでなく、その国の習慣や国民性に対応できるメリットがある。

留学生はコストが安く、週数日という状況に合わせた雇用ができるが、就労時間に制限があったり、学業のスケジュールとの調整があったりと不安定要素もある。

コストはかかるが、社会人の正社員、契約社員としての採用は即戦力としての期待ができる。ただし、労務管理は日本人の雇用と比べると多少複雑になるので、それなりの準備が必要である。

## ■通信環境対応

① Wi-Fi 環境

Wi-Fi とは、無線でインターネットに接続するための規格のことである。この数年で交通機関やホテル、カフェ、商業施設などで「FREE Wi-Fi」や

「Wi-Fi ZONE」などの表示を見かけることが増え Wi-Fi 環境は改善しつつある。しかし、これらのサービスは日本人向けであったり、日本語を理解できない外国人旅行者には煩雑な設定が必要であったりと、本当の意味でフリーでないことも多い。外国人旅行者は日本に到着後に観光地やレストランを検索することが多い。また、事前にブックマークしておいた観光地やホテル・レストランへのアクセス情報を移動中に確認したい、自国にいる家族や友人と SNS やメールで土産品について相談したい、撮影した写真をすぐに Facebook などの SNS にアップして発信したい、別行動の同行者や自国の家族・友人にネット経由のアプリで無料電話をしたい、などの要望が多い。Wi-Fi 環境のさらなる改善が急務である。

②モバイル Wi-Fi ルーター

インターネットの接続を可能にする持ち運び可能なポケットサイズの端末。携帯端末だけではなくパソコンに利用できることや、複数人で同時に利用できることなど利便性が高い。通常、出国空港、入国空港などでレンタルして携行することが多い。訪日外国人旅行者のために、地域ぐるみで無料に貸し出すサービスなどが各地で始まっている。

③ SIM カード

SIM カードとは、スマートフォンや携帯電話を使って通信するために必要なカードのことである。SIM カードは、海外から携行してきたスマートフォンや携帯電話に差し込むだけで日本の通信会社の回線を利用できる。基本的にはプリペイドで、SIM カードを制限する SIM ロックのかかていない携帯電話であれば利用できる。外国人旅行者にとっては嬉しいサービスである。

## ■ユニバーサルツーリズム

①ユニバーサルツーリズム

ユニバーサルツーリズム（Universal Tourism）とは、すべての人が楽しめるようつくられた旅行であり、高齢や障害などの有無にかかわらず、誰もが気兼ねなく参加できる旅行、その考え方のことである。

ノーマライゼーションの観点から高齢者や障害者が主に参加できる旅行を、日本は「バリアフリーツーリズム（Barrier-free Tourism）」、欧米は「アクセシブルツーリズム（Accessible Tourism）」と一般に呼ばれる。

ユニバーサルツーリズムは一歩進んで、誰もが気兼ねなく参加できることを目指そうとするものである。2016年施行の障害者差別解消法による効果も期待されている。

高齢者や障害者、疾病者、妊婦などの対応だけでなく、言葉に不自由さを感じる訪日外国人旅行への必要な対応もそのうちのひとつであり、さらに、訪日外国人旅行者の中にも高齢者や障害者が増えておりその対応も必要となっている。

②アクセシブルトラベルJAPAN

「訪日外国人旅行者向けユニバーサルツーリズム情報発信事業」により、海外からの高齢者や障害者などからの相談に対応できる体制構築に向け、特定非営利活動法人日本バリアフリー観光推進機構の運営により、一元的な相談窓口となる「Accessible Travel JAPAN」が開設されている。

また、2020年のオリンピック・パラリンピックにより、海外からの身体の不自由な旅行者が増加することを見据えて、日本国内のバリアフリー観光地を結ぶ多言語化情報サイトを公開し、国内旅行のアドバイスおよび手配を行う一元的な「バリアフリーツアーセンター（BFTC）」が全国各地に選定、開設されている。

## ■安全対策

①訪日外国人旅行者への安全対策

インバウンドの拡大に伴い、訪日外国人旅行者が自然災害、事故・事件に遭遇するケースが多くなることが考えられる。特に日本においては大規模な地震災害の発生は誰も否定できない。日本国中を訪れる外国人旅行者が安心して観光ができる環境、万が一の災害時にも安全が確保され、安心して行動できるような環境を整備していかなければならない。

②観光・宿泊施設向けの対応マニュアルの配布

観光庁は、観光・宿泊施設向けの「自然災害発生時の訪日外国人旅行者への初動対応マニュアル策定ガイドライン」を配布している。このガイドラインは、訪日外国人旅行者に関する基礎知識、初動対応内容、平常時から取り組むべき準備、情報提供の仕方などが解説してある。

③自治体向けの安全確保のための手引き

自治体向けの「訪日外国人旅行者の安全確保のための手引き」を配布して

いる。災害時に訪日外国人旅行者に関して知っておくべき特性や過去の災害時における訪日外国人旅行者の被災状況、またそれに対する具体的な対策事例などが掲載されている。

④訪日外国人旅行者向けのプッシュ型情報発信アプリ

訪日外国人旅行者向けには「Safety tips」の配信を始めている。これは日本国内における緊急地震速報・津波警報などを多言語（14か国語）で通知するプッシュ型情報発信アプリである。災害時における避難行動を多言語で示した避難フローチャートやコミュニケーションカードなども配信している。

⑤訪日外国人旅行者向け海外旅行保険

訪日外国人旅行者が日本国内において、ケガ・病気をした場合の治療費用や患者・遺体の本国への移送費用などを補償する海外旅行保険が、損害保険会社各社から発売されている。スマートフォンやインターネットで加入することもでき、言語は英語・韓国語・中国語に対応している。付帯サービスも充実している。

## 6. インバウンドのデスティネーション

### ■訪日外国人旅行者の都道府県別訪問率

図表5-28は、外国人旅行者の都道府県別訪問率を示したものである。

観光を目的とした旅行者の都道府県別の訪問率をみると、アジアに近い日本の旅行の玄関口である大阪府が首位となった。日本の首都でありもうひとつの玄関口となる東京都が僅差で続いている。この日本を代表する大都市であり異なる都市観光を味わうことができる大阪府、東京都に40％を超える旅行者が訪れている。3位は日本を代表する観光都市、多くの世界遺産を有する京都府で33％であった。4位は千葉県で32％、成田空港、TDR（東京ディズニーリゾート）がある。5位の奈良県は、古都奈良、法隆寺などの遺産巡りの欧米人が多い。ここまでが二桁の訪問率になる。

6位の北海道は、東南アジアなどの雪の降らない国々からの旅行者が多い。7位の愛知県には、名古屋観光の中国人、ベトナム人や日本のものづくりを視察観光する欧米人も訪れている。8位の福岡県は、高速艇でも結ばれ交流の盛んな韓国の訪問率が高い。9位は沖縄県で、日本の代表的リゾート

図表 5-28　訪日外国人旅行者の都道府県別訪問率（全国籍・地域／観光目的・2019）

| 順位 | 都道府県 | 訪問率(%) | 順位 | 都道府県 | 訪問率(%) |
|---|---|---|---|---|---|
| 1 | 大阪府 | 43.4 | 11 | 山梨県 | 6.5 |
| 2 | 東京都 | 42.4 | 12 | 兵庫県 | 6.4 |
| 3 | 京都府 | 32.8 | 13 | 静岡県 | 5.2 |
| 4 | 千葉県 | 32.3 | 14 | 大分県 | 3.9 |
| 5 | 奈良県 | 14.3 | 15 | 岐阜県 | 3.6 |
| 6 | 北海道 | 9.7 | 16 | 長野県 | 3.2 |
| 7 | 愛知県 | 9.3 | 17 | 広島県 | 3.0 |
| 8 | 福岡県 | 9.0 | 18 | 石川県 | 2.3 |
| 9 | 沖縄県 | 7.5 | 19 | 熊本県 | 2.2 |
| 10 | 神奈川県 | 6.6 | 20 | 長崎県 | 1.6 |

出典：観光庁「訪日外国人消費動向調査」

地である。台湾・韓国・香港の旅行者に人気がある。10位の神奈川県は、箱根の温泉郷と横浜、鎌倉に多く外国人旅行者が訪れている。

山梨県は、富士山観光が大きな目的で河口湖・山中湖へ中国や東南アジアの旅行者に人気が高い。兵庫県は、神戸と姫路城、有名温泉もあり国・地域の偏りがない。静岡県は、伊豆の温泉と富士山が人気だ。大分県は、別府温泉・由布院温泉などに韓国から多くの旅行者が訪れている。岐阜県では飛騨高山に訪れる欧米からの外国人旅行者が多い。長野県は、高原に温泉に、オーストラリアからのスキーヤーが訪れている。広島県は世界遺産の原爆ドームと厳島神社がありともに外国人旅行者にとって魅力的な観光地である。金沢・能登観光の石川県、熊本城と阿蘇山観光ができる熊本県、異国情緒の街、ハウステ

東京・渋谷　スクランブル交差点

ンボスもある長崎県が続いた。

## ■日本国内で行ってみたい地域

図表5-29は、訪日旅行希望者に行ってみたい地域を60の選択肢を示し複数回答で調査した結果である。最も訪問意向が高かったのは東京であった。次いで、富士山、大阪、京都、北海道、沖縄への訪問意向が高かった。都市観光も楽しめる札幌、名古屋、神戸が続く。古都奈良、世界遺産が2つある広島、そして長崎も訪問意向が高い。鹿児島、函館も注目されている。箱根は温泉が期待されている。20位に福島が入っているのは嬉しい。

国・地域別の意向をみると、中国はゴールデンルートに、韓国は札幌、沖縄と福岡／博多、別府／由布院など九州への訪問意向が高い。台湾と香港は、北海道、沖縄と鹿児島、軽井沢、飛騨／高山など地方観光地への訪問意向が高くなっている。東南アジアの国々は北海道に人気が集まっている。欧米豪は富士山や京都、広島への訪問意向が高い。

図表5-29　日本国内で行ってみたい地域（2018）
（複数回答・訪日旅行希望者のみ）

| 順位 | 都市・地域 | 希望率(%) | 順位 | 都市・地域 | 希望率(%) |
|---|---|---|---|---|---|
| 1 | 東京 | 45.5 | 11 | 広島 | 11.5 |
| 2 | 富士山 | 40.7 | 12 | 長崎 | 10.4 |
| 3 | 大阪 | 32.3 | 13 | 九州 | 10.4 |
| 4 | 京都 | 31.9 | 14 | 横浜 | 10.2 |
| 5 | 北海道 | 30.9 | 15 | 関西 | 9.6 |
| 6 | 沖縄 | 21.6 | 16 | 福岡/博多 | 8.3 |
| 7 | 札幌 | 19.3 | 17 | 鹿児島 | 6.7 |
| 8 | 名古屋 | 14.5 | 18 | 函館 | 6.3 |
| 9 | 神戸 | 14.4 | 19 | 箱根 | 5.9 |
| 10 | 奈良 | 11.8 | 20 | 福島 | 5.4 |

出典　『旅行年報2018』（日本交通公社）：「DBJ・JTBFアジア・欧米豪訪日外国人旅行者の意向調査（2018年度版）」より
※サンプル数：5,742

## ■外国人に人気の日本の観光スポット

多くの外国人旅行者はインターネットなどの旅行情報を活用している。そこで新しい日本の観光スポットを見つけようとしている。図表5-30は、旅行サイトのトリップアドバイザーが発表した「外国人に人気の日本の観光スポット2019」ベスト25を表したものである。同サイトに投稿された日本語以外の口コミを基に作られたものである。

図表5-30　外国人に人気の日本の観光スポット（2019）

| 順位 | 観光スポット | 所在地 |
|---|---|---|
| 1 | 伏見稲荷大社 | 京都府 京都市 |
| 2 | 広島平和記念資料館 | 広島県 広島市 |
| 3 | 宮島(厳島神社) | 広島県 廿日市市 |
| 4 | 東大寺 | 奈良県 奈良市 |
| 5 | 箱根彫刻の森美術館 | 神奈川県 箱根町 |
| 6 | 新宿御苑 | 東京都 新宿区 |
| 7 | 三十三間堂 | 京都府 京都市 |
| 8 | 高野山 奥之院 | 和歌山県 高野町 |
| 9 | 姫路城 | 兵庫県 姫路市 |
| 10 | 金閣寺 | 京都府 京都市 |
| 11 | 兼六園 | 石川県 金沢市 |
| 12 | 成田山新勝寺 | 千葉県 成田市 |
| 13 | 長谷寺 | 神奈川県 鎌倉市 |
| 14 | 奈良公園 | 奈良県 奈良市 |
| 15 | 日光東照宮 | 栃木県 日光市 |
| 16 | 縮景園 | 広島県 広島市 |
| 17 | 大本山 大聖院 | 広島県 廿日市市 |
| 18 | 河口湖 | 山梨県 富士河口湖町 |
| 19 | 白川郷合掌造り集落 | 岐阜県 白川村 |
| 20 | 書寫山圓教寺 | 兵庫県 姫路市 |
| 21 | 浅草寺 | 東京都 台東区 |
| 22 | 明治神宮 | 東京都 渋谷区 |
| 23 | 白谷雲水峡 | 鹿児島県 屋久島町 |
| 24 | 愛宕念仏寺 | 京都府 京都市 |
| 25 | 忠霊塔 | 山梨県 富士吉田市 |

出典：トリップアドバイザー

※2018年1月～12月の1年間にトリップアドバイザー上の日本の観光スポットに投稿された外国語の口コミの評価、投稿数などをもとに、独自のアルゴリズムで集計している。

トップの「伏見稲荷大社」は、赤い千本鳥居の幻想的な風景が魅力的のようだ。「広島平和記念資料館」は、原爆ドームと平和記念公園、資料館に多くの外国人旅行者が訪れている。同時に観光できる「宮島（厳島神社）」の海の中に浮かぶ赤い大鳥居は日本の美として感じられている。

以下、古都奈良の大仏殿がある「東大寺」、東京から近く箱根温泉郷にある「箱根彫刻の森美術館」、東京都内の緑あふれる公園「新宿御苑」と続く。数年前は京都の寺社城が数多くランクインしていたことを考えると、外国人旅行者の観光行動が多様化しており、地方志向が読み取れる。京都の寺社では他に「三十三間堂」「金閣寺」「愛宕念仏寺（おたぎねんぶつじ）」がランクインしている。

宿坊体験ができる「高野山奥之院」、日本を代表する名城「姫路城」、金沢の名庭園「兼六園」が続いている。「成田山新勝寺」、鎌倉の「長谷寺」、「日光東照宮」と首都圏の見どころが並んでいる。

奈良では東大寺と共に「奈良公園」も入っている。広島の「縮景園（しゅっけいえん）」「大本山大聖院」は原爆ドームと厳島神社とセットでの観光と思われる。富士山を望む「河口湖」も外国人旅行者に人気だ。25位の「忠霊塔」は河口湖近くにある新倉山浅間（あらくらやませんげん）公園に建つ五重塔のこと。富士山と桜、五重塔を一度に撮影できる撮影ポイントとして名高い。

「白川郷合掌造り集落」は飛騨高山と、「書寫山圓教寺（しょしゃざんえんぎょうじ）」は姫路城とセットで訪れている。東京都内からは、前掲の新宿御苑とともに「浅草寺」「明治神宮」が人気であった。屋久島の「白谷雲水峡（しらたにうんすいきょう）」も外国人旅行者から注目されている。

## ■訪日外国人旅行者 SNS 発信地点

図表5-31は、訪日外国人旅行者のSNS解析ツールによって解析したデータをもとに、訪日外国人の口コミ発信地点情報を中心に集計・分析を行い、訪日外国人旅行者の動向を調査し、ランキング化したものである。（『インバウンドレポート2018』RJCリサーチ・ナイトレイ）訪日外国人旅行者が微博（ウェイボー）やTwitterなどで日本国内滞在中に発信した投稿を対象としたものだ。

年間の観光・レジャー部門のSNS投稿量が最も多かった場所第１位は「USJ」、第２位「東京ディズニーランド」、第３位「伏見稲荷大社」だった。以下、東京、千葉、京都、大阪、奈良の有名観光スポットが並んでいる。

ショッピング部門は、コンビニや量販店が多く登場するが、錦小路（にしきこうじ）、ポケモンセンター、竹下通りなどは外国人旅行者の志向によるものと考えられる。それぞれ、外国人旅行者の日本の観光施設、ショッピング施設への興味の傾向が見てとれる。

図表5-31　訪日外国人旅行者SNS発信地点ランキング　TOP10（2018）

【観光・レジャー部門】

| 順位 | SNS発信地点 | 都道府県 | SNS投稿量スコア(pt) |
|---|---|---|---|
| 1 | USJ | 大阪府 | 5,045 |
| 2 | 東京ディズニーランド | 千葉県 | 4,442 |
| 3 | 伏見稲荷大社 | 京都府 | 4,404 |
| 4 | 東京ディズニーシー | 千葉県 | 4,248 |
| 5 | 大阪城 | 大阪府 | 3,431 |
| 6 | 東京タワー | 東京都 | 2,559 |
| 7 | 明治神宮 | 東京都 | 2,506 |
| 8 | 東京スカイツリー | 東京都 | 2,498 |
| 9 | 奈良公園 | 奈良県 | 2,264 |
| 10 | 竹林の小道 | 京都府 | 2,213 |

【ショッピング部門】

| 順位 | SNS発信地点 | 都道府県 | SNS投稿量スコア(pt) |
|---|---|---|---|
| 1 | ローソン | 各地 | 6,764 |
| 2 | ドン・キホーテ | 各地 | 6,220 |
| 3 | ダイバーシティ東京プラザ | 東京都 | 6,083 |
| 4 | 錦小路 | 京都府 | 5,431 |
| 5 | ポケモンセンター | 各地 | 5,314 |
| 6 | サンシャインシティ | 東京都 | 4,548 |
| 7 | 竹下通り | 東京都 | 4,418 |
| 8 | 東京ミッドタウン | 東京都 | 4,314 |
| 9 | ヨドバシカメラ | 各地 | 3,559 |
| 10 | ファミリーマート | 各地 | 3,436 |

※複数店舗ある施設は全店の合計

出典：RJCリサーチ・ナイトレイ「インバウンドレポート2018」（2018年1－12月）

「SNS投稿量スコア」：「inbound insight」により取得された各投稿の構成要素（テキスト、イメージ、プレイス情報の有無）を合計し、情報量を図る指標としてスコア化したもの

## ■ゴールデンルート

訪日外国人旅行には、「ゴールデンルート」と呼ばれる定番の人気ルートがある。成田空港から入国し、東京および東京周辺の観光スポットを巡ってから、箱根、富士山、名古屋を経由し京都観光を楽しみ、大阪の街を観光し関西国際空港から帰国するのが標準ルートである（この逆もある）。初めて訪日するアジアの国々の旅行者、特に中国人旅行者に人気のルートで、今日でも主流の観光ルートである。「ゴールデンルート」は、初めて訪れる外国人旅行者のために旅行会社各社が企画し、多くの旅行者が体験することにより定番となった観光ルートの総称で、明確な定義、決まったルートがあるものではない。

一方で、欧米からの旅行者やアジアでも訪日経験回数が多い旅行者は、北海道や沖縄などの観光地のほか、さまざまな地域に足を延ばし始め、日本人が意外に思うような場所まで訪れていることもある。受け入れ側である地域

図表5-32　ゴールデンルート

が気づいていない外国人旅行者にとって魅力のある観光資源が数多く隠されている可能性がある。

## ■広域観光周遊ルート

国はゴールデンルートだけではなく、地方分散と滞在日数長期化を目指し、新しい観光ルートを提案している。複数の都道府県を跨って、テーマ性・ストーリー性を持った一連の魅力ある観光地を、交通アクセスも含めてネットワーク化して、訪日を強く動機づける「広域観光周遊ルート」である。

伊勢志摩・名古屋から能登半島まで、中部北陸9県の各地をめぐる「昇龍道（しょうりゅうどう）」は、人気があり、瀬戸内海沿岸各地を巡る「せとうち・海の道」の「新ゴールデンルート」も注目されている。図表5-33はモデルコース例で、国は訪日外国人旅行者の地方への誘客を図るために、これらの情報を海外へ積極的に発信していくとしている。

図表 5-33　広域観光周遊ルートモデルコース例（2019）

| 周遊ルート名 | モデルコース名 |
|---|---|
| アジアの宝 悠久の自然美への道 ひがし 北・海・道<br>Hokkaido – Route to Asian Natural Treasures | ①Explore the Wonderland in summer<br>②Explore the Wonderland in winter |
| 日本の奥の院・東北探訪ルート<br>Exploration to the Deep North of Japan | ①四季が織りなす東北の宝コース<br>②三陸の恵みと復興コース<br>③日本海の美と伝統コース |
| 昇龍道<br>SHORYUDO | ①Dragonコース《伝承空間への誘い》<br>②Nostalgicコース《「日本の心・ふるさと」お伊勢参りと世界遺産を巡る旅》<br>③Great Natureコース《大自然の醍醐味アルペンと古代探訪の旅》<br>④Ukiyo-e コース《サムライ文化・伝統技術リアル体験》 |
| 美の伝説<br>THE FLOWER OF JAPAN, KANSAI | ①KANSAI～世界遺産と絶景 伝統と自然の美の競演 ～<br>A Journey into the Kansai Legacies & Mother Nature<br>②KANSAI～日本の精神文化の聖地 美の伝承～<br>A Journey into the Kansai Spiritual & Culture places |
| せとうち・海の道<br>The Inland Sea, SETOUCHI | ①新ゴールデンルート～新たな西日本発見の旅<br>②歴史と芸術に出会う美のルート<br>③空と島と海に溶け込むサイクリングルート |
| スピリチュアルな島 ～四国遍路～<br>Spiritual Island ～SHIKOKU HENRO～ | ①四国スピリチュアル・コース<br>②四国鉄道クラシカル・コース<br>③四国大自然ドライブ・コース |
| 温泉アイランド九州 広域観光周遊ルート<br>Extensive sightseeing route of 'Onsen Island' Kyushu | ①鉄道・バスで廻る九州の魅力満喫コース<br>②九州の歴史・自然をレンタカーで廻るコース<br>③火山の島・九州一周コース |
| 日本のてっぺん。きた北海道ルート。<br>Amazing Northernmost Japan,Hokkaido route | ①The Top of Japan – 夏<br>②The Top of Japan – 冬<br>③The Top of Japan – 離島めぐり |
| 広域関東周遊ルート「東京圏大回廊」<br>The Wider Kanto Route "Around Tokyo" | ①自然大回廊（太平洋）コース<br>②自然大回廊（日本海）コース<br>③江戸文化回廊コース |
| 縁（えん）の道～山陰～<br>Route Romantique San' in | ①日本の原風景（世界遺産・日本遺産見聞録）<br>②ジオパーク＆ナショナルパーク・アクティビティ |
| Be.Okinawa 琉球列島周遊ルート<br>"Visit Our Exciting Ryukyu Islands in The Pacific Ocean" | ①Gateway to Okinawa Lifestyle& Culture（人々の暮らしと琉球文化）<br>②Secrets of Okinawa History（沖縄の歴史と琉球王国の誕生秘話）<br>③Wild Adventure of Okinawa Archipelago（五感で感じる沖縄の自然） |

出典：観光庁発表資料

# 7. インバウンドの食と観光土産

## ■訪日外国人旅行者の一番満足した飲食

訪日外国人旅行者（全国籍・地域・2019）が「訪日前に期待したこと」の1位は「日本食を食べること」で、「今回したこと（複数回答）」も「次回したいこと（複数回答）」においてもいずれも1位となっている。「日本食」はインバウンドにおいて最大の観光資源となっているといえる。

図表 5-34 は、観光目的の訪日外国人旅行者の一番満足した飲食を表したものである。1位は肉料理であった。すき焼き、しゃぶしゃぶ、和牛料理だけではなく焼き肉、とんかつも評価されている。2位が日本の国民食として

図表5-34　訪日外国人旅行者の一番満足した飲食（自由回答／全国籍・地域／観光目的・2019）

（%）

| 飲食 | 選択率 |
|---|---|
| 肉料理 | 27.5 |
| ラーメン | 19.7 |
| 寿司 | 14.5 |
| 魚料理 | 12.7 |
| その他日本料理 | 6.4 |
| そば・うどん | 4.1 |
| その他料理 | 4.2 |
| 菓子類 | 3.4 |
| 小麦粉料理 | 3.5 |
| 酒 | 0.9 |
| 果物 | 0.6 |
| 外国の料理 | 0.6 |

出典：観光庁「訪日外国人消費動向調査」

定着しているラーメンであった。海外の多くの都市にも日本のラーメン店が進出して、ラーメンが広く認知されていることが影響している。寿司は3位になっている。魚料理、その他日本料理、そば・うどんと続く。

## ■訪日外国人旅行者の一番満足した飲食の理由

図表5-35は、観光目的の訪日外国人旅行者の一番満足した飲食の理由を表したものである。

「美味しい」が93%で突出しトップになっている。食についての質問なので当たり前の回答であるが、日頃食べ慣れない日本の食に対して高い評価を得たと考えてよい。

「食材が新鮮」45%も、生ものが多いに日本食への高評価である。「伝統的・日本独特」と回答してくれた旅行者も2割を超えている。「自国で味わうことができない」も同様な感想であろう。

「好きな料理・食品である」「価格が手頃・自国より安い」は率直な感想と思われる。「人気がある・有名」は、自国の日本食レストランやグルメサイトなどが影響している。一方、「店のサービスや雰囲気」は、もう少し上位に来なくてはならない。「量や種類が適切」も決して高い数値ではなく、量

図表 5-35　訪日外国人旅行者の一番満足した飲食の理由（自由回答 / 全国籍・地域 / 観光目的・2019）

| 満足した理由 | 選択率 |
|---|---|
| 美味しい | 93.0 |
| 食材が新鮮 | 45.4 |
| 伝統的・日本独特 | 24.4 |
| 自国で味わうことができない | 17.5 |
| 好きな料理・食品である | 19.7 |
| 価格が手頃・自国より安い | 12.6 |
| 人気がある・有名 | 14.1 |
| 量や種類が適切 | 6.7 |
| 店のサービスや雰囲気 | 8.5 |
| 盛り付けの見た目が良い | 6.4 |
| 健康に良い | 5.7 |

出典：観光庁「訪日外国人消費動向調査」

についての不満が感じられる。

「盛り付けの見た目が良い」「健康に良い」は和食ブームが起きた大きな理由であったが、6% 程度と少なかった。

## ■訪日外国人旅行者の観光土産品

観光土産品としては、菓子類、食料品・飲料・酒・たばこ、医薬品・健康グッズ・トイレタリー、化粧品・香水、服・かばん・靴、電気製品、マンガ・アニメ・キャラクター関連商品などが購入されている。地方の観光地においては、日本人旅行者と同様に地域の名産品、特産品も外国人旅行者の観光土産の対象となる。しかし、いわゆる地域らしい土産品である、農水産物加工品、伝統民芸品、伝統工芸品などは購入の上位にはなっていない。

外国人旅行者にとっては、「地域らしい」の以前に、「日本らしい」がポイントになっている。図表 5-36 は、在日外国人が運営するサイトで紹介されている「外国人が喜ぶお土産」である。これらが日本らしい観光土産の事例である。外国人旅行者の国・地域、世代、ライフスタイルにより大きく異なるだろうが参考になる。

図表 5-36　外国人が喜ぶ日本の観光土産

| 土産品 | 土産品(英語) |
|---|---|
| 文房具 | Japanese Stationery |
| 英語に翻訳されている漫画 | Manga |
| 日本のカレンダー | Japanese Calendars |
| 折り紙 | Origami Paper |
| 食品サンプル | Food Replica Samples |
| 電車に関連する商品 | Train Goods |
| 漢字が書いてある物 | Anything With Kanji |
| お守り | Good Luck Charms |
| 弁当箱 | Bento Box |
| 風呂敷 | Furoshiki Wrapping Cloth |
| 扇子 | Folding Fans |
| 団扇 | Non-Bending Flat Fans |
| 手拭 | Washcloth, Dishcloth or Headband |
| 暖簾 | Traditional Japanese Split Curtains |
| 箸 | Japanese Chopsticks |
| 陶磁器 | Japanese Ceramics |
| 招き猫 | Manekineko/The Waving Cat |
| 浴衣・甚平 | Yukata&Jinbei/Traditional Japanese Umbrella |
| 風鈴 | Japanese Wind Chimes |
| 浮世絵 | Ukiyo-e/Pictures of the Floating World |
| 達磨 | Daruma Doll |
| こけし | Traditional Japanese Dolls |
| けん玉 | Kendama |

出典：外国人が運営するサイトを参考に作成

# 第 6 課題

# 世界遺産総論と日本の世界遺産

富士山を望む（山梨県山中湖村）

# 1. 世界遺産

## ■世界遺産

世界遺産とは、1972年のユネスコ総会で採択された「世界遺産条約」に基づいて世界遺産リストに登録された、遺跡、景観、自然など人類が共有すべき「顕著な普遍的価値（Outstanding Universal Value：OUV)」を持つ不動産のことである。

ユネスコは「世界遺産とは、地球の生成と人類の歴史によって生み出され、過去から現在へと引き継がれてきたかけがえのない宝物です。現在を生きる世界中の人びとが過去から引継ぎ、未来へと伝えていかなければならない人類共通の遺産です」としている。

世界遺産はその内容によって「文化遺産」「自然遺産」「複合遺産」の3種類に分けられている。現在、世界で1,121件（2019年8月現在）が登録されている。また、これらの区分とは別に「危機遺産（危機にさらされている世界遺産)」や、日本国内での用語であるが一般に定着している。「負の世界遺産」などがある。

世界遺産は有形の不動産を対象とした制度である。同じユネスコの遺産事業に、「無形文化遺産」と「世界の記憶（世界記憶遺産)」がある。これらをまとめて「ユネスコ三大遺産事業」と呼ぶこともある。

遺産を持つ地域にとって、その資産の世界遺産への登録は決して地域の観光地化をめざすためのものではなく、観光旅行者誘致のためのものでもない。あくまでも、顕著な普遍的価値のある人類の宝物を未来に伝えていくための保存を第一義とするものである。しかし、世界でも突出した名所旧跡や大自然は、世界の多くの人が見るべき価値があり、また見てもらいたい。世界遺産に登録されると、そこを訪れる旅行者は急増し有力な観光地となることが多い。観光においては、どの国・地域においても重要な観光資源となっており、日本人の国内旅行・海外旅行、訪日外国人旅行の強力なデスティネーションとして知っておく必要がある。

## ■世界遺産条約

1972年の第17回ユネスコ総会で採択された条約で、正式名称は「世界の文化遺産及び自然遺産の保護に関する条約」である。

文化遺産および自然遺産を人類全体のための世界の遺産として損傷、破壊などの脅威から保護し、保存するための国際的な協力および援助の体制を確立することを目的としたものである。

1973年にアメリカが最初に条約を批准し、1975年に締約国が20カ国を超え発効を迎えた。日本は1992年6月30日に125番目の締約国として受諾書を寄託し、同年9月30日に発効した。現在、193か国（2019年8月）が締約する世界的規模の国際条約といえる。

この条約の特徴は、それまで別々に考えられてきた文化遺産と自然遺産の価値を結びつけて、ともに人類の遺産として同一の枠組みで保護していこうとするところにある。人間の文化と地球環境を切り離すことのできない、ひとつのものであると考えている。

条約では、文化遺産や自然遺産の定義、世界遺産リストと危機遺産リストの作成、世界遺産委員会や世界遺産基金の設立、遺産保護のための国内機関の設置や立法・行政措置の行使、国際的援助などが定められている。また、世界遺産を保護・保全する義務や責任はまず保有国にあること、締約国は国際社会全体の義務として、遺産の保護・保全に協力すべきと書かれている。

## ■世界遺産基金

ユネスコの世界遺産保護を目的として設立された信託基金。世界遺産委員会が決定する目的にのみ使用することができる。締約国の分担金や任意拠出金、および各種の寄付などを財源として運営されている。大規模な災害や紛争による被害への「緊急援助」や、暫定リストや推薦書などを作成するための「準備援助」、専門家や技術者の派遣、保全に関する技術提供のための「保全・管理支援」などに取り組んでいる。

## ■ユネスコ

国際連合教育科学文化機関（UNESCO：United Nations Educational, Scientific and Cultural Organization）のこと。国際連合の経済社会理事会の下におかれた、諸国民の教育、科学、文化の協力と交流を通じて、国際平和と人類の福祉の促進を目的とした国際連合の専門機関である。1946年に発足し、日本は1951年に加盟している。

「教育や文化の振興を通じて、戦争の悲劇を繰り返さない」との理念により設立の意義を定めたユネスコ憲章の前文には「戦争は人の心の中で生まれるものであるから、人の心の中に平和の砦（とりで）を築かなければならない」との文言がある。

第8代ユネスコ事務局長にはアジアから初めて日本の松浦晃一郎氏（1999－2009）が就任し、さまざまな業績を残している。

### ■世界遺産の誕生

世界遺産条約の理念の誕生のきっかけは、1960年にエジプトのナイル川で始まったアスワン・ハイ・ダムの建設とされる。それまで、ナイル川の氾濫に頭を悩ませていたエジプトは、人々の安全と生活向上のために、ナイル川の氾濫を防止し、農業用水を確保し、安定した電力を供給するダム建築を決定する。

しかし、このダムが完成すると、古代エジプト文明の遺産である「アブ・シンベル神殿」「フィラエのイシス神殿」など遺跡が湖に水没してしまうことになる。そこで、ユネスコがヌビア水没遺跡群救済キャンペーンを世界に向けて実施した。このキャンペーンには世界約50か国もが賛同し、技術支援や考古学調査支援を受け、遺跡の中のアブ・シンベル神殿を解体し、別の場所に移すということが行われた。

ユネスコ会議における、当時のフランスの文化大臣アンドレ・マルローの「世界文明の第1ページを刻む芸術は分割できない我々の遺産である」という演説が、後の世界遺産の理念へとつながった。

## 2. 世界遺産登録

### ■世界遺産登録の条件

世界遺産に申請するためには次の5つの条件が必要となる。

**①遺産保有国が世界遺産条約の締約国であること**

締約国であれば、ユネスコの加盟国である必要はない。例えば、アメリカの「自由の女神像」や「ハワイ火山国立公園」もアメリカがユネスコを脱退している時期に登録されている。

### ②事前に各国の暫定リストに記載されていること

締約国はこの暫定リストを作成し、その中から１年に１件まで世界遺産センターへ提出できる。過去に、地震で被害を負ったイランの「バムとその文化的景観」は緊急の保護を要したために、例外的に暫定リストの記載なしで登録された。

### ③遺産の保有国自身から申請があること

世界３大瀑布のひとつ「ナイアガラの滝」は、保有国からの申請がないので、世界遺産には登録されていない。唯一の例外として「エルサレムの旧市街とその城壁群」は、ヨルダンの推薦（申請）という形で文化遺産に登録されたが、帰属国は確定していないことから、保有国は国としては実在しない「エルサレム（都市名）」になっている。

### ④遺産が不動産であること

土地や建物のように動かすことのできない不動産でなければならない。「モナ・リザ」などの絵画や彫刻は登録できない。一方で、「最後の晩餐」（壁画）や「奈良の大仏」（巨大な像）のような移動が困難な物は例外的に登録されている。

### ⑤保有国の法律などで保護されていること

遺産の保護は、保有国の責任と義務であるため、各国の法律で保護されていなくてはならない。かつて、「古都奈良の文化財」に含まれる正倉院は、皇室財産であるために文化財保護法の対象ではなかったが宮内庁と文化庁が協力して正倉院を国宝に指定し世界遺産に登録された。

## ■世界遺産登録基準

世界遺産リストに登録されるためには、「世界遺産条約履行のための作業指針」で示されている下記の登録基準のいずれか１つ以上に合致するとともに、真正性や完全性の条件を満たし、締約国の国内法によって、適切な保護管理体制がとられていることが必要となる。

要約すると、以下のとおりである。

（ⅰ）人間の創造的才能を表す傑作である。
（ⅱ）ある期間又はある文化圏内での価値観の交流を示すものである。
（ⅲ）ある文化的伝統又は文明の存在を伝承する物証である。
（ⅳ）建築物、その集合体、科学技術の集合体、あるいは景観を代表する顕著な見本である。

（v）伝統的居住形態若しくは陸上・海上の土地利用形態を代表する又は、人類と環境とのふれあいを代表する顕著な見本である。

（vi）行事、生きた伝統、思想、信仰、芸術的作品、あるいは文学的作品と関連がある。

（vii）最上級の自然現象、又は、類まれな自然美・美的価値を有する地域を包含する。

（viii）地球の歴史の主要な段階を代表する顕著な見本である。

（ix）生態系や動植物群集の進化、発展において、生態学的過程又は生物学的過程を代表する顕著な見本である。

（x）生物多様性の生息域内保全にとって最も重要な自然の生息地を包含する。

図表6-1 「世界遺産条約履行のための作業指針」で示されている登録基準

| | |
|---|---|
| i | 人間の創造的才能を表す傑作である。 |
| ii | 建築、科学技術、記念碑、都市計画、景観設計の発展に重要な影響を与えた、ある期間にわたる価値観の交流又はある文化圏内での価値観の交流を示すものである。 |
| iii | 現存するか消滅しているかにかかわらず、ある文化的伝統又は文明の存在を伝承する物証として無二の存在(少なくとも希有な存在)である。 |
| iv | 歴史上の重要な段階を物語る建築物、その集合体、科学技術の集合体、あるいは景観を代表する顕著な見本である。 |
| v | あるひとつの文化(または複数の文化)を特徴づけるような伝統的居住形態若しくは陸上・海上の土地利用形態を代表する顕著な見本である。又は、人類と環境とのふれあいを代表する顕著な見本である(特に不可逆的な変化によりその存続が危ぶまれているもの) |
| vi | 顕著な普遍的価値を有する出来事(行事)、生きた伝統、思想、信仰、芸術的作品、あるいは文学的作品と直接または実質的関連がある(この基準は他の基準とあわせて用いられることが望ましい)。 |
| vii | 最上級の自然現象、又は、類まれな自然美・美的価値を有する地域を包含する。 |
| viii | 生命進化の記録や、地形形成における重要な進行中の地質学的過程、あるいは重要な地形学的又は自然地理学的特徴といった、地球の歴史の主要な段階を代表する顕著な見本である。 |
| ix | 陸上・淡水域・沿岸・海洋の生態系や動植物群集の進化、発展において、重要な進行中の生態学的過程又は生物学的過程を代表する顕著な見本である。 |
| x | 学術上又は保全上顕著な普遍的価値を有する絶滅のおそれのある種の生息地など、生物多様性の生息域内保全にとって最も重要な自然の生息地を包含する。 |

出典：日本ユネスコ協会連盟ホームページ

## ■世界遺産に関係する概念

### ①真正性（Authenticity）

文化遺産に求められる概念で、建造物や景観などが、それぞれの文化的背景の独自性や伝統を継承していること、修復などにおいては材料・構造・工法に求められる。その文化ごとの真正性が保証される限りは、遺産の解体修復再建なども可能である。

②完全性（Integrity）

すべての世界遺産に求められる概念で、世界遺産の顕著な普遍的価値を表現するために必要な要素がすべて含まれ、資産の重要性を示す特質や背景を代表するための適切な規模が確保され、開発・管理放棄の影響を受けていないことが求められる。

③文化的景観（Cultural landscape）

自然と人間の共同作品であり、人間を取り巻く自然環境からの制約や恩恵または継続する内外の社会的、経済的、文化的な営みの影響を受けながら進化してきたことを示す遺産。日本の世界遺産で初めて文化的景観のカテゴリーが適用されたのは「紀伊山地の霊場と参詣道」である。

④グローバル・ストラテジー（Global Strategy）

1994 年の第 18 回世界遺産委員会において採択された「世界遺産一覧表における不均衡の是正及び代表性・信頼性の確保のためのグローバル・ストラテジー（The Global Strategy for a Balanced, Representative and Credible World Heritage List）」は、一般的に「グローバル・ストラテジー」と呼ばれている。世界遺産リストについて、地域間・テーマ間・時代間・文化遺産と自然遺産などの不均衡を是正し、地域やテーマにおいて高い代表性があるものとした。リストの内容を信頼性の高いものとするための戦略である。文化遺産、ヨーロッパを中心とする先進国に偏っていたリストのバランス欠如を改善し、代表性を高めるために努力する必要性を示している。

⑤トランス・バウンダリー・サイト（Trans-boundary Site）

「国境を越える遺産」のこと。国境を越えて多国間に広がる自然遺産を登録する際に考え出されたもので、多国間の協力のもとでの保護・保全を目指している。文化遺産においても、かつてひとつの文化圏であった地域が分断されてしまうことがあり、そうした遺産を保護するに当たりこの概念が導入された。最も多くの国にまたがっているのは「シュトゥルーヴェの三角点アーチ観測地点群」で、北はノルウェーから南はウクライナまでの 11 か国にまたがる文化遺産である。

⑥シリアル・ノミネーション・サイト（Serial Nomination Site）

「連続性のある遺産」のこと。文化や歴史的背景、自然環境などが共通する複数の資産を、全体として顕著な普遍的価値を有する遺産として登録すること。構成資産をつなぐストーリーが重視され、個々の構成資産に顕著な普遍的価値を有していなくても全体として顕著な普遍的価値を有していれば登録される。

日本の「明治日本の産業革命遺産」や「ル・コルビュジエの建築作品」などがこれにあたる。

⑦「人間と生物圏計画」（MAB計画：Man and the Biosphere Program）

ユネスコの「人間と生物圏計画」（MAB計画）とは、社会生活や商工業活動などの営みと自然環境の相互関係を理解し、環境資源の持続可能な利用と環境保全を促進することを目的とした研究計画である。

MBA計画では、生物多様性を保全するための地域として「生物圏保存地域」を定めている。生物保存地域は、「核心地域（コア・エリア）」「緩衝地帯（バッファー・ゾーン）」「移行地帯（トランジッション・エリア）」という3段階の地域区分（ゾーニング）に分けられている。厳正な自然保護を行うコア・エリアを、バッファー・ゾーンが守るように取り囲み、トランジッション・エリアで持続可能な利活用が行われる。バッファー・ゾーンの設定が自然遺産、文化遺産で双方において厳格に求められるようになった。

## ■世界遺産の種類

世界遺産は「有形の不動産」を対象とし、3つの種類がある。

①文化遺産

顕著な普遍的価値を有する、人類の歴史が生みだした、記念物、建造物群、遺跡、文化的景観などで、登録基準（ i ）～（vi）のいずれかひとつ以上を認められている遺産。

例）「タージ・マハル」（インド）、「ケルン大聖堂」（ドイツ）、「姫路城」（日本）など

②自然遺産

顕著な普遍的価値を有する、地球の生成や動植物の進化を示す、地形や景観、地質、生態系、絶滅のおそれのある動植物の生息・生育地などで、登録基準（vii）～（ x ）のいずれかひとつ以上を認められている遺産。

例)「キリマンジャロ国立公園」(タンザニア)、「イエローストーン国立公園」(アメリカ)、「屋久島」(日本) など

③複合遺産

文化遺産と自然遺産の両方の価値を兼ね備えているもので、登録基準(ⅰ)～(ⅵ)のいずれかひとつ以上および登録基準(ⅶ)～(ⅹ)のいずれかひとつ以上を認められている遺産。日本には無い。

例)「ウルル＝カタ・ジュタ国立公園」(オーストラリア)、「ギョレメ国立公園とカッパドキアの岩窟群」(トルコ)、「マチュ・ピチュの歴史保護区」(ペルー) など

カッパドキア

## ■世界遺産登録件数

世界遺産の登録総数は1,121件で、種類別では、文化遺産は869件、自然遺産は213件、複合遺産は39件である。また、危機遺産は53件、登録を抹消された世界遺産は2件ある。日本では、文化遺産は19件、自然遺産が4件で合計23件が登録されている。(2019年8月現在)

図表6-2は国別の登録件数の上位20である。1位は歴史的な遺産が多数あるイタリアと自然遺産も多い中国であった。以下スペイン、ドイツ、フランスとヨーロッパの歴史を刻んできた国が続く。6位にアジアのインド、7位に中南米のメキシコが入った。日本は12位で、アジアでは中国、インド、イランに続いている。

## ■世界遺産登録の流れ

世界遺産登録の流れは図表6-3のようになる。

条約締約国の担当政府機関が、推薦候補を選び、推薦物件を決定し、暫定リストを作成し、その中からユネスコに提出する。

ユネスコ世界遺産センターが、文化遺産候補は、国際記念物遺跡会議(ICOMOS)に、自然遺産候補の場合、国際自然保護連合(IUCN)に調査を依頼する。調査結果は、ユネスコ世界遺産センターに行き、推薦登録を判定する。さらに、世界遺産委員会会議で最終審議し、世界遺産リストへの掲載を決定する。

図表 6-2　世界遺産国別登録数上位 20

| 順位 | 国名 | 合計 | 文化遺産 | 自然遺産 | 複合遺産 |
|---|---|---|---|---|---|
| 1位 | イタリア | 55 | 50 | 5 | 0 |
| 1位 | 中国 | 55 | 37 | 14 | 4 |
| 3位 | スペイン | 48 | 42 | 4 | 2 |
| 4位 | ドイツ | 46 | 43 | 3 | 0 |
| 5位 | フランス | 45 | 39 | 5 | 1 |
| 6位 | インド | 38 | 30 | 7 | 1 |
| 7位 | メキシコ | 35 | 27 | 6 | 2 |
| 8位 | イギリス | 32 | 27 | 4 | 1 |
| 9位 | ロシア | 29 | 18 | 11 | 0 |
| 10位 | アメリカ | 24 | 11 | 12 | 1 |
| 10位 | イラン | 24 | 22 | 2 | 0 |
| 12位 | 日本 | 23 | 19 | 4 | 0 |
| 13位 | ブラジル | 22 | 14 | 7 | 1 |
| 14位 | オーストラリア | 20 | 4 | 12 | 4 |
| 14位 | カナダ | 20 | 9 | 10 | 1 |
| 16位 | ギリシャ | 18 | 16 | 0 | 2 |
| 16位 | トルコ | 18 | 16 | 0 | 2 |
| 18位 | ポルトガル | 17 | 16 | 1 | 0 |
| 19位 | ポーランド | 16 | 15 | 1 | 0 |
| 20位 | スウェーデン | 15 | 13 | 1 | 1 |

出典：世界遺産オンラインガイド（2019）

## ■世界遺産登録に係わる機関

### ①世界遺産委員会（World Heritage Committee）

世界遺産条約締約国の中から選ばれた21か国によって構成される委員会で、1年に1回、近年は6～7月に開催され、世界遺産一覧表への記載に係る審査、資産の保全状況に係る審査、危機遺産一覧表の更新などを行う。また、登録された遺産のモニタリングや保護を支援し、世界遺産基金を用いて援助を行っている。

### ②ユネスコ世界遺産センター（UNESCO World Heritage Center）

1992年にパリのユネスコ本部内に設置された、世界遺産委員会の事務局。世界遺産委員会開催のための事務作業や、締約国への技術・情報提供、世界遺産基金の運営などを行っている。

図表 6-3　世界遺産登録の流れ

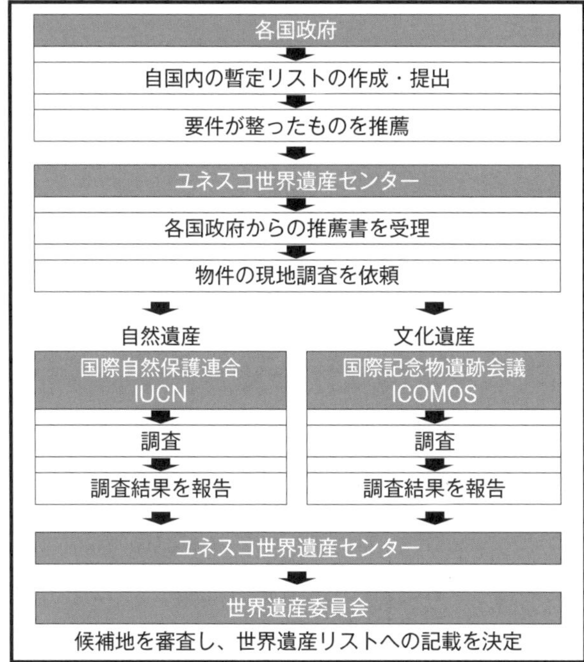


出典：日本ユネスコ協会連盟（2019）ホームページより作成

③ICOMOS（International Council on Monuments and Sites）

国際記念物遺跡会議。1965 年に設立された非政府国際機関（NGO）で、推薦された文化遺産に対し、調査に基づいて専門的評価を行い、世界遺産委員会に協力している。「イコモス」と呼ばれる。

④IUCN（International Union for Conservation of Nature and Natural Resources）

国際自然保護連合。1948 年に各国政府、国際団体、民間自然保護団体が参加して設立された、自然環境保全に関する世界的なネットワーク。推薦された自然遺産に対し、調査に基づいて専門的評価を行い、世界遺産委員会に協力している。

⑤ICCROM（International Center for the Study of the Preservation and Restoration of Cultural Property）

文化財の保存および修復の研究のための国際センター。1959 年に発足した政府間機関で、文化財の保存および修復の学術的・技術的問題に関する研究や助言を行い、技術者の養成、修復作業の水準向上に援助を行っている。本部がイタリアのローマにあることから、「ローマセンター」と呼ばれている。

## ■危機遺産

危機遺産とは、武力紛争や自然災害、大規模工事、都市・観光開発、密猟などによって危機に瀕している世界遺産のことを指す。重大な危機に直面している遺産については「危機遺産リスト（危機にさらされている世界遺産リスト）」に登録され、保護、修復の対象になる。

代表的なものに「エルサレムの旧市街とその城壁群」（エルサレム）、「バーミヤン渓谷の文化的景観と古代遺跡群」（アフガニスタン）などがある。現在、登録されている危機遺産は53件（2019年8月）である。

危機遺産リストに登録された場合は、国際的な協力を仰ぎ、世界遺産基金への財政的支援を申請することができる。

危機的な状況を脱したと判断された場合には、危機遺産リストから削除される。例えば、アンコール・ワットやアンコール・トムで知られるクメール王朝の遺跡「アンコール」（カンボジア）は、内戦による破壊や略奪により、1992年に世界遺産に登録されると同時に危機遺産に登録された。しかし、その後日本やフランスの積極的な修復支援が行われた結果、2004年に危機遺産から解除された。日本の支援はアンコール遺跡国際調査団や、日本政府のユネスコ信託基金による協力などを中心に、長期にわたって行われた。

## ■抹消された遺産

世界遺産リストは後世に伝えるべき「顕著な普遍的価値」を持つ文化遺産や自然遺産の一覧である。その登録理由となった要素が失われたと世界遺産委員会によって判断された遺産はリストから抹消される場合がある。過去、抹消された世界遺産は2件（2019年8月）ある。

1件は、「アラビアオリックスの保護区」（オマーン）で、自然保護区の大幅な縮減により抹消された。もう1件は、「ドレスデン・エルベ渓谷」（ドイツ）で、大規模な橋の建設により文化的景観が失われたとして抹消された。

### ■負の世界遺産

人類が犯した悲惨なできごと、過ちを伝え、そうした悲劇を二度と起こさないための戒めとなる世界遺産の総称とされているが、ユネスコが公式にそのような分類をしているわけではなく、明確な定義は存在しない。世界遺産として登録されている物件のうち、近現代の戦争、人種差別に関連する資産について、そう呼ばれることがある。

負の世界遺産と呼ばれる遺産の例として下記がある。

・原爆ドーム（日本）

・アウシュヴィッツ・ビルケナウ　ナチスドイツの強制絶滅収容所（1940－1945）（ポーランド）

・ビキニ環礁核実験場（マーシャル諸島）

・モスタル旧市街の古橋地区（ボスニア・ヘルツェゴビナ）

　ボスニア・ヘルツェゴビナ紛争で破壊されたオスマントルコ時代の橋が再建されたもの

・ゴレ島（セネガル）

　アフリカから新大陸への奴隷貿易の拠点だった島

・ロベン島（南アフリカ）

　反アパルトヘイト運動の活動家が政治犯として収容された刑務所のあった島

## 3. 無形文化遺産・世界の記憶

### ■無形文化遺産（Intangible Cultural Heritage）

世界遺産が建築物などの有形の文化財の保護と継承を目的としているのに対し、無形文化遺産は、民俗文化財、フォークロア、口承伝統などの無形のものを対象とし登録するユネスコの事業である。

2003年のユネスコ総会において「無形文化遺産の保護に関する条約」が採択され、2006年に発効した。ユネスコ総会において、「無形文化遺産とは、慣習、描写、表現、知識及び技術並びに、それらに関連する器具、物品、加工品及び文化的空間であって、社会、集団及び場合によっては個人が自己の文化遺産の一部として認めるものをいう」とされている。

現在、「無形文化遺産代表一覧表」へは430件が記載され、日本からは「能楽」「歌舞伎」「和食」「和紙」「山・鉾・屋台行事」など21件（2019年8月）が記載されている。図表6-4は、日本の無形文化遺産代表一覧表記載案件である。

図表6-4　日本の無形文化遺産

| 記載年 | 遺産名称 | | |
|---|---|---|---|
| 2008年 | 能楽 | 人形浄瑠璃文楽 | 歌舞伎 |
| 2009年 | 雅楽 | 小千谷縮・越後上布 | |
| | 石州半紙（2014年に「和紙：日本の手漉和紙技術」として拡張記載された） | | |
| | 日立風流物（茨城）（2016年に「山・鉾・屋台行事」として拡張記載された） | | |
| | 京都祇園祭の山鉾行事（京都）（2016年に「山・鉾・屋台行事」として拡張記載された） | | |
| | 甑島のトシドン（鹿児島） | 奥能登のあえのこと（石川） | 早池峰神楽（岩手） |
| | 秋保の田植踊（宮城） | チャッキラコ（神奈川） | 大日堂舞楽（秋田） |
| | 題目立（奈良） | アイヌ古式舞踊（北海道） | |
| 2010年 | 組踊 | 結城紬 | |
| 2011年 | 壬生の花田植（広島） | 佐陀神能（島根） | |
| 2012年 | 那智の田楽（和歌山） | | |
| 2013年 | 和食；日本人の伝統的な食文化　正月を例として | | |
| 2014年 | 和紙：日本の手漉和紙技術 | | |
| 2016年 | 山・鉾・屋台行事 | | |
| 2018年 | 来訪神（仮面・仮装の神々） | | |

出典：外務省ホームページ（2019.8）

## ■世界の記憶（Memory of the World：MoW）

世界の記憶とは、世界的に重要な文書や映像フィルムなどの記録を保存・公開し、未来の世代に引き継ぐことを目的としたユネスコの事業。日本では「世界記憶遺産」と呼ばれていたが、現在、「世界の記憶」を正式名称としている。

1992年に開始された。審査は2年に1回で、1か国からの申請は2件以内とされている。世界的に重要な記録遺産の保存を最も相応しい技術を用いて促進すること、重要な記録遺産になるべく多くの人がアクセスできるようにすること、加盟国における記録遺産の存在および重要性への認識を高めることが目的とされ、対象は手書き原稿、書籍、新聞、ポスター、図画、地図、音楽、フィルム、写真などである。国際諮問委員会（IAC）の勧告に基づきユネスコ事務局長が決定する国際登録と「世界の記憶」アジア太平洋地域委員会（MOWCAP）等が決定する地域登録がある。国際登録は427件（2017

年10月現在)、地域登録（MOWCAP）46件（2016年5月現在）である。

「人権宣言」（フランス）(2003年)、「ゲーテの直筆文学作品、日記、手紙等」（ドイツ）(2001年)、「ベートーベン直筆の交響曲第9番楽譜」(2001年)、「現存する世界最古のコーラン」（ウズベキスタン）(1997年）など、貴重な物件が選定されている。

日本の「世界の記憶」は以下のとおりである（(　) 内は、登録年)。

【国際登録】

「山本作兵衛炭坑記録画・記録文書」(2011年)

「御堂関白記」(2013年)

「慶長遣欧使節関係資料」(2013年)

「舞鶴への生還　1945～1956シベリア抑留等日本人の本国への引き揚げの記録」(2015年)

「東寺百合文書」(2015年)

「上野三碑」(2017年)

「朝鮮通信使」(2017年)

【地域登録：MOWCAP】

「水平社と衡平社国境を越えた被差別民衆連帯の記録」(2016年)

## 4.　日本の世界遺産

### ■日本の世界遺産

日本では1993年に姫路城や屋久島など4件が初めて世界遺産に登録された。2019年現在の登録数は23件で、うち小笠原諸島や白神山地などの自然遺産が4件、法隆寺や厳島神社、富士山といった文化遺産が19件ある。図表6-5は日本の世界遺産の一覧である。

### ■日本の世界遺産暫定リスト

「暫定リスト」とは、世界遺産リストに推薦することが適当であると条約締約国が見なした資産のリストである。条約締約国において条約や登録基準を考慮しながら、専門家による検討委員会が候補を検討し、世界遺産委員会にリストを提出する。条約締約国の暫定リストに記載されていない資産の世

## 図表 6-5　日本の世界遺産

| | 種別 | 名称 | 登録年 |
|---|---|---|---|
| ① | 自然遺産 | 屋久島 | 1993 年 |
| ② | 自然遺産 | 白神山地 | 1993 年 |
| ③ | 自然遺産 | 知床 | 2005 年 |
| ④ | 自然遺産 | 小笠原諸島 | 2011 年 |
| ⑤ | 文化遺産 | 法隆寺地域の仏教建造物 | 1993 年 |
| ⑥ | 文化遺産 | 姫路城 | 1993 年 |
| ⑦ | 文化遺産 | 古都京都の文化財（京都市、宇治市、大津市） | 1994 年 |
| ⑧ | 文化遺産 | 白川郷・五箇山の合掌造り集落 | 1995 年 |
| ⑨ | 文化遺産 | 原爆ドーム | 1996 年 |
| ⑩ | 文化遺産 | 厳島神社 | 1996 年 |
| ⑪ | 文化遺産 | 古都奈良の文化財 | 1998 年 |
| ⑫ | 文化遺産 | 日光の社寺 | 1999 年 |
| ⑬ | 文化遺産 | 琉球王国のグスク及び関連遺産群 | 2000 年 |
| ⑭ | 文化遺産 | 紀伊山地の霊場と参詣道 | 2004 年 |
| ⑮ | 文化遺産 | 石見銀山遺跡とその文化的景観 | 2007 年 |
| ⑯ | 文化遺産 | 平泉―仏国土（浄土）を表す建築・庭園及び考古学的遺跡群― | 2011 年 |
| ⑰ | 文化遺産 | 富士山―信仰の対象と芸術の源泉 | 2013 年 |
| ⑱ | 文化遺産 | 富岡製糸場と絹産業遺産群 | 2014 年 |
| ⑲ | 文化遺産 | 明治日本の産業革命遺産 製鉄・製鋼、造船、石炭産業 | 2015 年 |
| ⑳ | 文化遺産 | ル・コルビュジエの建築作品<br>―近代建築運動への顕著な貢献― | 2016 年 |
| ㉑ | 文化遺産 | 「神宿る島」宗像・沖ノ島と関連遺産群 | 2017 年 |
| ㉒ | 文化遺産 | 長崎と天草地方の潜伏キリシタン関連遺産 | 2018 年 |
| ㉓ | 文化遺産 | 百舌鳥・古市古墳群―古代日本の墳墓群― | 2019 年 |

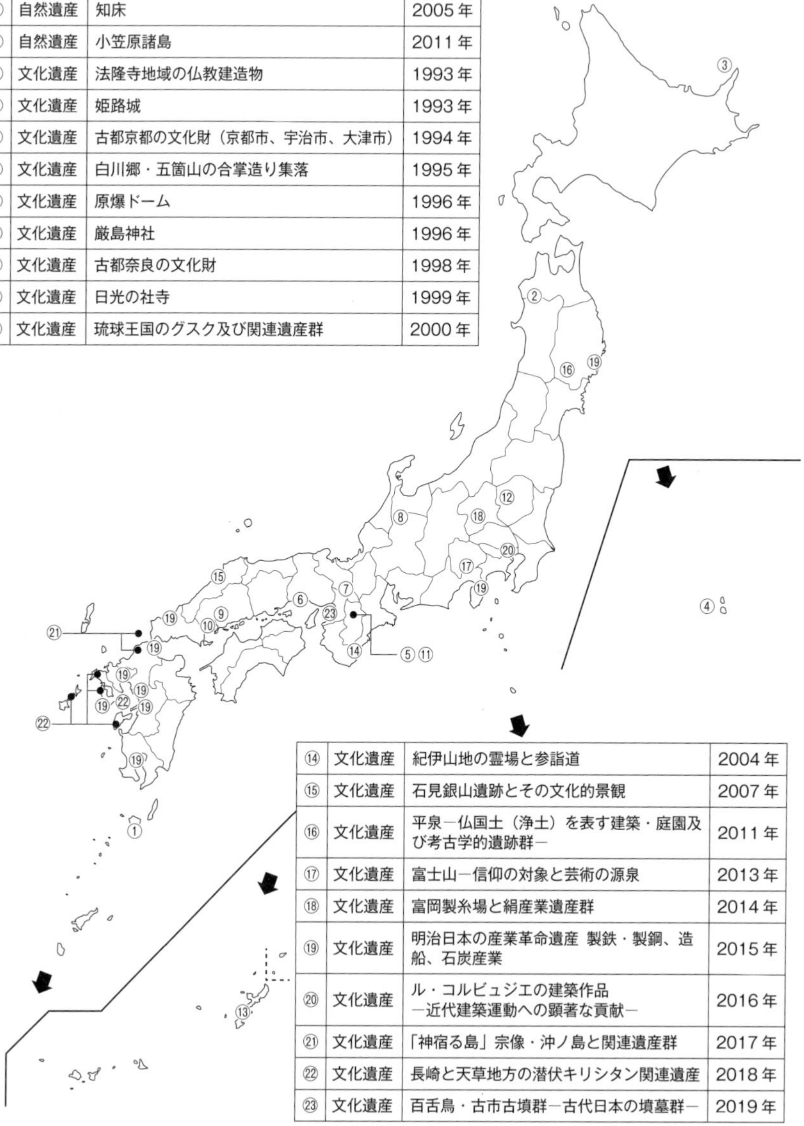

界遺産への登録推薦は検討されない。現在、日本政府は、登録の前提となる暫定リストに自然遺産１件、文化遺産６件（2019年８月現在）を掲載している。図表6-6は、日本の世界遺産暫定リストに記載された物件を表したものである。

近い将来に登録が見込まれるものは、自然遺産の「奄美大島、徳之島、沖縄島北部および西表島」で、2020年に開催される世界遺産委員会での登録を目指している。登録を目指す地域は、九州南端から約1,200㎞にわたって弧状に点在する琉球列島の一部で、奄美大島、徳之島、沖縄島北部、西表島に属する地域である。暖かい黒潮の南側に位置し、生物の多様性を保全する上で重要な地域である。

文化遺産では、「北海道・北東北を中心とした縄文遺跡群」を推薦することが決定しており、2021年の登録を目指す。この縄文遺跡群は、農耕・牧畜を基盤として形成された地球上の他の地域における新石器時代の遺跡とは異なり、温暖湿潤な気候の自然環境の中で約10,000年にわたって継続した狩猟・漁労・採集を主たる生業とする、定住の生活実態を表す独特の遺跡群である。

図表6-6　日本の世界遺産暫定リスト

| 種類 | 物件名 | 記載年 | 所在地 |
|---|---|---|---|
| 自然遺産 | 奄美大島、徳之島、沖縄島北部及び西表島 | 2016年 | 鹿児島県・沖縄県 |
| 文化遺産 | 古都鎌倉の寺院・神社ほか | 1992年 | 神奈川県 |
| 文化遺産 | 彦根城 | 1992年 | 滋賀県 |
| 文化遺産 | 飛鳥・藤原の宮都とその関連資産群 | 2007年 | 奈良県 |
| 文化遺産 | 北海道・北東北を中心とした縄文遺跡群 | 2009年 | 北海道・青森県・岩手県・秋田県 |
| 文化遺産 | 金を中心とする佐渡鉱山の遺産群 | 2010年 | 新潟県 |
| 文化遺産 | 平泉—仏国土（浄土）を表す建築・庭園及び考古学的遺跡群—（拡張） | 2012年 | 岩手県 |

出典：環境省・文化庁

# 5. 日本の自然遺産

## 知床
Siretoko

自然遺産　北海道斜里町　羅臼町　2005年登録　登録基準：(ix)（x）

知床半島は、北海道東部に位置する半島である。季節海氷（いわゆる流氷）が接岸する北半球における最南端で、流氷によってもたらされる栄養塩により増殖するプランクトンから始まる食物連鎖、海から陸へとつながる生態系がわかりやすく見られること、半島の多彩な自然環境は生物多様性にとって重要な地域であり、国際的希少種の生息地や越冬地にもなっていることが評価され自然遺産に登録された。

「知床」の登録地域は、遠音別岳から知床岬にかけての原生的な自然環境を有する陸域と、流氷が流れつき海洋生物が豊かな海域（陸域から沖合3キロメートル）からなる。知床国立公園、遠音別岳原生自然環境保全地域、知床森林生態系保護地域、国指定知床鳥獣保護区に指定され、複数の保護区で保護されており、この管理体制が整っていることも評価された。域内には、ヒグマ、エゾシカ、トドやアザラシなどの大型哺乳類や、絶滅危惧種であるシマフクロウが生息している。

豊かな自然を保護するために、ナショナル・トラスト運動を手本とし、市民の寄付によって岩尾別地区の開拓地跡の土地を買い取る「しれとこ100平方メートル運動」が行われ、現在は森林復元などの環境保全活動が継続されている。

観光としては、夏は知床五湖、羅臼岳など、冬は流氷ウォークなど、独自の景観美と生態系、アクティビティを楽しむことができるエコツアーがある。オシンコシンの滝、フレペの滝、羅臼湖、知床峠など、景勝地も多い。

ウトロ港の流氷

## 白神山地
Shirakami-Sanchi

自然遺産　青森県・秋田県　1993 年登録　登録基準：(ix)

「白神山地」は、青森県の南西部から秋田県北西部にかけて広がる山岳地帯のことをいう。人の手がほとんど入っていないブナ林が東アジア最大級の規模で分布し、多様な植物群落が見られ貴重な生態系が保たれていることが評価されて、自然遺産に登録された。

登録地域は、青森県と秋田県にまたがる白神山地の中心部で、その面積は、約１万 7,000 ヘクタールにおよぶ。登録地域は、白神山地森林生態系保護地域、白神山地自然環境保全地域、津軽国定公園、赤石渓流暗門の滝県立自然公園、秋田白神県立自然公園などに指定され保護されている。世界遺産地域は、中央部の核心地域と、周辺の緩衝地域に分かれ、これらの地域は世界遺産登録時より開発を行わず、現状のまま保護されることになっている。

白神山地は日本海の隆起により誕生し、最高峰は標高 1,243m の向白神岳(むかいしらかみだけ)である。青森、秋田県境には二ツ森（1,086m）、真瀬岳（988m）など標高 1,000m 前後の山々が連なる。域内には、原生的な自然環境が多く残り、ブナ林にはアオモリマンテマやツガルミセバヤなどの貴重な植物が生育し、ツキノワグマ、ニホンカモシカ、クマゲラなどの動物が生息している。ブナ林にはすぐれた保水能力があり「緑のダム」とも呼ばれる。

核心地域への入山は、青森県側の指定ルートのみが可能であるが、入山には森林管理署長等に対する手続きが必要となる。観光としては、届出の必要のない地域にさまざまなエコツアーがあり、ブナ林散策や十二湖散策などの散策コースが設定され、自然観察を楽しみながらできるトレッキング、登山コースも充実している。

白神山地のブナ林

## 小笠原諸島

Ogasawara Islands

自然遺産　東京都小笠原村　2011 年登録　登録基準：(ix)

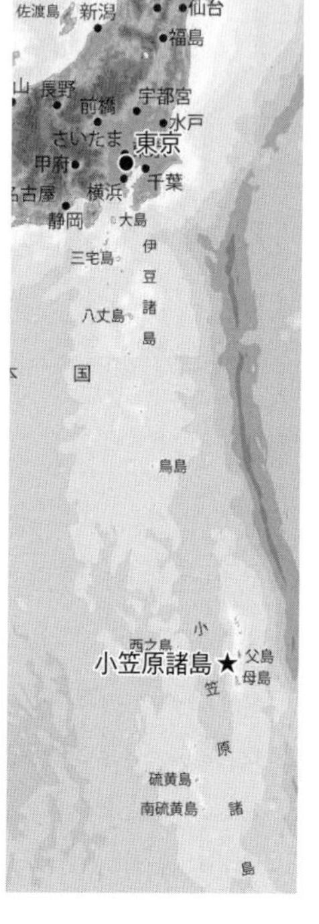


小笠原諸島は、東京都特別区の南南東約 1,000km の太平洋上にある 30 余の島々からなる諸島で、小笠原村の中心は父島にある。大陸とつながったことのない海洋島であるため、島にたどり着いた生物だけが独自に進化した特異な生態系が見られることが評価され、自然遺産に登録された。登録地域は、小笠原諸島の陸域（父島と母島の一部を除く）、硫黄列島の陸域、孤立島の陸域、および父島と母島周辺海域の一部で、その面積は 7,939 ヘクタールである。

小笠原諸島は、4,800 万年前に太平洋プレートがフィリピン海プレートに沈み込むことによって誕生した海洋性島弧である。大陸とつながったことがなく、数多くの固有種が見られる。カタマイマイ属では、樹上性や地上性などの形態変化が認められ適応放散（てきおうほうさん）（生物が異なる環境に最も適した変化を起こして、多くの系統に分かれること）の典型が見られる。オガサワラオオコオモリ、メグロの希少種の生息域となっている。

父島の南島（みなみじま）は自然が豊かでアオウミガメの産卵地として有名である。この貴重な動植物を守るために南島への上陸には東京都認定ガイドの同行が必要で、ガイド 1 人につき利用者数の上限は 15 人・1 日あたりの最大利用者数は 100 人・最大利用時間は 2 時間の制限があり、入島禁止期間もある。

小笠原諸島には空港がなく、東京から父島までは船便で 24 時間、母島まではさらに 2 時間かかる。観光としては、通年でさまざまなエコツアー、ドルフィンスイム・ホエールウォッチング、森・山歩きなどがある。

南島（小笠原諸島）

## 屋久島
Yakushima

自然遺産　鹿児島県屋久島町　1993年登録　登録基準：(vii)（ix）

屋久島は、鹿児島県の大隅半島佐多岬の南南西約60kmの海上に位置する島である。島の中央部に九州最高峰の宮之浦岳（1,936m）がそびえることから、「洋上のアルプス」とも呼ばれている。樹齢1,000年を超える屋久杉が美しい自然景観を生み出していること、亜熱帯植物から亜寒帯植物が海岸線から山頂へと連続的に分布する植生の垂直分布が見られることなどが評価され、自然遺産に登録された。登録地域は、西部の海岸線から中央の山岳部にかけての地域で、10,747ヘクタール。

登録地域は、「特別保護地区」「屋久島原生自然環境保全地域」「屋久島森林生態系保護地域」に指定され、複数の保護区で保護されている。また、屋久島の天然林は1980年ユネスコのMAB計画の「生物圏保存地域」に、島の北西部の永田浜は2005年ラムサール条約の登録湿地に指定されている。

屋久島の杉は、栄養分の少ない花崗岩が地表を覆っていることから成長は遅いものの、数千年にわたって生き続けている。樹齢1,000年以上の杉は「屋久杉」、1,000年未満の杉は「小杉」と呼ばれている。なかでも樹齢4,000年以上といわれる縄文杉は有名である。島面積の90%が森林で覆われ、ヤクシマダケ、ヤクシマシャクナゲなどの多様な植物、ヤクシカやヤクザルなどの哺乳類が生息している。

屋久島町は観光基本計画として「エコツーリズムによる世界自然遺産『屋久島』の価値創造と観光立町」を宣言している。多様なエコツアーがあり、縄文杉や白谷雲水峡（しらたにうんすいきょう）ツアー、宮之浦岳トレッキング、カヤック・カヌーなど海のアクティビティも楽しむことができる。

屋久杉

# 6. 日本の文化遺産

## 平泉―仏国土（浄土）を表す建築・庭園及び考古学的遺跡群

Hiraizumi-Temples, Gardens and Archaeological Sites Representing the Buddhist Pure Land

文化遺産　岩手県平泉町　2011 年登録　登録基準：（ⅱ）（ⅵ）

「平泉」は、岩手県南西部にある古くからの地名であり、現在の岩手県平泉町の中心部にあたる。この地域一帯には、12 世紀（平安時代末期）の奥州藤原氏が栄えた時代の寺院や遺跡が多く残り、そのうち 5 件が標題の名称で、文化遺産に登録された。

平泉の浄土庭園が、仏教とともに伝来した伽藍建築や作庭技術が日本の祭祀場における水景の理念と結びつき完成したものであり、東アジアにおける文化の交流を示していること、平泉の浄土思想が、仏国土（浄土）を空間的に表現した建築や庭園などに反映され、今も宗教儀式や民族芸能に受け継がれていることなどが評価された。構成資産は、中尊寺（ちゅうそんじ）、毛越寺（もうつうじ）、観自在王院跡（かんじざいおういん）、無量光院跡（むりょうこういん）、金鶏山（きんけいざん）の 5 資産。登録地域の面積は、構成資産 176 ヘクタール、それを保護する緩衝地帯 6,008 ヘクタール。この 5 資産に加え他の文化遺産についても拡張登録を目指し、暫定リストに記載されている。

中尊寺は 9 世紀に開山され、12 世紀に藤原清衡（きよひら）により建立された金色堂は創建当初のまま残る建造物である。須弥壇（しゅみだん）内部には奥州藤原三代（清衡、基衡（もとひら）、秀衡（ひでひら））の遺体が納められている。毛越寺も、9 世紀の開山と伝えられ、奥州藤原氏の時代に多くの伽藍が造営されたが、当時の建造物は残っておらず浄土庭園のみが残っている。観自在王院跡、無量光院跡にも庭園の遺構が残り、現在は史跡公園として整備されている。金鶏山は中尊寺と毛越寺との中間に位置する小山で、浄土庭園と密接な関連を持つとされている。

毛越寺浄土庭園

## 日光の社寺
Shrines and Temples of Nikko

文化遺産　栃木県日光市　1999年登録　登録基準：(ⅰ)(ⅳ)(ⅵ)

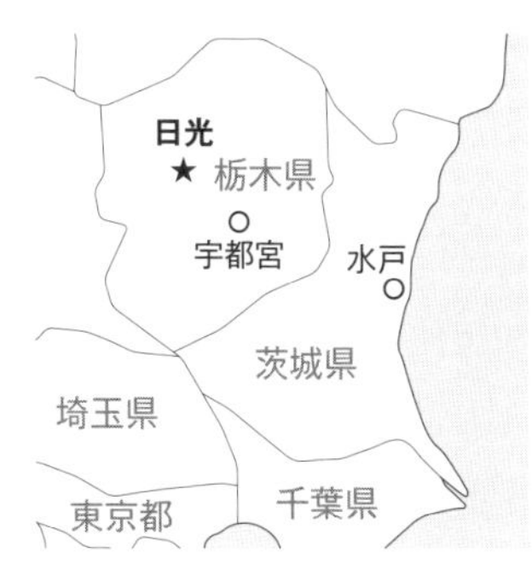


日光は栃木県の北西部に位置する。古くは鎌倉時代以降、日光権現を祀る山々が知られるようになり、江戸期には日光東照宮の鳥居前町として参拝客で賑わった。以後「日光を見ずして結構と言うこと莫(なか)れ」という言葉で日本中に観光地として知られるようになった。

「日光の社寺」は、日光に残る建造物が天才的芸術家による人類の創造的才能を表す傑作であること、日光における古来の神道思想に基づく信仰形態が自然と一体となった宗教空間を創り上げ、今なお受け継がれていること、などが評価され、文化遺産に登録された。構成資産は二荒山(ふたらさん)神社、東照宮(とうしょうぐう)、輪王寺(りんのうじ)の２社１寺である。

日光の社寺は、神を仏として崇める仏教と神道が融合した独自の信仰である神仏習合の聖地である。二荒山神社は、日光の山岳信仰の中心として古くから崇拝されてきた神社で、江戸時代になると江戸幕府によって新たに本殿や社殿が造営された。日光山内の本社、中禅寺湖畔の中宮祠(ちゅうぐうし)、男体山山頂の奥宮からなり、本社が文化遺産の構成資産となっている。東照宮は、江戸幕府初代将軍徳川家康を祭る神社で、３代将軍家光が、寛永の大造替と呼ばれる大改修を行った。「見ざる・言わざる・聞かざる」の「三猿」や「眠り猫」の彫刻、天井に描かれた「鳴き龍」で知られている。輪王寺は、８世紀の開山と伝えられ、江戸時代には３代将軍家光の廟所である大猷院(だいゆういん)が建立されたことにより幕府の厚い崇敬を受けた。東照宮と大猷院は日本近世の宗教建築を代表する権現(ごんげん)造り形式の完成形といわれ、その後の霊廟建築や神社建築に影響を与えた。

日光二荒山神社

## 富岡製糸場と絹産業遺産群
Tomioka Silk Mill and Related Sites

文化遺産　群馬県富岡市　伊勢崎市　藤岡市　下仁田町　2014 年登録　登録基準：(ii)(iv)

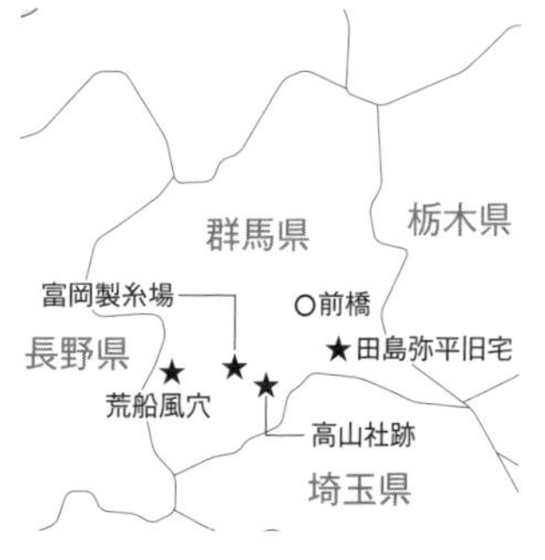


富岡市は群馬県南西部に位置する。「富岡製糸場」は 1872 年に日本で最初の官営の製糸工場としてこの地で創業した。フランスの技術を導入した富岡製糸場の生糸の生産技術が、高品質の絹の大量生産を可能にし、世界の絹産業の発展に貢献したこと、富岡製糸場と一連の絹遺産群が、生糸の大量生産のための集合体として優れていること、富岡製糸場の建物群が、和洋折衷の日本特有の産業建築様式として貴重であること、などが評価され文化遺産に登録された。構成資産は、富岡製糸場（富岡市）、田島弥平旧宅（伊勢崎市）、高山社跡（藤岡市）、荒船風穴（ふうけつ）（下仁田町）の 4 資産である。

殖産興業を掲げた明治政府により建てられた富岡製糸場は、フランスの技術を導入し生糸の大量生産により養蚕・製糸に係わる一連の絹産業を発展させ、群馬県域を絹産業の地にした。製糸場の 7 棟は木骨煉瓦造で造られ、日本特有の産業建築様式を生み出した。また、全国から工女を募集し、のちに彼女たちが地元で指導者になることも目的としていたため、工女の労働環境にも配慮されていた。

伊勢崎市にある田島弥平旧宅は、通風を重視した蚕の飼育法「清涼育」を大成した田島弥平が建てた住居兼蚕室、藤岡市にある高山社跡は、「清温育」という蚕の飼育法を全国及び海外に広めた養蚕教育機関の跡、下仁田町にある荒船風穴は、自然地形を生かして、岩の隙間から吹き出す冷風を利用した蚕種（蚕の卵）の貯蔵施設で、それぞれ富岡市からは離れた位置にあるが、生糸の大量生産を実現した技術革新による近代日本の蚕業、絹産業の発達を知る上で重要な遺産である。

富岡製糸場　写真提供：群馬県

## ル・コルビュジエの建築作品―近代建築運動への顕著な貢献
The Architectural Work of Le Corbusier, an Outstanding Contribution to the Modern Movement

文化遺産　東京都台東区　2016年登録　登録基準：(i)(ii)(vi)

東京の上野公園にある国立西洋美術館は、「ル・コルビュジエの建築作品」の7か国（フランス、ドイツ、ベルギー、スイス、アルゼンチン、インド、日本）17作品の1つとして、世界文化遺産に登録された。国境を超える遺産である「トランス・バウンダリー・サイト」としては日本初、大陸をまたいだ遺産である「トランス・コンチネンタル・サイト」としては世界で初の登録となった。

ル・コルビュジエ（1887～1965）は、スイス人建築家で、主にフランスで活躍し、「近代建築の五原則」を定式化するなど、現代の建築の基礎を築いた。その作品は人類の創造的才能を表す傑作であること、新しい建築の概念を広め、20世紀における世界中の建築に大きな影響を与えたことなどが評価され、文化遺産として登録された。

国立西洋美術館は、ル・コルビュジエが設計した日本で唯一の建築作品であり、日本の戦後の建築に大きな影響を与えた。ピロティー、スロープ、自然光を利用した照明など、ル・コルビュジエの建築の特徴がよく表現されている。ル・コルビュジエが追求してきた「無限発展美術館（無限に成長する美術館）」の思想を体現し、収蔵する美術品の増加にあわせて建物を渦巻き状に増築することができる設計になっている。

国立西洋美術館はフランス政府から寄贈返還された松方コレクション（川崎造船所の社長であった故・松方幸次郎氏が収集した印象派の絵画およびロダンの彫刻を中心とするフランス美術コレクション）を基礎に、西洋美術に関する作品を広く展示する美術館として、1959年に完成した。

国立西洋美術館

## 富士山―信仰の対象と芸術の源泉

Fujisan, sacred place and source of artistic inspiration

文化遺産　山梨県富士吉田市　身延町　鳴沢村　富士河口湖町　山中湖村　忍野村　静岡県富士宮市　富士市　裾野市　御殿場市　小山町　静岡市
2013年登録　登録基準：(iii)（vi）

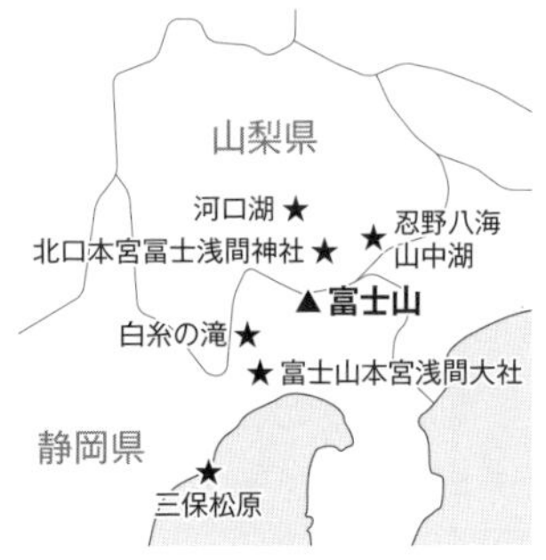


富士山は、静岡県と山梨県にまたがる活火山である。標高3,776m、日本最高峰の独立峰で、円錐形の美しい成層火山である。古くから日本人の精神面・文化面を支える山で、その優美な風貌はまさに日本の象徴といわれている。

荘厳な富士山は、山岳信仰の伝統を鼓舞し、多様な信仰の対象として崇拝されてきたこと、富士山の図像が芸術作品にとって創造的感性の源泉であり、浮世絵に描かれた富士山の姿は西洋の芸術の発展に影響を与えたことなどが評価され文化遺産に登録された。構成資産は、山梨、静岡両県にまたがる富士山域、山梨県側の北口本宮冨士浅間(せんげん)神社、山中湖、河口湖、忍野八海(おしのはっかい)、静岡県側の富士山本宮浅間大社、白糸の滝や三保松原(みほのまつばら)など25資産である。

富士山は、霊峰として古くから多様な信仰の対象として崇拝され、信仰を目的として山自体に登る「登拝(とはい)」が行われてきた。江戸時代には信徒組織である富士講が組織された。また、富士山は芸術の源泉となり万葉集や日本最古の物語とされる竹取物語をはじめ多くの和歌や物語などの題材になった。特に葛飾北斎、歌川広重により描かれた浮世絵は、ゴッホやモネなどの西洋の芸術家の作品にも影響を与え、富士山の荘厳な山容を世界に知らしめた。

レジャーとしては、7月初旬から9月初旬まで登山の人気もあり、現在は主に4種類の登山ルートがある。一方、文化遺産の構成資産には4つの登山道も含まれているが、そのうち現在の登山ルートと一致するのは、山梨県側の吉田ルートである「吉田口登山道」が唯一のものである。

白糸の滝

## 白川郷・五箇山の合掌造り集落
Historic Villages of Shirakawa-go and Gokayama

文化遺産　岐阜県白川村・富山県南砺市　1995年登録　登録基準：(iv)（v）

白川郷（岐阜県大野郡白川村）と五箇山（富山県南砺市）は、いずれも飛越地方庄川流域の歴史的地名である。本遺産は岐阜・富山県境周辺に位置する白川郷と五箇山にある合掌（がっしょう）造りの集落群である。

「合掌造り集落」は、合掌造り家屋が雪深い環境や風土に合わせて生み出された合理的な建築様式であること、合掌集落は1950年代以降の日本社会の急速な変化の中でも残存し、山間部で暮す人々の文化を代表する伝統的集落であることなどが評価され文化遺産に登録された。構成資産は、荻町地区（白川村）、菅沼地区・相倉（あいのくら）地区（南砺市）の集落である。白川郷の荻町には約100棟、五箇山の相倉には20棟、菅沼には9棟の合掌造りの家屋が残り、大規模集落、中規模集落、小規模集落を代表する3つの異なる規模の集落が文化遺産とされており、人が住んでいる地区が登録された珍しい事例となっている。多くの合掌造りの家屋は江戸時代から明治時代に建てられたが、中には20世紀になってから建てられたものもある。

屋根の形が合掌した時の手の形に似ていることから「合掌造り」と呼ばれる家屋は3～5階建てと大きく、屋根の角度は積雪を防ぐため急勾配になっている。この地域は日本有数の豪雪地帯であり、農業には不向きなため、養蚕や紙漉き、火薬の原料である塩硝の生産が盛んであり、2階より上の層は養蚕などの作業場として使用された。多くの人手を要する茸屋根の葺き替えは数10年に1度、「結（ゆい）」と呼ばれる地域住民の互助組織によって行われている。

白川郷・冬の合掌造り集落
写真提供：岐阜県白川村役場

観光については、人気の観光都市高山の観光とセットで訪れる旅行者が多い。高岡からの世界遺産バスも便利だ。

## 古都京都の文化財（京都市、宇治市、大津市）
Historic Monuments of Ancient Kyoto (Kyoto, Uji and Otsu Cities)

文化遺産　京都府京都市　宇治市・滋賀県大津市　1994 年登録　登録基準：(ii)(iv)

「古都京都の文化財」は、京都府京都市・宇治市、滋賀県大津市の2府県3市に点在する17件の構成資産からなる文化遺産である。平安時代から江戸時代まで日本の都（首都）とされてきた京都の文化が、日本の建築、造園、都市計画などの発展に大きな影響を与えてきたこと、建造物群が各時代の建築様式や庭園様式の代表例であり、自然環境と融合した景観が日本独自の精神性や文化を表していることなどが評価され登録された。

登録地域の面積は、構成資産1,056ヘクタール、それを保護する緩衝地帯3,579ヘクタールである。

登録資産は次のとおりである。

京都市
① 賀茂別雷(かもわけいかづち)神社（上賀茂神社）
② 賀茂御祖(かもみおや)神社（下鴨神社）
③ 教王護国寺(きょうおうごこくじ)（東寺(とうじ)）
④ 清水寺(きよみずでら)
⑤ 醍醐寺(だいごじ)
⑥ 仁和寺(にんなじ)
⑦ 高山寺(こうざんじ)
⑧ 西芳寺(さいほうじ)（苔寺(こけでら)）
⑨ 鹿苑寺(ろくおんじ)（金閣寺）
⑩ 慈照寺(じしょうじ)（銀閣寺）
⑪ 天龍寺
⑫ 龍安寺(りょうあんじ)
⑬ 本願寺（西本願寺）
⑭ 二条城

宇治市
⑮ 平等院(びょうどういん)
⑯ 宇治(うじがみ)上神社

大津市
⑰ 延暦寺(えんりゃくじ)（比叡山(ひえいざん)延暦寺）

京都は、京都府南部に位置し、794年（延暦13年）の桓武天皇による平安京の建設・遷都から1869年（明治2年）の明治天皇による東京奠都までの1,000年以上にわたって日本の都とされていた。武家政権が政治の中心を鎌倉と江戸に移した時期を除き、文化・経済・政治の中心として繁栄した。

京都は北、西、東の三方を丘陵に囲まれた盆地という地理的特徴を利用して建設された。平安京は、現在の京都市の平地部に築かれた、東西約4.5km、南北約5.2kmの条坊制といわれる碁盤の目状の都市で、中国（唐）の長安がモデルといわれ、現在の京都駅は、平安京の南部に位置する。その平地部では、幾多の兵火に見舞われて火災が頻発し、多くの建物などが失われては再興されるという繰返しだったが、周辺の山麓部は戦乱・火災を免れ、自然地形を利用して建てられた大寺院や山荘・庭園が多数残っている。

応仁の乱（1467－77年）の戦火により、京都の市街地は焼け野原になり仁和寺をはじめ多くの寺院が焼失した。天下統一を目指していた織田信長は比叡山延暦寺を焼き討ちし、全焼させている。火災によって焼失した寺社も多く、空海が広めた真言宗の拠点、教王護国寺（東寺）、征夷大将軍坂上田村麻呂が建立したとされる清水寺、足利義満が建てた鹿苑寺（金閣寺）なども火災で焼失した。しかし、いずれも創建当初の姿で再建・保存されている。また、日本の多くの都市が被災した第二次世界大戦時の大規模な空襲を受けなかったことも、京都に多くの寺社が残った理由の一つとされている。

日本を代表する大観光地京都市の観光入込客数は約5,300万人でうち外国人は800万人を越えている。観光消費額は1兆3,000億円である。（京都市調査・2018）日本人にとっても外国人にとっても日本随一の観光地であることは間違いない。修学旅行で欠かせないデスティネーションでもある。

延暦寺根本中堂

教王護国寺（東寺）

## 古都奈良の文化財

Historic Monuments of Ancient Nara

文化遺産　奈良県奈良市　1998年登録　登録基準：(ii)(iii)(iv)(vi)

奈良市は、奈良県の北部一帯を占める市で奈良盆地の北端に位置する。「古都奈良の文化財」は、奈良の仏教建造物群が日本と中国、朝鮮半島との密接な文化交流を示していること、神道や仏教などの日本の宗教的空間の特徴をよく示し、今なお宗教文化が継承されていることなどが評価され、文化遺産に登録された。

構成資産は、東大寺（とうだいじ）・春日（かすが）大社・春日山原始林・興福寺（こうふくじ）・元興寺（がんごうじ）・薬師寺（やくしじ）・唐招提寺（とうしょうだいじ）・平城宮（へいじょうきゅう）跡の奈良市に点在する8資産である。登録地域の面積は、構成資産616.9ヘクタール、それを保護する緩衝地帯2,501.5ヘクタール。

古都奈良は710年（同和3年）、唐の長安をモデルにして平城京として建設された。その後74年間、政治、経済の中心地であり、同時代に花開いた天平文化の中心地となった。聖武天皇は仏教によって国家の安定を図ろうとし、盧舎那仏（奈良の大仏）建立を命じた。東大寺にはこの盧舎那仏を安置する世界最大の木造建築である金堂（大仏殿）はじめ校倉造りの正倉院、南大門、法華堂などが残る。春日大社は春日山原始林とあわせて奈良を代表する風景となっている。興福寺・元興寺・薬師寺・唐招提寺は、それぞれが独自の由緒を持つ名刹である。平城宮の遺跡である平城宮跡は、国営平城宮跡歴史公園の中核として現在も発掘・調査を踏まえた整備が進んでいる。2018年には宮跡に南接する朱雀大路を中心に観光拠点ゾーンとして整備していた「朱雀門ひろば」が一部開園している。これらの資産が一体となって奈良時代の歴史・文化を現在に伝えているといえる。

平城宮跡歴史公園・大極殿
写真提供：奈良県ビジターズビューロー

## 法隆寺地域の仏教建造物
Buddhist Monuments in the Horyu-ji Area

文化遺産　奈良県斑鳩町　1993 年登録　登録基準：（ i ）（ ii ）（iv）（vi）

法隆寺がある斑鳩町は、奈良県北西部に位置する町である。「法隆寺地域の仏教建造物」は、世界最古の木造建築を含む仏教建造物が人類の創造的才能を表す傑作であること、法隆寺地域には７世紀から 19 世紀までの各時代の優れた仏教建造物が残され、日本と中国、東アジアにおける密接な建築上の文化的交流がうかがわれることなどが評価され、姫路城とともに日本初の世界文化遺産として登録された。構成資産は法隆寺、法起寺（ほうきじ）の２資産である。登録地域の面積は、構成資産 15 ヘクタール、それを保護する緩衝地帯 571 ヘクタール。

厩戸王（うまやどおう）（聖徳太子）ゆかりの法隆寺と法起寺の建造物は、日本における最初の仏教寺院群であり、その後、日本の仏教建築の発展に多大な影響を及ぼしてきた。8 世紀以前に建造されたものは、法起寺の三重塔と、現存する世界最古の木造建造物といわれる法隆寺の金堂、五重塔、中門、回廊である。法隆寺の西院や五重塔の一部には、柱の中央部分を膨らませたエンタシスの技法が見られる。これはギリシャのパルテノン神殿などで見られる建築技法で、日本と中国、西アジア、さらにヨーロッパとの文化交流がうかがえる。東院の夢殿は厩戸王を祀る堂であり、八角形の形状が特徴である。夢殿には中国・唐の建築様式の影響が見られる。

法隆寺・法起寺は奈良や橿原エリアとセットで観光することが多いが、徒歩でじっくりと見たい。JR 法隆寺駅から法隆寺参道まではバスが便利である。法隆寺と法起寺との間は若干距離はあるが、歩けない距離ではない。また、法隆寺と隣接する中宮寺は文化遺産の構成資産とはされていないが、優しい姿の国宝菩薩半跏像を参拝したい。

## 紀伊山地の霊場と参詣道
Sacred Sites and Pilgrimage Routes in the Kii Mountain Range

文化遺産　奈良県吉野町　天川村　和歌山県田辺市　新宮市　那智勝浦町　かつらぎ町　高野町　九度山町　三重県紀宝町　他　2004年登録　2016年範囲変更　登録基準：(ⅱ)(ⅲ)(ⅳ)(ⅵ)

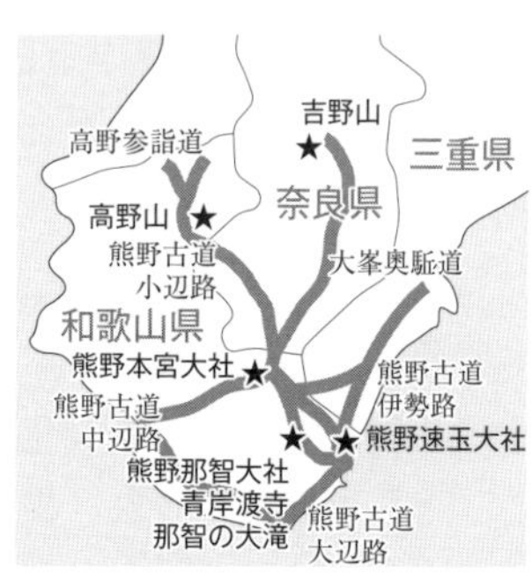


「紀伊山地の霊場と参詣道」は、和歌山県・奈良県・三重県にまたがる紀伊山地の３つの霊場（吉野大峰・熊野三山・高野山）とその参詣道を登録対象とする文化遺産である。日本古来の自然崇拝に基づく神道と渡来した仏教が融合した神仏習合の宗教観により形成された紀伊山地の景観が、東アジアにおける宗教文化の交流と発展を示していること、紀伊山地の社寺や参詣道には、建造物や宗教儀礼に関する考古学的文化財が残され、宗教文化の重要な継承の場になっていること、紀伊山地の建造物や遺跡は日本独自の信仰形態の特質を表しており、山岳地帯に残る修行場や神聖性の高い自然物は信仰に関する独自の文化的景観を形成していることなどが評価され登録された。構成資産は和歌山県、奈良県、三重県にまたがる次の資産群である。登録地域の面積は、506ヘクタール、それを保護する緩衝地帯12,100ヘクタールで、登録されている参詣道の総距離は347.7kmである。

構成資産は次の通りである。

・吉野大峰

急峻な山々が続く修験道の聖地で、大峰山脈のうち青根ヶ峯までを「吉野」、以南を「大峯」という。

①　吉野山
②　吉野水分神社
③　金峯神社
④　金峯山寺
⑤　吉水神社
⑥　大峰山寺

・熊野三山

三山は、熊野の３つの神社（大社）の総称で、２つの寺院と併せて神仏習合の色濃い地域である。

那智大滝
写真提供：和歌山県観光連盟

熊野古道トレッキング
写真提供：和歌山県観光連盟

① 熊野本宮大社（ほんぐうたいしゃ）
② 熊野速玉大社（はやたまたいしゃ）
③ 熊野那智大社（なちたいしゃ）
④ 青岸渡寺（せいがんとじ）
⑤ 那智大滝（なちのおおたき）
⑥ 那智原始林
⑦ 補陀洛山寺（ふだらくさんじ）

・高野山

空海が創建した金剛峯寺と関連社寺からなる聖地。

① 丹生都比売神社（にうつひめ）
② 金剛峯寺（こんごうぶじ）
③ 慈尊院（じそんいん）
④ 丹生官省符神社（にうかんしょうふ）

・参詣道

① 大峰奥駈道（おおみねおくがけみち）

吉野・大峯と熊野三山を結ぶ修験者の修行の道。

② 熊野参詣道

熊野三山参詣のための道で、紀伊半島西岸から内陸に入る中辺路と、海岸沿いに進む大辺路、紀伊半島東岸の伊勢路、高野山と熊野三山を結ぶ小辺路がある。いわゆる「熊野古道」である。

③ 高野参詣道

高野山参詣のための道で、複数の経路がある。

「紀伊山地の霊場と参詣道」は、日本で初めて「文化的景観」の概念（P.229参照）が認められた文化遺産である。「道」が世界遺産として登録されたのは、スペイン～フランスにまたがる巡礼道「サンティアゴ・デ・コンポステーラの巡礼路」についで３件目である。紀伊山地の高野山、吉野・大峰、熊野三山は三大霊場として、それぞれ異なる信仰の霊場だったが、それぞれが参詣道で結ばれ、日本古来の神道と仏教が融合した神仏習合の文化が育まれてきた。参詣道は、役行者（えんのぎょうじゃ）を開祖とする修験道の修行の場ともなった。

観光としては、それぞれの聖地を訪れ、歴史を感じるのもよい。また、参詣道、いわゆる熊野古道を歩くのも楽しい。周辺には龍神温泉や南紀勝浦温泉など有名温泉が多数ある。

## 百舌鳥・古市古墳群　――古代日本の墳墓群
Mozu-Furuichi Kofun Group: Mounded Tombs of Ancient Japan

文化遺産　大阪府堺市・羽曳野市・藤井寺市　2019年登録　登録基準：(iii)(iv)

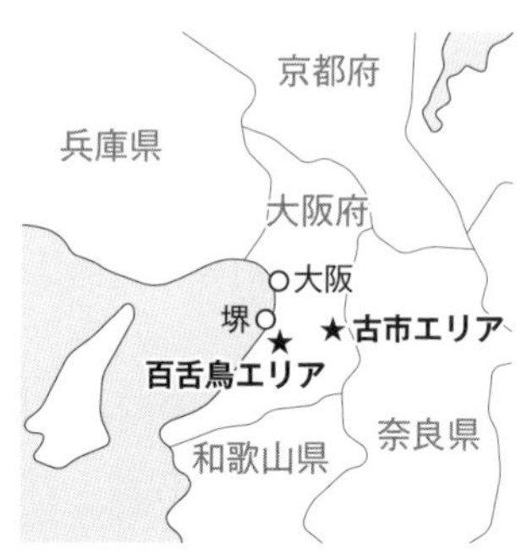


大阪府の泉北地域、南河内地域に位置する堺市、羽曳野市、藤井寺市にある45件49基の古墳群の総称。「百舌鳥・古市古墳群」は、4世紀後半から5世紀後半にかけて広域の豪族による連合政権が初期国家を形成してゆく過程を示している、四種の墳形と規模に差異がある古墳群からは被葬者の身分差が読み取れる、古墳時代は中国の律令制を採り入れる前の日本固有の文化である、古墳の形状は後の時代の皇族の墓形に受け継がれており埋葬の伝統を証明している、土製建造物の極めて優れた技術があったことを示しているなどが評価され文化遺産に登録された。登録資産は、「百舌鳥・古市」の名が示す通り、「百舌鳥エリア（堺市)」と「古市エリア（羽曳野市・藤井寺市）の2地域に点在する、4世紀後半から5世紀後半にかけて築造された古墳である。登録されている古墳49基のうち29基は、宮内庁が所管する陵墓である。

百舌鳥エリアの仁徳天皇陵古墳（大山古墳）は長さ486mの前方後円墳で日本最大の古墳で、エジプトのピラミッド、中国の秦始皇陵とともに世界三大墳墓の一つに数えられている。一方、古市エリアの応神天皇陵は、仁徳天皇陵に次ぐ規模で、体積では上回るとされている。古墳の形には一般的に円墳、方墳、上円下方墳、帆立貝形古墳、前方後円墳、前方後方墳などがあり、墳丘は葬送儀礼の舞台で、外観は埴輪などで飾られていた。

観光としては、ガイドつきツアーなどに参加するのが望ましい。レンタサイクルを利用するのも楽しい。古墳の形を上空から観るにはヘリコプターの遊覧飛行もある。

百舌鳥古墳群（奥が仁徳天皇陵）　写真提供：堺市

## 姫路城
Himeji-jo

文化遺産　兵庫県姫路市　1993年登録　登録基準：(ⅰ)(ⅳ)

姫路市は、近畿地方西部、兵庫県の南西部の播磨地方に位置する都市である。「姫路城」は、設計技術と装飾美において木造城郭建築の最高峰であり、人類の創造的才能を表す傑作であること、天守群を中心に櫓や門、土塀、石垣、濠など防御にも創意をこらした日本独自の城郭構成を表す代表的な建造物であることなどが評価され、法隆寺地域の仏教建造物とともに日本初の文化遺産として登録された。構成資産は姫路城で、登録地域の面積は、構成資産107ヘクタール、それを保護する緩衝地帯143ヘクタールである。

姫路城は標高45.6mの姫山を利用して構築された平山城、鎌倉時代の末期に築かれた城を16世紀後半に羽柴秀吉（豊臣秀吉）が三層の天守閣を持つ城郭に改修し、関ヶ原の戦いの後に城主となった池田輝政が五層7階の大天守をもつ現在の城を築いた。白壁が美しく白鷺（はくろ）城とも呼ばれる。世界遺産の世界各地の城は石造りや煉瓦造なのに対し、姫路城の主要建造物は木造であり、他に類をみない。現存する建築物のうち、大天守、小天守、渡櫓など8棟が国宝に指定されている。

姫路城は長い歴史の中で戦いや火災に巻き込まれず、徳川幕府の一国一城令や明治新政府による廃城、第二次世界大戦時の空襲などの破壊の危機を奇跡的に免れ、昭和の大修理、平成の大修理を経て築城時のままの白漆喰（しっくい）の優美な姿に復元された。

観光としては、じっくりと城内を巡り、天守閣に登りたい。隣接する「好古園（こうこえん）」は、西御屋敷跡に作られた日本庭園で、姫路城を借景とする風景が美しい。同じく姫路市内にある西の叡山ともいわれる「書寫山圓教寺（しょしゃざんえんぎょうじ）」にも足を延ばしたい。

姫路城　写真提供：姫路市

## 石見銀山遺跡とその文化的景観
Iwami Ginzan Silver Mine and its Cultural Landscape

文化遺産　島根県大田市　2007年登録　登録基準：(ii)(iii)(v)

石見(いわみ)銀山は、島根県中部に位置する大田市にある、1527年に発見されたといわれ、戦国時代後期から江戸時代前期にかけて最盛期を迎えた日本最大の銀山（現在は閉山）である。石見銀山で生産された大量の銀は、アジアだけでなくヨーロッパ諸国との経済的、文化的交流をもたらしたこと、銀鉱山にかかわる遺跡は自然環境と一体となった文化的景観を形成し、環境に配慮し自然と共生した土地利用が今に伝えられていることなどが評価され、「石見銀山遺跡とその文化的景観」として、文化遺産に登録された。

構成資産は、「間歩(まぶ)」と呼ばれる手掘りの坑道や代官所跡、寺社などの「銀鉱山跡と鉱山町」、銀や物資を運搬する「鉱山と港をつなぐ街道」、「銀を積みだした港と港町」である。登録地域の面積は、構成資産529ヘクタール、それを保護する緩衝地帯3,134ヘクタール。石見銀山は、17世紀前半の全盛期に、世界の産出銀の3分の1を占めた日本銀のかなりの部分を産出していた。朝鮮半島から伝来したといわれる精錬技術である灰吹法(はいふき)が良質な銀の大量生産をもたらした。その後江戸時代中頃には銀の採掘量が減り、明治以降は民間における採掘、精錬が試みられたこともあるが、閉山に至った。

石見銀山には、1000余りの銀を採掘する坑道である間歩があるが、現在公開されているのは、採掘跡やトロッコの枕木などを残す大久保間歩と江戸時代の鉱夫の手掘りの跡を間近に見ることができる龍源寺間歩の2か所のみで、ガイドツアーに参加すると詳しい説明を聞くことができる。大森地区は銀山で栄えた山あいの町で、その街並みをゆっくり散策したい。武家屋敷の見学もできる。羅漢寺の五百羅漢は、銀山で亡くなった人の霊の供養のために作られた。

石見銀山・大久保間歩

## 原爆ドーム
Hiroshima Peace Memorial (Genbaku Dome)

文化遺産　広島県広島市　1996年登録　登録基準：(vi)

広島市は、中国地方の中南部、広島県の西部に位置する、中国・四国地方で最大の人口を有する市である。英文の「Hiroshima Peace Memorial」は、1945年8月6日8時15分に投下された原子爆弾の悲惨さを今に伝える原爆ドームのことを指している。核兵器による惨状をそのままの形で今に伝える世界で唯一の建造物であり、核兵器廃絶と恒久平和の大切さを訴える他に例をみない平和記念碑であることが評価され、文化遺産に登録された。いわゆる「負の世界遺産」の代表的なものである。

原爆ドームは、原子爆弾によって破壊された広島県産業奨励館の残骸である。産業奨励館は、1915年に広島県物産陳列館として、市内を流れる太田川に架かる相生橋のたもとに開館した。中央にそびえる半球のドームが特徴の洋風の建物で、当時の広島のシンボルでもあったという。1933年に広島県産業奨励館と改称された。原爆の爆心地は、産業奨励館から約160mの地点であり、産業奨励館は熱線と爆風により大破、全焼した。奇跡的に倒壊を免れた残骸の上のドームの骨組みの姿から、いつのころからか「原爆ドーム」と呼ばれるようになったという。そのドームの形状が、核兵器による惨状をそのままの形で今に伝える世界で唯一の建造物、「歴史の生き証人」として保存され平和へのメッセージを発信している。

原爆ドームの川を挟んだ対岸は平和記念公園となっていて、原爆死没者慰霊碑、広島平和記念資料館などがあり、原爆ドームと一体となって原爆の悲惨さを世界に訴えており、日本人はもちろん、世界中の人が訪ねて来てほしい場所である。広島県にあるもうひとつの世界遺産・厳島神社も近く、同時に訪れる旅行者も多い。

原爆ドーム

## 厳島神社

Itsukushima Shinto Shrine

文化遺産　広島県廿日市市　1996年登録　登録基準：（ⅰ）（ⅱ）（ⅳ）（ⅵ）

厳島（いつくしま）神社がある宮島は、瀬戸内海西部の広島湾北西部に位置する島である。正式名称は厳島で、また安芸（あき）の宮島とも呼ばれる。「厳島神社」は、海上に建ち並ぶ建造物群と背後の自然とが一体となった景観が人類の創造的才能を表す傑作であること、建造物の多くは13世紀に火災に見舞われたが、創建時の様式に忠実に再建され、平安時代、鎌倉時代の建築様式を今に伝えていることなどが評価され、文化遺産に登録された。

登録資産は、厳島神社の建造物群と背後の弥山（みせん）を含む森林区域で、登録地域の面積は、構成資産431ヘクタール、それを保護する緩衝地帯は島全域で2,634ヘクタールである。厳島神社の創建は593年と伝えられ、その後、平安時代末期には平清盛によって寝殿造り様式を取り入れ、現存の規模に造営された。度重なる水害や火災に見舞われたが、戦国時代には毛利元就の援助を受けて再興した。

海上に立つ高さ約16mの大鳥居は4本の控え柱で支える両部鳥居の形式である。社殿が海上にあり台風や高波などの被害を受けやすいため、回廊や平舞台などの床板は強く固定されず、水位が上昇すると外れる。大鳥居は2019年から「令和の大改修」が開始され、しばらくの間その姿を見ることはできなくなっている。

宮島は、日本三景のひとつに数えられている。島とはいえ、本土の宮島口から船便で約10分の距離で気軽に訪れることができる。神社の背後にそびえる弥山は神体山であるため、手つかずの原始林が残り、宮島ロープウェイで山頂まで結ばれている。

厳島神社

## 「神宿る島」宗像・沖ノ島と関連遺産群
Sacred Island of Okinoshima and Associated Sites in the Munakata Region

文化遺産　福岡県宗像市　福津市　2017 年登録　登録基準：（ii）（iii）

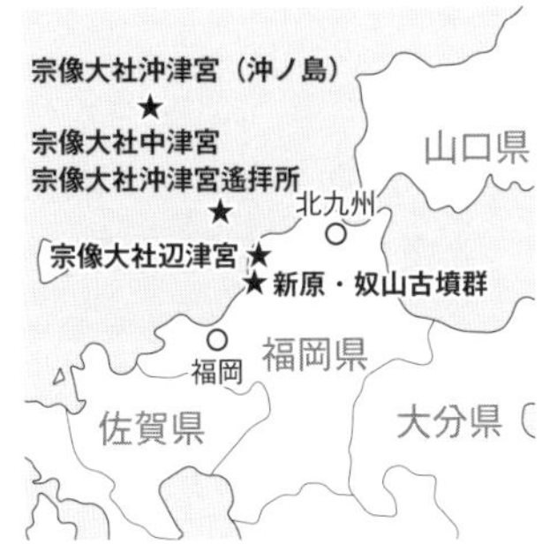


福岡県北部の宗像地方に位置し、福岡市と北九州市の中間に位置する宗像市および福津市内にある史跡・文化財を対象としたもの。「『神宿る島』宗像・沖ノ島と関連遺産群」は、4 世紀から 9 世紀の間の東アジアの諸国家間における価値観の交流を示していること、古代から現在まで発展し継承されてきた神聖な島を崇拝する文化的伝統を物語る類い希な例であること、海上安全を願う人類の普遍的な生きた伝統と関連があることなどが評価され文化遺産に登録された。登録資産は、宗像大社沖津宮（沖ノ島）と、その鳥居の役目を果たしているといわれる 3 つの岩礁（小屋島、御門柱、天狗岩）、大島の宗像大社沖津宮遙拝所、宗像大社中津宮、九州本土の宗像大社辺津宮、新原・奴山古墳群の 8 資産である。

沖ノ島は、九州本土から約 60km の沖合にある島で、島全体が宗像大社沖津宮の境内である。自然崇拝に基づく古代祭祀の遺跡がほぼ手つかずの状態で残され、4 世紀後半から約 500 年間にわたり、国家的な祭祀が執り行われた遺跡がある。出土した約 8 万点の奉献品は、全て国宝に指定され「海の正倉院」ともいわれる。古代祭祀は、大島の中津宮と九州本土の辺津宮にも広がり、大島には沖津宮遙拝所が設けられた。この宗像大社の三宮は、宗像三女神を祀る信仰の場として現在まで続いている。新原・奴山古墳群は、大陸との交流と祭祀を担い、信仰の伝統を築いた古代豪族である宗像氏の墳墓群で、5 世紀から 6 世紀にかけて造られた。

沖ノ島

島全体が信仰の対象だった沖ノ島は、厳しく入島が制限され、今日においても神職以外の上陸は許されていない。遙拝所のある大島までは、宗像市の神湊港から船で渡ることができる。

## 長崎と天草地方の潜伏キリシタン関連遺産

Hidden Christian Sites in the Nagasaki Region

文化遺産　長崎県南島原市　平戸市　長崎市　佐世保市　五島市　小値賀町　新上五島町　熊本県天草市
2018年登録　登録基準：(iii)

九州西部に位置する長崎県と熊本県天草市に残る、潜伏キリシタン関連遺産を構成資産とした遺産である。17世紀から2世紀以上にわたる江戸幕府によるキリスト教禁教政策の下で、密かに信仰を伝えた潜伏キリシタンにより育まれた独特な宗教的伝統を物語る証拠であることなどが評価され文化遺産に登録された。構成資産は、キリシタンが潜伏する契機となった原城跡、潜伏キリシタンが信仰を維持するため他の宗教と共生してきた集落、信仰組織を維持するため移住した五島列島、平戸島の集落、潜伏キリシタンの伝統が終焉する契機となった大浦天主堂など長崎県と熊本県に点在する12資産である。

禁教時代の長崎と天草地方において、既存の社会・宗教とも共生しつつ信仰を密かに継続した潜伏キリシタンの始まりと終わり、その伝統を物語る稀有な物証である。原城跡は、1637年の島原・天草一揆で信徒たちが立てこもった城跡で、幕府により鎮圧された後、キリシタンは「潜伏」することを余儀なくされた。大浦天主堂は、幕末期に居留地の外国人のために建てられた教会で、1865年に潜伏キリシタンが訪れ、神父に自分たちの信仰を告白した「信徒発見」と呼ばれるできごとの舞台、「潜伏」の終りを迎えた場所である。この「潜伏」期間にキリシタンが信仰を実践するための試み、共同体を維持するための試みの証拠を示すのが、各地の集落である。

長崎・大浦天主堂

写真掲載については長崎大司教区の許可をいただいています。

観光としては、九州本土のほか長崎や熊本の島々にも資産が点在しているので、訪れる場所を絞って効率的に巡ることが勧められる。

## 明治日本の産業革命遺産　製鉄・製鋼、造船、石炭産業

Sites of Japan's Meiji Industrial Revolution: Iron and Steel, Shipbuilding and Coal Mining

文化遺産　福岡県北九州市　大牟田市　中間市　佐賀県佐賀市　長崎県長崎市　熊本県荒尾市　宇城市　鹿児島県鹿児島市　山口県萩市　岩手県釜石市　静岡県伊豆の国市
2015年登録　登録基準：(ⅱ)(ⅳ)

※釜石・韮山はP.238参照

山口・福岡・佐賀・長崎・熊本・鹿児島・岩手・静岡の８県に点在する、日本の幕末から明治にかけての急速な発展を証明する産業遺産。現在も事業として操業する稼働遺産を含む世界遺産は日本初である。九州、山口を中心に進められた日本の近代化が、西洋先進諸国からの積極的な技術導入によって進められ、それらの国との文化の交流がうかがわれること、鎖国状態にあった日本が、非西洋地域で初めて、約半世紀という短期間で人材を育成し、意志を持って産業化を成し遂げ、経済的発展に導いたことを証明する産業遺産群が、その歴史上の重要な段階を物語る優れた科学技術の集合体であることなどが評価され登録された。構成資産は、８県に点在する23資産である。複数の構成資産を複合体として登録するシリアル・ノミネーション・サイトで、全体のストーリーに顕著な普遍的な価値があると認められた。「製鉄・製鋼、造船、石炭産業」の名称の通り、幕末から明治にかけての各産業の始まりから実用化までの経緯がわかる資産が登録されている。萩反射炉、鹿児島の集成館、静岡の韮山反射炉、岩手・釜石の橋野鉄鉱山・高炉跡等は、初期の製鉄・製鋼の歩みを、佐賀の三重津海軍所跡、長崎の小菅修船場等は初期の造船技術の歩みを示すものである。八幡製鐵所、長崎造船所、三池炭鉱、端島炭鉱（軍艦島）等は、それぞれの産業の実用化、成果を示すものである。また、萩の松下村塾は日本の近代化を担った人材の育成・教育を、長崎の旧グラバー住宅は維新の志士に対する情報・技術の提供を示すものである。

端島（軍艦島）
写真協力：「明治日本の産業革命遺産」世界遺産協議会

## 琉球王国のグスク及び関連遺産群

Gusuku Sites and Related Properties of the Kingdom of Ryukyu

文化遺産　沖縄県那覇市　南城市　うるま市　今帰仁村　読谷村　北中城村　中城村
2000年登録　登録基準：(ii)(iii)(vi)

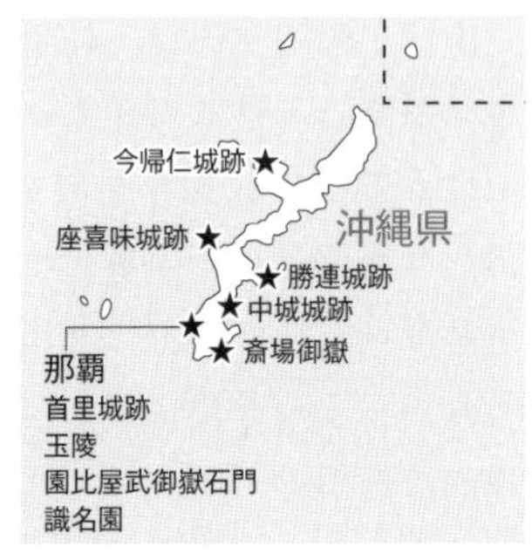


琉球王国とは、1429年から1879年までの450年間、琉球諸島に存在した王国で、グスクとは城のことである。「琉球王国のグスク及び関連遺産群」は、沖縄本島南部を中心に点在するグスクなどの琉球王国の史跡群から構成される文化遺産である。

琉球王国が数世紀もの間、東南アジア、中国、朝鮮半島、日本と経済的、文化的交流の中心地となり、その文化を発展させてきたことがうかがえること、グスク跡が琉球社会の象徴的な考古学的遺跡であり、今なお先祖への崇拝と祈願を通して地域住民の心のよりどころになっていることなどが評価され、登録された。構成資産は、首里城跡、玉陵、識名園の他、按司（琉球各地の豪族）が築いた城跡、斎場御嶽など9資産である。

琉球王国国王の居城であり、王国最大の建造物である首里城は第二次世界大戦末期の沖縄戦時に焼失したが、1992年に復元された。しかし、2019年10月の火災で正殿と北殿、南殿が全焼した。なお、世界遺産の登録は「首里城跡」であり、建物や城壁は世界遺産の構成資産に含まれていない。その他には、北山王の拠点である今帰仁城跡や護佐丸ゆかりの座喜味城跡、中城城跡、阿麻和利が居城とした勝連城跡が登録されている。沖縄の城（グスク）に共通する特徴は、丘の上に立地し曲線的な城壁に囲まれ、その中に多くの施設が建てられている、複数の広場を持ち信仰上の聖地も敷地内に存在する点である。太平洋を望む山中にある斎場御嶽は、琉球の信仰上の聖地であり、東の海の果てにあると信じられているニライカナイという神々の国と密接な関連を持つ場所である。

今帰仁城跡

# 第 7 課題

# 海外の世界遺産

エジプト・ギーザ　ピラミッド

# 1. 海外の世界遺産

## ■海外の世界遺産

世界遺産登録の総数は、世界で1,121件である（2019年8月現在）。日本の23件を除く1,098件が海外に存在する。

図表7-1は、地域別の世界遺産の数を表したものである。全世界遺産の約47%がヨーロッパと北アメリカに集中していることがわかる。しかもヨーロッパは1か国あたりの保有数も多い。これは世界遺産条約が欧米の主導ではじまり、比較的容易に登録できた初期に一気に登録数を伸ばしたことが原因である。また、実際ヨーロッパで多様な文化が混じり合い、文明が発達していたことも確かである。しかし、アジアは歴史的に木の文化であり、アフリカは土の文化だったといわれている。ヨーロッパは土や木の文化から石の文化、そして青銅器、鉄器へと早い段階で進んでいた。石や青銅器、鉄器の文化は遺跡としてよく残りやすいことも大きな理由と考えられる。

こうした偏りに対して、ユネスコは、世界遺産リストにおける不均衡の是正および代表性、信頼性確保のためのグローバル・ストラテジーという戦略（P.229参照）を進めている。

図表7-1　地域別の世界遺産の数

| 地域 | 文化遺産 | 自然遺産 | 複合遺産 | 合計 | シェア | 国数 |
|---|---|---|---|---|---|---|
| アフリカ | 53 | 38 | 5 | 96 | 8.6% | 35 |
| アラブ諸国 | 78 | 5 | 3 | 86 | 7.7% | 18 |
| アジア・太平洋 | 189 | 67 | 12 | 268 | 23.9% | 36 |
| ヨーロッパ・北アメリカ | 453 | 65 | 11 | 529 | 47.2% | 50 |
| ラテンアメリカ・カリブ海 | 96 | 38 | 8 | 142 | 12.6% | 28 |
| 合計 | 869 | 213 | 39 | 1,121 | 100.0% | 167 |

出典：ユネスコ世界遺産センターホームページ

以下の項では、日本人旅行者の訪問意向が高く、観光資源としても注目される遺産、価値観が特徴的で、地域や年代、テーマ、多様な民族や文化を代表する遺産をピックアップして、108の世界遺産を紹介・解説する。

# ．アジアの世界遺産

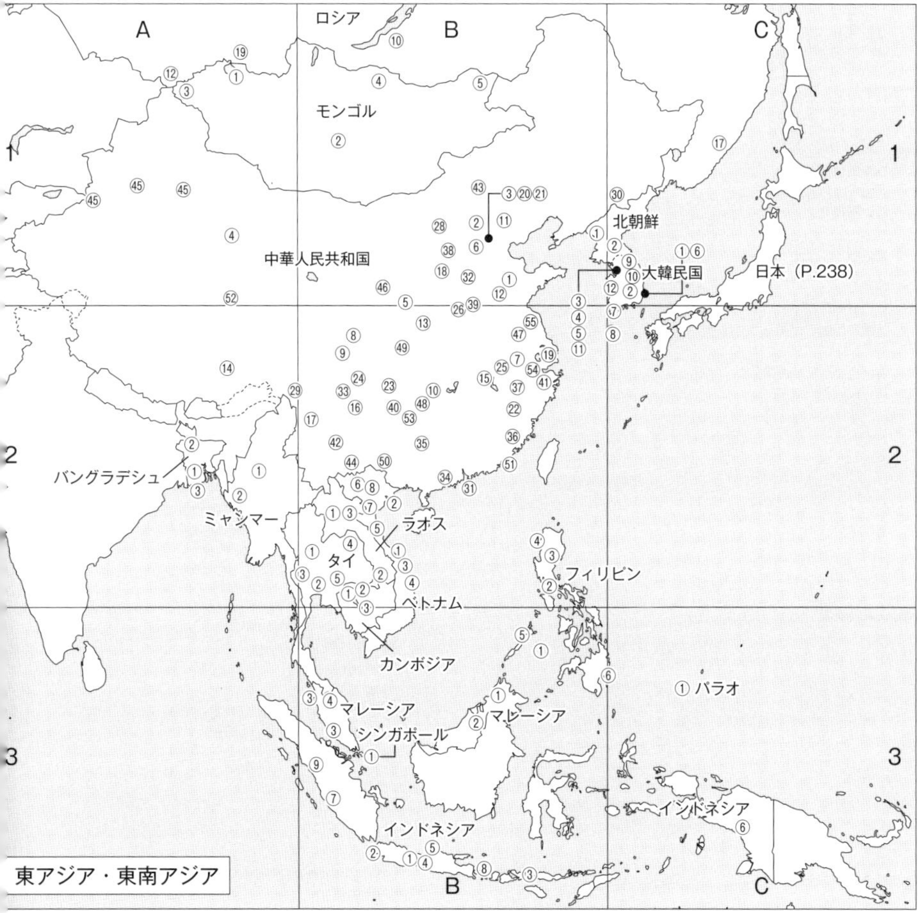


ンドネシア共和国　P267 B 3

| | | | |
|---|---|---|---|
| **ボロブドゥル寺院遺跡群** | 文化遺産 | 1991 | (i)(ii)(vi) |
| ウジュン・クロン国立公園 | 自然遺産 | 1991 | (vii)(x) |
| コモド国立公園 | 自然遺産 | 1991 | (vii)(x) |
| プランバナン寺院遺跡群 | 文化遺産 | 1991 | (i)(iv) |
| サンギラン初期人類遺跡 | 文化遺産 | 1996 | (iii)(vi) |
| ロレンツ国立公園 | 自然遺産 | 1999 | (viii)(ix)(x) |
| スマトラの熱帯雨林遺産 | 自然遺産 | 2004 | (vii)(ix)(x) |
| バリ州の文化的景観：トリ・ヒタ・カラナ哲学に基づくスバック灌漑システム | 文化遺産 | 2012 | (iii)(v)(vi) |
| サワルントのオンビリン炭鉱遺産 | 文化遺産 | 2019 | (ii)(iv) |

カンボジア王国　P267 B 3

| | | | | |
|---|---|---|---|---|
| 1 | **アンコール** | 文化遺産 | 1992 | (i)(ii)(iii)(iv) |
| 2 | プレア・ヴィヘア寺院 | 文化遺産 | 2008 | (i) |
| 3 | サンボー・プレイ・クックの寺院地区と古代イーシャナプラの考古遺跡 | 文化遺産 | 2017 | (ii)(iii)(vi) |

北朝鮮（朝鮮民主主義人民共和国）　P267 C 1

| | | | | |
|---|---|---|---|---|
| 1 | 高句麗古墳群 | 文化遺産 | 2004 | (i)(ii)(iii)(iv) |
| 2 | 開城の歴史的建造物と遺跡 | 文化遺産 | 2013 | (ii)(iii) |

シンガポール共和国　P267 B 3

| | | | | |
|---|---|---|---|---|
| 1 | **シンガポール植物園** | 文化遺産 | 2015 | (ii)(iv) |

**タイ王国　P267 B 2**

| | | | | | |
|---|---|---|---|---|---|
| 1 | **古代都市スコタイと周辺の古代都市群** | 文化遺産 | 1991 | (i)(iii) | |
| 2 | **古都アユタヤ** | 文化遺産 | 1991 | (iii) | |
| 3 | トゥンヤイ-ファイ・カ・ケン野生生物保護区群 | 自然遺産 | 1991 | (vii)(ix)(x) | |
| 4 | バン・チアンの古代遺跡 | 文化遺産 | 1992 | (iii) | |
| 5 | ドン・パヤーイェン-カオ・ヤイ森林群 | 自然遺産 | 2005 | (x) | |

**大韓民国　P267 C 1**

| | | | | | |
|---|---|---|---|---|---|
| 1 | **石窟庵と仏国寺** | 文化遺産 | 1995 | (i)(iv) | |
| 2 | **八萬大蔵経の納められた伽耶山海印寺** | 文化遺産 | 1995 | (iv)(vi) | |
| 3 | 宗廟 | 文化遺産 | 1995 | (iv) | |
| 4 | **昌徳宮** | 文化遺産 | 1997 | (ii)(iii)(iv) | |
| 5 | 華城 | 文化遺産 | 1997 | (ii)(iii) | |
| 6 | 慶州歴史地域 | 文化遺産 | 2000 | (ii)(iii) | |
| 7 | 高敞、和順、江華の支石墓群跡 | 文化遺産 | 2000 | (iii) | |
| 8 | **済州火山島と溶岩洞窟群** | 自然遺産 | 2007 | (vii)(viii) | |
| 9 | 朝鮮王朝の王墓群 | 文化遺産 | 2009 | (iii)(iv)(vi) | |
| 10 | 韓国の歴史的集落群：河回と良洞 | 文化遺産 | 2010 | (iii)(iv) | |
| 11 | 南漢山城 | 文化遺産 | 2014 | (ii)(iv) | |
| 12 | 百済歴史地域 | 文化遺産 | 2015 | (ii)(iii) | |
| 13 | 山寺（サンサ）、韓国の仏教山岳僧院 | 文化遺産 | 2018 | (iii) | 地図未記載。国内7か所に点在 |
| 14 | ソウォン（書院）、韓国新儒学学院 | 文化遺産 | 2019 | (iii) | 地図未記載。国内9か所に点在 |

**中華人民共和国　P267 B 1**

| | | | | | |
|---|---|---|---|---|---|
| 1 | 泰山 | 複合遺産 | 1987 | (i)(ii)(iii)(iv)(v)(vii) | |
| 2 | 万里の長城 | 文化遺産 | 1987 | (i)(ii)(iii)(iv)(vi) | |
| 3 | 北京と瀋陽の明・清朝の皇宮群 | 文化遺産 | 1987 | (i)(ii)(iii)(iv) | |
| 4 | **莫高窟** | 文化遺産 | 1987 | (i)(ii)(iii)(iv)(v)(vi) | |
| 5 | **秦の始皇陵** | 文化遺産 | 1987 | (i)(iii)(iv)(vi) | |
| 6 | 周口店の北京原人遺跡 | 文化遺産 | 1987 | (iii)(vi) | |
| 7 | 黄山 | 複合遺産 | 1990 | (ii)(vii)(x) | |
| 8 | **九寨溝の渓谷の景観と歴史地域** | 自然遺産 | 1992 | (vii) | |
| 9 | 黄龍の景観と歴史地域 | 自然遺産 | 1992 | (vii) | |
| 10 | 武陵源の自然景観と歴史地域 | 自然遺産 | 1992 | (vii) | |
| 11 | 承徳の避暑山荘と外八廟 | 文化遺産 | 1994 | (ii)(iv) | |
| 12 | **曲阜の孔廟、孔林、孔府** | 文化遺産 | 1994 | (i)(iv)(vi) | |
| 13 | 武当山の古代建築物群 | 文化遺産 | 1994 | (i)(ii)(vi) | |
| 14 | **ラサのポタラ宮歴史地区** | 文化遺産 | 1994 | (i)(iv)(vi) | |
| 15 | 廬山国立公園 | 文化遺産 | 1996 | (ii)(iii)(iv)(vi) | |
| 16 | 峨眉山と楽山大仏 | 複合遺産 | 1996 | (iv)(vi)(x) | |
| 17 | 麗江旧市街 | 文化遺産 | 1997 | (ii)(iv)(v) | |
| 18 | 古都平遥 | 文化遺産 | 1997 | (ii)(iii)(iv) | |
| 19 | 蘇州古典園林 | 文化遺産 | 1997 | (i)(ii)(iii)(iv)(v) | |
| 20 | 頤和園、北京の皇帝の庭園 | 文化遺産 | 1998 | (i)(ii)(iii) | |
| 21 | 天壇：北京の皇帝の廟壇 | 文化遺産 | 1998 | (i)(ii)(iii) | |
| 22 | 武夷山 | 複合遺産 | 1999 | (iii)(vi)(vii)(x) | |
| 23 | 大足石刻 | 文化遺産 | 1999 | (i)(ii)(iii) | |
| 24 | 青城山と都江堰水利（灌漑）施設 | 文化遺産 | 2000 | (ii)(iv)(vi) | |
| 25 | 安徽南部の古村落-西逓・宏村 | 文化遺産 | 2000 | (iii)(iv)(v) | |
| 26 | 龍門石窟 | 文化遺産 | 2000 | (i)(ii)(iii) | |
| 27 | 明・清朝の皇帝陵墓群 | 文化遺産 | 2000 | (i)(ii)(iii)(iv)(vi) | 地図 国内 |
| 28 | 雲崗石窟 | 文化遺産 | 2001 | (i)(ii)(iii)(iv) | |
| 29 | 雲南三江併流の保護地域群 | 自然遺産 | 2003 | (vii)(viii)(ix)(x) | |
| 30 | 古代高句麗王国の首都と古墳群 | 文化遺産 | 2004 | (i)(ii)(iii)(iv)(v) | |
| 31 | **マカオ歴史地区** | 文化遺産 | 2005 | (ii)(iii)(iv)(vi) | |
| 32 | 殷墟 | 文化遺産 | 2006 | (ii)(iii)(iv)(vi) | |
| 33 | 四川ジャイアントパンダ保護区群 | 自然遺産 | 2006 | (x) | |
| 34 | 開平の望楼群と村落 | 文化遺産 | 2007 | (ii)(iii)(iv) | |
| 35 | 中国南方カルスト | 自然遺産 | 2007 | (vii)(viii) | |
| 36 | 福建の土楼 | 文化遺産 | 2008 | (iii)(iv)(v) | |
| 37 | 三清山国立公園 | 自然遺産 | 2008 | (vii) | |
| 38 | 五台山 | 文化遺産 | 2009 | (ii)(iii)(iv)(vi) | |
| 39 | 河南登封の文化財“天地之中” | 文化遺産 | 2010 | (iii)(vi) | |
| 40 | 中国丹霞 | 自然遺産 | 2010 | (vii)(viii) | |
| 41 | 杭州西湖の文化的景観 | 文化遺産 | 2011 | (ii)(iii)(vi) | |
| 42 | 澄江の化石産地 | 自然遺産 | 2012 | (viii) | |
| 43 | 上都（ザナドゥ）の遺跡 | 文化遺産 | 2012 | (ii)(iii)(iv)(vi) | |
| 44 | 紅河ハニ棚田群の文化的景観 | 文化遺産 | 2013 | (iii)(v) | |
| 45 | 新疆天山 | 自然遺産 | 2013 | (vii)(ix) | |
| 46 | **シルクロード：長安－天山回廊の交易路網** | 文化遺産 | 2014 | (ii)(iii)(v)(vi) | |
| 47 | 中国大運河 | 文化遺産 | 2014 | (i)(iii)(iv)(vi) | |
| 48 | 土司の遺跡群 | 文化遺産 | 2015 | (ii)(iii) | |
| 49 | 湖北省の神農架 | 自然遺産 | 2016 | (ix)(x) | |
| 50 | 左江花山のロック・アートの文化的景観 | 文化遺産 | 2016 | (iii)(vi) | |
| 51 | 鼓浪嶼：歴史的共同租界 | 文化遺産 | 2017 | (ii)(iv) | |
| 52 | 青海可可西里 | 自然遺産 | 2017 | (vii)(x) | |
| 53 | 梵浄山 | 自然遺産 | 2018 | (x) | |
| 54 | 良渚の考古遺跡群 | 文化遺産 | 2019 | (iii)(iv) | |
| 55 | 中国・黄海、渤海湾の渡り鳥保護区群 | 自然遺産 | 2019 | (x) | |

**日本国　P267 C 1**

| | | | | |
|---|---|---|---|---|
| 1 | 法隆寺地域の仏教建造物 | 文化遺産 | 1993 | (i)(ii)(iv)(vi) |
| 2 | 姫路城 | 文化遺産 | 1993 | (i)(iv) |
| 3 | 屋久島 | 自然遺産 | 1993 | (vii)(ix) |
| 4 | 白神山地 | 自然遺産 | 1993 | (ix) |
| 5 | 古都京都の文化財（京都市、宇治市、大津市） | 文化遺産 | 1994 | (ii)(iv) |
| 6 | 白川郷・五箇山の合掌造り集落 | 文化遺産 | 1995 | (iv)(v) |
| 7 | 原爆ドーム | 文化遺産 | 1996 | (vi) |
| 8 | 厳島神社 | 文化遺産 | 1996 | (i)(ii)(iv)(vi) |
| 9 | 古都奈良の文化財 | 文化遺産 | 1998 | (ii)(iii)(iv)(vi) |
| 10 | 日光の社寺 | 文化遺産 | 1999 | (i)(iv)(vi) |
| 11 | 琉球王国のグスク及び関連遺産群 | 文化遺産 | 2000 | (ii)(iii)(vi) |

| | | | |
|---|---|---|---|
| 紀伊山地の霊場と参詣道 | 文化遺産 | 2004 | (ii)(iii)(iv)(vi) |
| 知床 | 自然遺産 | 2005 | (ix)(x) |
| 石見銀山遺跡とその文化的景観 | 文化遺産 | 2007 | (ii)(iii)(v) |
| 平泉-仏国土（浄土）を表す建築・庭園及び考古学的遺跡群 | 文化遺産 | 2011 | (ii)(vi) |
| 小笠原諸島 | 自然遺産 | 2011 | (ix) |
| 富士山ー信仰の対象と芸術の源泉 | 文化遺産 | 2013 | (iii)(vi) |
| 富岡製糸場と絹産業遺産群 | 文化遺産 | 2014 | (ii)(iv) |
| 明治日本の産業革命遺産　製鉄・製鋼、造船、石炭産業 | 文化遺産 | 2015 | (ii)(iv) |
| ル・コルビュジエの建築作品 - 近代建築運動への顕著な貢献 | 文化遺産 | 2016 | (i)(ii)(vi) |
| 「神宿る島」宗像・沖ノ島と関連遺産群 | 文化遺産 | 2017 | (ii)(iii) |
| 長崎と天草地方の潜伏キリシタン関連遺産 | 文化遺産 | 2018 | (iii) |
| 百舌鳥・古市古墳群-古代日本の墳墓群 | 文化遺産 | 2019 | (iii)(iv) |

**ングラデシュ人民共和国　P267 A 2**

| | | | |
|---|---|---|---|
| バゲルハットのモスク都市 | 文化遺産 | 1985 | (iv) |
| パハルプールの仏教寺院遺跡群 | 文化遺産 | 1985 | (i)(ii)(vi) |
| シュンドルボン | 自然遺産 | 1997 | (ix)(x) |

**ィリピン共和国　P267 B 2**

| | | | |
|---|---|---|---|
| トゥバタハ岩礁自然公園 | 自然遺産 | 1993 | (vii)(ix)(x) |
| フィリピンのバロック様式教会群 | 文化遺産 | 1993 | (ii)(iv) |
| **フィリピン・コルディリェーラの棚田群** | 文化遺産 | 1995 | (iii)(iv)(v) |
| 古都ビガン | 文化遺産 | 1999 | (ii)(iv) |
| プエルト-プリンセサ地下河川国立公園 | 自然遺産 | 1999 | (vii)(x) |
| ハミギタン山地野生生物保護区 | 自然遺産 | 2014 | (x) |

**トナム社会主義共和国　P267 B 2**

| | | | |
|---|---|---|---|
| **フエの建造物群** | 文化遺産 | 1993 | (iv) |
| **ハロン湾** | 自然遺産 | 1994 | (vii)(viii) |
| 古都ホイアン | 文化遺産 | 1999 | (ii)(v) |
| ミーソン聖域 | 文化遺産 | 1999 | (ii)(iii) |
| フォンニャ-ケバン国立公園 | 自然遺産 | 2003 | (viii)(ix)(x) |
| ハノイ-タンロン王城遺跡中心地区 | 文化遺産 | 2010 | (ii)(iii)(vi) |
| ホー王朝の城塞 | 文化遺産 | 2011 | (ii)(iv) |
| チャン・アン複合景観 | 複合遺産 | 2014 | (v)(vii)(viii) |

**レーシア　P267 B 3**

| | | | |
|---|---|---|---|
| キナバル自然公園 | 自然遺産 | 2000 | (ix)(x) |
| グヌン・ムル国立公園 | 自然遺産 | 2000 | (vii)(viii)(ix)(x) |
| **マラッカとジョージタウン、マラッカ海峡の古都群** | 文化遺産 | 2008 | (ii)(iii)(iv) |
| レンゴン渓谷の考古遺跡 | 文化遺産 | 2012 | (iii)(iv) |

**ミャンマー連邦共和国　P267 A 2**

| | | | | |
|---|---|---|---|---|
| 1 | ピュー古代都市群 | 文化遺産 | 2014 | (ii)(iii)(iv) |
| 2 | **バガン** | 文化遺産 | 2019 | (iii)(iv)(vi) |

**モンゴル国　P267 B 1**

| | | | | |
|---|---|---|---|---|
| 1 | オヴス・ヌール盆地 | 自然遺産 | 2003 | (ix)(x) |
| 2 | オルホン渓谷文化的景観 | 文化遺産 | 2004 | (ii)(iii)(iv) |
| 3 | モンゴル・アルタイ山系の岩絵群 | 文化遺産 | 2011 | (iii) |
| 4 | **大ボルハン・ハルドゥン山とその周辺の聖なる景観** | 文化遺産 | 2015 | (iv)(vi) |
| 5 | ダウリアの景観群 | 自然遺産 | 2017 | (ix)(x) |

**ラオス人民民主共和国　P267 B 2**

| | | | | |
|---|---|---|---|---|
| 1 | ルアン・パバンの町 | 文化遺産 | 1995 | (ii)(iv)(v) |
| 2 | チャンパサック県の文化的景観にあるワット・プーと関連古代遺産群 | 文化遺産 | 2001 | (iii)(iv)(vi) |
| 3 | シエンクワンの壺状巨石遺跡群ージャール平原 | 文化遺産 | 2019 | (iii) |

**リストの見かた**

- 国名の後の数字とアルファベットは、地図の掲載ページと位置を示す。例：「P267 A 2」の国は267ページの地図の座標Aと２の位置にある。
- 異なる地域の地図に掲載されている遺産については、個別に掲載ページと位置を示した。
- 遺産名の和文は、「日本ユネスコ協会連盟」の表記に拠っている（2018年と2019年登録の遺産を除く）。
- 太字で示した遺産は、本文で紹介している遺産である。
- 年号は、最初に登録された年を示す。
- （　）内のローマ数字は登録基準（P.228を参照）を示す。
- 本リストでは、トルコを日本ユネスコ協会連盟ホームページの「地域別リスト」に準拠してヨーロッパに区分している。本文においても同様である。

**地図の見かた**

- 国土の狭い国については、国名のみを記載している。
- 異なる場所に複数の資産を持つ遺産の場合、代表的な資産の位置を示している。
- 各地図の縮尺は異なる。本書の地図は遺産の位置関係を示すためのもので、距離、方位等の精度は保証しない。

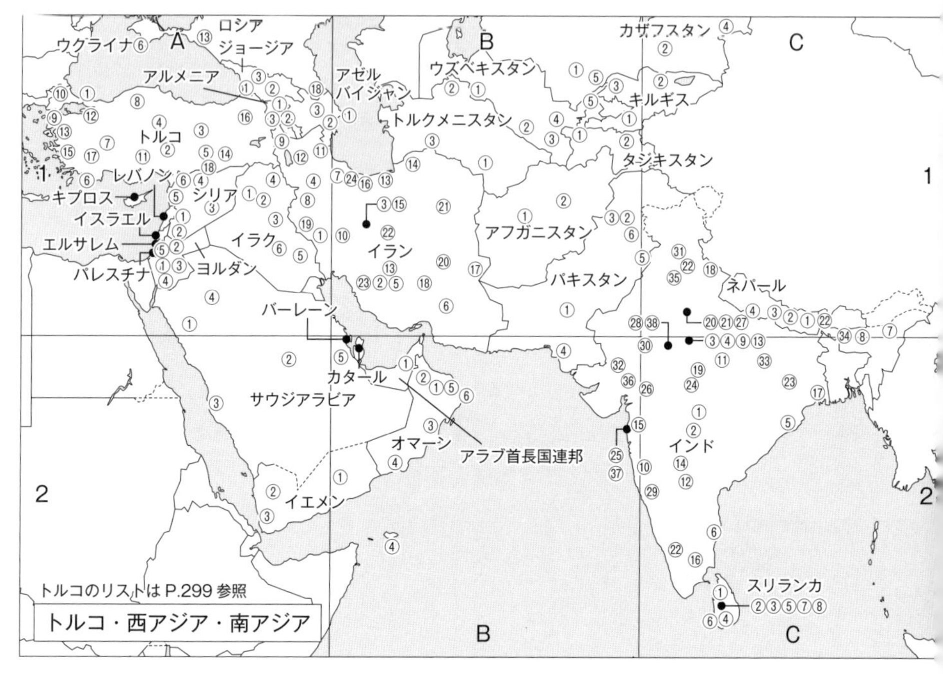


### アゼルバイジャン共和国　P270 A 1

| | | | | |
|---|---|---|---|---|
| 1 | 城壁都市バクー、シルヴァンシャー宮殿、及び乙女の塔 | 文化遺産 | 2000 | (iv) |
| 2 | ゴブスタンのロック・アートと文化的景観 | 文化遺産 | 2007 | (iii) |
| 3 | ハーンの宮殿のあるシェキ歴史地区 | 文化遺産 | 2019 | (ii)(v) |

### アフガニスタン・イスラム共和国　P270 B 1

| | | | | |
|---|---|---|---|---|
| 1 | ジャムのミナレットと考古遺跡群 | 文化遺産 | 2002 | (ii)(iii)(iv) |
| 2 | バーミヤン渓谷の文化的景観と古代遺跡群 | 文化遺産 | 2003 | (i)(ii)(iii)(iv)(vi) |

### アラブ首長国連邦　P270 B 2

| | | | | |
|---|---|---|---|---|
| 1 | アル・アインの遺跡群 | 文化遺産 | 2011 | (iii)(iv)(v) |

### イエメン共和国　P270 A 2

| | | | | |
|---|---|---|---|---|
| 1 | シバームの旧城壁都市 | 文化遺産 | 1982 | (iii)(iv)(v) |
| 2 | サナア旧市街 | 文化遺産 | 1986 | (iv)(v)(vi) |
| 3 | 古都ザビード | 文化遺産 | 1993 | (ii)(iv)(vi) |
| 4 | ソコトラ諸島 | 自然遺産 | 2008 | (x) |

### イスラエル国　P270 A 1

| | | | | |
|---|---|---|---|---|
| 1 | マサダ | 文化遺産 | 2001 | (iii)(iv)(vi) |
| 2 | アッコ旧市街 | 文化遺産 | 2001 | (ii)(iii)(v) |
| 3 | テル-アビーブのホワイト・シティ-近代化運動 | 文化遺産 | 2003 | (ii)(iv) |
| 4 | 香料の道-ネゲヴ砂漠都市 | 文化遺産 | 2005 | (iii)(v) |
| 5 | 聖書時代の遺丘群-メギッド、ハツォール、ベエル・シェバ | 文化遺産 | 2005 | (ii)(iii)(iv)(vi) |
| 6 | ハイファ及び西ガリラヤ地方のバハイ聖地群 | 文化遺産 | 2008 | (iii)(vi) |
| 7 | 人類の進化を示すカルメル山の遺跡：ナハル・メアロット／ワディ・エルムガーラ渓谷の洞窟群 | 文化遺産 | 2012 | (iii)(v) |
| 8 | 洞窟の地の小宇宙としてのユダヤ低地のマレシャとベイト・グブリンの洞窟群 | 文化遺産 | 2014 | (v) |
| 9 | ベート・シェアリムの墓地遺跡：ユダヤ再興を示すランドマーク | 文化遺産 | 2015 | (ii)(iii)(iv) |

### イラク共和国　P270 A 1

| | | | | |
|---|---|---|---|---|
| 1 | ハトラ | 文化遺産 | 1985 | (ii)(iii)(iv)(vi) |
| 2 | アッシュール（カラット・シェルカット） | 文化遺産 | 2003 | (iii)(iv) |
| 3 | 都市遺跡サーマッラー | 文化遺産 | 2007 | (ii)(iii)(iv) |
| 4 | エルビル城塞 | 文化遺産 | 2014 | (iv) |
| 5 | 南イラクのアフワール：生物の避難所と古代メソポタミア都市景観の残影 | 複合遺産 | 2016 | (iii)(v)(ix)(x) |
| 6 | バビロン | 文化遺産 | 2019 | (iii)(vi) |

### イラン・イスラム共和国　P270 B 1

| | | | | |
|---|---|---|---|---|
| 1 | チョガ・ザンビール | 文化遺産 | 1979 | (iii)(iv) |
| 2 | ペルセポリス | 文化遺産 | 1979 | (i)(iii)(vi) |
| 3 | **イスファハンのイマーム広場** | 文化遺産 | 1979 | (i)(v)(vi) |

| 名称 | 種別 | 登録年 | 基準 | 備考 |
|---|---|---|---|---|
| タハテ・スレマーン | 文化遺産 | 2003 | (i)(ii)(iii)(iv)(vi) | |
| パサルガダエ | 文化遺産 | 2004 | (i)(ii)(iii)(iv) | |
| **バムとその文化的景観** | 文化遺産 | 2004 | (ii)(iii)(iv)(v) | |
| ソルターニーエ | 文化遺産 | 2005 | (ii)(iii)(iv) | |
| ビソトゥーン | 文化遺産 | 2006 | (ii)(iii) | |
| イランのアルメニア修道院群 | 文化遺産 | 2008 | (ii)(iii)(vi) | |
| シューシュタルの歴史的水利施設 | 文化遺産 | 2009 | (i)(ii)(v) | |
| アルダビールのシェイフ・サフィー・ユッディーンの修道院と聖者廟複合体 | 文化遺産 | 2010 | (i)(ii)(iv) | |
| タブリーズの歴史的バザール複合体 | 文化遺産 | 2010 | (ii)(iii)(iv) | |
| ペルシャ庭園 | 文化遺産 | 2011 | (i)(ii)(iii)(iv)(vi) | 地図には一部記載。数か所に点在 |
| ゴンバデ・カーブース | 文化遺産 | 2012 | (i)(ii)(iii)(iv) | |
| イスファハンのジャーメ・モスク | 文化遺産 | 2012 | (ii) | |
| ゴレスターン宮殿 | 文化遺産 | 2013 | (ii)(iii)(iv) | |
| シャフレ・ソフテ | 文化遺産 | 2014 | (ii)(iii)(iv) | |
| メイマンドの文化的景観 | 文化遺産 | 2015 | (v) | |
| スーサ | 文化遺産 | 2015 | (i)(ii)(iii)(iv) | |
| ルート砂漠 | 自然遺産 | 2016 | (vii)(viii) | |
| イランの地下水路カナート | 文化遺産 | 2016 | (iii)(iv) | |
| 古都ヤズド | 文化遺産 | 2017 | (iii)(v) | |
| ファールス地方のササン朝の考古学的景観 | 文化遺産 | 2018 | (ii)(iii)(v) | |
| ヒルカニア森林 | 自然遺産 | 2019 | (ix) | |

**ンド　P270 C 2**

| 名称 | 種別 | 登録年 | 基準 |
|---|---|---|---|
| **アジャンター石窟群** | 文化遺産 | 1983 | (i)(ii)(iii)(vi) |
| エローラ石窟群 | 文化遺産 | 1983 | (i)(iii)(vi) |
| アーグラ城塞 | 文化遺産 | 1983 | (iii) |
| **タージ・マハル** | 文化遺産 | 1983 | (i) |
| コナーラクの太陽神寺院 | 文化遺産 | 1984 | (i)(iii)(vi) |
| マハーバリプラムの建造物群 | 文化遺産 | 1984 | (i)(ii)(iii)(vi) |
| カジランガ国立公園 | 自然遺産 | 1985 | (ix)(x) |
| マナス野生生物保護区 | 自然遺産 | 1985 | (vii)(ix)(x) |
| ケオラデオ国立公園 | 自然遺産 | 1985 | (x) |
| **ゴアの教会群と修道院群** | 文化遺産 | 1986 | (ii)(iv)(vi) |
| カジュラーホの建造物群 | 文化遺産 | 1986 | (i)(iii) |
| ハンピの建造物群 | 文化遺産 | 1986 | (i)(iii)(iv) |
| ファテープル・シークリー | 文化遺産 | 1986 | (ii)(iii)(iv) |
| パッタダカルの建造物群 | 文化遺産 | 1987 | (iii)(iv) |
| エレファンタ石窟群 | 文化遺産 | 1987 | (i)(iii) |
| 大チョーラ朝寺院群 | 文化遺産 | 1987 | (ii)(iii) |
| スンダルバンス国立公園 | 自然遺産 | 1987 | (ix)(x) |
| ナンダ・デヴィ国立公園及び花の谷国立公園 | 自然遺産 | 1988 | (vii)(x) |
| サーンチーの仏教建造物群 | 文化遺産 | 1989 | (i)(ii)(iii)(iv)(vi) |
| デリーのフマユーン廟 | 文化遺産 | 1993 | (ii)(iv) |
| デリーのクトゥブ・ミナールとその建造物群 | 文化遺産 | 1993 | (iv) |
| インドの山岳鉄道群 | 文化遺産 | 1999 | (ii)(iv) |
| ブッダガヤの大菩提寺 | 文化遺産 | 2002 | (i)(ii)(iii)(iv)(vi) |
| 24 | ビンベットカのロック・シェルター群 | 文化遺産 | 2003 | (iii)(v) |

| No. | 名称 | 種別 | 登録年 | 基準 |
|---|---|---|---|---|
| 24 | ビンベットカのロック・シェルター群 | 文化遺産 | 2003 | (iii)(v) |
| 25 | チャトラパティ・シヴァージー・ターミナス駅（旧名ヴィクトリア・ターミナス） | 文化遺産 | 2004 | (ii)(iv) |
| 26 | チャンパネール-パーヴァガドゥ遺跡公園 | 文化遺産 | 2004 | (iii)(iv)(v)(vi) |
| 27 | レッド・フォートの建造物群 | 文化遺産 | 2007 | (ii)(iii)(vi) |
| 28 | ジャイプールにあるジャンタール・マンタール | 文化遺産 | 2010 | (iii)(iv) |
| 29 | 西ガーツ山脈 | 自然遺産 | 2012 | (ix)(x) |
| 30 | ラージャスターンの丘陵要塞群 | 文化遺産 | 2013 | (ii)(iii) |
| 31 | 大ヒマラヤ国立公園 | 自然遺産 | 2014 | (x) |
| 32 | ラニ・キ・ヴァヴ グジャラート・パタンの女王の階段井戸 | 文化遺産 | 2014 | (i)(iv) |
| 33 | ビハール州ナーランダ・マハーヴィハーラ（ナーランダ大学）の遺跡 | 文化遺産 | 2016 | (iv)(vi) |
| 34 | カンチェンゾンガ国立公園 | 複合遺産 | 2016 | (iii)(vi)(vii)(x) |
| 35 | ル・コルビュジエの建築作品 - 近代建築運動への顕著な貢献 | 文化遺産 | 2016 | (i)(ii)(vi) |
| 36 | 古都アフマダーバード | 文化遺産 | 2017 | (ii)(v) |
| 37 | ムンバイのヴィクトリア・ゴシック様式とアール・デコ様式の建造物群 | 文化遺産 | 2018 | (ii)(iv) |
| 38 | ジャイプール市、ラジャスタン | 文化遺産 | 2019 | (ii)(iv)(vi) |

**ウズベキスタン共和国　P270 B 1**

| No. | 名称 | 種別 | 登録年 | 基準 |
|---|---|---|---|---|
| 1 | イチャン・カラ | 文化遺産 | 1990 | (iii)(iv)(v) |
| 2 | ブハラ歴史地区 | 文化遺産 | 1993 | (iii)(iv)(v) |
| 3 | シャフリサブス歴史地区 | 文化遺産 | 2000 | (iv) |
| 4 | **サマルカンド-文化交差路** | 文化遺産 | 2001 | (i)(ii)(iv) |
| 5 | 西天山 | 自然遺産 | 2016 | (x) |

**エルサレム（ヨルダン・ハシェミット王国による申請遺産）　P270 A 1**

| No. | 名称 | 種別 | 登録年 | 基準 |
|---|---|---|---|---|
| 1 | エルサレムの旧市街とその城壁群 | 文化遺産 | 1981 | (ii)(iii)(vi) |

**オマーン国　P270 B 2**

| No. | 名称 | 種別 | 登録年 | 基準 |
|---|---|---|---|---|
| 1 | バハラ城塞 | 文化遺産 | 1987 | (iv) |
| 2 | バット、アル-フトゥム、アル-アインの古代遺跡群 | 文化遺産 | 1988 | (iii)(iv) |
| 3 | アラビアオリックスの保護区（登録削除） | 自然遺産 | 1994 | (x) |
| 4 | フランキンセンスの国土 | 文化遺産 | 2000 | (iii)(iv) |
| 5 | アフラージュ、オマーンの灌漑システム | 文化遺産 | 2006 | (v) |
| 6 | 古代都市カルハット | 文化遺産 | 2018 | (ii)(iii) |

**カザフスタン共和国　P270 C 1**

| No. | 名称 | 種別 | 登録年 | 基準 | 備考 |
|---|---|---|---|---|---|
| 1 | ホンジャ・アフメッド・ヤサウイ廟 | 文化遺産 | 2003 | (i)(iii)(iv) | |
| 2 | タムガリの考古的景観にある岩絵群 | 文化遺産 | 2004 | (iii) | |
| 3 | サルヤルカ-カザフスタン北部のステップと湖沼群 | 自然遺産 | 2008 | (ix)(x) | **P348 C 2** |

| | | | | |
|---|---|---|---|---|
| 4 | **シルクロード：長安－天山回廊の交易路網** | 文化遺産 | 2014 | (ii)(iii)(v)(vi) |
| 5 | 西天山 | 自然遺産 | 2016 | (x) |

**カタール国　P270 B 2**

| | | | | |
|---|---|---|---|---|
| 1 | アル・ズバラ考古遺跡 | 文化遺産 | 2013 | (iii)(iv)(v) |

**キルギス共和国　P270 C 1**

| | | | | |
|---|---|---|---|---|
| 1 | スライマン-トー聖山 | 文化遺産 | 2009 | (iii)(vi) |
| 2 | **シルクロード：長安－天山回廊の交易路網** | 文化遺産 | 2014 | (ii)(iii)(v)(vi) |
| 3 | 西天山 | 自然遺産 | 2016 | (x) |

**サウジアラビア王国　P270 A 2**

| | | | | |
|---|---|---|---|---|
| 1 | アル-ヒジュル古代遺跡（マダイン・サーレハ） | 文化遺産 | 2008 | (ii)(iii) |
| 2 | ディルイーヤのトライフ | 文化遺産 | 2010 | (iv)(v)(vi) |
| 3 | ジェッダ歴史地区：メッカへの玄関口 | 文化遺産 | 2014 | (ii)(iv)(vi) |
| 4 | サウジアラビアのハイール地方のロック・アート | 文化遺産 | 2015 | (i)(iii) |
| 5 | アハサー・オアシス、進化する文化的景観 | 文化遺産 | 2018 | (iii)(iv)(v) |

**シリア・アラブ共和国　P270 A 1**

| | | | | |
|---|---|---|---|---|
| 1 | 古都ダマスクス | 文化遺産 | 1979 | (i)(ii)(iii)(iv)(vi) |
| 2 | 古代都市ボスラ | 文化遺産 | 1980 | (i)(iii)(vi) |
| 3 | パルミラの遺跡 | 文化遺産 | 1980 | (i)(ii)(iv) |
| 4 | 古都アレッポ | 文化遺産 | 1986 | (iii)(iv) |
| 5 | クラック・デ・シュヴァリエとサラディン城 | 文化遺産 | 2006 | (ii)(iv) |
| 6 | シリア北部の古代村落群 | 文化遺産 | 2011 | (iii)(iv)(v) |

**スリランカ民主社会主義共和国　P270 C 2**

| | | | | |
|---|---|---|---|---|
| 1 | 聖地アヌラーダプラ | 文化遺産 | 1982 | (ii)(iii)(vi) |
| 2 | 古代都市ポロンナルワ | 文化遺産 | 1982 | (i)(iii)(vi) |
| 3 | 古代都市シギリヤ | 文化遺産 | 1982 | (ii)(iii)(iv) |
| 4 | シンハラジャ森林保護区 | 自然遺産 | 1988 | (ix)(x) |
| 5 | 聖地キャンディ | 文化遺産 | 1988 | (iv)(vi) |
| 6 | ゴール旧市街とその要塞群 | 文化遺産 | 1988 | (iv) |
| 7 | ダンブッラの黄金寺院 | 文化遺産 | 1991 | (i)(vi) |
| 8 | スリランカ中央高原 | 自然遺産 | 2010 | (ix)(x) |

**タジキスタン共和国　P270 C 1**

| | | | | |
|---|---|---|---|---|
| 1 | サラズムの遺跡 | 文化遺産 | 2010 | (ii)(iii) |
| 2 | タジク国立公園（パミール山脈） | 自然遺産 | 2013 | (vii)(viii) |

**トルクメニスタン　P270 B 1**

| | | | | |
|---|---|---|---|---|
| 1 | 国立歴史文化公園“古代メルフ” | 文化遺産 | 1999 | (ii)(iii) |
| 2 | クニヤ-ウルゲンチ | 文化遺産 | 2005 | (ii)(iii) |
| 3 | ニッサのパルティア要塞群 | 文化遺産 | 2007 | (ii)(iii) |

**ネパール連邦民主共和国　P270 C 1**

| | | | | |
|---|---|---|---|---|
| 1 | **サガルマータ国立公園** | 自然遺産 | 1979 | (vii) |
| 2 | **カトマンズの谷** | 文化遺産 | 1979 | (iii)(iv)(vi) |
| 3 | チトワン国立公園 | 自然遺産 | 1984 | (vii)(ix)(x) |
| 4 | 仏陀の生誕地ルンビニ | 文化遺産 | 1997 | (iii)(vi) |

**パキスタン・イスラム共和国　P270 B 1**

| | | | | |
|---|---|---|---|---|
| 1 | モヘンジョダロの遺跡群 | 文化遺産 | 1980 | (ii)(iii) |
| 2 | タキシラ | 文化遺産 | 1980 | (iii)(vi) |
| 3 | タフティ-バヒーの仏教遺跡群とサライ-バロールの近隣都市遺跡群 | 文化遺産 | 1980 | (iv) |
| 4 | タッターの文化財 | 文化遺産 | 1981 | (iii) |
| 5 | ラホールの城塞とシャーリマール庭園 | 文化遺産 | 1981 | (i)(ii)(iii) |
| 6 | ロータス城塞 | 文化遺産 | 1997 | (ii)(iv) |

**パレスチナ自治政府　P270 A 1**

| | | | | |
|---|---|---|---|---|
| 1 | イエス生誕の地：ベツレヘムの聖誕教会と巡礼路 | 文化遺産 | 2012 | (iv)(vi) |
| 2 | パレスチナ：オリーブとワインの地－エルサレム南部バティールの文化的景観 | 文化遺産 | 2014 | (iv)(v) |
| 3 | ヘブロン／アル-ハリール旧市街 | 文化遺産 | 2017 | (ii)(iv)(vi) |

**バーレーン王国　P270 B 2**

| | | | | |
|---|---|---|---|---|
| 1 | カルアト・アル-バフレーン-古代の港とディルムンの首都 | 文化遺産 | 2005 | (ii)(iii)(iv) |
| 2 | 島の経済を表す真珠産業遺産 | 文化遺産 | 2012 | (iii) |
| 3 | ディルムン古墳群 | 文化遺産 | 2019 | (iii)(iv) |

**ヨルダン・ハシェミット王国　P270 A 1**

| | | | | |
|---|---|---|---|---|
| 1 | ペトラ | 文化遺産 | 1985 | (i)(iii)(iv) |
| 2 | アムラ城 | 文化遺産 | 1985 | (i)(iii)(iv) |
| 3 | ウム・エル-ラサス（キャストロ・メファ） | 文化遺産 | 2004 | (i)(iv)(vi) |
| 4 | ワディ・ラム保護地域 | 複合遺産 | 2011 | (iii)(v)(vii) |
| 5 | 洗礼の地〝ヨルダン川対岸のベタニア〟（アル・マグタス） | 文化遺産 | 2015 | (iii)(vi) |

**レバノン共和国　P270 A 1**

| | | | | |
|---|---|---|---|---|
| 1 | アンジャル | 文化遺産 | 1984 | (iii)(iv) |
| 2 | バールベック | 文化遺産 | 1984 | (i)(iv) |
| 3 | ビブロス | 文化遺産 | 1984 | (iii)(iv)(vi) |
| 4 | ティール | 文化遺産 | 1984 | (iii)(vi) |
| 5 | カディーシャ渓谷（聖なる谷）と神のスギの森（ホルシュ・アルツ・エル-ラーブ） | 文化遺産 | 1998 | (iii)(iv) |

## 万里の長城
The Great Wall

文化遺産　中華人民共和国　1987 年登録　登録基準：( i )( ii )( iii )( iv )( vi )

万里の長城

中国北辺に築かれた長大な城壁の遺跡である。長城建設の始まりは、紀元前 7 世紀半ば、春秋時代まで遡り、北方の異民族が侵攻してくるのを迎撃するために建設された。以来、諸国が個別に築いた城壁を連結したのが秦の始皇帝とされている。東は渤海(ぼっかい)湾に面する河北省の山海関から、ゴビ砂漠に近い甘粛省の嘉峪関(かよくかん)までの全長約 8,800km の世界で最も長い防御施設であり、明代以前の戦国時代から築かれた部分も含めると総延長 20,000km にも及ぶ、人類がつくり上げた世界最大の建造物といわれる。

万里の長城で最も有名で世界中から旅行者を集めているのは、八達嶺(はったつれい)長城で、北京の北西約 70km、車で約 1 時間半の場所にある。

## 北京と瀋陽の明・清朝の皇宮群
Imperial Palaces of the Ming and Qing Dynasties in Beijing and Shenyang

文化遺産　中華人民共和国　1987 年登録　登録基準：( i )( ii )( iii )( iv )

北京・紫禁城

中国の首都北京にある、世界最大の皇宮で明と清の 24 代にわたる皇帝の宮城であった「故宮(こきゅう)」と、遼寧省の省都瀋陽(しんよう)にある、清の前身である後金の皇帝ヌルハチとホンタイジの皇宮ならびに清王朝の離宮であった「瀋陽故宮」から構成される。

「故宮」は、かつて「紫禁城(しきんじょう)」と呼ばれ、現在は「故宮博物院」として一般公開されている。正殿にあたる太和殿は現存する中国最大の木造建築物である。城門の一つが有名な天安門である。天安門の南側に広がるのが、世界最大の広場といわれる天安門広場で、一説によると 50 万人を収容できるとされている。清が中国を支配すると、都は北京へと移され瀋陽は副首都となり、瀋陽故宮は副都宮殿となった。瀋陽故宮は北京の故宮の 12 分の 1 の大きさではあるものの、500 以上の部屋を持つ 70 以上の建物が建ち並び、2004 年に文化遺産に追加登録された。

## 秦の始皇陵
Mausoleum of the First Qin Emperor

文化遺産　中華人民共和国　1987 年登録　登録基準：(ⅰ)(ⅲ)(ⅳ)(ⅵ)

兵馬俑

中国陝西省西安の北東 30km に位置する秦始皇帝の陵とその周辺にある兵馬俑坑（へいばようこう）が文化遺産として登録されている。秦始皇陵は、紀元前 221 年に中国を統一した秦の初代皇帝である始皇帝の大規模な陸墓で、その周辺一帯に一面を囲むように築かれたのが兵馬俑坑であり、その規模は 2 万㎡余におよぶ。兵馬俑とは、死者を埋葬する際にその周辺に副葬されたものの中で兵士および馬をかたどった物を指す。兵馬俑坑には陶馬が 600 体、武士俑は成人男性の等身大で約 8,000 体、他に戦車が 100 余台あり、全てが東向きに置かれている。司馬遷の『史記』によると、始皇帝の陵墓には地下宮殿があり、水銀の川が流れ、天井には宝石と真珠が散りばめられていたという。1974 年に偶然発見され、発掘調査の結果史記の記述が事実に近いことが証明された。

## 曲阜の孔廟、孔林、孔府
Temple and Cemetery of Confucius and the Kong Family Mansion in Qufu

文化遺産　中華人民共和国　1994 年登録　登録基準：(ⅰ)(ⅳ)(ⅵ)

孔廟の大成殿

中国の山東省曲阜（きょくふ）市にある、紀元前 5 ～ 6 世紀の思想家である孔子ゆかりの建造物群であり、孔廟（こうびょう）、孔林（こうりん）、孔府（こうふ）のことを合わせて三孔と呼ぶ。儒学開祖である孔子ゆかりの地は人々から尊ばれ、長い間、厚い保護を受けてきた。

孔廟は孔子とその子孫を祀る霊所で、孔子の死後、その教えを保護した皇帝たちによって手が加えられ、荘厳な建築物となっている。孔廟は、紫禁城、泰山の岱廟（たいびょう）と並ぶ中国三大宮廷建築の一つとされる。孔府は、孔子直系の子孫が代々暮らしていた住宅である。孔林は、200 ヘクタールを超える広さを持つ、孔子およびその子孫の墓所で、周囲を高い木々に覆われて自然植物園のようになっている。

## 莫高窟
Mogao Caves

文化遺産　中華人民共和国　1987年登録　登録基準：(i)(ii)(iii)(iv)(v)(vi)

莫高窟

莫高窟（ばっこうくつ）は、中国甘粛省敦煌（とんこう）市の東南25kmに位置する仏教遺跡である。4世紀から約1,000年間、元代に至るまで掘り続けられた。大小492の石窟に彩色塑像と壁画が保存されており、仏教美術として世界最大の規模である。莫高窟にある木造楼閣のうち最大の九層楼には、莫高窟最大の約35mの仏像が納められている。1900年に発見された「敦煌文書」と呼ばれる仏教経典をはじめとするさまざまな文書も、資料的価値が極めて高い。

敦煌は、中央アジアとヨーロッパを結ぶシルクロードの中継点に位置し、敦煌文化は、中央アジア各国、インド、ペルシアなどの芸術や文化を吸収し融合させ、独特の文化を作ってきた。雲崗（うんこう）石窟、龍門洞窟とともに中国三大石窟のひとつとされている。

## ラサのポタラ宮歴史地区
Historic Ensemble of the Potala Palace, Lhasa

文化遺産　中華人民共和国　1994年登録　登録基準：(i)(iv)(vi)

ラサのポタラ宮

中国のチベット自治区のラサにあるポタラ宮とその周辺の建造物群である。ポタラ宮の他に、トゥルナン寺（大昭寺）、ノルブリンカが含まれる。ラサは7世紀に初代国王ソンツェン・ガンポが建てた王朝である吐蕃（とばん）の首都で、吐蕃は9世紀まで続いた。時代は下ってソンツェン・ガンポがラサに築いた宮殿の跡に、ダライ・ラマ5世がポタラ宮の建設を開始したのが1645年のことである。完成後のポタラ宮はチベットの宗教・政治上の最高責任者である歴代のダライ・ラマの鎮座する場所とされ、重大な宗教行事や政治儀式が行われてきた。ノルブリンカは、同じくラサにあるダライ・ラマの夏の離宮とその庭園、トゥルナン寺は現在でも熱心な信者が各地から巡礼に訪れるチベット仏教の総本山とされる寺院である。

## 九寨溝の渓谷の景観と歴史地域

Jiuzhaigou Valley Scenic and Historical Interest Area

自然遺産　中華人民共和国　1992 年登録　登録基準：(vii)

九寨溝（きゅうさいこう）は石灰岩質の岷山山脈中、標高3,400m から 2,000m に大小 100 以上の沼が連なるカルスト地形の淡水の湖水地帯である。中国の四川省北部にあり、谷間に 9 つの村が点在するという意味で九寨溝と呼ばれている。九寨溝の水は透明度が高く、山脈から流れ込んだ石灰岩の成分が沼底に沈殿し、日中には青、夕方にはオレンジなど見る時間により異なる色を放つ。深いエメラルド色の湖の底には石灰が付着した倒木も見られる。周辺にはジャイアントパンダや孫悟空のモデルにもなったキンシコウなどの稀少動物が生息している。2017 年 8 月にマグニチュード 7 の地震に見舞われ、大きな被害を受けたが、現在は旅行者の受入れは再開されている。成都か西安から九寨黄龍空港へ飛行機で行くのが一般的なルートである。

九寨溝

## マカオ歴史地区

The Historic Centre of Macao

文化遺産　中華人民共和国　2005 年登録　登録基準：(ii)(iii)(iv)(v)

マカオ歴史地区は、中国の特別行政区であるマカオにある 20 以上の建造物や広場などの古跡を含む地区のことである。かつてポルトガルの植民地であったマカオにおける東西文化の同化と共存を見ることができる。歴史地区のシンボルともいえるのが聖ポール天主堂跡で、1640 年にポルトガルのイエズス会によって再建され、当時はアジア最大のカトリック教会であったといわれている。1835 年の火災により建物のほとんどが焼失し、石造りのファサード（正面壁）と、68 段の階段だけが残されている。

聖ポール天主堂跡

マカオは、珠江（しゅこう）河口をはさんで香港の対岸にある。巨大なカジノやショッピングモールがあり、「アジアのラスベガス」とも呼ばれている。2018 年に開通した、全長約 55km で世界最長の海上橋である港珠澳（こうじゅおう）大橋により、香港と陸路で結ばれた。

## 昌徳宮
Changdeokgung Palace Complex

文化遺産　大韓民国　1997 年登録　登録基準：（ii）（iii）（iv）

昌徳宮

韓国のソウル特別市にある李氏朝鮮の宮殿。1405 年、李氏朝鮮の太宗の時代に、正宮である景福宮に対する離宮として建設された。1592 年の豊臣秀吉による文禄の役の際に、景福宮とともに焼失したが、昌徳宮（しょうとくきゅう）は再建され、その後 270 年余にわたって再建されなかった景福宮に代わり王朝の正宮とされた。

正門にあたる木造の敦化門、宮中儀式の執り行われた正殿の仁政殿、国王が執務をしていた宣政殿、王家の寝殿だった大造殿など 13 棟の木造建築が現存している。敷地の北側に広がる後苑は「秘苑」と呼ばれ、伝統的な韓国の造園の特性と美しさを持つものといわれている。

## 石窟庵と仏国寺
Seokguram Grotto and Bulguksa Temple

文化遺産　大韓民国　1995 年登録　登録基準：（ i ）（iv）

仏国寺

石窟庵と仏国寺は、韓国の慶州市南部の吐含山の山麓にある仏教寺院である。慶州市は、紀元前 1 世紀頃に始まり 10 世紀に滅亡した王朝である新羅（しらぎ）の都が置かれていた場所である。石窟庵と仏国寺は、8 世紀ごろの景徳王の時代に宰相の金大城により建立され、774 年に完成したといわれている。

石窟庵は、山の斜面を円形に削り花崗岩の石材を積み上げて造った石窟寺院で、主室中央には本尊である高さ 3.45m の如来座像が鎮座する。この如来座像は、新羅仏教芸術の最高傑作といわれている。仏国寺は、創建当初は約 80 棟の建物と現在の 10 倍の規模を誇る大伽藍を擁していたが、1592 年の豊臣秀吉の文禄の役で建造物が焼失し、再建されて現在の姿となったのは 1973 年のことである。創建当時の姿を今日もとどめているのは、多宝塔、釈迦塔、青雲橋と白雲橋、蓮華橋と七宝橋である。

## 八萬大蔵経の納められた伽耶山海印寺

Haeinsa Temple Janggyeong Panjeon, the Depositories for the Tripitaka Koreana Woodblocks

文化遺産　大韓民国　1995 年登録　登録基準：(iv)(vi)

海印寺大蔵経版殿

海印寺は、韓国南部の慶尚南道陜川郡伽耶面に位置し、新羅時代の僧侶義湘が 802 年に伽耶山山中に建立したと伝えられている。本殿は 1817 年に再建されたものである。

大蔵経は仏教の経典であり、海印寺大蔵経(だいぞうきょう)板殿(はんでん)には大蔵経の版木 8 万余板が保存されている。この大蔵経は、13 世紀の高麗時代に、モンゴルの侵攻により焼失したが、経典の力でモンゴルを退散させようとして再作成されたもので、現存する大蔵経でも最高のものといわれている。この版木から刷られた大蔵経は日本に何度も伝えられた。その後、版木は海印寺に移され、現在に至っている。大蔵経板殿は、日本の東大寺正倉院と同じ校(あぜ)倉(くら)造りで、防湿、温度維持、通気性などの点において版木の保管に適した構造となっている。

## 済州火山島と溶岩洞窟群

Jeju Volcanic Island and Lava Tubes

自然遺産　大韓民国　2007 年登録　登録基準：(vii)(viii)

済州島・城山日出峰

済州島は韓国本土南岸から沖合 130km にある火山島で、韓国最大の島である。済州島の漢拏(ハンラ)山(サン)、城山日出峰、拒文オルム溶岩洞窟系の 3 ヶ所が自然遺産に登録されている。漢拏山は済州島の中心に存在する標高 1,950m の韓国最高峰である。360 あまりのオルムと呼ばれる側火山が形成されている。城山日出峰は、済州島を代表する景勝地である。10 万年前の海底噴火によってできた巨大岩山で、99 個の岩峰が噴火口を城壁のように取り囲み、その内側は広大な草原となっている。遊歩道が整備され山頂まで登ることができる。拒文オルム溶岩洞窟系は、溶岩が地下を流れ造られた多くの溶岩洞窟で、その中で最大規模を誇るものが万丈窟である。

済州島は「韓国のハワイ」とも呼ばれ、韓国人の人気のハネムーンの地となっている。映画、ドラマのロケ地でもあり多くの旅行者が訪れている。

## フエの建造物群
Complex of Hué Monuments

文化遺産　ベトナム社会主義共和国　1993 年登録　登録基準：(iv)

フエは、ベトナム中部のトゥアティエン＝フエ省の省都である。1802 年から 1945 年まで続いたベトナム最後の王朝であるグエン朝の都に定められていた。旧市街は、フォン川の河畔に位置し、城壁に囲まれた碁盤の目状の方形都市である。グエン朝ベトナムの後期はフランスの支配を受けていたため、フエの街では西洋と中国の文化が融合した独自の文化が見られる。

フエの王宮門

王宮は旧市街の南部にあり、中国の紫禁城をモデルにその 4 分の 3 の縮尺で建設されたと伝えられる中国風の宮殿である。ベトナム戦争で多くの建物が破壊されたが、戦後修復された。世祖廟は、代々の皇帝の祭壇があり位牌が収められているベトナム伝統建築の建物である。カイディン帝陵は、1931 年に完成した第 12 代皇帝カイディン帝の陵墓で、中国・西洋折衷の建築様式で築かれている。

## ハロン湾
Ha Long Bay

自然遺産　ベトナム社会主義共和国　1994 年登録　登録基準：(vii)（viii）

ハロン湾は、ベトナム北部のトンキン湾北西部にある湾で、ハロン市の南に位置し、首都ハノイから車で 3 時間半程度の場所に位置する。ハロン湾は、海から突き出た無数の島影が独特の景観をつくっている。そのさまざまな奇岩が海に突き出した風景は中国の桂林（けいりん）に似ており、「海の桂林」とも呼ばれている。この奇岩群、湾の光景は、沈降した台地の海上に残った部分が、長い歳月をかけて海水や風雨に浸食されてできたものである。

ハロン湾

ハロン湾には、中国がベトナムに侵攻してきた時、竜の親子が現れて敵を破り、口から吐き出した宝石が湾内の島々になったという伝説が伝えられている。ハロン湾クルーズ船で自然の作った絶景を楽しむことができる。

## マラッカとジョージタウン、マラッカ海峡の古都群
Melaka and George Town, historic cities of the Straits of Malacca

文化遺産　マレーシア　2008 年登録　登録基準：（ii）（iii）（iv）

ムラカ・キリスト教会

マラッカ（ムラカ）とジョージタウンは、東西貿易の中継点として繁栄し独特の文化を育んだ2つの都市として、文化遺産に登録された。両都市ともマラッカ海峡に面する都市ではあるが、距離的には離れている。

マラッカは、マレー半島西海岸南部に位置する、マラッカ（ムラカ）州の州都である。15 世紀にマラッカ王国が誕生し、その後ポルトガル、オランダ、イギリスに支配されてきた歴史を持つ。ジョージタウンは、マレー半島西海岸北部の沖合に位置するペナン島の都市で、18 世紀に同島を領有したイギリスが開発した町である。両都市とも、マラッカのオランダ広場とキリスト教会、ジョージタウンのコーンウォリス要塞、観音寺などに代表されると東洋と西洋の文化、さらに 15 世紀以降の中国からの移民とマレー人との子孫の総称である「プラナカン」と呼ばれる人々の生活文化が混在する独特の景観が特徴である。

## アンコール
Angkor

文化遺産　カンボジア王国　1992 年登録　登録基準：（i）（ii）（iii）（iv）

アンコール・ワット

アンコール遺跡は、カンボジアの北西部に位置するクメール王朝時代の石造遺跡群である。

アンコール・ワットは 12 世紀に建設されたといわれる世界最大級のヒンドゥー教寺院の跡で、ヒンドゥー神話を基にし「乳海攪拌（にゅうかいかくはん）」や「ラーマーヤナ」にまつわる壮大なレリーフを見ることができる。アンコール・トムは 12 ～ 15 世紀の王都の跡で、こちらは仏教の影響を受けた建造物が多い。その中心には、ヒンドゥー・仏教混交の寺院跡のバイヨンがあり、林立する四面仏顔像がよく知られている。

アンコールは、1970 ～ 80 年代のカンボジア内戦により荒廃し、1992 年に世界遺産に登録されると同時に危機遺産に登録されたが、その後日本やフランスの修復支援が行われ、2004 年に危機遺産リストから除外された。

## 古代都市スコタイと周辺の古代都市群
Historic Town of Sukhothai and Associated Historic Towns

文化遺産　タイ王国　1991 年登録　登録基準：(ⅰ)(ⅲ)

スコタイ歴史公園

タイ北部に位置するスコタイは、13 世紀に成立したといわれるタイ族の最初の王朝であるスコタイ朝の都として建設された。この王朝は 13 世紀末には東南アジアの一大国となり、その文化は現在のタイ文化の礎となったといわれるが、やがて衰え 15 世紀にアユタヤ王朝に吸収された。

スコタイとその周辺の町には、上座部仏教を国教としたスコタイ朝の遺跡が現存し、1980 年代初めにスコタイと関連する歴史公園 3 つがタイの文部省に登録され、その後、文化遺産に登録された。スコタイ歴史公園、シーサッチャナーライ歴史公園、カムペーンペット歴史公園である。それぞれの園内には多くの寺院などの遺跡が保存されている。

## 古都アユタヤ
Historic City of Ayutthaya

文化遺産　タイ王国　1991 年登録　登録基準：(ⅲ)

ワット・プラ・シー・サンペット

タイ中部、首都バンコクの北約 70km に位置するアユタヤは、1351 ～ 1767 年に栄えたタイ族の王朝であるアユタヤ朝の都であった都市である。アユタヤ朝は、スコタイ朝に替わってタイを治め、東アジア・東南アジア諸国、アラブ・ペルシアなどとの交易で栄えた。アユタヤには日本人町があったことでも知られている。

文化遺産に登録されたのは、アユタヤ朝の遺跡が保存されている歴史公園とその周辺である。これらの遺跡群は、チャオプラヤー川とその支流であるパーサック川、ロッブリー川に囲まれた地域に集中し、3 基の仏塔が特徴のワット・プラ・シー・サンペット、涅槃仏（ねはんぶつ）が横たわるワット・ロカヤ・スタなどの仏教遺跡や、17 世紀に建設された離宮であるバン・パイン宮殿跡などが残っている。いずれも、400 年以上の間にわたってアユタヤ朝が築いた歴史と文化が感じられる遺産である。

## シンガポール植物園
Singapore Botanical Gardens

文化遺産　シンガポール　2015年登録　登録基準：(ii)(iv)

シンガポール植物園は、1859年開園のシンガポール中心部に位置する植物園である。植物園が単独で世界遺産となったのは、シンガポール植物園がアジアで最初であり、世界ではパドヴァの植物園（イタリア）、キュー王立植物園（イギリス）に続いて3番目の例である。

シンガポール植物園

植物園として開園する前は、植物研究のための施設であり、開園後も科学研究、植物保全などの活動の役割を担い、1800年代末にはゴムの木の栽培、ゴム採取等の研究が行われ、東南アジアのゴム産業の基礎となった。このゴム産業が自動車産業のタイヤの生産を促進させ、世界の自動車産業に影響を与えたことも遺産として評価された。1928年からは、ランの繁殖研究が開始され、現在植物園の一部となっている国立洋ラン園（ナショナル・オーキッド・ガーデン）には、多くの洋蘭が集められ、栽培されている。

## フィリピン・コルディリェーラの棚田群
Rice Terraces of the Philippine Cordilleras

文化遺産　フィリピン共和国　1995年登録　登録基準：(iii)(iv)(v)

フィリピンのルソン島北部の中央山岳地帯に広がっている棚田地帯（ライステラス）で、棚田の規模としては、世界最大ともいわれ、その景観は「天国への階段」とも呼ばれている。

バナウエの棚田

棚田群は、山岳民族のイフガオ族が紀元前1000年～紀元前100年に造成を始めたといわれている。イフガオ族が地形的な制約を克服し、人間の生命活動を実証した見事な傑作として評価され、文化遺産に登録された。2,000年にわたって稲作方法が、イフガオ族特有の神聖な伝統や、独特の社会構成とともに代々受け継がれてきたが、2001年には観光の影響、後継者不足などによる荒廃のため、危機遺産リストに登録された。その後、棚田を維持するために必要な伝統的知識を後世へ伝えるための取組みやユネスコや海外各国の支援により、2012年に危機遺産は解除された。

## ボロブドゥル寺院遺跡群
Borobudur Temple Compounds

文化遺産　インドネシア共和国　1991 年登録　登録基準：（ i ）（ ii ）（ vi ）

ボロブドゥル遺跡

インドネシアのジャワ島中部にある仏教寺院の石造遺跡群は、ボロブドゥル遺跡、パオン寺院、ムンドゥ寺院の３つで構成される文化遺産である。ジャワの中心都市ジョグジャカルタの北西約 40km に位置する。

ボロブドゥル遺跡は世界最大級の石造仏教遺跡である。8 ～ 9 世紀にこの地を支配したシャイレーンドラ朝によって築かれたといわれる。その後長い間地中に埋もれていたが。19 世紀に発見・発掘され現在の姿となっている。土台は方形で、9 層の階段ピラミッド状の構造をとり、頂上にはストゥーパ（仏塔）がそびえる。中には入ることができない、内部空間を持たない構造である。各層の外周は回廊になっており、壁面には仏陀の生涯、その教えをモチーフとしたレリーフが彫られている。

## バガン
Bagan

文化遺産　ミャンマー連邦共和国　2019 年登録　登録基準：（ iii ）（ iv ）（ vi ）

バガンの遺跡群

バガンは、ミャンマー中部のマンダレー地方に位置する。エーヤワディ（イラワジ）川中流域の東岸の平野部一帯に、11 ～ 13 世紀にかけて築かれた大小のパゴダ（仏塔）が点在している。バガンとは、これらの遺跡群の存在する地域を指し、ミャンマーを代表する仏教聖地である。2016 年のミャンマー地震によりパゴダの損壊が発生したが、その後も適切な修復を進め、2019 年に文化遺産に登録された。カンボジアのアンコール遺跡群、インドネシアのボロブドゥール遺跡とともに、世界三大仏教遺跡の一つに数えられている。遺跡観光の中心となるのはオールド・バガンと呼ばれる考古学保護区で、旅行者は車や馬車で遺跡を巡ることができる。また、夕日に染まるエーヤワディ川のサンセットクルーズを楽しむこともできる。

## 大ボルハン・ハルドゥン山とその周辺の聖なる景観
Great Burkhan Khaldun Mountain and its surrounding sacred landscape

文化遺産　モンゴル国　2015年登録　登録基準：(iv)(vi)

ボルハン・ハルドゥンはモンゴル北部、シベリア・タイガ気候の針葉樹林と中央アジアの草原が接する場所に位置するヘンティー山脈の山である。ボルハン・ハルドゥンは古来、山岳信仰の聖地とされ、シャーマニズムと仏教が融合した祭事が現在でも行われている。モンゴルでは15世紀後半に仏教が広まり、山岳信仰の伝統は衰退していたが、1990年代以降、その復活が奨励され、古いシャーマニズムの儀式の復活が図られているという。

ボルハン・ハルドゥンはモンゴル族発祥の聖地、モンゴルの英雄チンギス・カンの故郷・墓所であるとの言い伝えもあり、チンギス・カンは死後、自身とその一族の埋葬地としてこの地を定めたというが、その場所は特定されていない。チンギス・カンによる山岳信仰は、13世紀のモンゴルの民族統一、世界を席捲したモンゴル帝国の成立に至る重要な要因であり、ボルハン・ハルドゥンが世界史に大きな影響を及ぼした歴史的重要性が認められ、文化遺産とされた。

## アジャンター石窟群
Ajanta Caves

文化遺産　インド　1983年登録　登録基準：(i)(ii)(iii)(vi)

アジャンター石窟群

アジャンター石窟群は、インド中部のマハラーシュートラ州にある、河川の湾曲部に沿う岩盤を彫って作られた大小30の石窟群である。紀元前2世紀前後には開窟されていたが、2世紀に一度放棄され、3～5世紀に大乗仏教が普及するに伴って、再度開窟された。その後仏教の衰退により石窟は忘れられていたが、1819年にイギリス人により偶然発見された。これらの石窟には、礼拝の場である「チャイティヤ」と僧侶たちの生活の場である「ビハーラ」の2種類がある。第9窟と第10窟はチャイティヤで、インドで最も初期の絵画が残されている。第19・26・29窟は大乗時代のチャイティヤである。残されている壁画のモチーフは、仏陀の生涯、仏教説話などさまざまで、貴重なものである。

## タージ・マハル
Taj Mahal

文化遺産　インド　1983年登録　登録基準：(ⅰ)

タージ・マハル

タージ・マハルは、インド北部のアーグラにある、ムガル帝国第５代皇帝シャー・ジャハーンが、死去した愛妃ムムターズ・マハルのために建設した墓廟である。その名前はペルシャ語に由来するといわれ、「taj」は王冠、「mahal」は宮殿を意味する。1632年に建築が始まり、1653年に完成した。その建設のために、石工をはじめとする職人が帝国全体のみならず世界各地から集められた。

メインとなるのが総大理石で作られた霊廟で、そのドームの高さは58m、周辺に４本のミナレット（尖塔）がそびえている。敷地内は建物、庭園ともに緻密な計算に基づく完璧な左右対称の設計となっている。タージ・マハルは、インド・イスラム文化を代表する建物であり、世界的にも最も美しいイスラム建築の傑作といわれている。

## ゴアの教会群と修道院群
Churches and Convents of Goa

文化遺産　インド　1986年登録　登録基準：(ⅱ)(ⅳ)(ⅵ)

聖フランシス教会

旧ゴア（オールド・ゴア）はインドの西海岸、アラビア海に面する港町である。港町としての歴史は古く、もともとはアーディルシャーヒー朝というイスラム王朝の領地であったが、16世紀にポルトガル領となった。その支配は以後20世紀まで続き、戦後イギリスから独立したインドの侵攻によりゴアが解放されたのは1961年のことであった。

この長きにわたったポルトガル統治時代に建設され、今も残る数々のキリスト教の宗教施設が文化遺産として登録されている。これらの宗教施設は、ゴアが日本を含むアジアへのキリスト教布教活動の拠点となったことを物語っている。「ボム・ジェズ聖堂」には、日本にキリスト教を伝えたことでも知られるフランシスコ・ザビエルの遺体が安置された。その他の資産としては「聖フランシス教会」「セ・カテドラル」などがある。

## サガルマータ国立公園
National Park

自然遺産　ネパール連邦民主共和国　1979 年登録　登録基準：(vii)

サガルマータ

サガルマータ国立公園は、ネパールの北東部、中国（チベット自治区）との国境に接するヒマラヤ山脈の国立公園である。標高 8,848m のサガルマータは、チベット語でチョモランマ、一般にはエヴェレストの名を持つ世界最高峰の山として知られている。

サガルマータの他にも標高 8,000m 級の山が連なり、雪を頂き切り立つ峰々と深い谷、氷河の劇的な美しさは、現在も続く大陸移動による隆起活動の結果といえ、地球の進化活動の証明であり、地質学的に興味深い地域とされている。その域内にはユキヒョウやレッサーパンダなどの珍しい生物が生息している。また、域内には少数民族であるシェルパが住む村が点在し、生物への敬意を持つ、文化・宗教の伝統的な慣習が残っている。

## カトマンズの谷
Kathmandu Valley

文化遺産　ネパール連邦民主共和国　1979 年登録　登録基準：(iii)（iv）(vi)

カトマンズ

カトマンズの谷は、ネパールの首都カトマンズのある盆地を指し、盆地一帯に残る寺院などの建造物が文化遺産とされている。カトマンズ盆地はもともと湖で、肥沃で緑豊かな土地であった。チベットとインドを結ぶ交易の中継点で、仏教とヒンドゥー教が融合し独特の文化が花開き、王宮や寺院、広場など芸術性の高い建造物がつくられた。現在のカトマンズは、15 世紀以降カトマンズ、パタン、バクタプルの 3 つの都市（王国）に分かれていた。それぞれの都市に王宮広場である「ダルバール広場」があり、それぞれが構成資産となっている。ネパール最古の仏教寺院であり、仏陀の目が四面に描かれた塔を持つスワヤンブナートなど 4 つの寺院も構成資産となっており、仏教とヒンドゥー教が融合して繁栄した証として評価された。カトマンズは、2015 年のネパール大地震で被災し、これらの資産も大きな被害を受け、修復が進められている。

## サマルカンドー文化交差路
Samarkand-Crossroad of Cultures

文化遺産　ウズベキスタン共和国　2001 年登録　登録基準：(ⅰ)(ⅱ)(ⅳ)

サマルカンドは、中央アジア、ウズベキスタンの古都で、首都タシケントの南西に位置し、古代からシルクロードの中心的なオアシス都市として繁栄したが、13 世紀にモンゴルの攻撃によって破壊された。14 世紀になるとティムール朝の祖であるティムールが、サマルカンドを都として再興する。ティムールは、世界各地から芸術家や技術者、学者などを集め、彼らがここで伝えた知識や技術が融合したため、サマルカンドは「文化交差路」と呼ばれる。

レギスタン広場
シェルドル・メドレセ

レギスタン広場はサマルカンドの中心ともいえる場所で、「サマルカンド・ブルー」と呼ばれる青色のタイルが多用されたモスクとマドラサ（イスラムの教育機関）が建つ光景で知られ、サマルカンドは「青の都」とも呼ばれる。他の資産とあわせて、イスラム文化の創造性の傑作といわれる。

## シルクロード：長安－天山回廊の交易路網
Silk Roads: the Routes Network of Chang' an-Tianshan Corridor

文化遺産　カザフスタン共和国・キルギス共和国・中華人民共和国
2014 年登録　登録基準：(ⅱ)(ⅲ)(ⅴ)(ⅵ)

「シルクロード：長安－天山回廊の交易路網」は、カザフスタン、キルギス、中国の 3 か国 33 資産で構成されている。シルクロードは、紀元前 2 世紀ごろから形成された中国と地中海世界とを結ぶ交易路の総称で、当時の代表的な交易品である中国特産の絹（シルク）にちなんで、ドイツの地理学者フェルディナント・フォン・リヒトホーフェンが初めて使用した概念である。

トルファン交河故城
（中国・新疆ウイグル自治区）

シルクロードは、交易品のみならず、東西間の宗教や文化、芸術などの交流を促した。漢や唐の時代に都だった長安（現在の西安）や洛陽から天山山脈付近の天山回廊と呼ばれるルートを経て、中央アジアに至る計 5,000km の間に点在する宮殿跡、交易拠点、石窟寺院、要塞跡などが含まれている。

## イスファハンのイマーム広場
Meidan Emam, Esfahan

文化遺産　イラン・イスラム共和国　1979年登録　登録基準：（ⅰ）（ⅴ）（ⅵ）

イスファハンは、イラン中部の都市で、古くからオアシス都市として栄えたが、16世紀末にサファヴィー朝のアッバス1世が、都と定めたことにより隆盛期を迎えた。コーランに記された楽園を理想とし、壮大な規模で建設されたイスファハンは、政治、商業、交通の拠点として繁栄し、「世界の半分」と称された。

イマーム広場

イマーム広場は、17世紀初頭にアッバス1世によって造られた南北に細長い広場で、南側にマスジェデ・イマーム（イマームのモスク）、北側にはバザールに続く門、東側にはシェイク・ロトフォラーモスク、西側にアリー・カプー宮殿が配置されている。モスクは、彩色タイルのモザイク、アラベスク模様（「アラビア風」を意味する幾何学的模様）で飾られ、サファヴィー朝ペルシャの社会文化的生活を代表する傑出した遺産といわれている。

## バムとその文化的景観
Bam and its Cultural Landscape

文化遺産　イラン・イスラム共和国　2004年登録　登録基準：（ⅱ）（ⅲ）（ⅳ）（ⅴ）

バムは、イランの南部に広がる砂漠地帯の中に位置する都市である。バムはオアシス都市であり、その存立にはカナートと呼ばれる地下灌漑用水路が大きな役割を果たしてきた。地下水を山麓部から集落まで導くカナートは、現在も機能しており、砂漠地帯におけるカナートの景観が文化的景観と認められた。バムの北東部には、古代の要塞であるアルゲ・バムがある。アルゲ・バムは、中央アジアにおける日干しレンガで作られた要塞化された集落と要塞の顕著な例といわれている。

バム

バムは2003年に大地震に見舞われ、都市とともにアルゲ・バムも甚大な被害を受けた。翌年には世界遺産に登録され、危機遺産として以後ユネスコと各国の支援により遺跡の修復作業が行われた。その修復・保全活動が評価され、2013年に危機遺産リストから除外された。

# ．オセアニアの世界遺産

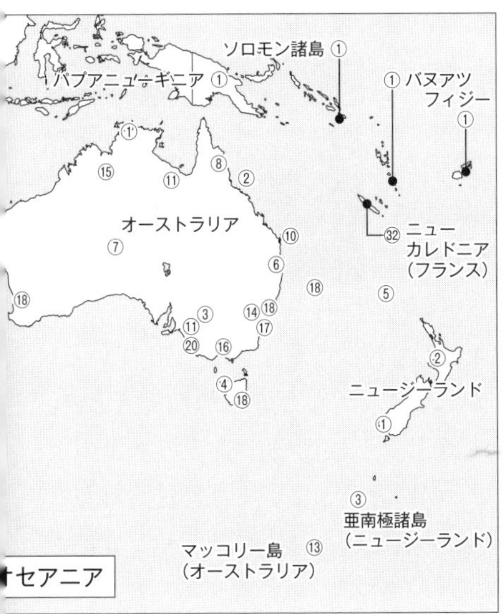


**オーストラリア連邦**

| | 名称 | 種別 | 登録年 | 基準 | |
|---|---|---|---|---|---|
| | カカドゥ国立公園 | 複合遺産 | 1981 | (i)(vi)(vii)(ix)(x) | |
| | **グレート・バリア・リーフ** | 自然遺産 | 1981 | (vii)(viii)(ix)(x) | |
| | ウィランドラ湖群地域 | 複合遺産 | 1981 | (iii)(viii) | |
| | タスマニア原生地域 | 複合遺産 | 1982 | (iii)(iv)(vi)(vii)(viii)(ix)(x) | |
| | ロード・ハウ諸島 | 自然遺産 | 1982 | (vii)(x) | |
| | オーストラリアのゴンドワナ雨林 | 自然遺産 | 1986 | (viii)(ix)(x) | |
| | **ウルル-カタ・ジュタ国立公園** | 複合遺産 | 1987 | (v)(vi)(vii)(viii) | |
| | クインズランドの湿潤熱帯地域 | 自然遺産 | 1988 | (vii)(viii)(ix)(x) | |
| | 西オーストラリアのシャーク湾 | 自然遺産 | 1991 | (vii)(viii)(ix)(x) | |
| | フレーザー島 | 自然遺産 | 1992 | (vii)(viii)(ix) | |
| | オーストラリアの哺乳類化石地域（リヴァーズレー／ナラコーテ） | 自然遺産 | 1994 | (viii)(ix) | |
| | ハード島とマクドナルド諸島 | 自然遺産 | 1997 | (viii)(ix) | **P348 C 4** |
| | マッコーリー島 | 自然遺産 | 1997 | (vii)(viii) | |
| | グレーター・ブルー・マウンテンズ地域 | 自然遺産 | 2000 | (ix)(x) | |
| | パーヌルル国立公園 | 自然遺産 | 2003 | (vii)(viii) | |
| | 王立展示館とカールトン庭園 | 文化遺産 | 2004 | (ii) | |
| | **シドニー・オペラハウス** | 文化遺産 | 2007 | (i) | |
| | オーストラリア囚人遺跡群 | 文化遺産 | 2010 | (iv)(vi) | |
| | ニンガルー・コースト | 自然遺産 | 2011 | (vii)(x) | |
| 20 | ブジ・ビムの文化的景観 | 文化遺産 | 2019 | (iii)(v) | |

**キリバス共和国**

| | | | | | |
|---|---|---|---|---|---|
| 1 | フェニックス諸島保護地域 | 自然遺産 | 2010 | (vii)(ix) | **P349 E 3** |

**ソロモン諸島**

| | | | | |
|---|---|---|---|---|
| 1 | 東レンネル | 自然遺産 | 1998 | (ix) |

**ニュージーランド**

| | | | | |
|---|---|---|---|---|
| 1 | **テ・ワヒポウナム-南西ニュージーランド** | 自然遺産 | 1990 | (vii)(viii)(ix)(x) |
| 2 | **トンガリロ国立公園** | 複合遺産 | 1990 | (vi)(vii)(viii) |
| 3 | ニュージーランドの亜南極諸島 | 自然遺産 | 1998 | (ix)(x) |

**バヌアツ共和国**

| | | | | |
|---|---|---|---|---|
| 1 | 首長ロイ・マタの地 | 文化遺産 | 2008 | (iii)(v)(vi) |

**パプアニューギニア独立国**

| | | | | |
|---|---|---|---|---|
| 1 | クックの初期農耕遺跡 | 文化遺産 | 2008 | (iii)(iv) |

**パラオ共和国**

| | | | | | |
|---|---|---|---|---|---|
| 1 | 南ラグーンのロックアイランド群 | 複合遺産 | 2012 | (iii)(v)(vii)(ix)(x) | **P367 C 3** |

**フィジー共和国**

| | | | | |
|---|---|---|---|---|
| 1 | レブカ歴史的港町 | 文化遺産 | 2013 | (ii)(iv) |

**マーシャル諸島共和国**

| | | | | | |
|---|---|---|---|---|---|
| 1 | **ビキニ環礁核実験場** | 文化遺産 | 2010 | (iv)(vi) | **P349 E 3** |

**ミクロネシア連邦**

| | | | | | |
|---|---|---|---|---|---|
| 1 | ナン・マドール：東ミクロネシアの儀式の中心地 | 文化遺産 | 2016 | (i)(iii)(iv)(vi) | **P348 D 3** |

## グレート・バリア・リーフ
Great Barrier Reef

自然遺産　オーストラリア連邦　1981年登録　登録基準：(vii)（viii）(ix)（x）

グレート・バリア・リーフ

グレート・バリア・リーフは、オーストラリア北東岸に広がる世界最大のサンゴ礁地帯である。2,000㎞を超える長さに約2,500のサンゴ礁と900以上の島がある。全体の面積は約35万㎢で、これは日本列島の面積（約37万㎢）とほぼ同じである。400種以上のサンゴ、1,500種の魚類、4,000種以上の軟体動物、240種以上の鳥類も確認されている。その他、クジラやイルカ、ジュゴン、アオウミガメなどの繁殖地でもあり、生態学的に重要な地域とされている。しかし、気候変動による海水温の上昇、海運活動の増加、沿岸開発、海洋ゴミの影響、さまざまな違法行為などを理由とするサンゴの死滅、サンゴ礁の減少が認められており、サンゴ礁の保護、回復力を高めるための行動が求められている。

## シドニー・オペラハウス
Sydney Opera House

文化遺産　オーストラリア連邦　2007年登録　登録基準：(ⅰ)

シドニー・オペラハウス

シドニー・オペラハウスは、オーストラリアのシドニーにある、創造性と革新性を兼ね備えた20世紀の偉大な近代建築物である。ポート・ジャクソン湾に突き出したベネロング・ポイントの突端に位置し、オーストラリアのシンボルといわれている。オペラ・オーストラリア、シドニー・シアター・カンパニー、シドニー交響楽団の本拠地になっている。貝殻やヨットの帆のように見える独特かつ複雑なデザインが特徴で、設計はデンマーク人のヨーン・ウツソンである。着工から14年の歳月をかけて1973年に完成した。コンサートホールには、「グランドオルガン」という、世界最大の機械式のパイプオルガンがある。内部見学ツアーがあるので、それに参加することでオペラハウスの歴史、設計などの説明を受け、内部を見て回ることができる。

## ウルルーカタ・ジュタ国立公園
Uluru-Kata Tjuta National Park

複合遺産　オーストラリア連邦　1987年登録　登録基準：(ⅴ)(ⅵ)(ⅶ)(ⅷ)

ウルル（エアーズロック）

ウルル－カタ・ジュタ国立公園は、オーストラリアのほぼ中心に位置する国立公園である。ウルルは巨大な一枚岩で「エアーズロック」の呼称で知られている。カタ・ジュタは一般に「オルガ山」と呼ばれる岩山である。浸食と風化により、岩盤だけが地表に残った地形で、1987年に自然遺産として登録された。

ウルルは世界で２番目に大きい一枚岩で、高さは340m、周囲は9.4㎞あり、「大地のへそ」とも呼ばれる。カタ・ジュタは36の岩石群で、先住民のアボリジニの言葉では「多くの頭」という意味である。ウルル、カタ・ジュタはともにアボリジニの聖地であり、周辺には神話や伝承、狩猟方法などの絵が岩壁に残され、文化的価値も認められ、1994年に複合遺産として拡大登録された。ウルルでは、聖地である岩に登るという行為に対する先住民の思いに配慮して、2019年から登山が禁止された。

## トンガリロ国立公園
Tongariro National Park

複合遺産　ニュージーランド　1990年登録　登録基準：(ⅵ)(ⅶ)(ⅷ)

ナウルホエ山　トンガリロ国立公園

トンガリロ国立公園は、ニュージーランドの北島にある国立公園である。トンガリロ山(1,968m)、ナウルホエ山（2,291m)、ルアペフ山（2,797m）の３つの活火山があり、火山地帯特有の景観が広がっている。エメラルドブルーのトンガリロ山の火口湖、火山活動により湧く温泉など、特徴ある自然に恵まれている。

この一帯は先住民マオリの聖地であった。しかし1840年にイギリスの植民地となり、聖地の景観の破壊をおそれたマオリが、景観保全を条件に土地の権利を譲渡したことから、ニュージーランド最古の国立公園となった。マオリと文化の深い結びつきが評価され、世界で最初に「文化的景観」という概念が適用され、1993年に自然遺産から複合遺産として拡大登録された。

## テ・ワヒポウナムー南西ニュージーランド
Te Wahipounamu-South West New Zealand

自然遺産　ニュージーランド　1990年登録　登録基準：(vii)(viii)(ix)(x)

マウント・クック

テ・ワヒポウナムは、ニュージーランド南島の南西部に位置する地域で、フィヨルドランド国立公園、マウント・クック国立公園、ウエストランド国立公園、マウント・アスパイアリング国立公園という4つの国立公園が含まれている。

マウント・クック国立公園にはニュージーランド最高峰のマウント・クック（3,754m）など大きな山が広がり、サザン・アルプス山脈を形成している。フィヨルドランド国立公園の海岸部には氷河期に形成されたフィヨルドであるミルフォード・サウンドがあり、海面から急峻な山がそそり立つ独特の景観を見せている。また、この地域では、独自性と多様性に富む生態系が保たれており、飛べない鳥として知られるキーウイ、肉食のカタツムリなどの珍しい生物が生息している。

## ビキニ環礁核実験場
Bikini Atoll Nuclear Test Site

文化遺産　マーシャル諸島共和国　2010年登録　登録基準：(iv)(vi)

ビキニ環礁は、アメリカによる第二次世界大戦後の最初の核実験が行われた環礁である。現在はマーシャル諸島共和国に属する。

ビキニ環礁で行われた最初の核実験は1946年で、第二次世界大戦後の最初の核実験であった。以後1958年にかけて、ビキニ環礁を太平洋核実験場の一つとしてアメリカは23回の核実験を実施した。1954年3月1日のアメリカの水素爆弾「ブラボー」の実験では、風下に暮らす島民だけでなく、日本の漁船第五福竜丸など近海で操業していた漁船の乗組員らも放射性降下物（死の灰）により被曝した。ビキニ環礁には、この「ブラボー」の実験でできたクレーター（ブラボークレーター）が残り、核実験の威力を伝える証拠となっている。ビキニ環礁は、東西冷戦下における「核の時代」の幕開けの象徴として文化遺産の評価を受けた。

# . ヨーロッパの世界遺産

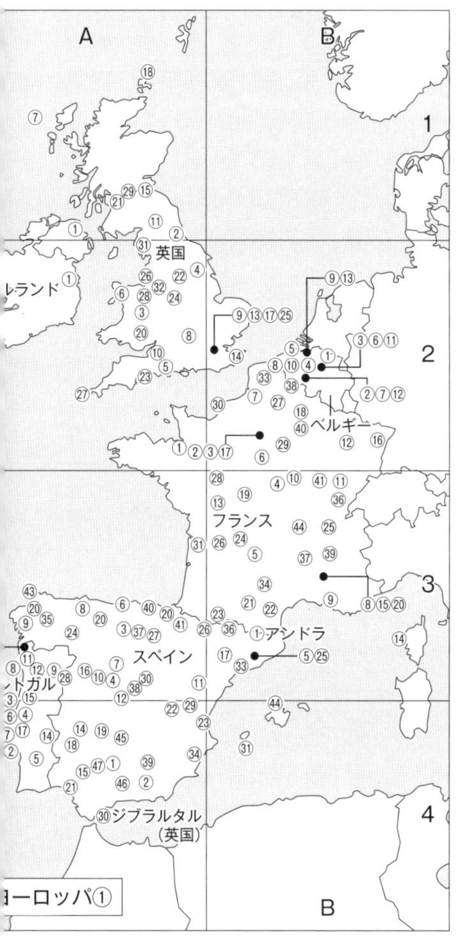


イスランド共和国　P348 A 1

| | | | |
|---|---|---|---|
| シングヴェトリル国立公園 | 文化遺産 | 2004 | (iii)(vi) |
| スルツエイ | 自然遺産 | 2008 | (ix) |
| ヴァトナヨークトル国立公園ー火と氷のダイナミックな自然 | 自然遺産 | 2019 | (viii) |

イルランド　P293 A 2

| | | | |
|---|---|---|---|
| ブルー・ナ・ボーニャ・ボイン渓谷の遺跡群 | 文化遺産 | 1993 | (i)(iii)(iv) |
| シュケリッグ・ヴィヒル | 文化遺産 | 1996 | (iii)(iv) |

アルバニア共和国　P297 C 2

| | | | | |
|---|---|---|---|---|
| 1 | ブトリント | 文化遺産 | 1992 | (iii) |
| 2 | ベラットとギロカストラの歴史地区 | 文化遺産 | 2005 | (iii)(iv) |
| 3 | カルパチア山脈とヨーロッパ地域の古代及び原生ブナ林 | 自然遺産 | 2007 | (ix) |
| 4 | オフリド地域の自然遺産及び文化遺産 | 複合遺産 | 2019 | (i)(iii)(iv)(vii) |

アルメニア共和国　P270 A 1

| | | | | |
|---|---|---|---|---|
| 1 | ハフパトとサナヒンの修道院群 | 文化遺産 | 1996 | (ii)(iv) |
| 2 | ゲハルト修道院とアザート川上流域 | 文化遺産 | 2000 | (ii) |
| 3 | エチミアツィンの大聖堂と教会群及びズヴァルトノツの古代遺跡 | 文化遺産 | 2000 | (ii)(iii) |

アンドラ公国　P293 B 3

| | | | | |
|---|---|---|---|---|
| 1 | マデリウ-ペラフィタ-クラーロル渓谷 | 文化遺産 | 2004 | (v) |

イタリア共和国　P297 A 1

| | | | | |
|---|---|---|---|---|
| 1 | ヴァルカモニカの岩絵群 | 文化遺産 | 1979 | (iii)(vi) |
| 2 | レオナルド・ダ・ヴィンチの「最後の晩餐」があるサンタ・マリア・デッレ・グラツィエ教会とドメニコ会修道院 | 文化遺産 | 1980 | (i)(ii) |
| 3 | **ローマ歴史地区、教皇領とサン・パオロ・フオーリ・レ・ムーラ大聖堂** | 文化遺産 | 1980 | (i)(ii)(iii)(iv)(vi) |
| 4 | **フィレンツェ歴史地区** | 文化遺産 | 1982 | (i)(ii)(iii)(iv)(vi) |
| 5 | **ヴェネツィアとその潟** | 文化遺産 | 1987 | (i)(ii)(iii)(iv)(v)(vi) |
| 6 | **ピサのドゥオモ広場** | 文化遺産 | 1987 | (i)(ii)(iv)(vi) |
| 7 | サン・ジミニャーノ歴史地区 | 文化遺産 | 1990 | (i)(iii)(iv) |
| 8 | マテーラの洞窟住居と岩窟教会公園 | 文化遺産 | 1993 | (iii)(iv)(v) |
| 9 | ヴィチェンツァ市街とヴェネト地方のパッラーディオ様式の邸宅群 | 文化遺産 | 1994 | (i)(ii) |
| 10 | シエナ歴史地区 | 文化遺産 | 1995 | (i)(ii)(iv) |
| 11 | ナポリ歴史地区 | 文化遺産 | 1995 | (ii)(iv) |
| 12 | クレスピ・ダッダ | 文化遺産 | 1995 | (iv)(v) |
| 13 | フェッラーラ：ルネサンス期の市街とポー川デルタ地帯 | 文化遺産 | 1995 | (ii)(iii)(iv)(v)(vi) |
| 14 | デル・モンテ城 | 文化遺産 | 1996 | (i)(ii)(iii) |
| 15 | **アルベロベッロのトゥルッリ** | 文化遺産 | 1996 | (iii)(iv)(v) |
| 16 | ラヴェンナの初期キリスト教建築物群 | 文化遺産 | 1996 | (i)(ii)(iii)(iv) |
| 17 | ピエンツァ市街の歴史地区 | 文化遺産 | 1996 | (i)(ii)(iv) |

| | | | | |
|---|---|---|---|---|
| 18 | カゼルタの18世紀の王宮と公園、ヴァンヴィテッリの水道橋とサン・レウチョ邸宅群 | 文化遺産 | 1997 | (i)(ii)(iii)(iv) |
| 19 | サヴォイア王家の王宮群 | 文化遺産 | 1997 | (i)(ii)(iv)(v) |
| 20 | パドヴァの植物園（オルト・ボタニコ） | 文化遺産 | 1997 | (ii)(iii) |
| 21 | ポルトヴェネーレ、チンクエ・テッレ及び小島群（パルマリア、ティーノ及びティネット島） | 文化遺産 | 1997 | (ii)(iv)(v) |
| 22 | モデナの大聖堂、トッレ・チヴィカ及びグランデ広場 | 文化遺産 | 1997 | (i)(ii)(iii)(iv) |
| 23 | ポンペイ、エルコラーノ及びトッレ・アヌンツィアータの遺跡地域 | 文化遺産 | 1997 | (iii)(iv)(v) |
| 24 | **アマルフィ海岸** | 文化遺産 | 1997 | (ii)(iv)(v) |
| 25 | アグリジェントの遺跡地域 | 文化遺産 | 1997 | (i)(ii)(iii)(iv) |
| 26 | ヴィッラ・ロマーナ・デル・カサーレ | 文化遺産 | 1997 | (i)(ii)(iii) |
| 27 | スー・ヌラージ・ディ・バルーミニ | 文化遺産 | 1997 | (i)(iii)(iv) |
| 28 | アクイレイアの遺跡地域と総主教聖堂バシリカ | 文化遺産 | 1998 | (iii)(iv)(vi) |
| 29 | ウルビーノ歴史地区 | 文化遺産 | 1998 | (ii)(iv) |
| 30 | パエストゥムとヴェリアの古代遺跡群を含むチレントとディアノ渓谷国立公園とパドゥーラのカルトゥジオ修道院 | 文化遺産 | 1998 | (iii)(iv) |
| 31 | ヴィッラ・アドリアーナ（ティヴォリ） | 文化遺産 | 1999 | (i)(ii)(iii) |
| 32 | ヴェローナ市 | 文化遺産 | 2000 | (ii)(iv) |
| 33 | エオリア諸島 | 自然遺産 | 2000 | (viii) |
| 34 | アッシージ、聖フランチェスコ聖堂と関連遺跡群 | 文化遺産 | 2000 | (i)(ii)(iii)(iv)(vi) |
| 35 | ティヴォリのエステ家別荘 | 文化遺産 | 2001 | (i)(ii)(iii)(iv)(vi) |
| 36 | ヴァル・ディ・ノートの後期バロック様式の町々（シチリア島南東部） | 文化遺産 | 2002 | (i)(ii)(iv)(v) |
| 37 | ピエモンテとロンバルディアのサクリ・モンティ | 文化遺産 | 2003 | (ii)(iv) |
| 38 | サン・ジョルジオ山 | 自然遺産 | 2003 | (viii) |
| 39 | オルチア渓谷 | 文化遺産 | 2004 | (iv)(vi) |
| 40 | チェルヴェテリとタルキニアのエトルリア古代都市群 | 文化遺産 | 2004 | (i)(iii)(iv) |
| 41 | シラクーザとパンタリカの岩壁墓地遺跡 | 文化遺産 | 2005 | (ii)(iii)(iv)(vi) |
| 42 | ジェノヴァ：レ・ストラーデ・ヌオーヴェとパラッツィ・デイ・ロッリ制度 | 文化遺産 | 2006 | (ii)(iv) |
| 43 | カルパチア山脈とヨーロッパ地域の古代及び原生ブナ林 | 自然遺産 | 2007 | (ix) |
| 44 | マントヴァとサッビオネータ | 文化遺産 | 2008 | (ii)(iii) |
| 45 | レーティシュ鉄道アルブラ線・ベルニナ線と周辺の景観 | 文化遺産 | 2008 | (ii)(iv) |
| 46 | ドロミーティ | 自然遺産 | 2009 | (vii)(viii) |
| 47 | イタリアのロンゴバルド族：権勢の足跡（568-774年） | 文化遺産 | 2011 | (ii)(iii)(vi) |
| 48 | アルプス山系の先史時代杭上住居跡群 | 文化遺産 | 2011 | (iv)(v) |
| 49 | トスカナ地方のメディチ家の別荘と庭園群 | 文化遺産 | 2013 | (ii)(iv)(vi) |
| 50 | エトナ山 | 自然遺産 | 2013 | (viii) |
| 51 | ピエモンテの葡萄畑景観：ランゲ・ロエロ・モンフェッラート | 文化遺産 | 2014 | (iii)(v) |
| 52 | アラブ-ノルマン様式のパレルモおよびチェファルとモンレアーレの大聖堂 | 文化遺産 | 2015 | (ii)(iv) |
| 53 | 16-17世紀ヴェネツィア共和国の軍事防衛施設群：スタート・ダ・テッラー西部スタート・ダ・マーレ | 文化遺産 | 2017 | (iii)(iv) |
| 54 | イヴレーア、20世紀の工業都市 | 文化遺産 | 2018 | (iv) |
| 55 | コネリアーノとヴァルドッビアーデネのプロセッコの丘 | 文化遺産 | 2019 | (v) |

**ウクライナ　P295 D 2**

| | | | | |
|---|---|---|---|---|
| 1 | キエフ-ペチェールスカヤ大修道院 | 文化遺産 | 1990 | (i)(ii)(iii)(iv) |
| 2 | リヴィフ歴史地区 | 文化遺産 | 1998 | (ii)(v) |
| 3 | シュトゥルーヴェの三角点アーチ観測地点群 | 文化遺産 | 2005 | (ii)(iv)(vi) |
| 4 | カルパチア山脈とヨーロッパ地域の古代及び原生ブナ林 | 自然遺産 | 2007 | (ix) |
| 5 | ブコヴィナ・ダルマティアの主教座施設 | 文化遺産 | 2011 | (ii)(iii)(iv) |
| 6 | 古代都市「タウリカのヘルソネソス」とそのホーラ | 文化遺産 | 2013 | (ii)(v) **P270 A** |
| 7 | ポーランド、ウクライナのカルパチア地方の木造教会 | 文化遺産 | 2013 | (iii)(iv) |

**英国（グレートブリテン及び北アイルランド連合王国）　P293 A 2**

| | | | | |
|---|---|---|---|---|
| 1 | ジャイアンツ・コーズウェーとコーズウェー海岸 | 自然遺産 | 1986 | (vii)(viii) |
| 2 | ダラム城と大聖堂 | 文化遺産 | 1986 | (ii)(iv)(vi) |
| 3 | **アイアンブリッジ峡谷** | 文化遺産 | 1986 | (i)(ii)(iv)(vi) |
| 4 | ファウンティンズ修道院遺跡群を含むスタッドリー王立公園 | 文化遺産 | 1986 | (i)(iv) |
| 5 | **ストーンヘンジ、エーヴベリーと関連する遺跡群** | 文化遺産 | 1986 | (i)(ii)(iii) |
| 6 | グウィネズのエドワード1世の城群と市壁群 | 文化遺産 | 1986 | (i)(iii)(iv) |
| 7 | セント・キルダ | 複合遺産 | 1986 | (iii)(v)(vii)(ix)(x) |
| 8 | ブレナム宮殿 | 文化遺産 | 1987 | (ii)(iv) |
| 9 | **ウェストミンスター宮殿、ウェストミンスター大寺院及び聖マーガレット教会** | 文化遺産 | 1987 | (i)(ii)(iv) |
| 10 | バース市街 | 文化遺産 | 1987 | (i)(ii)(iv) |
| 11 | ローマ帝国の国境線 | 文化遺産 | 1987 | (ii)(iii)(iv) |
| 12 | ヘンダーソン島 | 自然遺産 | 1988 | (vii)(x) **P349 F 4** |
| 13 | ロンドン塔 | 文化遺産 | 1988 | (ii)(iv) |
| 14 | カンタベリー大聖堂、聖オーガスティン大修道院及び聖マーティン教会 | 文化遺産 | 1988 | (i)(ii)(vi) |
| 15 | エディンバラの旧市街と新市街 | 文化遺産 | 1995 | (ii)(iv) |
| 16 | ゴフ島及びインアクセシブル島 | 自然遺産 | 1995 | (vii)(x) **P348 A** |

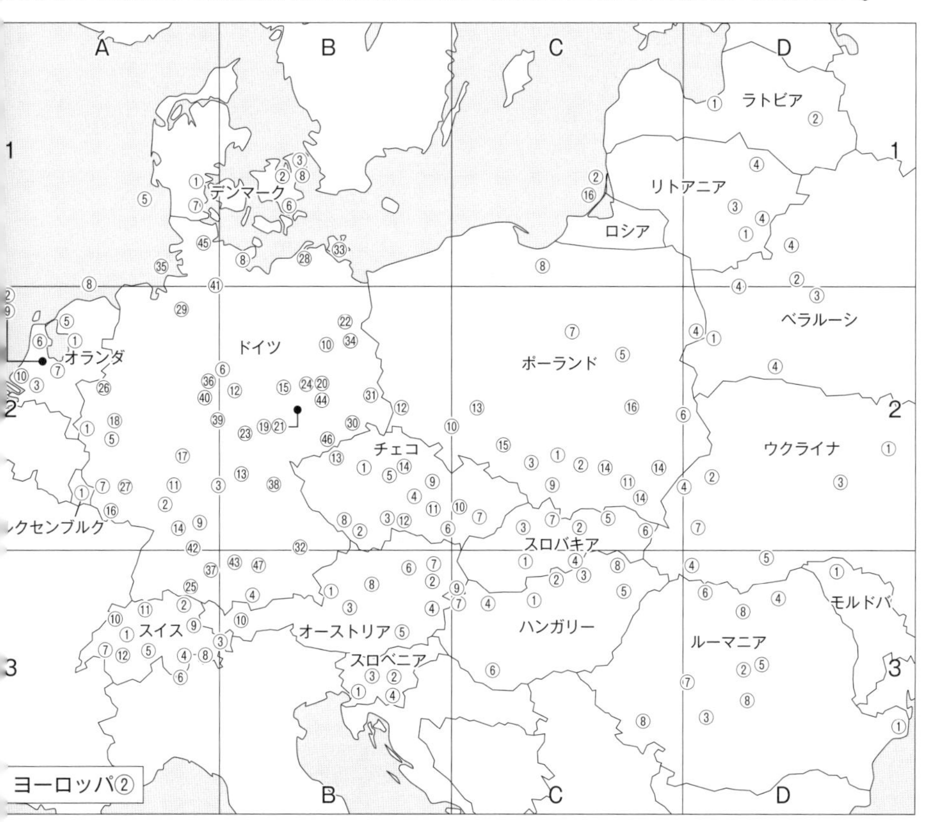


| | | | |
|---|---|---|---|
| 河港都市グリニッジ | 文化遺産 | 1997 | (i)(ii)(iv)(vi) |
| オークニー諸島の新石器時代遺跡中心地 | 文化遺産 | 1999 | (i)(ii)(iii)(iv) |
| バミューダ島の古都セント・ジョージと関連要塞群 | 文化遺産 | 2000 | (iv) |
| ブレナヴォン産業用地 | 文化遺産 | 2000 | (iii)(iv) |
| **ニュー・ラナーク** | 文化遺産 | 2001 | (ii)(iv)(vi) |
| ソルテア | 文化遺産 | 2001 | (ii)(iv) |
| ドーセット及び東デヴォン海岸 | 自然遺産 | 2001 | (viii) |
| ダーウェント峡谷の工場群 | 文化遺産 | 2001 | (ii)(iv) |
| キュー王立植物園 | 文化遺産 | 2003 | (ii)(iii)(iv) |
| リヴァプール-海商都市 | 文化遺産 | 2004 | (ii)(iii)(iv) |
| コーンウォールとウェストデヴォンの鉱山景観 | 文化遺産 | 2006 | (ii)(iii)(iv) |
| ポントカサステ水路橋と水路 | 文化遺産 | 2009 | (i)(ii)(iv) |
| フォース橋 | 文化遺産 | 2015 | (i)(iv) |
| ゴーハムの洞窟群 | 文化遺産 | 2016 | (iii) **P293 A 4** |
| イギリス湖水地方 | 文化遺産 | 2017 | (ii)(v)(vi) |
| ジョドレル・バンク天文台 | 文化遺産 | 2019 | (i)(ii)(iv)(vi) |

**エストニア共和国　P299 B 3**

| | | | | |
|---|---|---|---|---|
| 1 | **タリン歴史地区（旧市街）** | 文化遺産 | 1997 | (ii)(iv) |
| 2 | シュトゥルーヴェの三角点アーチ観測地点群 | 文化遺産 | 2005 | (ii)(iv)(vi) |

**オーストリア共和国　P295 B 3**

| | | | | |
|---|---|---|---|---|
| 1 | ザルツブルク市街の歴史地区 | 文化遺産 | 1996 | (ii)(iv)(vi) |
| 2 | **シェーンブルン宮殿と庭園群** | 文化遺産 | 1996 | (i)(iv) |
| 3 | ハルシュタット-ダッハシュタイン・ザルツカンマーグートの文化的景観 | 文化遺産 | 1997 | (iii)(iv) |
| 4 | ゼメリング鉄道 | 文化遺産 | 1998 | (ii)(iv) |
| 5 | グラーツ市歴史地区とエッゲンベルグ城 | 文化遺産 | 1999 | (ii)(iv) |
| 6 | ヴァッハウ渓谷の文化的景観 | 文化遺産 | 2000 | (ii)(iv) |
| 7 | **ウィーン歴史地区** | 文化遺産 | 2001 | (ii)(iv)(vi) |
| 8 | カルパチア山脈とヨーロッパ地域の古代及び原生ブナ林 | 自然遺産 | 2007 | (ix) |
| 9 | フェルテー湖／ノイジードラー湖の文化的景観 | 文化遺産 | 2001 | (v) |

| | | | | |
|---|---|---|---|---|
| 10 | アルプス山系の先史時代杭上住居跡群 | 文化遺産 | 2011 | (iv)(v) |

**オランダ王国　P295 A 2**

| | | | | |
|---|---|---|---|---|
| 1 | スホクラントとその周辺 | 文化遺産 | 1995 | (iii)(v) |
| 2 | アムステルダムのディフェンス・ライン | 文化遺産 | 1996 | (ii)(iv)(v) |
| 3 | キンデルダイク-エルスハウトの風車群 | 文化遺産 | 1997 | (i)(ii)(iv) |
| 4 | 港町ヴィレムスタット歴史地域、キュラソー島 | 文化遺産 | 1997 | (ii)(iv)(v) **P333 A 1** |
| 5 | Ir.D.F.ヴァウダヘマール（D.F.ヴァウダ蒸気水揚げポンプ場） | 文化遺産 | 1998 | (i)(ii)(iv) |
| 6 | ドゥローフマーケライ・デ・ベームステル（ベームステル干拓地） | 文化遺産 | 1999 | (i)(ii)(iv) |
| 7 | リートフェルト設計のシュレーテル邸 | 文化遺産 | 2000 | (i)(ii) |
| 8 | ワッデン海 | 自然遺産 | 2009 | (viii)(ix)(x) |
| 9 | アムステルダムのシンゲル運河内の17世紀の環状運河地区 | 文化遺産 | 2010 | (i)(ii)(iv) |
| 10 | ファンネレ工場 | 文化遺産 | 2014 | (ii)(iv) |

**北マケドニア共和国　P297 C 2**

| | | | | |
|---|---|---|---|---|
| 1 | オフリド地域の自然遺産及び文化遺産 | 複合遺産 | 1979 | (i)(iii)(iv)(vii) |

**キプロス共和国　P270 A 1**

| | | | | |
|---|---|---|---|---|
| 1 | パフォス | 文化遺産 | 1980 | (iii)(vi) |
| 2 | トロードス地方の壁画教会群 | 文化遺産 | 1985 | (ii)(iii)(iv) |
| 3 | キロキティア | 文化遺産 | 1998 | (ii)(iii)(iv) |

**ギリシャ共和国　P297 C 3**

| | | | | |
|---|---|---|---|---|
| 1 | バッサイのアポロ・エピクリオス神殿 | 文化遺産 | 1986 | (i)(ii)(iii) |
| 2 | デルフィの古代遺跡 | 文化遺産 | 1987 | (i)(ii)(iii)(iv)(vi) |
| 3 | **アテネのアクロポリス** | 文化遺産 | 1987 | (i)(ii)(iii)(iv)(vi) |
| 4 | アトス山 | 複合遺産 | 1988 | (i)(ii)(iv)(v)(vi)(vii) |
| 5 | メテオラ | 複合遺産 | 1988 | (i)(ii)(iv)(v)(vii) |
| 6 | テッサロニーキの初期キリスト教とビザンチン様式の建造物群 | 文化遺産 | 1988 | (i)(ii)(iv) |
| 7 | アスクレピオスの聖地エピダウロス | 文化遺産 | 1988 | (i)(ii)(iii)(iv)(vi) |
| 8 | ロードス島の中世都市 | 文化遺産 | 1988 | (ii)(iv)(v) |
| 9 | ミストラ遺跡 | 文化遺産 | 1989 | (ii)(iii)(iv) |
| 10 | オリンピアの古代遺跡 | 文化遺産 | 1989 | (i)(ii)(iii)(iv)(vi) |
| 11 | **デロス島** | 文化遺産 | 1990 | (ii)(iii)(iv)(vi) |
| 12 | ダフニ修道院群、オシオス・ルカス修道院群及びヒオス島のネア・モニ修道院群 | 文化遺産 | 1990 | (i)(iv) |
| 13 | サモス島のピュタゴリオンとヘラ神殿 | 文化遺産 | 1992 | (ii)(iii) |
| 14 | エゲの古代遺跡（現在名ヴェルギナ） | 文化遺産 | 1996 | (i)(iii) |
| 15 | ミケーネとティリンスの古代遺跡群 | 文化遺産 | 1999 | (i)(ii)(iii)(iv)(vi) |
| 16 | パトモス島の“神学者”聖ヨハネ修道院と黙示録の洞窟の歴史地区（コーラ） | 文化遺産 | 1999 | (iii)(iv)(vi) |
| 17 | コルフ旧市街 | 文化遺産 | 2007 | (iv) |
| 18 | フィリピの古代遺跡 | 文化遺産 | 2016 | (iii)(iv) |

**クロアチア共和国　P297 B 1**

| | | | | |
|---|---|---|---|---|
| 1 | **ドゥブロヴニク旧市街** | 文化遺産 | 1979 | (i)(iii)(iv) |
| 2 | スプリットの史跡群とディオクレティアヌス宮殿 | 文化遺産 | 1979 | (ii)(iii)(iv) |
| 3 | プリトヴィッチェ湖群国立公園 | 自然遺産 | 1979 | (vii)(viii)(ix) |
| 4 | ポレッチ歴史地区のエウフラシウス聖堂建築群 | 文化遺産 | 1997 | (ii)(iii)(iv) |
| 5 | 古都トロギール | 文化遺産 | 1997 | (ii)(iv) |
| 6 | シベニクの聖ヤコブ大聖堂 | 文化遺産 | 2000 | (i)(ii)(iv) |
| 7 | カルパチア山脈とヨーロッパ地域の古代及び原生ブナ林 | 自然遺産 | 2007 | (ix) |
| 8 | スタリー・グラード平原 | 文化遺産 | 2008 | (ii)(iii)(v) |
| 9 | 中世墓碑ステチュツィの墓所群 | 文化遺産 | 2016 | (iii)(vi) |
| 10 | 16-17世紀ヴェネツィア共和国の軍事防衛施設群：スタート・ダ・テッラー西部スタート・ダ・マーレ | 文化遺産 | 2017 | (iii)(iv) |

**サンマリノ共和国　P297 B 2**

| | | | | |
|---|---|---|---|---|
| 1 | サンマリノ歴史地区とティターノ山 | 文化遺産 | 2008 | (iii) |

**ジョージア　P270 A 1**

| | | | | |
|---|---|---|---|---|
| 1 | ゲラティ修道院 | 文化遺産 | 1994 | (iv) |
| 2 | ムツヘタの文化財群 | 文化遺産 | 1994 | (iv)(v) |
| 3 | アッパー・スヴァネティ | 文化遺産 | 1996 | (iv)(v) |

**スイス連邦　P295 A 3**

| | | | | |
|---|---|---|---|---|
| 1 | ベルン旧市街 | 文化遺産 | 1983 | (iii) |
| 2 | ザンクト・ガレンの修道院 | 文化遺産 | 1983 | (ii)(iv) |
| 3 | ミュスタイルのベネディクト会 聖ヨハネ修道院 | 文化遺産 | 1983 | (iii) |
| 4 | ベリンツォーナ旧市街にある3つの城、要塞及び城壁 | 文化遺産 | 2000 | (iv) |
| 5 | **スイス・アルプス ユングフラウ-アレッチュ** | 自然遺産 | 2001 | (vii)(viii)(ix) |
| 6 | サン・ジョルジオ山 | 自然遺産 | 2003 | (viii) |
| 7 | ラヴォー地区の葡萄畑 | 文化遺産 | 2007 | (iii)(iv)(v) |
| 8 | レーティシュ鉄道アルブラ線・ベルニナ線と周辺の景観 | 文化遺産 | 2008 | (ii)(iv) |
| 9 | スイスのサルドーナ地殻変動地帯 | 自然遺産 | 2008 | (viii) |
| 10 | ラ・ショー-ド-フォン／ル・ロクル、時計製造の町 | 文化遺産 | 2009 | (iv) |
| 11 | アルプス山系の先史時代杭上住居跡群 | 文化遺産 | 2011 | (iv)(v) |
| 12 | ル・コルビュジエの建築作品 - 近代建築運動への顕著な貢献 | 文化遺産 | 2016 | (i)(ii)(vi) |

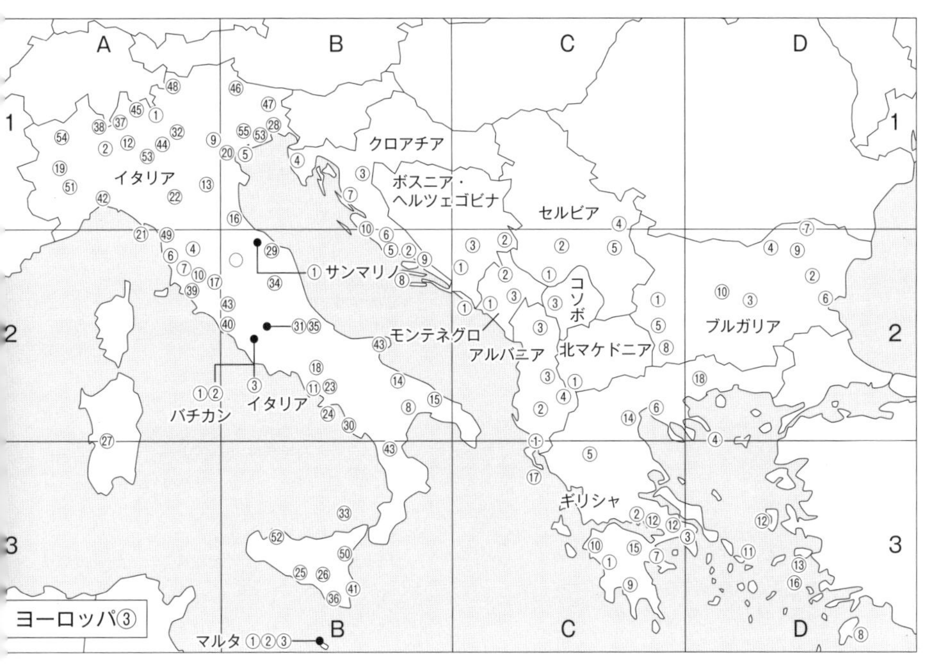


**ウェーデン王国　P299 A 2**

| 名称 | 種別 | 登録年 | 基準 |
|---|---|---|---|
| ドロットニングホルムの王領地 | 文化遺産 | 1991 | (iv) |
| ビルカとホーヴゴーデン | 文化遺産 | 1993 | (iii)(iv) |
| エンゲルスベリの製鉄所 | 文化遺産 | 1993 | (iv) |
| タヌムの線刻画群 | 文化遺産 | 1994 | (i)(iii)(iv) |
| スクーグシュルコゴーデン | 文化遺産 | 1994 | (ii)(iv) |
| ハンザ同盟都市ヴィスビュー | 文化遺産 | 1995 | (iv)(v) |
| ラポニアン・エリア | 複合遺産 | 1996 | (iii)(v)(vii)(viii)(ix) |
| ルーレオーのガンメルスタードの教会街 | 文化遺産 | 1996 | (ii)(iv)(v) |
| カールスクローナの軍港 | 文化遺産 | 1998 | (ii)(iv) |
| エーランド島南部の農業景観 | 文化遺産 | 2000 | (iv)(v) |
| ハイ・コースト／クヴァルケン群島 | 自然遺産 | 2000 | (viii) |
| ファールンの大銅山地域 | 文化遺産 | 2001 | (ii)(iii)(v) |
| グリメトン・ラジオ無線局、ヴァールベリ | 文化遺産 | 2004 | (ii)(iv) |
| シュトゥルーヴェの三角点アーチ観測地点群 | 文化遺産 | 2005 | (ii)(iv)(vi) |
| ヘルシングランドの装飾農場家屋群 | 文化遺産 | 2012 | (v) |

**ペイン　P293 A 3**

| No. | 名称 | 種別 | 登録年 | 基準 |
|---|---|---|---|---|
| | コルドバ歴史地区 | 文化遺産 | 1984 | (i)(ii)(iii)(iv) |
| | **グラナダのアルハンブラ、ヘネラリーフェ、アルバイシン地区** | 文化遺産 | 1984 | (i)(iii)(iv) |
| 3 | ブルゴス大聖堂 | 文化遺産 | 1984 | (ii)(iv)(vi) |
| 4 | **マドリードのエル・エスコリアル修道院とその遺跡** | 文化遺産 | 1984 | (i)(ii)(vi) |
| 5 | **アントニ・ガウディの作品群** | 文化遺産 | 1984 | (i)(ii)(iv) |
| 6 | **アルタミラ洞窟と北スペインの旧石器時代の洞窟画** | 文化遺産 | 1985 | (i)(iii) |
| 7 | セゴビア旧市街とローマ水道橋 | 文化遺産 | 1985 | (i)(iii)(iv) |
| 8 | オビエド歴史地区とアストゥリアス王国の建造物群 | 文化遺産 | 1985 | (i)(ii)(iv) |
| 9 | サンティアゴ・デ・コンポステーラ（旧市街） | 文化遺産 | 1985 | (i)(ii)(vi) |
| 10 | アービラの旧市街と塁壁の外の教会群 | 文化遺産 | 1985 | (iii)(iv) |
| 11 | アラゴン州のムデハル様式建造物 | 文化遺産 | 1986 | (iv) |
| 12 | **古都トレド** | 文化遺産 | 1986 | (i)(ii)(iii)(iv) |
| 13 | ガラホナイ国立公園 | 自然遺産 | 1986 | (vii)(ix) **P339 A 1** |
| 14 | カーセレスの旧市街 | 文化遺産 | 1986 | (iii)(iv) |
| 15 | セビージャの大聖堂、アルカサルとインディアス古文書館 | 文化遺産 | 1987 | (i)(ii)(iii)(vi) |
| 16 | サラマンカ旧市街 | 文化遺産 | 1988 | (i)(ii)(iv) |
| 17 | ポブレー修道院 | 文化遺産 | 1991 | (i)(iv) |
| 18 | メリダの遺跡群 | 文化遺産 | 1993 | (iii)(iv) |
| 19 | サンタ・マリア・デ・グアダルーペ王立修道院 | 文化遺産 | 1993 | (iv)(vi) |
| 20 | **サンティアゴ・デ・コンポステーラの巡礼路：カミーノ・フランセスとスペイン北部の巡礼路群** | 文化遺産 | 1993 | (ii)(iv)(vi) |

21 ドニャーナ国立公園 自然遺産 1994 (vii)(ix)(x)
22 歴史的城壁都市クエンカ 文化遺産 1996 (ii)(v)
23 バレンシアのラ・ロンハ・デ・ラ・セダ 文化遺産 1996 (i)(iv)
24 ラス・メドゥラス 文化遺産 1997 (i)(ii)(iii)(iv)
25 バルセロナのカタルーニャ音楽堂とサン・パウ病院 文化遺産 1997 (i)(ii)(iv)
26 ピレネー山脈-ペルデュ山 複合遺産 1997 (iii)(iv)(v)(vii)(viii)
27 サン・ミジャン・ユソとサン・ミジャン・スソの修道院群 文化遺産 1997 (ii)(iv)(vi)
28 コア渓谷とシエガ・ヴェルデの先史時代のロックアート遺跡群 文化遺産 1998 (i)(iii)
29 イベリア半島の地中海入り江のロック・アート 文化遺産 1998 (iii)
30 アルカラ・デ・エナレスの大学と歴史地区 文化遺産 1998 (ii)(iv)(vi)
31 イビサ、生物多様性と文化 複合遺産 1999 (ii)(iii)(iv)(ix)(x)
32 サン・クリストバル・デ・ラ・ラグナ 文化遺産 1999 (ii)(iv) P339 A 1
33 タラゴーナの遺跡群 文化遺産 2000 (ii)(iii)
34 エルチェの椰子園 文化遺産 2000 (ii)(v)
35 ルーゴのローマの城壁群 文化遺産 2000 (iv)
36 ボイ渓谷のカタルーニャ風ロマネスク様式教会群 文化遺産 2000 (ii)(iv)
37 アタプエルカの古代遺跡 文化遺産 2000 (iii)(v)
38 アランフェスの文化的景観 文化遺産 2001 (ii)(iv)
39 ウベダとバエーサのルネサンス様式の記念碑的建造物群 文化遺産 2003 (ii)(iv)
40 ビスカヤ橋 文化遺産 2006 (i)(ii)
41 カルパチア山脈とヨーロッパ地域の古代及び原生ブナ林 自然遺産 2007 (ix)
42 テイデ国立公園 自然遺産 2007 (vii)(viii) P339 A 1
43 ヘラクレスの塔 文化遺産 2009 (iii)
44 トラムンタナ山脈の文化的景観 文化遺産 2011 (ii)(iv)(v)
45 水銀関連遺産：アルマデンとイドリア 文化遺産 2012 (ii)(iv)
46 アンテケラのドルメン遺跡 文化遺産 2016 (i)(iii)(iv)
47 ザフラー宮殿のカリフの都市 文化遺産 2018 (iii)(iv)
48 グラン・カナリア文化的景観のリスコ・カイドと聖なる山々 文化遺産 2019 (iii)(v) P339 A 1

**スロバキア共和国 P295 C 3**

1 バンスカー・シュティアヴニツァ歴史都市と近隣の工業建築物群 文化遺産 1993 (iv)(v)
2 レヴォチャ歴史地区、スピシュスキー城及びその関連する文化財 文化遺産 1993 (iv)
3 ヴルコリニェツ 文化遺産 1993 (iv)(v)
4 アグテレック・カルストとスロバキア・カルストの洞窟群 自然遺産 1995 (viii)
5 バルデヨフ市街保護区 文化遺産 2000 (iii)(iv)
6 カルパチア山脈とヨーロッパ地域の古代及び原生ブナ林 自然遺産 2007 (ix)
7 カルパチア山地のスロバキア地域の木造教会群 文化遺産 2008 (iii)(iv)

**スロベニア共和国 P295 B 3**

1 シュコツィアン洞窟群 自然遺産 1986 (vii)(viii)
2 アルプス山系の先史時代杭上住居跡群 文化遺産 2011 (iv)(v)
3 水銀関連遺産：アルマデンとイドリア 文化遺産 2012 (ii)(iv)

**セルビア共和国 P297 C 1**

1 スタリ・ラスとソポチャニ 文化遺産 1979 (i)(iii)
2 ストゥデニツァ修道院 文化遺産 1986 (i)(ii)(iv)(vi)
3 コソヴォの中世建造物群 文化遺産 2004

※コソボ共和国は2008年にセルビア共和国から独立したが、世界遺産条約を締約してい いため、3はセルビアに属する形となっている。

4 ガムジグラード-ロムリアーナ、ガレリウスの宮殿 文化遺産 2007 (iii)(iv)
5 中世墓碑ステチュツィの墓所群 文化遺産 2016 (iii)(iv)

**チェコ共和国 P295 B 2**

1 **プラハ歴史地区** 文化遺産 1992 (ii)(iv)(vi)
2 チェスキー・クルムロフ歴史地区 文化遺産 1992 (iv)
3 テルチ歴史地区 文化遺産 1992 (i)(iv)
4 ゼレナー・ホラのネポムークの聖ヨハネ巡礼教会 文化遺産 1994 (iv)
5 クトナー・ホラ：聖バルバラ教会とセドレツの聖母マリア大聖堂のある歴史都市 文化遺産 1995 (ii)(iv)
6 レドニツェ-ヴァルティツェの文化的景観 文化遺産 1996 (i)(ii)(iv)
7 クロミェルジーシュの庭園群と城 文化遺産 1998 (ii)(iv)
8 ホラショヴィツェの歴史地区 文化遺産 1998 (ii)(iv)
9 リトミシュル城 文化遺産 1999 (ii)(iv)
10 オロモウツの聖三位一体柱 文化遺産 2000 (i)(iv)
11 ブルノのツゲンドハット邸 文化遺産 2001 (ii)(iv)
12 トジェビーチのユダヤ人街とプロコピウス聖堂 文化遺産 2003 (ii)(iii)
13 エルツ／クルスノホリ鉱山地区 文化遺産 2019 (ii)(iii)(iv)
14 クラドルビ・ナド・ラベムの儀式用の馬の繁殖と訓練の景観 文化遺産 2019 (iv)(v)

**デンマーク王国 P295 B 1**

1 イェリング墳墓群、ルーン文字石碑群と教会 文化遺産 1994 (iii)
2 ロスキレ大聖堂 文化遺産 1995 (ii)(iv)
3 クロンボー城 文化遺産 2000 (iv)
4 イルリサット・アイスフィヨルド 自然遺産 2004 (vii)(viii) P349 G
5 ワッデン海 自然遺産 2009 (viii)(ix)(x)
6 スティーブンス・クリント 自然遺産 2014 (viii)
7 モラヴィア教会の入植地クリスチャンフェルド 文化遺産 2015 (iii)(iv)

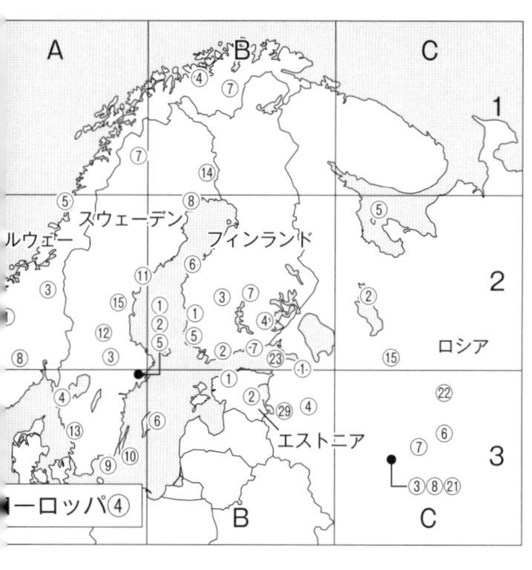


| | | | | |
|---|---|---|---|---|
| シェラン島北部のパル・フォルス狩猟景観 | 文化遺産 | 2015 | (ii)(iv) | |
| グリーンランドのグヤダー：氷冠縁辺部における古代スカンジナビア人とイヌイットの農業景観 | 文化遺産 | 2017 | (v) | **P349 H 2** |
| アシヴィスイットーニピサット、氷と海の間のイヌイットの狩猟場 | 文化遺産 | 2018 | (v) | **P349 G 1** |

**イツ連邦共和国　P295 B 2**

| | | | |
|---|---|---|---|
| アーヘン大聖堂 | 文化遺産 | 1978 | (i)(ii)(iv)(vi) |
| シュパイヤー大聖堂 | 文化遺産 | 1981 | (ii) |
| ヴュルツブルク司教館、その庭園群と広場 | 文化遺産 | 1981 | (i)(iv) |
| ヴィースの巡礼教会 | 文化遺産 | 1983 | (i)(iii) |
| ブリュールのアウグストゥスブルク城と別邸ファルケンルスト | 文化遺産 | 1984 | (ii)(iv) |
| ヒルデスハイムの聖マリア大聖堂と聖ミカエル教会 | 文化遺産 | 1985 | (i)(ii)(iii) |
| トリーアのローマ遺跡群、聖ペテロ大聖堂及び聖母マリア教会 | 文化遺産 | 1986 | (i)(iii)(iv)(vi) |
| **ハンザ同盟都市リューベック** | 文化遺産 | 1987 | (iv) |
| ローマ帝国の国境線 | 文化遺産 | 1987 | (ii)(iii)(iv) |
| **ポツダムとベルリンの宮殿群と公園群** | 文化遺産 | 1990 | (i)(ii)(iv) |
| ロルシュの王立修道院とアルテンミュンスター | 文化遺産 | 1991 | (iii)(iv) |
| ランメルスベルク鉱山と古都ゴスラーとオーバーハルツ水利管理システム | 文化遺産 | 1992 | (i)(ii)(iii)(iv) |
| バンベルクの町 | 文化遺産 | 1993 | (ii)(iv) |
| マウルブロンの修道院群 | 文化遺産 | 1993 | (ii)(iv) |
| クヴェートリンブルクの聖堂参事会教会、城と旧市街 | 文化遺産 | 1994 | (iv) |
| フェルクリンゲン製鉄所 | 文化遺産 | 1994 | (ii)(iv) |
| メッセル・ピットの化石地域 | 自然遺産 | 1995 | (viii) |

| | | | | |
|---|---|---|---|---|
| 18 | **ケルン大聖堂** | 文化遺産 | 1996 | (i)(ii)(iv) |
| 19 | ヴァイマールとデッサウのバウハウスとその関連遺産群 | 文化遺産 | 1996 | (ii)(iv)(vi) |
| 20 | **アイスレーベンとヴィッテンベルクにあるルターの記念建造物群** | 文化遺産 | 1996 | (iv)(vi) |
| 21 | 古典主義の都ヴァイマール | 文化遺産 | 1998 | (iii)(vi) |
| 22 | ベルリンのムゼウムスインゼル（博物館島） | 文化遺産 | 1999 | (ii)(iv) |
| 23 | ヴァルトブルク城 | 文化遺産 | 1999 | (iii)(vi) |
| 24 | デッサウ・ヴェルリッツの庭園王国 | 文化遺産 | 2000 | (ii)(iv) |
| 25 | 僧院の島ライヒェナウ | 文化遺産 | 2000 | (iii)(iv)(vi) |
| 26 | エッセンのツォルフェラインン炭坑業遺産群 | 文化遺産 | 2001 | (ii)(iii) |
| 27 | ライン渓谷中流上部 | 文化遺産 | 2002 | (ii)(iv)(v) |
| 28 | シュトラールズント及びヴィスマルの歴史地区 | 文化遺産 | 2002 | (ii)(iv) |
| 29 | ブレーメンのマルクト広場の市庁舎とローラント像 | 文化遺産 | 2004 | (iii)(iv)(vi) |
| 30 | ドレスデン・エルベ渓谷（登録削除） | 文化遺産 | 2004 | (ii)(iii)(iv)(v) |
| 31 | ムスカウアー公園／ムジャコフスキ公園 | 文化遺産 | 2004 | (i)(iv) |
| 32 | レーゲンスブルクの旧市街とシュタットアムホーフ | 文化遺産 | 2006 | (ii)(iii)(iv) |
| 33 | カルパチア山地のブナ原生林とドイツの古代ブナ林 | 自然遺産 | 2007 | (ix) |
| 34 | ベルリンの近代集合住宅群 | 文化遺産 | 2008 | (ii)(iv) |
| 35 | ワッデン海 | 自然遺産 | 2009 | (viii)(ix)(x) |
| 36 | アルフェルトのファグス工場 | 文化遺産 | 2011 | (ii)(iv) |
| 37 | アルプス山系の先史時代杭上住居跡群 | 文化遺産 | 2011 | (iv)(v) |
| 38 | バイロイト辺境伯のオペラハウス | 文化遺産 | 2012 | (i)(iv) |
| 39 | ヴィルヘルムスヘーエ城公園 | 文化遺産 | 2013 | (iii)(iv) |
| 40 | コルヴァイのカロリング朝ヴェストヴェルクとキウィタス | 文化遺産 | 2014 | (ii)(iii)(iv) |
| 41 | ハンブルクの倉庫街とチリハウスを含む商館街 | 文化遺産 | 2015 | (iv) |
| 42 | ル・コルビュジエの建築作品 - 近代建築運動への顕著な貢献 | 文化遺産 | 2016 | (i)(ii)(vi) |
| 43 | ジュヴェービッシュ・ユラの洞窟群と氷河期の芸術 | 文化遺産 | 2017 | (iii) |
| 44 | ナウムブルク大聖堂 | 文化遺産 | 2018 | (i)(ii) |
| 45 | ヘーゼビューとダーネヴィアケの考古学的国境遺産群 | 文化遺産 | 2018 | (iii)(iv) |
| 46 | エルツ／クルスノホリ鉱山地区 | 文化遺産 | 2019 | (ii)(iii)(iv) |
| 47 | アウクスブルクの水管理システム | 文化遺産 | 2019 | (ii)(iv) |

**トルコ共和国　P270 A 1**

| | | | | |
|---|---|---|---|---|
| 1 | **イスタンブール歴史地域** | 文化遺産 | 1985 | (i)(ii)(iii)(iv) |
| 2 | **ギョレメ国立公園とカッパドキアの岩窟群** | 複合遺産 | 1985 | (i)(iii)(v)(vii) |
| 3 | ディヴリーイの大モスクと病院 | 文化遺産 | 1985 | (i)(iv) |

| | | | | |
|---|---|---|---|---|
| 4 | ハットゥシャ：ヒッタイトの首都 | 文化遺産 | 1986 | (i)(ii)(iii)(iv) |
| 5 | ネムルット・ダー | 文化遺産 | 1987 | (i)(iii)(iv) |
| 6 | クサントス-レトーン | 文化遺産 | 1988 | (ii)(iii) |
| 7 | ヒエラポリス-パムッカレ | 複合遺産 | 1988 | (iii)(iv)(vii) |
| 8 | サフランボル市街 | 文化遺産 | 1994 | (ii)(iv)(v) |
| 9 | トロイの古代遺跡 | 文化遺産 | 1998 | (ii)(iii)(vi) |
| 10 | セリミエ・モスクと複合施設群 | 文化遺産 | 2011 | (i)(iv) |
| 11 | チャタルホユックの新石器時代遺跡 | 文化遺産 | 2012 | (iii)(iv) |
| 12 | ブルサとジュマルクズック：オスマン帝国発祥の地 | 文化遺産 | 2014 | (i)(ii)(iv)(vi) |
| 13 | ペルガモンとその重層的な文化的景観 | 文化遺産 | 2014 | (i)(ii)(iii)(iv)(vi) |
| 14 | ディヤルバクル城塞とエヴセル庭園の文化的景観 | 文化遺産 | 2015 | (iv) |
| 15 | エフェソス | 文化遺産 | 2015 | (iii)(iv)(vi) |
| 16 | アニの古代遺跡 | 文化遺産 | 2016 | (ii)(iii) |
| 17 | アフロディシアス | 文化遺産 | 2017 | (ii)(iii)(iv)(vi) |
| 18 | ギョベクリ・テペ | 文化遺産 | 2018 | (i)(ii)(iv) |

**ノルウェー王国　P299 A 2**

| | | | | |
|---|---|---|---|---|
| 1 | ウルネスの木造教会 | 文化遺産 | 1979 | (i)(ii)(iii) |
| 2 | ブリッゲン | 文化遺産 | 1979 | (iii) |
| 3 | レーロース鉱山都市とその周辺 | 文化遺産 | 1980 | (iii)(iv)(v) |
| 4 | アルタのロック・アート | 文化遺産 | 1985 | (iii) |
| 5 | ヴェガオヤン-ヴェガ群島 | 文化遺産 | 2004 | (v) |
| 6 | **西ノルウェーフィヨルド群-ガイランゲルフィヨルドとネーロイフィヨルド** | 自然遺産 | 2005 | (vii)(viii) |
| 7 | シュトゥルーヴェの三角点アーチ観測地点群 | 文化遺産 | 2005 | (ii)(iv)(vi) |
| 8 | リューカンとノトデンの産業遺産群 | 文化遺産 | 2001 | (ii)(iv) |

**バチカン市国　P297 B 2**

| | | | | |
|---|---|---|---|---|
| 1 | **ローマ歴史地区、教皇領とサン・パオロ・フオーリ・レ・ムーラ大聖堂** | 文化遺産 | 1980 | (i)(ii)(iii)(iv)(vi) |
| 2 | **バチカン市国** | 文化遺産 | 1984 | (i)(ii)(iv)(vi) |

**ハンガリー　P295 C 3**

| | | | | |
|---|---|---|---|---|
| 1 | ドナウ河岸、ブダ城地区及びアンドラーシ通りを含むブダペスト | 文化遺産 | 1987 | (ii)(iv) |
| 2 | ホローケーの古村落とその周辺地区 | 文化遺産 | 1987 | (v) |
| 3 | アグテレック・カルストとスロバキア・カルストの洞窟群 | 自然遺産 | 1995 | (viii) |
| 4 | パンノンハルマのベネディクト会修道院とその自然環境 | 文化遺産 | 1996 | (iv)(vi) |
| 5 | ホルトバージ国立公園-プッツァ | 文化遺産 | 1999 | (iv)(v) |
| 6 | ペーチ（ソピアネ）にある初期キリスト教墓地遺跡 | 文化遺産 | 2000 | (iii)(iv) |
| 7 | フェルテー湖／ノイジードラー湖の文化的景観 | 文化遺産 | 2001 | (v) |
| 8 | トカイワイン産地の歴史的文化的景観 | 文化遺産 | 2002 | (iii)(v) |

**フィンランド共和国　P299 B 2**

| | | | | |
|---|---|---|---|---|
| 1 | ラウマ旧市街 | 文化遺産 | 1991 | (iv)(v) |
| 2 | スオメンリンナの要塞群 | 文化遺産 | 1991 | (iv) |
| 3 | ペタヤヴェシの古い教会 | 文化遺産 | 1994 | (iv) |
| 4 | ヴェルラ砕木・板紙工場 | 文化遺産 | 1996 | (iv) |
| 5 | サンマルラハデンマキの青銅器時代の石塚墳 | 文化遺産 | 1999 | (iii)(iv) |
| 6 | ハイ・コースト／クヴァルケン群島 | 自然遺産 | 2000 | (viii) |
| 7 | シュトゥルーヴェの三角点アーチ観測地点群 | 文化遺産 | 2005 | (ii)(iv)(vi) |

**フランス共和国　P293 B 3**

| | | | | |
|---|---|---|---|---|
| 1 | **モン-サン-ミシェルとその湾** | 文化遺産 | 1979 | (i)(iii)(vi) |
| 2 | シャルトル大聖堂 | 文化遺産 | 1979 | (i)(ii)(iv) |
| 3 | **ヴェルサイユの宮殿と庭園** | 文化遺産 | 1979 | (i)(ii)(vi) |
| 4 | ヴェズレーの教会と丘 | 文化遺産 | 1979 | (i)(vi) |
| 5 | ヴェゼール渓谷の先史時代史跡群と洞窟壁画群 | 文化遺産 | 1979 | (i)(iii) |
| 6 | フォンテーヌブローの宮殿と庭園 | 文化遺産 | 1981 | (ii)(vi) |
| 7 | アミアン大聖堂 | 文化遺産 | 1981 | (i)(ii) |
| 8 | オランジュのローマ劇場とその周辺及び“凱旋門” | 文化遺産 | 1981 | (iii)(vi) |
| 9 | アルル、ローマ遺跡とロマネスク様式建造物群 | 文化遺産 | 1981 | (ii)(iv) |
| 10 | フォントネーのシトー会修道院 | 文化遺産 | 1981 | (iv) |
| 11 | 天日製塩施設、サラン-レ-バン大製塩所からアルケ-スナン王立製塩所まで | 文化遺産 | 1982 | (i)(ii)(iv) |
| 12 | ナンシーのスタニスラス広場、カリエール広場及びアリアンス広場 | 文化遺産 | 1983 | (i)(iv) |
| 13 | サン-サヴァン・シュール・ガルタンプの修道院教会 | 文化遺産 | 1983 | (i)(iii) |
| 14 | ポルト湾：ピアナのカランケ、ジロラッタ湾、スカンドラ保護区 | 自然遺産 | 1983 | (vii)(viii)(x) |
| 15 | ポン・デュ・ガール（ローマの水道橋） | 文化遺産 | 1985 | (i)(iii)(iv) |
| 16 | ストラスブールのグラン・ディルとノイシュタット | 文化遺産 | 1988 | (ii)(iv) |
| 17 | **パリのセーヌ河岸** | 文化遺産 | 1991 | (i)(ii)(iv) |
| 18 | ランスのノートル-ダム大聖堂、サン-レミ旧大修道院及びト宮殿 | 文化遺産 | 1991 | (i)(ii)(vi) |
| 19 | ブールジュ大聖堂 | 文化遺産 | 1992 | (i)(iv) |
| 20 | **アヴィニョン歴史地区：法王庁宮殿、司教関連建造物群及びアヴィニョン橋** | 文化遺産 | 1995 | (i)(ii)(iv) |
| 21 | ミディ運河 | 文化遺産 | 1996 | (i)(ii)(iv)(vi) |
| 22 | **歴史的城塞都市カルカッソンヌ** | 文化遺産 | 1997 | (ii)(iv) |
| 23 | ピレネー山脈-ペルデュ山 | 複合遺産 | 1997 | (iii)(iv)(v)(vii)(viii) |
| 24 | フランスのサンティアゴ・デ・コンポステーラの巡礼路 | 文化遺産 | 1998 | (ii)(iv)(vi) |
| 25 | **リヨン歴史地区** | 文化遺産 | 1998 | (ii)(iv) |
| 26 | サン・テミリオン地域 | 文化遺産 | 1999 | (iii)(iv) |

| | | | | |
|---|---|---|---|---|
| ベルギーとフランスの鐘楼群 | 文化遺産 | 1999 | (ii)(iv) | |
| シュリー-シュル-ロワールとシャロンヌ間のロワール渓谷 | 文化遺産 | 2000 | (i)(ii)(iv) | |
| 中世市場都市プロヴァン | 文化遺産 | 2001 | (ii)(iv) | |
| ル・アーヴル、オーギュスト・ペレによる再建都市 | 文化遺産 | 2005 | (ii)(iv) | |
| ボルドー、リューヌ港 | 文化遺産 | 2007 | (ii)(iv) | |
| ニューカレドニアのラグーン：リーフの多様性とその生態系 | 自然遺産 | 2008 | (vii)(ix)(x) | P289 |
| ヴォーバンの要塞群 | 文化遺産 | 2008 | (i)(ii)(iv) | |
| アルビ司教都市 | 文化遺産 | 2010 | (iv)(v) | |
| レユニオン島の火山峰、圏谷と岩壁群 | 自然遺産 | 2010 | (vii)(x) | P348 B 3 |
| アルプス山系の先史時代杭上住居跡群 | 文化遺産 | 2011 | (iv)(v) | |
| コースとセヴェンヌの地中海性農牧地の文化的景観 | 文化遺産 | 2011 | (iii)(v) | |
| ノール=パ・デュ・カレー地方の炭田地帯 | 文化遺産 | 2012 | (ii)(iv)(vi) | |
| アルデッシュ　ショーヴェ・ポンダルク洞窟壁画 | 文化遺産 | 2014 | (i)(iii) | |
| シャンパーニュの丘陵、メゾンとカーヴ | 文化遺産 | 2015 | (iii)(iv)(vi) | |
| ブルゴーニュのブドウ畑のクリマ | 文化遺産 | 2015 | (iii)(v) | |
| ル・コルビュジエの建築作品 - 近代建築運動への顕著な貢献 | 文化遺産 | 2016 | (i)(ii)(vi) | 地図未記載。国内各所に点在 |
| タプタプアテア | 文化遺産 | 2017 | (iii)(iv)(vi) | P349 F 4 |
| シェヌ・デ・ピュイ－リマーニュ盆地の地殻変動地帯 | 自然遺産 | 2018 | (viii) | |
| フランスの南半球の陸と海 | 自然遺産 | 2019 | (vii)(ix)(x) | P348C 4 |

**ルガリア共和国　P297 D 2**

| | | | |
|---|---|---|---|
| ボヤナ教会 | 文化遺産 | 1979 | (ii)(iii) |
| マダラの騎士像 | 文化遺産 | 1979 | (i)(iii) |
| カザンラックのトラキア人の墳墓 | 文化遺産 | 1979 | (i)(iii)(iv) |
| イヴァノヴォの岩窟教会群 | 文化遺産 | 1979 | (ii)(iii) |
| リラ修道院 | 文化遺産 | 1983 | (vi) |
| 古代都市ネセバル | 文化遺産 | 1983 | (iii)(iv) |
| スレバルナ自然保護区 | 自然遺産 | 1983 | (x) |
| ピリン国立公園 | 自然遺産 | 1983 | (vii)(viii)(ix) |
| スヴェシュタリのトラキア人の墳墓 | 文化遺産 | 1985 | (i)(iii) |
| カルパチア山脈とヨーロッパ地域の古代及び原生ブナ林 | 自然遺産 | 2007 | (ix) |

**ラルーシ共和国　P295 D 2**

| | | | |
|---|---|---|---|
| ビャウォヴィエジャの森 | 自然遺産 | 1979 | (ix)(x) |
| ミール地方の城と関連建物群 | 文化遺産 | 2000 | (ii)(iv) |
| ネースヴィジのラジヴィール家の建築、住居、文化的複合体 | 文化遺産 | 2005 | (ii)(iv)(vi) |
| シュトゥルーヴェの三角点アーチ観測地点群 | 文化遺産 | 2005 | (ii)(iv)(vi) |

**ベルギー王国　P293 B 2**

| | | | | |
|---|---|---|---|---|
| 1 | フランドル地方のベギン会修道院 | 文化遺産 | 1998 | (ii)(iii)(iv) |
| 2 | 中央運河にかかる４機の水力式リフトとその周辺のラ・ルヴィエール及びル・ルー（エノー） | 文化遺産 | 1998 | (iii)(iv) |
| 3 | ブリュッセルのグラン-プラス | 文化遺産 | 1998 | (ii)(iv) |
| 4 | ベルギーとフランスの鐘楼群 | 文化遺産 | 1999 | (ii)(iv) |
| 5 | ブリュージュ歴史地区 | 文化遺産 | 2000 | (ii)(iv)(vi) |
| 6 | 建築家ヴィクトール・オルタによる主な邸宅群（ブリュッセル） | 文化遺産 | 2000 | (i)(ii)(iv) |
| 7 | スピエンヌの新石器時代の火打石の鉱山発掘地（モンス） | 文化遺産 | 2000 | (i)(iii)(iv) |
| 8 | トゥルネーのノートル-ダム大聖堂 | 文化遺産 | 2000 | (ii)(iv) |
| 9 | プランタン-モレトゥスの家屋-工房-博物館複合体 | 文化遺産 | 2005 | (ii)(iii)(iv)(vi) |
| 10 | カルパチア山脈とヨーロッパ地域の古代及び原生ブナ林 | 自然遺産 | 2007 | (ix) |
| 11 | ストックレー邸 | 文化遺産 | 2009 | (i)(ii) |
| 12 | ワロン地方の主要な鉱山遺跡群 | 文化遺産 | 2012 | (ii)(iv) |
| 13 | ル・コルビュジエの建築作品 - 近代建築運動への顕著な貢献 | 文化遺産 | 2016 | (i)(ii)(vi) |

**ポーランド共和国　P295 C 2**

| | | | | |
|---|---|---|---|---|
| 1 | クラクフ歴史地区 | 文化遺産 | 1978 | (iv) |
| 2 | ヴィエリチカ・ボフニア王立岩塩坑 | 文化遺産 | 1978 | (iv) |
| 3 | **アウシュヴィッツ・ビルケナウ　ナチスドイツの強制絶滅収容所（1940-1945）** | 文化遺産 | 1979 | (vi) |
| 4 | ビャウォヴィエジャの森 | 自然遺産 | 1979 | (ix)(x) |
| 5 | **ワルシャワ歴史地区** | 文化遺産 | 1980 | (ii)(vi) |
| 6 | ザモシチ旧市街 | 文化遺産 | 1992 | (iv) |
| 7 | 中世都市トルニ | 文化遺産 | 1997 | (ii)(iv) |
| 8 | マルボルクのドイツ騎士団の城 | 文化遺産 | 1997 | (ii)(iii)(iv) |
| 9 | カルヴァリア・ゼブジトフスカ：マニエリスム様式の建築と公園の景観複合体と巡礼公園 | 文化遺産 | 1999 | (ii)(iv) |
| 10 | ヤヴォルとシフィドニツァの平和教会群 | 文化遺産 | 2001 | (iii)(iv)(vi) |
| 11 | マーウォポルスカ南部の木造教会群 | 文化遺産 | 2003 | (iii)(iv) |
| 12 | ムスカウアー公園／ムジャコフスキ公園 | 文化遺産 | 2004 | (i)(iv) |
| 13 | ヴロツワフの百周年記念ホール | 文化遺産 | 2006 | (i)(ii)(iv) |
| 14 | ポーランド、ウクライナのカルパチア地方の木造教会 | 文化遺産 | 2013 | (iii)(iv) |
| 15 | タルノフスキェ・グリの鉛・銀・亜鉛鉱山とその地下水管理システム | 文化遺産 | 2017 | (i)(ii)(iv) |
| 16 | クルゼミオンキの先史時代のストライプトフリント鉱山地区 | 文化遺産 | 2019 | (iii)(iv) |

**ボスニア・ヘルツェゴビナ　P297 B 1**

| | | | | | |
|---|---|---|---|---|---|
| 1 | モスタル旧市街の古橋地区 | 文化遺産 | 2005 | (vi) | |
| 2 | ヴィシェグラードのメフメド・パシャ・ソコロヴィッチ橋 | 文化遺産 | 2007 | (ii)(iv) | |
| 3 | 中世墓碑ステチュツィの墓所群 | 文化遺産 | 2016 | (iii)(vi) | |

**ポルトガル共和国　P293 A 3**

| | | | | | |
|---|---|---|---|---|---|
| 1 | アゾレス諸島のアングラ・ド・エロイズモの町の中心地区 | 文化遺産 | 1983 | (iv)(vi) | **P348 A 2** |
| 2 | リスボンのジェロニモス修道院とベレンの塔 | 文化遺産 | 1983 | (iii)(vi) | |
| 3 | バターリャの修道院 | 文化遺産 | 1983 | (i)(ii) | |
| 4 | トマールのキリスト教修道院 | 文化遺産 | 1983 | (i)(vi) | |
| 5 | エヴォラ歴史地区 | 文化遺産 | 1986 | (ii)(iv) | |
| 6 | アルコバッサの修道院 | 文化遺産 | 1989 | (i)(iv) | |
| 7 | シントラの文化的景観 | 文化遺産 | 1995 | (ii)(iv)(v) | |
| 8 | ポルト歴史地区、ルイス1世橋およびセラ・ド・ピラール修道院 | 文化遺産 | 1996 | (iv) | |
| 9 | コア渓谷とシエガ・ヴェルデの先史時代のロックアート遺跡群 | 文化遺産 | 1998 | (i)(iii) | |
| 10 | マデイラ諸島のラウリシルヴァ | 自然遺産 | 1999 | (ix)(x) | **P339 A 1** |
| 11 | ギマランイス歴史地区 | 文化遺産 | 2001 | (ii)(iii)(iv) | |
| 12 | アルト・ドウロ・ワイン生産地域 | 文化遺産 | 2001 | (iii)(iv)(v) | |
| 13 | ピーコ島のブドウ園文化の景観 | 文化遺産 | 2004 | (iii)(v) | **P348 A 2** |
| 14 | 国境防備の町エルヴァスとその要塞群 | 文化遺産 | 2012 | (iv) | |
| 15 | コインブラ大学－アルタとソフィア | 文化遺産 | 2013 | (ii)(iv)(vi) | |
| 16 | ブラガのボン・ジェズス・ド・モンテの聖域 | 文化遺産 | 2019 | (iv) | |
| 17 | マフラの王宮－宮殿、教会、修道院、セルコ庭園及び狩猟公園（タパダ） | 文化遺産 | 2019 | (iv) | |

**マルタ共和国　P297 B 4**

| | | | | | |
|---|---|---|---|---|---|
| 1 | ハル・サフリエニ地下墳墓 | 文化遺産 | 1980 | (iii) | |
| 2 | ヴァレッタ市街 | 文化遺産 | 1980 | (i)(vi) | |
| 3 | マルタの巨石神殿群 | 文化遺産 | 1980 | (iv) | |

**モルドバ共和国　P295 D 3**

| | | | | | |
|---|---|---|---|---|---|
| 1 | シュトゥルーヴェの三角点アーチ観測地点群 | 文化遺産 | 2005 | (ii)(iv)(vi) | |

**モンテネグロ　P297 C 2**

| | | | | | |
|---|---|---|---|---|---|
| 1 | コトルの自然と文化-歴史地域 | 文化遺産 | 1979 | (i)(ii)(iii)(iv) | |
| 2 | ドゥルミトル国立公園 | 自然遺産 | 1980 | (vii)(viii)(x) | |
| 3 | 中世墓碑ステチュツィの墓所群 | 文化遺産 | 2016 | (iii)(vi) | |

**ラトビア共和国　P295 D 1**

| | | | | | |
|---|---|---|---|---|---|
| 1 | リガ歴史地区 | 文化遺産 | 1997 | (i)(ii) | |
| 2 | シュトゥルーヴェの三角点アーチ観測地点群 | 文化遺産 | 2005 | (ii)(iv)(vi) | |

**リトアニア共和国　P295 D 1**

| | | | | | |
|---|---|---|---|---|---|
| 1 | ヴィルニュスの歴史地区 | 文化遺産 | 1994 | (ii)(iv) | |
| 2 | クルシュー砂州 | 文化遺産 | 2000 | (v) | |
| 3 | ケルナヴェ古代遺跡（ケルナヴェ文化保護区） | 文化遺産 | 2004 | (iii)(iv) | |
| 4 | シュトゥルーヴェの三角点アーチ観測地点群 | 文化遺産 | 2005 | (ii)(iv)(vi) | |

**ルーマニア　P295 D 3**

| | | | | | |
|---|---|---|---|---|---|
| 1 | ドナウ・デルタ | 自然遺産 | 1991 | (vii)(x) | |
| 2 | トランシルヴァニア地方の要塞教会群のある集落 | 文化遺産 | 1993 | (iv) | |
| 3 | ホレズ修道院 | 文化遺産 | 1993 | (ii) | |
| 4 | モルドヴィア地方の教会群 | 文化遺産 | 1993 | (i)(iv) | |
| 5 | シギショアラ歴史地区 | 文化遺産 | 1999 | (iii)(v) | |
| 6 | マラムレシュ地方の木造教会群 | 文化遺産 | 1999 | (iv) | |
| 7 | オラシュチエ山脈のダキア人の要塞群 | 文化遺産 | 1999 | (ii)(iii)(iv) | |
| 8 | カルパチア山脈とヨーロッパ地域の古代及び原生ブナ林 | 自然遺産 | 2007 | (ix) | |

**ルクセンブルク大公国　P295 A 2**

| | | | | | |
|---|---|---|---|---|---|
| 1 | ルクセンブルク市：その古い街並みと要塞群 | 文化遺産 | 1994 | (iv) | |

**ロシア　P299 C 2**

| | | | | | |
|---|---|---|---|---|---|
| 1 | **サンクト・ペテルブルグ歴史地区と関連建造物群** | 文化遺産 | 1990 | (i)(ii)(iv)(vi) | |
| 2 | キジ島の木造教会 | 文化遺産 | 1990 | (i)(iv)(v) | |
| 3 | **モスクワのクレムリンと赤の広場** | 文化遺産 | 1990 | (i)(ii)(iv)(vi) | |
| 4 | ノヴゴロドの文化財とその周辺地区 | 文化遺産 | 1992 | (ii)(iv)(vi) | |
| 5 | ソロヴェツキー諸島の文化と歴史遺産群 | 文化遺産 | 1992 | (iv) | |
| 6 | ウラジーミルとスーズダリの白い建造物群 | 文化遺産 | 1992 | (i)(ii)(iv) | |
| 7 | セルギエフ・ポサドのトロイツェ・セルギー大修道院の建造物群 | 文化遺産 | 1993 | (ii)(iv) | |
| 8 | コローメンスコエの昇天教会 | 文化遺産 | 1994 | (ii) | |
| 9 | コミ原生林 | 自然遺産 | 1995 | (vii)(ix) | **P348 B 1** |
| 10 | **バイカル湖** | 自然遺産 | 1996 | (vii)(viii)(ix)(x) | **P267** |
| 11 | **カムチャツカ火山群** | 自然遺産 | 1996 | (vii)(viii)(ix)(x) | **P349** |
| 12 | アルタイのゴールデン・マウンテン | 自然遺産 | 1998 | (x) | **P267 A 1** |
| 13 | 西コーカサス山脈 | 自然遺産 | 1999 | (ix)(x) | **P270 A 1** |
| 14 | カザン・クレムリンの歴史遺産群と建築物群 | 文化遺産 | 2000 | (ii)(iii)(iv) | **P348 B** |
| 15 | フェラポントフ修道院群 | 文化遺産 | 2000 | (i)(iv) | |
| 16 | クルシュー砂州 | 文化遺産 | 2000 | (v) | **P295 C 1** |
| 17 | 中央シホテ-アリン | 自然遺産 | 2001 | (x) | **P267 C 1** |
| 18 | デルベントのシタデル、古代都市、要塞建築物群 | 文化遺産 | 2003 | (iii)(iv) | **P270 A 1** |
| 19 | オヴス・ヌール盆地 | 自然遺産 | 2003 | (ix)(x) | **P267 A 1** |
| 20 | ランゲル島保護区の自然生態系 | 自然遺産 | 2004 | (ix)(x) | **P349 E 1** |
| 21 | ノヴォデヴィチ女子修道院群 | 文化遺産 | 2004 | (i)(iv)(vi) | |

| | | | | |
|---|---|---|---|---|
| ヤロスラヴル市街の歴史地区 | 文化遺産 | 2005 | (ii)(iv) | |
| シュトゥルーヴェの三角点アーチ観測地点群 | 文化遺産 | 2005 | (ii)(iv)(vi) | |
| プトラナ高原 | 自然遺産 | 2010 | (vii)(ix) | P348 C 1 |
| レナ川の石柱自然公園 | 自然遺産 | 2012 | (viii) | P348 D 2 |
| ブルガールの歴史的考古学的遺跡群 | 文化遺産 | 2014 | (ii)(vi) | P348 B 2 |
| スヴィヤジツク島の聖母被昇天大聖堂と修道院 | 文化遺産 | 2017 | (ii)(iv) | P348 B 2 |
| プスコフ建築派の教会群 | 文化遺産 | 2019 | (iv) | |

## アイアンブリッジ峡谷
Ironbridge Gorge

文化遺産　英国（グレートブリテン及び北アイルランド連合王国）　1986 年登録
登録基準：（ⅰ）（ⅱ）（ⅳ）（ⅵ）

アイアンブリッジ峡谷は、イギリス・イングランド中部にあるセヴァーン川が形作ったセヴァーン峡谷のことである。この渓谷があるコールブルックデールは、イギリス産業革命のはじまったことで知られる鉄鋼の町である。

産業革命は、1709 年に製鉄業者エイブラハム・ダービーが、コールブルックデールで石炭コークスを使って高品質の鉄を作り出す、近代的な製鉄法を発明したことから始まった。「アイアンブリッジ」と呼ばれるコールブルックデール橋は、1779 年に架けられた世界で最初に作られた鉄橋といわれている。溶鉱炉や工場などは現在、アイアンブリッジ峡谷博物館として一般に公開されており、アイアンブリッジと共にその姿を今に伝えている。

## ウェストミンスター宮殿、ウェストミンスター大寺院及び聖マーガレット教会
Palace of Westminster and Westminster Abbey including Saint Margaret's Church

文化遺産　英国（グレートブリテン及び北アイルランド連合王国）　1987 年登録　登録基準：（ⅰ）（ⅱ）（ⅳ）

ウェストミンスター宮殿

ウェストミンスター宮殿は、イギリスのロンドン中心部、テムズ川左岸に位置する宮殿で、現在は英国議会が議事堂として使用している議会制民主主義誕生の舞台となった建物である。

この地に初めて王宮が建てられたのは、11 世紀半ばのエドワード王の時代である。1295 年には「模範議会」と呼ばれる議会も宮殿内で開催されている。イギリスの二院制は 14 世紀半ばにはじまり、1547 年からは上下両院が宮殿内にそれぞれ議場を持ち、ウェストミンスター宮殿は国会議事堂として使用されるようになった。17 世紀に起こった清教徒（ピューリタン）を中心とする議会派による王室への反乱であるピューリタン革命の発端の場にもなった。併設されている時計塔・ビッグ・ベンはロンドンのランドマークになっている。

同じく 11 世紀に建てられたウェストミンスター寺院は、王室や著名人の霊廟があり、1066 年のウィリアム 1 世以来、歴代の国王の戴冠式が行われてきた英国国教会の代表的な寺院である。同じ敷地内にある聖マーガレット教会は 12 世紀に建てられ、16 世紀に再建されたものである。

## ストーンヘンジ、エーヴベリーと関連する遺跡群
Stonehenge, Avebury and Associated Sites

文化遺産　英国（グレートブリテン及び北アイルランド連合王国）　1986年登録　登録基準：（ⅰ）（ⅱ）（ⅲ）

ストーンヘンジ

イギリス・イングランド南部のウィルトシャーにある世界文化遺産である。登録対象となっているのは、特定の記念建造物ではなくそれらが点在する二つの地域で、この２つの建造物群は30km程離れた距離に位置している。ストーンヘンジは巨石で作られた環状列石（巨石が環状に配置された遺跡）である。築かれた理由は解明されていないが、太陽崇拝の祭祀場、天文に関するものとも考えられている謎に包まれた神秘的な巨石建造物である。エーヴベリーの遺跡は、周囲が1.3kmに及び、世界最大の巨大な環状列石といわれている。これらは紀元前2000年から紀元前1000年頃に築られたと考えられている。２つの巨石遺跡の周辺には、新石器時代から青銅器時代にかけての遺跡があり、あわせて先史時代の傑出した創造的および技術的成果として文化遺産とされている。

## ニュー・ラナーク
New Lanark

文化遺産　英国（グレートブリテン及び北アイルランド連合王国）　2001年登録　登録基準：（ⅱ）（ⅳ）（ⅵ）

ニュー・ラナーク

ニュー・ラナークは、イギリス・スコットランド南部の村で、18世紀末の産業革命時に作られた紡績工場と労働者住宅群からなる産業集落である。1786年にデヴィッド・デイルが、水車で動く綿紡績工場や工場労働者用の住宅を建設したのがその始まりで、デイルの娘婿であり、社会主義者、人道主義者であるロバート・オウエンが中心となってニュー・ラナークは人道主義的な工場経営という理想を事業的に成功させた。ユートピア社会主義を体現する存在であり、現在の生活協同組合のシステムもあった。事業を成功させた工場のみならず、労働者の住宅、教育機関の建造物が今も残っている。紡績工場は、1968年まで稼働し、工場閉鎖後の衰退期を経た後、町の保全・管理のためのトラスト協会が設立され、オウエンの築いた町とその思想を伝えている。

## アルベロベッロのトゥルッリ
The Trulli of Alberobello

文化遺産　イタリア共和国　1996年登録　登録基準：(iii)(iv)(v)

アルベロベッロの街並み

「トゥルッリ」は、イタリア南部のアルベロベッロに残るこの地方独特の家屋建築方法である。ひとつの部屋にひとつの屋根が載っているトゥルッリは、この地域で産出する石灰岩を材料とし、白い石灰でできた円筒形の壁の上に石灰岩を円錐形に積み上げる独特の形状で知られている。アルベロベッロのアイア・ピッコラ地区とモンティ地区を中心には、約1500軒のトゥルッリがあり、一説には税金逃れのために壊しやすい家を造ったともいわれている。この工法は、先史時代から継承されてきた建築方法であり、アルベロベッロのトゥルッリは、その生きた例証とされ、現在も現役の住宅や店舗として使用されており、貴重な景観を維持している。アルベロベッロ市は岐阜県の白川村と姉妹友好提携を締結している。両者には、人が生活する住宅が文化遺産となり保存・継承の課題を持つ共通点がある。

## ヴェネツィアとその潟
Venice and its Lagoon

文化遺産　イタリア共和国　1987年登録　登録基準：(i)(ii)(iii)(iv)(v)(vi)

サン・マルコ大聖堂

ヴェネツィアは5世紀頃にアドリア海の干潟（ラグーナ）に築かれ、中世にはヴェネツィア共和国の中心地として貿易で栄えた。100以上の島が多くの橋と運河で結ばれている。イタリア本土とは橋でつながれているが島内には車は入ることはできず、島内の移動は船が主となり、「水の都」とも称されている。ヴェネツィアに侵攻したナポレオンが「世界で最も美しい広場」と評したサン・マルコ広場、そこに建つビザンティン建築の代表的な建物であるサン・マルコ大聖堂、ドゥカーレ宮殿、リアルト橋など中世の建造物が数多く残り、街全体が文化遺産となっている。ヴェネツィア本島以外には、トルチェッロ島、ムラーノ島、ブラーノ島などが知られている。干潟の上に築かれた都市という性質上、ヴェネツィアでは地盤沈下、地球温暖化による海面上昇、高潮による被害が問題となっている。

## ピサのドゥオモ広場
Piazza del Duomo, Pisa

文化遺産　イタリア共和国　1987年登録　登録基準：(ⅰ)(ⅱ)(ⅳ)(ⅵ)

ピサの斜塔

ピサは、イタリア中部のトスカーナ州にあるピサ県の県都である。海運都市国家としてのピサは、1063年のパレルモ沖海戦でイスラム軍を破り、その基盤を固めた。ドゥオモ広場の大聖堂（ドゥオモ）は、この海戦の戦勝を記念して建てられたものである。

大聖堂の他に、洗礼堂、鐘楼、墓所（カンポサント）などの壮麗な建造物のあるドゥオモ広場は、「奇跡の広場」と呼ばれている。中でも鐘楼は、「ピサの斜塔」として有名である。ピサの斜塔は、1173年の着工当初から傾きはじめた。地盤が軟弱なため、塔の自重で傾きはじめたといわれている。16世紀から17世紀にかけて活躍した物理学者ガリレオ・ガリレイはピサの出身で、この斜塔の上から重さの異なる2つの物体を落として、両者は同時に落ちることを証明する実験をしたとの逸話が残っている。

## フィレンツェ歴史地区
Historic Centre of Florence

文化遺産　イタリア共和国　1982年登録　登録基準：(ⅰ)(ⅱ)(ⅲ)(ⅳ)(ⅵ)

フィレンツェの街並み

フィレンツェは、トスカーナ州の州都、フィレンツェ県の県都である。フィレンツェ歴史地区はフィレンツェの中心部に位置する。フィレンツェの街は15～16世紀にかけてメディチ家支配のもと、経済・文化的に繁栄し、ルネサンスの発祥地であり、中心地となった。多くの歴史的建造物、芸術作品が残るフィレンツェは「屋根のない博物館」とも称されている。

巨大なドームが特徴的なキリスト教会サンタ・マリア・デル・フィオーレ大聖堂は、ルネサンス期を代表する建造物である。ウフィツィ美術館は、建物自体も歴史的建造物であり、レオナルド・ダ・ビンチの「受胎告知」、ボッティチェリの「ヴィーナスの誕生」などが収蔵されている。その他にもヴェッキオ宮殿、ピッティ宮殿などが、ルネサンスの精神を現代に伝えている。

## アマルフィ海岸

Costiera Amalfitana

文化遺産　イタリア共和国　1997年登録　登録基準：(ii)(iv)(v)

アマルフィ海岸

アマルフィ海岸は、ナポリの南方にあるソレント半島南岸、地中海に南面する約30kmにおよぶ「世界一美しい海岸」ともいわれる景勝地である。断崖絶壁と急斜面、複雑な海岸線が入り組み、太陽と斜面に張り付くように立つ白い街並みが印象的な風景を見せる。自然の風光明媚な価値を持つ地中海の景観の顕著な例とされている。

アマルフィ海岸には、アマルフィ、ポジターノ、ラヴェッロなどの町が点在する。アマルフィ海岸の中心地であるアマルフィは中世に海洋都市国家として栄え、町の中心には千年の歴史を持つといわれるアマルフィ大聖堂がある。ポジターノは多くの人が訪れるリゾート地、ラヴェッロは海岸から離れた、地中海とその海岸線を見下ろす高台にある。

## ローマ歴史地区、教皇領とサン・パオロ・フオーリ・レ・ムーラ大聖堂

Historic Centre of Rome, the Properties of the Holy See in that City Enjoying Extraterritorial Rights and San Paolo Fuori le Mura

文化遺産　イタリア共和国・バチカン市国　1980年登録　登録基準：(i)(ii)(iii)(iv)(vi)

コロッセオ

イタリアの首都ローマおよびバチカンにある文化遺産の登録物件。ローマ歴史地区には古代ローマ、ローマ帝国の遺跡が点在している。

コロッセオは紀元80年に作られた円形闘技場の跡である。フォロ・ロマーノは古代ローマの政治・経済の中心地であった広場の跡で、凱旋門や神殿など多数の遺跡が残る。コンスタンティヌスの凱旋門はフランス・パリのエトワール凱旋門のモデルになったといわれる。パンテオンは、キリスト教以前のローマ神話時代の神々を祭る神殿といわれる。カラカラ帝がつくったカラカラ浴場の遺跡も残る。古代ローマの城壁外にあるサン・パオロ・フオーリ・レ・ムーラ大聖堂は、サンタ・マリア・マッジョーレ大聖堂、サン・ジョバンニ・イン・ラテラノ大聖堂とともに、バチカン市国外にあるがバチカン市国の権利が認められている教会で、バチカン市国内のサン・ピエトロ大聖堂とあわせて、ローマの四大バシリカ（聖堂）とされている。

## バチカン市国
Vatican City

文化遺産　バチカン市国　1984 年登録　登録基準：(ⅰ)(ⅱ)(ⅳ)(ⅵ)

バチカン市国は、イタリアのローマにある世界最小の国家であり、その国土全域が世界遺産として登録されている。バチカンはテベレ川の西側に位置し、全世界に約 10 億人を超える信者を持つとされるカトリックの総本山である。

サン・ピエトロ広場

サン・ピエトロ大聖堂は、イエス・キリストの最初の弟子である聖ペテロの墓所といわれる場所に建てられ、現在の建物は 17 世紀に完成し、キリスト教の建造物としては世界最大といわれている。サン・ピエトロ広場は大聖堂の東側・正面に位置する楕円形の広場と回廊である。バチカン宮殿はサン・ピエトロ大聖堂の北側に隣接するローマ教皇の住居である。バチカン美術館は宮殿内にある 24 の美術館の総称で、システィーナ礼拝堂にはミケランジェロ作の『最後の審判』の壁画がある。

## タリン歴史地区（旧市街）
Historic Centre (Old Town) of Tallinn

文化遺産　エストニア共和国　1997 年登録　登録基準：(ⅱ)(ⅳ)

「タリン歴史地区（旧市街）」はバルト 3 国のひとつであるエストニアの首都タリンの旧市街に残る中世の街並みである。タリンは、バルト海東部のフィンランド湾に面する港町で、13 世紀にデンマーク人によって建設された。その後、中世の都市同盟であるハンザ同盟の都市として繁栄したが、スウェーデン領、ロシア領となる支配の変遷、戦争に巻き込まれた歴史を持つ。トームペアの丘に建てられたトームペア城、エストニア最古の大聖堂である聖ニコラウス聖堂、大ギルド会館（エストニア歴史博物館）などが点在し、歴史的に価値のある街並みが残っている。

タリン　トームペア

ソ連崩壊により 20 世紀末に独立したバルト 3 国では、エストニアのタリンと同様にリトアニアの「ヴィルニュスの歴史地区」、ラトビアの「リガ歴史地区」が、歴史を感じられる街並みとして世界遺産に登録されている。

## ウィーン歴史地区
Historic Centre of Vienna

文化遺産　オーストリア共和国　2001年登録　登録基準：(ii)(iv)(vi)

聖シュテファン大聖堂

ウィーンは、オーストリアの首都で、古代ローマ時代からの歴史を持ち、13世紀以降はハプスブルク家に統治され発展した。その旧市街にはさまざまな時代に立てられた多様な建築様式の建造物群が現存する。近世以降は、モーツァルトなど多くの作曲家が活躍したことから「音楽の都」と呼ばれている。

ウィーン歴史地区は、19世紀に城壁の跡に作られた環状道路であるリンク・シュトラーセに囲まれている。街のシンボルである聖シュテファン大聖堂は、ゴシック様式の教会で、ハプスブルク家の墓所である。ベルヴェデーレ宮殿はバロック様式の宮殿で、現在は美術館となっている。ウィーン国立歌劇場は、宮廷歌劇場として作られた楽都の象徴である。

ウィーン歴史地区は、高層ビルの建設計画による景観破壊の恐れがあるとして、2017年に危機遺産に登録されている。

## シェーンブルン宮殿と庭園群
Palace and Gardens of Schönbrunn

文化遺産　オーストリア共和国　1996年登録　登録基準：(i)(iv)

シェーンブルン宮殿

シェーンブルン宮殿は、前述のウィーン歴史地区の南西に位置する宮殿である。ハプスブルク家の離宮として使用されていたが、18世紀の女王マリア・テレジアがこの地を好んだことから、大規模な増改築が行われ、現在の姿になった。改築された宮殿は、バロック様式の外観で、内部には全部で1,400以上の部屋が設けられ、多彩な装飾が施された。6歳のモーツァルトが、マリア・テレジアの前でピアノ演奏を披露した部屋も残っている。女王の死後、1800年代初頭にはウィーンを占領したナポレオンが同宮殿に居を定めた。そのナポレオン戦争後に欧州各国の首脳が集まったウィーン会議も同宮殿が会場となった。宮殿の背後には広大なシェーンブルン庭園が広がり、宮殿と調和のとれた景観が保たれている。

## アテネのアクロポリス
Acropolis of Athens

文化遺産　ギリシャ共和国　1987年登録　登録基準：(ⅰ)(ⅱ)(ⅲ)(ⅳ)(ⅵ)

アクロポリス

アテネのアクロポリスは、ギリシャの首都アテネの中心部にある小高い丘の上に立つ遺跡である。「ポリス」は都市国家のことであり、アクロポリスは、「(丘の上の) 高い場所にある都市国家」を意味する。

アクロポリスの中心に立ち、古代ギリシャ文明の栄光の象徴となっているのが紀元前5世紀の完成といわれるパルテノン神殿で、ドーリア式建築の代表である。アテネの守護神である女神アテナ像が祀った神殿の円柱は、中央に膨らみを持たせるエンタシスという技法が用いられている。この技法は日本の法隆寺の金堂や五重塔の円柱にも見られる。アクロポリスの隣に立つのが、エレクテイオンで、こちらはイオニア式建築の代表とされている。アテナ・ニケ神殿、ディオニソスの劇場も歴史を物語る遺跡であり、アクロポリスは、古典的な精神と文明の普遍的なシンボルであり、古代から現代に残された最高の建築と芸術の複合体といえる。

## デロス島
Delos

文化遺産　ギリシャ共和国　1990年登録　登録基準：(ⅱ)(ⅲ)(ⅳ)(ⅵ)

デロス島・ライオン像

デロス島は、エーゲ海のギリシャ本土の東方に位置する島である。古代ギリシャにおいて聖地とされた島で、紀元前5世紀から同3世紀に、ヘレニズム文化の宗教的・芸術的・商業的な中心地として栄えた。面積約3㎢の小さな島全体に古代遺跡が残り、ペルシャに対抗してギリシャの各都市国家がアテネを盟主としてこの地で結んだ「デロス同盟」の名でも知られている。アポロン神殿は太陽の神アポロンを祀る神殿である。この島の大理石を使ったドーリア式の壮大な建物だったが、現在は数本の柱のみが残る。白い大理石造りの5頭のライオン像、イーシスの神殿、古代劇場なども見られる。現在のデロス島は日中のみ旅行者が訪れる無人島で、ミコノス島からの船で約30分で訪れることができる。

## ドゥブロヴニク旧市街
Old City of Dubrovnik

文化遺産　クロアチア共和国　1979年登録　登録基準：(ⅰ)(ⅲ)(ⅳ)

ドゥブロヴニク旧市街

ドゥブロヴニクは、クロアチアのアドリア海沿岸の最南部に位置する都市である。ドゥブロヴニク旧市街は、アドリア海に面した城塞都市であり、「アドリア海の真珠」と呼ばれ、もっとも美しい地中海都市のひとつとされている。歴史的には地中海交易の拠点として栄えた。13世紀に共和制の自治都市となり、宗主国を変えながらも自治を守ってきた。旧市街は、自由と自治を守るために築かれた、堅固な城壁に囲まれ、その全長約2kmの城壁は遊歩道となっていて、絶景を楽しむことができる。

旧市街は、20世紀末のユーゴスラヴィア内戦によって壊滅状態になり危機遺産に登録されたが、市民たちの手によって再建され、1998年に危機遺産リストから除外された。

## スイス・アルプス　ユングフラウ－アレッチュ
Swiss Alps Jungfrau-Aletsch

自然遺産　スイス連邦　2001年登録　登録基準：(ⅶ)(ⅷ)(ⅸ)

アレッチュ氷河

アレッチュ氷河は、スイス南部のヴァレー州にあるアルプス山脈最大で、ヨーロッパ最長の氷河である。アレッチュ氷河の中でユングフラウ、アレッチュホルン、ビーチホルン、フィンスターアールホルンの各山頂を含む一帯が自然遺産に登録されている。登録面積は82,400ヘクタールと広大である。中でも、アイガー・メンヒ・ユングフラウの3名峰を中心としたユングフラウ一帯の山岳景観の美しさは際立っている。同地の自然遺産への登録には、同地がU字谷やカール（氷河によって生じる椀状のくぼ地）、堆石（氷河に運ばれ岩屑によってつくられた堤防状の地形）など典型的な氷河の特徴を備えていること、地球の環境変化がわかる貴重な場所として評価されたが、地球温暖化の影響による氷河の縮小が懸念されている。同地にあるユングフラウヨッホ駅は、海抜3,454mにあり、ヨーロッパで一番高い鉄道駅である。

## グラナダのアルハンブラ、ヘネラリーフェ、アルバイシン地区
Alhambra, Generalife and Albayzin, Granada

文化遺産　スペイン　1984年登録　登録基準：(ⅰ)(ⅲ)(ⅳ)

アルハンブラ宮殿

グラナダは、スペイン南部のアンダルシア州グラナダ県の県都であり、かつてはナスル朝グラナダ王国の首都であった。グラナダ王国は、15世紀末に滅亡するまでイベリア半島に最後まで残存したイスラム勢力である。この文化遺産は、アルハンブラ宮殿、王族のための夏用の離宮であるヘネラリーフェ、グラナダ市内で最も古い地区といわれ、イスラム文化とキリスト教文化とが融合するアルバイシン地区から成り立っている。

アルハンブラ宮殿はキリスト教徒によるレコンキスタ（国土回復運動）によって覇権を奪われていったイスラムの王国が、13世紀から14世紀にかけて丘の上に築いた宮殿で、イスラム建築の最高傑作とされ、「イスラム建築の華」と称される。宮殿内部のアラベスク模様や天井の鍾乳石による装飾なども息を飲む美しさだ。

## マドリードのエル・エスコリアル修道院とその遺跡
Monastery and Site of the Escurial, Madrid

文化遺産　スペイン　1984年登録　登録基準：(ⅰ)(ⅱ)(ⅵ)

エル・エスコリアル修道院

エル・エスコリアル修道院は、スペインの首都マドリード郊外の北西45kmに位置する町、サン・ロレンソ・デ・エル・エスコリアルにある広大な王室修道院である。スペインが最も繁栄を極めた時代、16世紀後半の王フェリペ２世の命によって建造された。その父である神聖ローマ帝国の皇帝も務めたカルロス１世の霊廟でもある。

建築には21年を要し、宮殿や神学校、図書館も併設する巨大な複合施設となっている。建物の外部には装飾が施されておらず、このような建築様式はエレーラ様式と呼ばれる。莫大な芸術品が収蔵されていることでも知られ、ティッツィアーノ、ベラスケス、エル・グレコなど巨匠の作品を初めとして、図書館にも多くの古文書が収蔵されている。「太陽の沈まない国」といわれたスペインのシンボル的存在である。

## アルタミラ洞窟と北スペインの旧石器時代の洞窟画
Cave of Altamira and Paleolithic Cave Art of Northern Spain

文化遺産　スペイン　1985 年登録　登録基準：(ⅰ)(ⅲ)

アルタミラ洞窟は、スペイン北部、カンタブリア州の州都サンタンデールから西へ 30km ほどの場所に位置する洞窟である。1879 年にこの洞窟内の彩色壁画が発見された。洞窟の奥深くに描かれたことから、外部の気候の影響を受けず、鮮やかな色彩が保存されていた。当初、アルタミラ洞窟のみが世界遺産に登録されていたが、後になって、「スペイン北部の旧石器洞窟美術」としてスペイン各地にある 17 か所の洞窟が新たに追加登録された。

アルタミラ洞窟壁画は、旧石器時代末期に人類の祖先といわれるクロマニヨン人によって描かれたとされるビゾン（野牛)、イノシシ、馬、ヤギ、シカなどの動物を題材とする壁画である。木炭、酸化マンガン、酸化鉄などの顔料が使用され、デッサン、色彩、描画技法などが、人類最古の絵画ともいえる傑作性が認められている。

## サンティアゴ・デ・コンポステーラの巡礼路：カミーノ・フランセスとスペイン北部の巡礼路群
Routes of Santiago de Compostela: Camino Francés and Routes of Northern Spain

文化遺産　スペイン　1993 年登録　登録基準：(ⅱ)(ⅳ)(ⅵ)

サンティアゴ・デ・コンポステーラは、スペイン北西部に位置する町で、キリスト教の聖者である聖ヤコブの墓があり、エルサレム・バチカンと並ぶキリスト教の三大巡礼地とされ、現在も多くの巡礼者が訪れている。サンティアゴ・デ・コンポステーラ自体も文化遺産に登録されているが、それとは別に同地までのスペイン北部の巡礼路が文化遺産に登録されている。

サンティアゴ・デ・コンポステーラの巡礼路

巡礼路の中でも、最も重要な道がフランス各地からピレネー山脈を越えてスペイン北部をサンティアゴ・デ・コンポステーラまで結ぶ「カミーノ・フランセス（フランスの道)」である。道の途中には古都ブルゴス、旧レオン王国の首都であったレオンがある。この巡礼路はフランス側では、「フランスのサンティアゴ・デ・コンポステーラの巡礼路」として別の文化遺産に登録されている。道自体が文化遺産とされている、いわゆる「道の遺産」は、日本の「紀伊山地の霊場と参詣道」と併せて、この 3 件のみである。

## 古都トレド
Historic City of Toledo

文化遺産　スペイン　1986年登録　登録基準：(ⅰ)(ⅱ)(ⅲ)(ⅳ)

古都トレド

トレドはスペイン中央部に位置する、カスティーリャ＝ラ・マンチャ州の州都でありトレド県の県都である。三方をタホ川に囲まれた岩山に築かれた天然の要塞都市である。6世紀から8世紀にかけては西ゴート王国の首都とされ、中世にはイスラム教・ユダヤ教・キリスト教の文化が交錯した地でもある。蛇行するタホ川に囲まれた旧市街が文化遺産に登録された。トレド大聖堂は現在でもスペイン・カトリックの大本山で、宗教の中心地である。スペイン絵画を代表する画家エル・グレコゆかりの地でもある。サン・ファン・デ・ロス・レイエス教会はコロンブスの新大陸到達を援助したイサベル女王が建てた教会。トレドの街を見下ろすアルカサルは昔の城塞である。

## アントニ・ガウディの作品群
Works of Antoni Gaudí

文化遺産　スペイン　1984年登録　登録基準：(ⅰ)(ⅱ)(ⅳ)

サグラダ・ファミリア

アントニ・ガウディ（1852〜1926）は、スペインの建築家で、バルセロナにある彼の7つの作品が文化遺産に登録されている。バルセロナはカタルーニャ州の州都であり、バルセロナ県の県都である。

最も知られているサグラダ・ファミリア（聖家族贖罪教会）は、1882年に着工し、現在も建設が続く大聖堂である。19世紀末にバルセロナで発展した装飾性の高い芸術様式であるモデルニスモ建築の代表作でありバルセロナのシンボル的存在で、現在は寄付金と入場料のみで建設が続けられている。建設途中の建物であるため、建物全体ではなく、一部（生誕のファサード、地下礼拝堂）が文化遺産に登録されている。サグラダ・ファミリアは、2005年に追加登録されたもので、当初はグエル公園、グエル邸、カサ・ミラの3件が構成資産であったが、いずれもガウディの建築の特徴がよく示された作品である。

## プラハ歴史地区
Historic Centre of Prague

文化遺産　チェコ共和国　1992年登録　登録基準：（ii）（iv）（vi）

プラハ城

プラハは、チェコ共和国の首都であり、14世紀には神聖ローマ帝国の首都として栄えた歴史を持つ。市内中心部にはヴルタヴァ（モルダウ）川が流れる。プラハ歴史地区は、1,000年以上の歴史を持つヨーロッパで最も古い街のひとつである。プラハには、11世紀から18世紀にかけてのさまざまな時代の建築物があり、バロック様式、ロマネスク様式、ルネサンス様式などの建築様式を見ることができる。小高い丘にある巨大なプラハ城は、世界でも最も大きい城のひとつでもある。プラハ城内には聖ヴァーツラフが建てた聖ヴィート大聖堂がある。旧市街広場に面する旧市庁舎の、上下に2つの時計盤が並ぶ天文時計は有名。カレル橋は、モルダウ川にかかるプラハで最古の橋といわれ、橋の上にキリストやその弟子をはじめとする30体の聖人像が飾られている。

## 西ノルウェーフィヨルド群ーガイランゲルフィヨルドとネーロイフィヨルド
West Norwegian Fjords-Geirangerfjord and Nærøyfjord

自然遺産　ノルウェー王国　2005年登録　登録基準：（vii）（viii）

ガイランゲルフィヨルド

西ノルウェーフィヨルド群は、スカンジナビア半島のノルウェー西岸に位置する地形で、世界でも最大級の長さと深さを持つガイランゲルフィヨルドとネーロイフィヨルドの2つを含む。その景観美は多くの人々を圧倒している。

フィヨルドとは、氷河による侵食作用によって形成されたU字谷に海水が流れ込んでできた複雑な地形の湾のことであり、切り立った急峻な断崖と深い水深、外海から内陸に入りこむ細長い水路状の入江が特徴である。氷河期に分厚い氷河に覆われていたノルウェーでは、1万年前頃から氷河の後退が始まり、独特のフィヨルドの景観が生まれた。高低差のある滝もフィヨルドの特徴で、ガイランゲルフィヨルドには「7人の姉妹」「求婚者」「花嫁のベール」などと名づけられた滝があり、遊覧船やバスで絶景を楽しむことができる。

## ハンザ同盟都市リューベック
Hanseatic City of Lübeck

文化遺産　ドイツ連邦共和国　1987年登録　登録基準：(iv)

リューベックの街並み

リューベックは、ドイツ北部のバルト海に面する北ドイツの代表的な都市である。ハンザ同盟の盟主として、17世紀に同盟が解散するまで繁栄を続けた。ハンザ同盟とは、中世後期から400年以上続いた商業都市同盟で、バルト海沿岸の交易を独占していた。リューベック旧市街は、トラヴェ川とトラヴェ運河に囲まれた島にあり、その街並みの美しさから、「ハンザの女王」と呼ばれていた。旧市街入口にあるホルステン門のアーチの上には、「内に結束を、外に平和を」とラテン語で記されている。マルクト広場に面するゴシック様式の市庁舎は、黒レンガと緑色の尖塔が印象的である。リューベックはノーベル文学賞受賞作家であるトーマス・マンの出身地でもある。

## ポツダムとベルリンの宮殿群と公園群
Palaces and Parks of Potsdam and Berlin

文化遺産　ドイツ連邦共和国　1990年登録　登録基準：(ｉ)(ii)(iv)

サンスーシ宮殿

ポツダムとベルリンの宮殿群と公園群は、ドイツのポツダム北東部と首都ベルリン南西部に残されているプロイセン王国時代の宮殿群と庭園群である。ポツダムは、ドイツの首都ベルリンの南西に隣接する都市であり、本遺産の大部分はポツダムにあり、ベルリンに所属する資産も、ポツダムに隣接する地区に存在する。

サンスーシ宮殿は、ポツダム市街の西部に建つロココ建築の宮殿で、1747年にフリードリヒ2世の夏の離宮として建てられた。その庭園がサンスーシ庭園で、宮殿と庭園の風景が調和している。その後フリードリヒ2世は、近接地に後期バロック様式の新宮殿を建てている。ツェツィーリエンホーフ宮殿は、1917年に皇帝ヴィルヘルム2世が建てた英国別荘様式の宮殿である。1945年には、ここでアメリカ・イギリス・ソ連の首脳によるポツダム会談が開かれ、日本に無条件降伏を要求するポツダム宣言が発表された。

## アイスレーベンとヴィッテンベルクにあるルターの記念建造物群
Luther Memorials in Eisleben and Wittenberg

文化遺産　ドイツ連邦共和国　1996 年登録　登録基準：(iv)(vi)

ヴィッテンベルク　ルターホール

アイスレーベンとヴィッテンベルクのルター記念建造物群は、ドイツ中部のザクセン＝アンハルト州にある都市アイスレーベンとヴィッテンベルクに残る、宗教改革の中心人物であるマルティン・ルターに係わる建造物などから構成される文化遺産である。宗教改革とは、16 世紀のキリスト教世界における教会体制上の革新運動のことである。ルターが生まれ最期を迎えた土地であるアイスレーベンには、17 世紀末に再建された「ルターの生家」や当時のまま保存された「ルター晩年の家」など貴重な建造物が残されている。ヴィッテンベルクは、宗教改革の発祥の地であり、マルクト広場に建つ「町の教会」や「ルター・ホール」「ヴィッテンベルク城付属聖堂」などがある。

## ケルン大聖堂
Cologne Cathedral

文化遺産　ドイツ連邦共和国　1996 年登録　登録基準：(i)(ii)(iv)

ケルン大聖堂とライン川

ケルン大聖堂は、ドイツのケルンにある、世界最大のゴシック様式の建築物といわれる大聖堂で、正式名称は、「ザンクト・ペーター・ウント・マリア大聖堂」である。ケルンはドイツ西部の大都市で、大聖堂は市内を流れるライン川の近く、市の中心部に位置している。1248 年に建設が開始されたといわれ、途中工事の中断もあり 1880 年に完成したゴシック様式のカトリック教会で、高さ 157m の尖塔が 2 基そびえ立つ壮麗な建造物である。ヨーロッパのキリスト教の永続的な強さの象徴といわれる大聖堂の内陣には色鮮やかなステンドグラスが配されている。聖堂に安置される 10 世紀にゲロ大司教によって作られた、十字架に磔にされたキリスト像である「ゲロクロイツ」は、キリスト像の原形といわれている。

ケルン市内の高層ビル建設計画により 2004 年に危機遺産に登録されたが、建設計画が縮小され 2006 年に危機遺産の登録は抹消された。

## イスタンブール歴史地域
Historic Areas of Istanbul

文化遺産　トルコ共和国　1985年登録　登録基準：(ⅰ)(ⅱ)(ⅲ)(ⅳ)

アヤ・ソフィア

イスタンブールは、トルコ最大の都市であり、黒海とエーゲ海・地中海を結ぶ交通の要衝の都市として繁栄した。ローマ帝国、ビザンツ帝国、オスマン帝国と、3つの帝国の首都として繁栄した歴史を持っている。アジアとヨーロッパを分けるボスポラス海峡をまたぐイスタンブールだが、旧市街は海峡の西岸、ヨーロッパ側に位置する。ビザンツ建築の最高傑作といわれるアヤ・ソフィアはもともとはキリスト教の大聖堂として建造されたが、15世紀にイスラムの支配下におかれるとモスクとして使用され、20世紀に無宗教の博物館になっている。世界で最も美しいモスクともいわれる6本の尖塔を有するスルタン・アフメット・ジャミィ（ブルー・モスク）、オスマン帝国の栄華を感じさせるトプカプ宮殿、地下宮殿と呼ばれるバシリカ・シスタンなど見どころが多い。

## ギョレメ国立公園とカッパドキアの岩窟群
Göreme National Park and Rock Site of Cappadocia

複合遺産　トルコ共和国　1985年登録　登録基準：(ⅰ)(ⅲ)(ⅴ)(ⅶ)

カッパドキア

ギョレメ国立公園は、トルコのアジア側、カッパドキア地方ネヴシェヒル県にある国立公園である。キノコや塔の形をした奇岩が立ち並び、幻想的な風景をつくっている。また、古代ローマ時代に迫害を逃れ移り住んだギリシャ人のキリスト教徒によって建設された地下都市がある。カッパドキアに独特な風景が誕生したのは、有史以前のことで、火山の大噴火により、火山灰と溶岩が大量に堆積し、風雨によって浸食されさまざまな形の奇岩の林が出現した。その多様な奇岩は「妖精の煙突」とも呼ばれる。それを掘り抜いて作られた住居や教会、修道院などが地下都市を形成している。地下都市カイマクルには約2万人が暮らしていたといわれる。フレスコ画が描かれた多くの洞窟聖堂もある。

## パリのセーヌ河岸
Paris, Banks of the Seine

文化遺産　フランス共和国　1991 年登録　登録基準：(ⅰ)(ⅱ)(ⅳ)

フランスの首都パリを流れるセーヌ川の川岸のうち、シュリー橋からイエナ橋までの約 8km の地域が、中世から 20 世紀にかけて建てられた建築および都市の傑作が点在する地区として、文化遺産に登録された。

セーヌ川とパリ市庁舎

紀元前 3 世紀ごろ、ケルト人パリシイ族が、セーヌ川のシテ島に入植したのがパリの歴史の始まりといわれている。そのシテ島には 12 世紀から 13 世紀にかけて壮麗なゴシック建築のノートルダム大聖堂が建てられた（2019 年に発生した火災により大きな被害をうけ、再建計画が進められている）。セーヌ右岸には、パリ市庁舎、ルーヴル美術館（かつてのルーブル宮殿）、カルーゼル凱旋門（パリ有数の観光名所であるエトワール凱旋門ではない）、コンコルド広場、シャンゼリゼ通り、シャイヨー宮などがある。セーヌ左岸には、オルセー美術館、ブルボン宮殿、フランス革命 100 周年を記念して建てられたエッフェル塔などがある。

## ヴェルサイユの宮殿と庭園
Palace and Park of Versailles

文化遺産　フランス共和国　1979 年登録　登録基準：(ⅰ)(ⅱ)(ⅵ)

ヴェルサイユ宮殿は、フランスの首都パリの南西約 20km に位置するイヴリーヌ県ヴェルサイユにある宮殿で、「太陽王」と呼ばれたルイ 14 世が建造した壮大で豪華なバロック・ロココ建築の宮殿である。1661 年より建設に着手し、マンサールとル・ブランらの設計によって 1682 年頃にほぼ完成し、政治の中心となった。宮殿には、700 以上の部屋があり、壁や床、天井は大理石でできており、金銀の豪華な装飾が施されている。宮殿を代表する部屋が鏡の間（鏡の回廊）で、儀式や謁見する場であり、第一次世界大戦後のヴェルサイユ条約が調印された場所でもある。宮殿の裏側に広がるヴェルサイユ庭園はフランス式庭園の最高傑作といわれ、後の各国の造園方法に大きな影響を与えた。

ヴェルサイユ宮殿

## アヴィニョン歴史地区：法王庁宮殿、司教関連建造物群及びアヴィニョン橋
Historic Centre of Avignon: Papal Palace, Episcopal Ensemble and Avignon Bridge

文化遺産　フランス共和国　1995年登録　登録基準：(ⅰ)(ⅱ)(ⅳ)

アヴィニョン（サン・ベネゼ）橋

アヴィニョンは、フランスの南部に位置するヴォクリューズ県の県庁所在地である。アヴィニョンは14世紀には教皇庁が置かれていた時期がある。アヴィニョン捕囚と呼ばれ、キリスト教のカトリック・ローマ教皇の座が、ローマからアヴィニョンに移されていた時期（1309－1377年）である。その後も、教会大分裂と呼ばれ、ローマとアヴィニョンにそれぞれローマ教皇がいた時期（1378－1417年）があった。当時アヴィニョンの中心として栄えていた地区に残る、「世界で最も強固な住まい」と呼ばれた教皇宮殿、プチ・パレ（小宮殿）、ノートルダム・デ・ドン大聖堂、アヴィニョン（サン・ベネゼ）橋などが登録されている。アヴィニョン橋は「アヴィニョンの橋の上で」という歌で知られるローヌ川に架かる石橋で、17世紀頃に一部が崩壊して以降、川を渡ることはできない。

## リヨン歴史地区
Historic Site of Lyons

文化遺産　フランス共和国　1998年登録　登録基準：(ⅱ)(ⅳ)

テロー広場

リヨンは、フランス南東部、メトロポール・ド・リヨンの県庁所在地。リヨン歴史地区はリヨン市内の西部に位置する。ローマ帝国のガリア属州の物資の集散地として、中世にはヨーロッパでも有数の交易地として栄えた。また、絹織物の産地としても知られる。リヨン旧市街、フルヴィエールの丘のふもとに司教座聖堂のサン・ジャン大聖堂がある。テロー広場にはリヨン市庁舎やリヨン美術館がある。クロワ・ルースは古くから絹織物業が盛んな土地で、建物の回廊や中庭を通り抜けることができる「トラブール」という抜け道が多い。これは、絹織物を雨で濡らさず運ぶために考案されたものと伝えられている。

## モン-サン-ミシェルとその湾
Mont Saint-Michel and its Bay

文化遺産　フランス共和国　1979 年登録　登録基準：(ⅰ)(ⅲ)(ⅵ)

モン-サン-ミシェル

モン-サン-ミシェルは、フランス西海岸のノルマンディー地方南部に位置するサン・マロ湾上に浮かぶ小島、およびその上にそびえる修道院である。「西洋の驚異」や「海上のピラミッド」と呼ばれるモン-サン-ミシェルは 16 世紀に完成したカトリックの巡礼地である。この湾は、ヨーロッパでも潮の干満の差が最も激しい所として知られる。伝説によれば、オベールという司教の夢に、大天使ミカエル（仏語でサンミシェル）が現れ、「かの岩山に聖堂を建てよ」と命じ、小聖堂を建てると、一夜にして孤島になり、そこが聖地となった。966 年、ベネディクト会の修道院が置かれ、その後、城塞や監獄に使われた歴史を持つが、現在は再度修道院として使われている。名物はオムレツである。

## 歴史的城塞都市カルカッソンヌ
Historic Fortified City of Carcassonne

文化遺産　フランス共和国　1997 年登録　登録基準：(ⅱ)(ⅳ)

カルカッソンヌ

カルカソンヌは、フランス南部のオード県の県庁所在地である。歴史的城塞都市とは、そのうちの城壁に囲まれた部分である。紀元前 6 世紀以降、カルカッソンヌにはガリア人が進出し、のちの古代ローマ帝国の都市となり、封建制初期に都市と城塞は拡大した。

カルカッソンヌは、ピレネー山脈をはさんでスペインと対峙する場所であったが、1659 年にフランス・スペイン間の国境線を定めたピレネー条約が締結されると、その軍事的・戦略的地位を失った。二重に城壁をめぐらせたヨーロッパ最大級の城塞都市で、その特徴的な二重の城壁は総延長 3km におよぶ。それらは砂岩製で、53 の塔や外堡を含んでいる。その外観の美しさから、フランスでは「カルカッソンヌを見ずして死ぬな」という言葉もある。

### アウシュヴィッツ・ビルケナウ ナチスドイツの強制絶滅収容所（1940−1945）
Auschwitz Birkenau German Nazi Concentration and Extermination Camp（1940−1945）

文化遺産　ポーランド共和国　1979年登録　登録基準：(vi)

ビルケナウ強制収容所

アウシュヴィッツ・ビルケナウ強制絶滅収容所とは、ポーランド南部に位置し、第二次世界大戦中にナチス・ドイツの人種差別による絶滅政策（ホロコースト）および強制労働により、100万人以上の犠牲者を出した強制収容所である。アウシュヴィッツとビルケナウの2つの収容所から構成されている。収容された約90%がユダヤ人であった。

アウシュヴィッツ強制収容所は、「労働は自由を作る」と書かれた悪名高き門をくぐると、博物館となっていて当時のまま保存されている収容棟やガス室が見学ができる。ビルケナウ強制収容所は、3kmほど離れていて、有名な「死の門（敷地内まで敷かれた線路跡）」はここにある。20世紀最大の「負の遺産」である。

### ワルシャワ歴史地区
Historic Centre of Warsaw

文化遺産　ポーランド共和国　1980年登録　登録基準：(ii)(vi)

ワルシャワ　王宮広場

ワルシャワは、ポーランドのマゾフシェ地方に位置する首都であり、ポーランドの政治、経済、交通の中心である。ワルシャワ市最古の歴史地区は、第二次世界大戦中にナチス・ドイツの侵攻により破壊され、街の約8割が瓦礫と化した。しかし、戦後、市民は立ち上がり、残されていたスケッチや、18世紀後半に描かれたベルナルド・ベロットの風景画などを元に、街の復元作業に取り掛かり、街並みを忠実に蘇らせた。「レンガのひび割れひとつに至るまで」復元したといわれ、ワルシャワ歴史地区は戦争で完全に破壊された都市を全体的に復元した顕著な例とされている。復元された街並みには、現在博物館になっている旧王宮、広場にある人魚像、旧市街と新市街の間にあるレンガ造りの砦バルバカン、ワルシャワで最も古い教会洗礼者ヨハネ大聖堂などが見られる。

## サンクト・ペテルブルク歴史地区と関連建造物群
Historic Centre of Saint Petersburg and Related Groups of Monuments

文化遺産　ロシア連邦　1990 年登録　登録基準：( i )（ii）（iv）（vi）

エカテリーナ宮殿

サンクト・ペテルブルクは、首都モスクワの北西、ロシアの西端に位置するレニングラード州の州都で、1917 年までロシア帝国の首都であった。1703 年、ロマノフ王朝皇帝のピョートル大帝によってフィンランド湾に面して築かれた人工都市である。ロシアで最も美しい都市といわれるサンクトペテルブルクの文化遺産には、歴史地区を含め 36 件が登録されている。その中には、世界三大美術館の一つといわれ、18 世紀半ばから 19 世紀にかけて建設された 5 つの建物で構成される大博物館のエルミタージュ美術館や、ピョートル大帝が建設したエカテリーナ宮殿、聖イサアク大聖堂、マリインスキー宮殿、至聖三者大聖堂、ストロガノフ宮殿、血の上の救世主教会など貴重な建築物がある。

## モスクワのクレムリンと赤の広場
Kremlin and Red Square, Moscow

文化遺産　ロシア連邦　1990 年登録　登録基準：( i )（ii）（iv）（vi）

赤の広場

モスクワはロシアの首都で、1480 年にイヴァン 3 世によって独立したモスクワ大公国からの歴史を持つ。クレムリンは、モスクワ川沿いにある旧ロシア帝国の宮殿。ロシア語では「クレムリ」となり、「城塞」を意味する。原型となる城塞は 12 世紀に築かれた。

城壁の総延長 2.25km。20 の城門を備え、内部にはさまざまな時代の様式による宮殿や聖堂が建てられ、長く政治と宗教の中心であった。帝政が終了し、ソビエト連邦から現在のロシアの時代になっても政権の主要施設が置かれている。赤の広場は、中心部にある広大な広場、名前は本来「美しい広場」という意味である。広場の象徴的な存在が、16 世紀に建てられたロシア正教会の聖ワシリイ大聖堂である。カラフルな外観で、すべてがタマネギ型のドームになっている。広場周辺には、レーニン廟やグム百貨店がある。

## バイカル湖
Lake Baikal

自然遺産　ロシア連邦　1996 年登録　登録基準：(vii)（viii）(ix)（x）

バイカル湖

バイカル湖は、ロシアの東部・シベリアのブリヤート共和国とイルクーツク州・チタ州に挟まれた三日月型の湖である。湖水面の面積は琵琶湖の約 47 倍の大きな湖である。約 2,500 万年前に誕生した世界最古の断層湖でもある。300 本以上の河川が流入し、流出はアンガラ川のみである。貯水量も世界最大で、世界中の凍っていない淡水の約 2 割がここにあるといわれる。透明度も世界最高を誇っている（日本の摩周湖は世界第 2 位である)。深度（約 1,700m）も世界一とされている。外海から隔絶して独自の水生生物が生息する、世界屈指の生物多様性を持つ場所である。淡水に住む唯一のアザラシであるバイカルアザラシも生息しているが、近年は水質の悪化もみられ、対策が進められている。

## カムチャツカ火山群
Volcanoes of Kamchatka

自然遺産　ロシア連邦　1996 年登録　登録基準：(vii)（viii）(ix)（x）

カムチャツカ　アヴァチンスカヤ山とコリャークスカヤ山

カムチャツカ火山群は、ユーラシア大陸の北東部にある、ロシアのカムチャツカ州に属するカムチャツカ半島の火山群である。2 つの自然保護区と 4 つの自然公園がその対象になっている。6 つの火山群が、シリアル・ノミネーション・サイトとして自然遺産に登録されている。カムチャツカ半島は、太平洋プレートが北米プレートに潜り込む位置にあるため、世界でも有数の火山地帯となっており、多彩な噴火様式の火山が多く存在し、「火山の博物館」とも称されている。クリュチェフスコイ自然公園にあるクリュチェフスカヤ山は、標高 4,835m の半島の最高峰で、日本の富士山のような秀麗な山容が美しい。

カムチャツカ火山群は、地学的な観点だけではなく、景観美や生物多様性も十分に保全されている地域で、稀少な動植物種が数多く生息する点でも重要な地域である。

# 5. 北アメリカの世界遺産

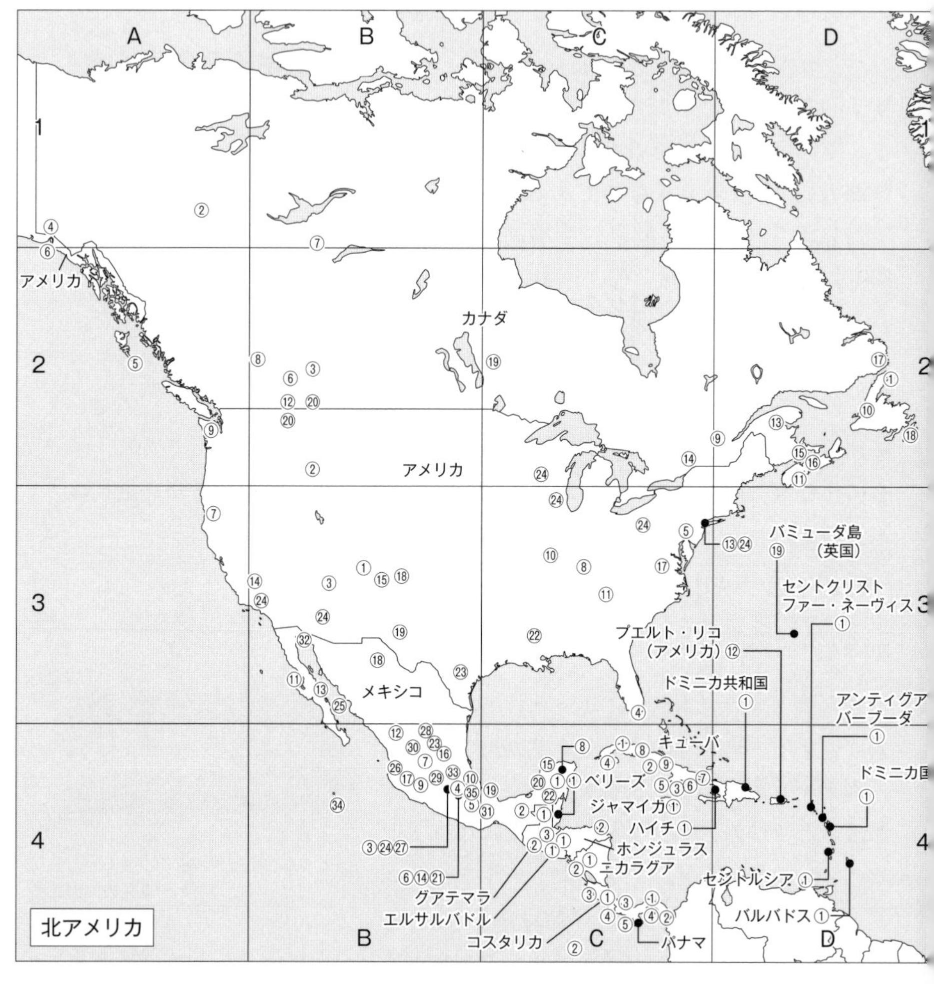


**アメリカ合衆国　P326 B 2**

| | | | | |
|---|---|---|---|---|
| 1 | メサ・ヴェルデ国立公園 | 文化遺産 | 1978 | (iii) |
| 2 | **イエローストーン国立公園** | 自然遺産 | 1978 | (vii)(viii)(ix)(x) |
| 3 | **グランド・キャニオン国立公園** | 自然遺産 | 1979 | (vii)(viii)(ix)(x) |
| 4 | エヴァグレーズ国立公園 | 自然遺産 | 1979 | (viii)(ix)(x) |
| 5 | 独立記念館 | 文化遺産 | 1979 | (vi) |
| 6 | クルアーニー／ランゲル-セント・イライアス／グレーシャー・ベイ／タッチェンシニー-アルセク | 自然遺産 | 1979 | (vii)(viii)(ix)(x) |
| 7 | レッドウッド国立及び州立公園 | 自然遺産 | 1980 | (vii)(ix) |
| 8 | マンモス・ケーヴ国立公園 | 自然遺産 | 1981 | (vii)(viii)(x) |
| 9 | オリンピック国立公園 | 自然遺産 | 1981 | (vii)(ix) |
| 10 | カホキア墳丘群州立史跡 | 文化遺産 | 1982 | (iii)(iv) |
| 11 | グレート・スモーキー山脈国立公園 | 自然遺産 | 1983 | (vii)(viii)(ix)(x) |
| 12 | プエルト・リコのラ・フォルタレサとサン・ファン国定史跡 | 文化遺産 | 1983 | (vi) |
| 13 | **自由の女神像** | 文化遺産 | 1984 | (i)(vi) |
| 14 | ヨセミテ国立公園 | 自然遺産 | 1984 | (vii)(viii) |
| 15 | チャコ文化 | 文化遺産 | 1987 | (iii) |
| 16 | **ハワイ火山国立公園** | 自然遺産 | 1987 | (viii) **P349 E 3** |

| | | | |
|---|---|---|---|
| シャーロットヴィルのモンティセロとヴァージニア大学 | 文化遺産 | 1987 | (i)(iv)(vi) |
| タオス・プエブロ | 文化遺産 | 1992 | (iv) |
| カールズバッド洞窟群国立公園 | 自然遺産 | 1995 | (vii)(viii) |
| ウォータートン・グレーシャー国際平和自然公園 | 自然遺産 | 1995 | (vii)(ix) |
| パパハナウモクアケア | 複合遺産 | 2010 | (iii)(vi)(viii)(ix)(x) P349 E 2 |
| ポヴァティ・ポイントの記念碑的土構造物群 | 文化遺産 | 2014 | (iii) |
| サン・アントニオ伝道施設群 | 文化遺産 | 2015 | (ii) |
| フランク・ロイド・ライトの20世紀建築 | 文化遺産 | 2019 | (ii) |

**ンティグア・バーブーダ　P326 D 4**

| | | | |
|---|---|---|---|
| アンティグアの海軍造船所と関連考古遺跡群 | 文化遺産 | 2016 | (ii)(iv) |

**ルサルバドル共和国　P326 C 4**

| | | | |
|---|---|---|---|
| ホヤ・デ・セレンの古代遺跡 | 文化遺産 | 1993 | (iii)(iv) |

**ナダ　P326 B 2**

| | | | |
|---|---|---|---|
| ランス・オ・メドー国定史跡 | 文化遺産 | 1978 | (vi) |
| ナハニ国立公園 | 自然遺産 | 1978 | (vii)(viii) |
| 恐竜州立自然公園 | 自然遺産 | 1979 | (vii)(viii) |
| クルアーニー／ランゲル-セント・イライアス／グレーシャー・ベイ／タッチェンシニー-アルセク | 自然遺産 | 1979 | (vii)(viii)(ix)(x) |
| スカン・グアイ | 文化遺産 | 1981 | (iii) |
| ヘッド-スマッシュト-イン・バッファロー・ジャンプ | 文化遺産 | 1981 | (vi) |
| ウッド・バッファロー国立公園 | 自然遺産 | 1983 | (vii)(ix)(x) |
| **カナディアン・ロッキー山脈自然公園群** | 自然遺産 | 1984 | (vii)(viii) |
| **ケベック旧市街の歴史地区** | 文化遺産 | 1985 | (iv)(vi) |
| グロス・モーン国立公園 | 自然遺産 | 1987 | (vii)(viii) |
| ルーネンバーグ旧市街 | 文化遺産 | 1995 | (iv)(v) |
| ウォータートン・グレーシャー国際平和自然公園 | 自然遺産 | 1995 | (vii)(ix) |
| ミグアシャ国立公園 | 自然遺産 | 1999 | (viii) |
| リドー運河 | 文化遺産 | 2007 | (i)(iv) |
| ジョギンズ化石断崖 | 自然遺産 | 2008 | (viii) |
| グラン・プレの景観 | 文化遺産 | 2012 | (v)(vi) |
| レッドベイのバスク人捕鯨基地 | 文化遺産 | 2013 | (iii)(iv) |
| ミステイクン・ポイント | 自然遺産 | 2016 | (viii) |
| ピマチオウィン・アキ | 複合遺産 | 2018 | (iii)(vi)(ix) |
| 石の上の記述／アイシナイピ | 文化遺産 | 2019 | (iii) |

**ューバ共和国　P326 C 4**

| | | | | |
|---|---|---|---|---|
| | オールド・ハバナとその要塞群 | 文化遺産 | 1982 | (iv)(v) |
| 2 | トリニダードとロス・インヘニオス渓谷 | 文化遺産 | 1988 | (iv)(v) |
| 3 | サンティアゴ・デ・クーバのサン・ペドロ・デ・ラ・ロカ城 | 文化遺産 | 1997 | (iv)(v) |
| 4 | ビニャーレス渓谷 | 文化遺産 | 1999 | (iv) |
| 5 | グランマ号上陸記念国立公園 | 自然遺産 | 1999 | (vii)(viii) |
| 6 | キューバ南東部のコーヒー農園発祥地の景観 | 文化遺産 | 2000 | (iii)(iv) |
| 7 | アレハンドロ・デ・フンボルト国立公園 | 自然遺産 | 2001 | (ix)(x) |
| 8 | シエンフェゴスの都市歴史地区 | 文化遺産 | 2005 | (ii)(iv) |
| 9 | カマグェイの歴史地区 | 文化遺産 | 2008 | (iv)(v) |

**グアテマラ共和国　P326 C 4**

| | | | | |
|---|---|---|---|---|
| 1 | ティカル国立公園 | 複合遺産 | 1979 | (i)(iii)(iv)(ix)(x) |
| 2 | アンティグア・グアテマラ | 文化遺産 | 1979 | (ii)(iii)(iv) |
| 3 | キリグアの遺跡公園と遺跡群 | 文化遺産 | 1981 | (i)(ii)(iv) |

**コスタリカ共和国　P326 C 4**

| | | | | |
|---|---|---|---|---|
| 1 | タラマンカ地方-ラ・アミスター保護区群／ラ・アミスター国立公園 | 自然遺産 | 1983 | (vii)(viii)(ix)(x) |
| 2 | ココ島国立公園 | 自然遺産 | 1997 | (ix)(x) |
| 3 | グアナカステ保全地域 | 自然遺産 | 1999 | (ix)(x) |
| 4 | ディキスの石球のある先コロンブス期首長制集落群 | 文化遺産 | 2014 | (iii) |

**ジャマイカ　P326 C 4**

| | | | | |
|---|---|---|---|---|
| 1 | ブルーマウンテン山脈とジョン・クロウ山地 | 複合遺産 | 2015 | (ii)(vi)(x) |

**セントクリストファー・ネーヴィス　P326 D 4**

| | | | | |
|---|---|---|---|---|
| 1 | ブリムストーン・ヒル要塞国立公園 | 文化遺産 | 1999 | (iii)(iv) |

**セントルシア　P326 D 4**

| | | | | |
|---|---|---|---|---|
| 1 | ピトンズ・マネジメント・エリア | 自然遺産 | 2004 | (vii)(viii) |

**ドミニカ共和国　P326 D 4**

| | | | | |
|---|---|---|---|---|
| 1 | サント・ドミンゴ植民都市 | 文化遺産 | 1990 | (ii)(iv)(vi) |

**ドミニカ国　P326 D 4**

| | | | | |
|---|---|---|---|---|
| 1 | モーン・トロワ・ピトンズ国立公園 | 自然遺産 | 1997 | (viii)(x) |

**ニカラグア共和国　P326 C 4**

| | | | | |
|---|---|---|---|---|
| 1 | レオン・ビエホ遺跡群 | 文化遺産 | 2000 | (iii)(iv) |
| 2 | レオン大聖堂 | 文化遺産 | 2011 | (ii)(iv) |

**ハイチ共和国　P326 D 4**

| | | | | |
|---|---|---|---|---|
| 1 | 国立歴史公園-シタデル、サン・スーシ、ラミエ | 文化遺産 | 1982 | (iv)(vi) |

**パナマ共和国　P326 C 4**

| | | | | |
|---|---|---|---|---|
| 1 | パナマのカリブ海沿岸の要塞群：ポルトベロとサン・ロレンソ | 文化遺産 | 1980 | (i)(iv) |
| 2 | ダリエン国立公園 | 自然遺産 | 1981 | (vii)(ix)(x) |
| 3 | タラマンカ地方-ラ・アミスター保護区群／ラ・アミスター国立公園 | 自然遺産 | 1983 | (vii)(viii)(ix)(x) |
| 4 | パナマ・ビエホ古代遺跡とパナマの歴史地区 | 文化遺産 | 1997 | (ii)(iv)(vi) |
| 5 | コイバ国立公園とその海洋保護特別地帯 | 自然遺産 | 2005 | (ix)(x) |

**バルバドス　P326 D 4**

| | | | | |
|---|---|---|---|---|
| 1 | ブリッジタウン歴史地区とその要塞 | 文化遺産 | 2011 | (ii)(iii)(iv) |

**ベリーズ　P326 C 4**

| | | | | |
|---|---|---|---|---|
| 1 | ベリーズのバリア・リーフ保護区 | 自然遺産 | 1996 | (vii)(ix)(x) |

**ホンジュラス共和国　P326 C 4**

| | | | | |
|---|---|---|---|---|
| 1 | コパンのマヤ遺跡 | 文化遺産 | 1980 | (iv)(vi) |
| 2 | リオ・プラタノ生物圏保存地域 | 自然遺産 | 1982 | (vii)(viii)(ix)(x) |

**メキシコ合衆国　P326 B 3**

| | | | | |
|---|---|---|---|---|
| 1 | シアン・カアン | 自然遺産 | 1987 | (vii)(x) |
| 2 | 古代都市パレンケと国立公園 | 文化遺産 | 1987 | (i)(ii)(iii)(iv) |
| 3 | メキシコ・シティ歴史地区とソチミルコ | 文化遺産 | 1987 | (ii)(iii)(iv)(v) |
| 4 | 古代都市テオティワカン | 文化遺産 | 1987 | (i)(ii)(iii)(iv)(vi) |
| 5 | オアハカ歴史地区とモンテ・アルバンの古代遺跡 | 文化遺産 | 1987 | (i)(ii)(iii)(iv) |
| 6 | プエブラ歴史地区 | 文化遺産 | 1987 | (ii)(iv) |
| 7 | 古都グアナフアトとその銀鉱群 | 文化遺産 | 1988 | (i)(ii)(iv)(vi) |
| 8 | **古代都市チチェン-イッツァ** | 文化遺産 | 1988 | (i)(ii)(iii) |
| 9 | モレリア歴史地区 | 文化遺産 | 1991 | (ii)(iv)(vi) |
| 10 | 古代都市エル・タヒン | 文化遺産 | 1992 | (iii)(iv) |
| 11 | **エル・ビスカイノのクジラ保護区** | 自然遺産 | 1993 | (x) |
| 12 | サカテカス歴史地区 | 文化遺産 | 1993 | (ii)(iv) |
| 13 | サンフランシスコ山地の岩絵群 | 文化遺産 | 1993 | (i)(iii) |
| 14 | ポポカテペトル山腹の16世紀初頭の修道院群 | 文化遺産 | 1994 | (ii)(iv) |
| 15 | 古代都市ウシュマル | 文化遺産 | 1996 | (i)(ii)(iii) |
| 16 | ケレタロの歴史史跡地区 | 文化遺産 | 1996 | (ii)(iv) |
| 17 | グアダラハラのオスピシオ・カバーニャス | 文化遺産 | 1997 | (i)(ii)(iii)(iv) |
| 18 | パキメの遺跡、カサス・グランデス | 文化遺産 | 1998 | (iii)(iv) |
| 19 | トラコタルパンの歴史遺跡地帯 | 文化遺産 | 1998 | (ii)(iv) |
| 20 | カンペチェ歴史的要塞都市 | 文化遺産 | 1999 | (ii)(iv) |
| 21 | ソチカルコの古代遺跡地帯 | 文化遺産 | 1999 | (iii)(iv) |
| 22 | カンペチェ州カラクムルの古代マヤ都市と熱帯保護林 | 複合遺産 | 2002 | (i)(ii)(iii)(iv)(ix)(x) |
| 23 | ケレタロのシエラ・ゴルダのフランシスコ修道会伝道施設群 | 文化遺産 | 2003 | (ii)(iii) |
| 24 | ルイス・バラガン邸と仕事場 | 文化遺産 | 2004 | (i)(ii) |
| 25 | カリフォルニア湾の島々と保護地域群 | 自然遺産 | 2005 | (vii)(ix)(x) |
| 26 | リュウゼツラン景観と古代テキーラ産業施設群 | 文化遺産 | 2006 | (ii)(iv)(v)(vi) |
| 27 | メキシコ国立自治大学（UNAM）の中央大学都市キャンパス | 文化遺産 | 2007 | (i)(ii)(iv) |
| 28 | サン・ミゲルの要塞都市とヘスス・デ・ナサレノ・デ・アトトニルコの聖地 | 文化遺産 | 2008 | (ii)(iv) |
| 29 | オオカバマダラ生物圏保存地域 | 自然遺産 | 2008 | (vii) |
| 30 | ティエラアデントロの王の道 | 文化遺産 | 2010 | (ii)(iv) |
| 31 | オアハカ中部渓谷ヤグルとミトラの先史時代洞窟 | 文化遺産 | 2010 | (iii) |
| 32 | ピナカテ火山とアルタル大砂漠生物圏保存地域 | 自然遺産 | 2013 | (vii)(viii)(x) |
| 33 | テンブレーケ神父の水道橋水利施設 | 文化遺産 | 2015 | (i)(ii)(iv) |
| 34 | レビジャヒヘド諸島 | 自然遺産 | 2016 | (vii)(ix)(x) |
| 35 | テワカン-クイカトラン渓谷：メソアメリカの固有自生生息地 | 複合遺産 | 2018 | (iv)(x) |

## 自由の女神像
Statue of Liberty

文化遺産　アメリカ合衆国　1984年登録　登録基準：(ⅰ)(ⅵ)

自由の女神像は、アメリカのニューヨーク港の入口にあるリバティ島に立つ像である。正式名称は「世界を照らす自由」といい、アメリカの自由と民主主義を象徴している。自由の女神像はアメリカ独立100周年を記念して、当時アメリカの独立を支援したフランスから米仏両国の友好のために贈呈され、1886年に除幕式が行われた。フランス人法学者エドワール・ド・ラブレーが建設を提案し、設計にはフレデリク・バルトルディとエッフェル塔の設計者でもあるギュスターヴ・エッフェルが係わった。

自由の女神像

鋼鉄製の骨組みを銅板で覆った構造で、全高は約93m、台座を含まない像そのものの高さは約46mあり、重量は225トンである。右手に自由を象徴するたいまつを持ち、左手にはアメリカの独立記念日である「1776年7月4日」が刻印された独立宣言書を持ち、足は暴力を象徴する鎖を踏みつけている。

## イエローストーン国立公園
Yellowstone National Park

自然遺産　アメリカ合衆国　1978年登録　登録基準：(ⅶ)(ⅷ)(ⅸ)(ⅹ)

イエローストーン国立公園はアメリカのアイダホ州、モンタナ州およびワイオミング州にまたがる国立公園である。1872年に世界で最初の国立公園に指定され、世界遺産としても、最初に登録された12件のうちのひとつである。イエローストーン国立公園はロッキー山脈の火山地帯にあり、地球上の温泉（源泉）の50%、間欠泉の3分の2がここにあるといわれている。アメリカ最大の熱水泉グランド・プリズマティック・スプリングや最も有名な間欠泉であるオールド・フェイスフル・ガイザーなどがある。また、グリズリーやオオカミ、アメリカバイソン、ヘラジカなどの希少動物が生息していることでも知られ、イエローストーン圏生態系の中心になっている。

イエローストーン国立公園

## グランド・キャニオン国立公園
Grand Canyon National Park

自然遺産　アメリカ合衆国　1979年登録　登録基準：(vii)(viii)(ix)(x)

グランド・キャニオン国立公園

グランド・キャニオン国立公園は、アリゾナ州北西部に位置する国立公園で、公園内には、「大自然の驚異」といわれるコロラド川の峡谷であるグランド・キャニオンがある。グランド・キャニオンは、高原が長年のコロラド川による浸食作用で削られてできた巨大な渓谷で、全長は約450km、幅は6kmから29km、最深地点は1,800mと、他にないスケールで地球の歴史を肌で感じられるスポットである。先カンブリア時代から古生代、中生代、新生代にわたる20億年間の異なる何層もの地層を肉眼で観察することができ、世界で最も多くの化石が発見されている場所ともいわれる。グランド・キャニオンでは標高により気温差が激しく変わり、多数の固有種、希少種、または絶滅危惧種の動植物が生息し、北方林や砂漠の水辺のコミュニティなどの貴重な生態系が乱されずに残っている。

## ハワイ火山国立公園
Hawaii Volcanoes National Park

自然遺産　アメリカ合衆国　1987年登録　登録基準：(viii)

キラウエア火山

ハワイ火山国立公園は、ハワイ州ハワイ島南部に広がる火山地帯を中心とした国立公園である。公園の面積はハワイ島の面積の約3%にあたる。公園内には、現在も活発な噴火活動を続けているキラウエア火山と、世界最大規模の体積を持つ火山であるマウナ・ロア山がある。アクセスに恵まれ世界でも有数の噴火活動を容易に観察することができる公園である。キラウエア火山（標高1,248m）は、ハワイ先住民に火の女神ペレが住むと信じられており、ハワイ島の中で最も新しい火山で、最近の噴火は1983年頃から継続している。キラウエアの溶岩は粘土が低く水のように流れる穏やかな噴火が特徴で、噴火中でも、比較的近い距離で観察することができる。マウナ・ロア山は、標高4,169mのハワイ島で二番目に高く、海中部分の体積を含めると世界最大級の火山といわれている。

## ケベック旧市街の歴史地区
Historic District of Old Québec

文化遺産　カナダ　1985 年登録　登録基準：(iv)(vi)

シャトー・フロントナック

ケベックは、カナダの東部にあるケベック州の州都。町の建設がフランス人による入植から始まった経緯があり、公用語がフランス語で、人々の生活様式や文化の面でフランス文化が強いという独自性がある。歴史地区は、ケベックにある旧市街のエリアで、北アメリカで唯一の城郭都市であり、北アメリカをめぐる英仏植民地戦争の歴史が刻まれている。

町は、城壁に囲まれた丘の上にあるアッパータウンと丘と川岸の間にあるロウワータウンとに分かれる。アッパータウンは、政治や軍事の中心として発展し、カトリックの聖堂、修道院や古城風の高級ホテルであるシャトー・フロントナックがある。ロウワータウンには、勝利のノートルダム教会や星型の要塞シタデル、北アメリカ最古の繁華街といわれるプチ・シャンプランなどがある。

## カナディアン・ロッキー山脈自然公園群
Canadian Rocky Mountain Parks

自然遺産　カナダ　1984 年登録　登録基準：(vii)(viii)

ルイーズ湖

カナディアン・ロッキー山脈自然公園群とは、カナダの西部に存在する、4 つの国立公園(バンフ、ジャスパー、クートニー、ヨーホー)と 3 つの州立公園（ロブソン山、アシニボイン山、ハンバー）で構成される地区である。北アメリカ大陸の西部を南北に貫くロッキー山脈は 4,500km におよぶ。この内カナダ国内の 2,200km の山脈がカナデイアン・ロッキーと呼ばれている。3,000m 級の山々にいだかれた氷河、氷河湖、滝、峡谷、鍾乳洞、化石などの大自然が残っている。カナディアン・ロッキーの表玄関であるバンフ国立公園は、カナダで最初に指定された国立公園で、公園内には氷河湖の中でも随一の美しさを誇り「カナディアン・ロッキーの宝石」と称えられるルイーズ湖があり、温泉を楽しむこともできる。ジャスパー国立公園には、ロッキー山脈最大の氷原であるコロンビア氷原が広がる。

## 古代都市チチェン－イッツァ
Pre-Historical City of Chichen Itza

文化遺産　メキシコ合衆国　1988 年登録　登録基準：( i ) ( ii ) ( iii )

エル・カスティーヨ

チチェン－イッツァは、メキシコのユカタン半島のユカタン州の州都メリダの東、約120km の場所にあるマヤ文明の遺跡である。この地域には、鍾乳洞に水がたまっている「セノーテ」と呼ばれる地下泉が多く存在し、チチェンは半島最大級のセノーテの上に築かれた古代都市であった。チチェンはマヤ語で「泉のほとり」の意味である。

チチェン－イッツァがいつから存在したのかは定かではないが、南部で栄えた都市が 7 世紀頃に一旦放棄され、10 世紀に北部で再び都市が建造された。北部に残るエル・カスティーヨは、階段状のピラミッドの外観で最上部には神殿が設置されている。マヤ暦の 1 年を表す仕組みにもなっていてマヤ文明に高度な天文知識が存在したことを示している。他にもジャングルの中には、天文台や球戯場、戦士の神殿などの遺跡群が点在している。

## エル・ビスカイノのクジラ保護区
Whale Sanctuary of El Vizcaino

自然遺産　メキシコ合衆国　1993 年登録　登録基準：( x )

エル・ビスカイノのクジラ保護区は、太平洋とカリフォルニア湾に挟まれたカリフォルニア半島中央部の太平洋側にある、コククジラの繁殖地となっているラグーナ・オホ・デ・リブエレとラグーナ・サン・イグナシオの 2 つの潟湖（ラグーン＝砂州などで外海から隔てられた浅い汽水域）と半島の陸地、湿地帯、砂丘と砂漠地帯である。

コククジラは、主に北太平洋に生息する小型のクジラで、世界中に生息しているコククジラの半数は、この地区で生まれているといわれる重要な場所である。クジラ以外にも周辺の水域にはバンドウイルカ、カリフォルニアアシカ、ハーバーシール（アザラシの一種）、アオウミガメとアカウミガメなどが生息している。陸地では、コヨーテや齧歯目の動物、陸棲哺乳類で地上最速といわれるプロングホーンが見られ、独自の生態系を持つ地域である。

近年、船舶の通行や観光船が増加し、クジラとの衝突の危険性や海洋汚染が問題となり、規制、対策が進められている。

# . 南アメリカの世界遺産

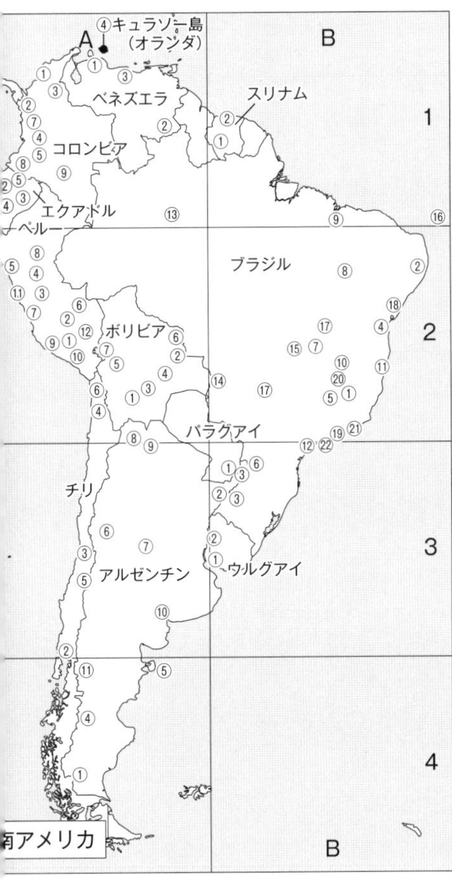


ルゼンチン共和国　P333 A 3

| | | | |
|---|---|---|---|
| **ロス・グラシアレス国立公園** | 自然遺産 | 1981 | (vii)(viii) |
| グアラニーのイエズス会伝道施設群：サン・イグナシオ・ミニ、サンタ・アナ、ヌエストラ・セニョーラ・デ・ロレート、サンタ・マリア・ラ・マジョール（アルゼンチン）、サン・ミゲル・ダス・ミソオエス遺跡群（ブラジル） | 文化遺産 | 1983 | (iv) |
| **イグアス国立公園** | 自然遺産 | 1984 | (vii)(x) |
| リオ・ピントゥラスのクエバ・デ・ラス・マノス | 文化遺産 | 1999 | (iii) |
| バルデス半島 | 自然遺産 | 1999 | (x) |
| イスチグアラスト／タランパジャ自然公園群 | 自然遺産 | 2000 | (viii) |

| | | | | |
|---|---|---|---|---|
| 7 | コルドバのイエズス会管区とエスタンシアス | 文化遺産 | 2000 | (ii)(iv) |
| 8 | ケブラーダ・デ・ウマワーカ | 文化遺産 | 2003 | (ii)(iv)(v) |
| 9 | カパック・ニャン　アンデスの道 | 文化遺産 | 2014 | (ii)(iii)(iv)(vi) |
| 10 | ル・コルビュジエの建築作品-近代建築運動への顕著な貢献 | 文化遺産 | 2016 | (i)(ii)(vi) |
| 11 | ロス・アレルセス国立公園 | 自然遺産 | 2017 | (vii)(x) |

**ウルグアイ東方共和国　P333 B 3**

| | | | | |
|---|---|---|---|---|
| 1 | コロニア・デル・サクラメントの歴史的街並み | 文化遺産 | 1995 | (iv) |
| 2 | フライ・ベントスの産業景観 | 文化遺産 | 2015 | (ii)(iv) |

**エクアドル共和国　P333 A 1**

| | | | | |
|---|---|---|---|---|
| 1 | **ガラパゴス諸島** | 自然遺産 | 1978 | (vii)(viii)(ix)(x) **P349 G3** |
| 2 | キト市街 | 文化遺産 | 1978 | (ii)(iv) |
| 3 | サンガイ国立公園 | 自然遺産 | 1983 | (vii)(viii)(ix)(x) |
| 4 | サンタ・アナ・デ・ロス・リオス・クエンカの歴史地区 | 文化遺産 | 1999 | (ii)(iv)(v) |
| 5 | カパック・ニャン　アンデスの道 | 文化遺産 | 2014 | (ii)(iii)(iv)(vi) |

**コロンビア共和国　P333 A 1**

| | | | | |
|---|---|---|---|---|
| 1 | カルタヘナの港、要塞群と建造物群 | 文化遺産 | 1984 | (iv)(vi) |
| 2 | ロス・カティオス国立公園 | 自然遺産 | 1994 | (ix)(x) |
| 3 | サンタ・クルーズ・デ・モンポスの歴史地区 | 文化遺産 | 1995 | (iv)(v) |
| 4 | ティエラデントロの国立遺跡公園 | 文化遺産 | 1995 | (iii) |
| 5 | サン・アグスティン遺跡公園 | 文化遺産 | 1995 | (iii) |
| 6 | マルペロの動植物保護区 | 自然遺産 | 2006 | (vii)(ix) |
| 7 | コロンビアのコーヒー産地の文化的景観 | 文化遺産 | 2011 | (v)(vi) |
| 8 | カパック・ニャン　アンデスの道 | 文化遺産 | 2014 | (ii)(iii)(iv)(vi) |
| 9 | チリビケテ国立公園ージャガーの家 | 複合遺産 | 2018 | (iii)(ix)(x) |

**スリナム共和国　P333 B 1**

| | | | | |
|---|---|---|---|---|
| 1 | 中央スリナム自然保護区 | 自然遺産 | 2000 | (ix)(x) |
| 2 | パラマリボ市街歴史地区 | 文化遺産 | 2002 | (ii)(iv) |

**チリ共和国　P333 A 3**

| | | | | |
|---|---|---|---|---|
| 1 | ラパ・ヌイ国立公園 | 文化遺産 | 1995 | (i)(iii)(v) **P349 F4** |
| 2 | チロエの教会群 | 文化遺産 | 2000 | (ii)(iii) |
| 3 | バルパライーソの海港都市の歴史的街並み | 文化遺産 | 2003 | (iii) |
| 4 | ハンバーストーンとサンタ・ラウラ硝石工場群 | 文化遺産 | 2005 | (ii)(iii)(iv) |
| 5 | シーウェル鉱山都市 | 文化遺産 | 2006 | (ii) |

| | | | | |
|---|---|---|---|---|
| 6 | カパック・ニャン　アンデスの道 | 文化遺産 | 2014 | (ii)(iii)(iv)(vi) |

**パラグアイ共和国　P333 A 2**

| | | | | |
|---|---|---|---|---|
| 1 | ラ・サンティシマ・トリニダード・デ・パラナとヘスース・デ・タバランゲのイエズス会伝道施設群 | 文化遺産 | 1993 | (iv) |

**ブラジル連邦共和国　P333 B 2**

| | | | | |
|---|---|---|---|---|
| 1 | 古都オウロ・プレト | 文化遺産 | 1980 | (i)(iii) |
| 2 | オリンダ歴史地区 | 文化遺産 | 1982 | (ii)(iv) |
| 3 | グアラニーのイエズス会伝道施設群：サン・イグナシオ・ミニ、サンタ・アナ、ヌエストラ・セニョーラ・デ・ロレート、サンタ・マリア・ラ・マジョール（アルゼンチン)、サン・ミゲル・ダス・ミソオエス遺跡群（ブラジル） | 文化遺産 | 1983 | (iv) |
| 4 | サルヴァドール・デ・バイア歴史地区 | 文化遺産 | 1985 | (iv)(vi) |
| 5 | ボン・ジェズス・ド・コンゴーニャスの聖所 | 文化遺産 | 1985 | (i)(iv) |
| 6 | **イグアス国立公園** | 自然遺産 | 1986 | (vii)(x) |
| 7 | **ブラジリア** | 文化遺産 | 1987 | (i)(iv) |
| 8 | カピバラ山地国立公園 | 文化遺産 | 1991 | (iii) |
| 9 | サン・ルイス歴史地区 | 文化遺産 | 1997 | (iii)(iv)(v) |
| 10 | ディアマンティーナ歴史地区 | 文化遺産 | 1999 | (ii)(iv) |
| 11 | ディスカヴァリー・コースト大西洋岸森林保護区群 | 自然遺産 | 1999 | (ix)(x) |
| 12 | サウス-イースト大西洋岸森林保護区群 | 自然遺産 | 1999 | (vii)(ix)(x) |
| 13 | **中央アマゾン保全地域群** | 自然遺産 | 2000 | (ix)(x) |
| 14 | パンタナル保全地域 | 自然遺産 | 2000 | (vii)(ix)(x) |
| 15 | ゴイアス歴史地区 | 文化遺産 | 2001 | (ii)(iv) |
| 16 | ブラジルの大西洋諸島：フェルナンド・デ・ノローニャとロカス環礁保護区群 | 自然遺産 | 2001 | (vii)(ix)(x) |
| 17 | セラード保護地域群：ヴェアデイロス平原国立公園とエマス国立公園 | 自然遺産 | 2001 | (ix)(x) |
| 18 | サンクリストヴォンの町のサンフランシスコ広場 | 文化遺産 | 2010 | (ii)(iv) |
| 19 | リオデジャネイロ：山と海の間のカリオッカの景観 | 文化遺産 | 2012 | (v)(vi) |
| 20 | パンプーリャ近代建築群 | 文化遺産 | 2016 | (i)(ii)(iv) |
| 21 | ヴァロンゴ埠頭考古遺跡 | 文化遺産 | 2017 | (vi) |
| 22 | パラチとグランデ島ー文化と生物多様性 | 複合遺産 | 2019 | (v)(x) |

**ベネズエラ・ボリバル共和国　P333 A 1**

| | | | | |
|---|---|---|---|---|
| 1 | コロとその港 | 文化遺産 | 1993 | (iv)(v) |
| 2 | カナイマ国立公園 | 自然遺産 | 1994 | (vii)(viii)(ix)(x) |
| 3 | カラカスの大学都市 | 文化遺産 | 2000 | (i)(iv) |

**ペルー共和国　P333 A 2**

| | | | | |
|---|---|---|---|---|
| 1 | クスコ市街 | 文化遺産 | 1983 | (iii)(iv) |
| 2 | **マチュ・ピチュの歴史保護区** | 複合遺産 | 1983 | (i)(iii)(vii)(ix) |
| 3 | チャビン（古代遺跡） | 文化遺産 | 1985 | (iii) |
| 4 | ワスカラン国立公園 | 自然遺産 | 1985 | (vii)(viii) |
| 5 | チャン・チャン遺跡地帯 | 文化遺産 | 1986 | (i)(iii) |
| 6 | マヌー国立公園 | 自然遺産 | 1987 | (ix)(x) |
| 7 | リマ歴史地区 | 文化遺産 | 1988 | (iv) |
| 8 | リオ・アビセオ国立公園 | 複合遺産 | 1990 | (iii)(vii)(ix)(x) |
| 9 | **ナスカとパルパの地上絵** | 文化遺産 | 1994 | (i)(iii)(iv) |
| 10 | アレキーパ市歴史地区 | 文化遺産 | 2000 | (i)(iv) |
| 11 | 聖地カラル-スーペ | 文化遺産 | 2009 | (ii)(iii)(iv) |
| 12 | カパック・ニャン　アンデスの道 | 文化遺産 | 2014 | (ii)(iii)(iv)(vi) |

**ボリビア多民族国　P333 A 2**

| | | | | |
|---|---|---|---|---|
| 1 | **ポトシ市街** | 文化遺産 | 1987 | (ii)(iv)(vi) |
| 2 | チキトスのイエズス会伝道施設群 | 文化遺産 | 1990 | (iv)(v) |
| 3 | 古都スクレ | 文化遺産 | 1991 | (iv) |
| 4 | サマイパタの砦 | 文化遺産 | 1998 | (ii)(iii) |
| 5 | ティワナク：ティワナク文化の宗教的・政治的中心地 | 文化遺産 | 2000 | (iii)(iv) |
| 6 | ノエル・ケンプ・メルカード国立公園 | 自然遺産 | 2000 | (ix)(x) |
| 7 | カパック・ニャン　アンデスの道 | 文化遺産 | 2014 | (ii)(iii)(iv)(vi) |

## ロス・グラシアレス国立公園
Los Glaciares National Park

自然遺産　アルゼンチン共和国　1981 年登録　登録基準：(vii)（viii)

ペリト・モレノ氷河

ロス・グラシアレス国立公園は、パタゴニア地方のアンデス山脈の最南部に位置するアルゼンチンの国立公園である。グラシアレスとはスペイン語で「氷河」を意味する。氷床としては南極、グリーンランドに次いで、地球上で第３位の面積を持つ氷河地帯である。世界で唯一活発な成長を続ける氷河であるペリト・モレノ氷河は全長 35km にもなる。地球温暖化の影響で世界的には氷河は溶けて縮小する傾向にあるが、ペリト・モレノ氷河の氷は常に増え続けており、１日に数メートル移動することもあるという。積雪量が多く高圧力がかかる氷河の氷は通常の氷よりも気泡が少なく、青い光だけを反射し氷河は青く見える。国立公園内の最大の氷河はペリト・モレノ氷河の北方に位置するウプサラ氷河で、こちらは地球温暖化の影響で縮小している。

## イグアス国立公園
Iguazú National Park

自然遺産　アルゼンチン共和国・ブラジル連邦共和国　アルゼンチン 1984 年登録　ブラジル 1986 年登録
登録基準：(vii)（x）

イグアスの滝

イグアス国立公園は、南米大陸のアルゼンチンとブラジルにまたがるイグアスの滝を中心とした広大な国立公園である。イグアスの滝は、アルゼンチン（80%）とブラジル（20%）の２国にまたがる世界最大の滝である。イグアスは、先住民のグアラニ族の言葉で「大いなる水」という意味。北米のナイアガラの滝、アフリカのヴィクトリアの滝とともに世界三大瀑布に数えられている。最大落差は 80m を超え、滝幅は約 4.5km、水量は毎秒６万 5000 トンに達する。一番の見どころは、アルゼンチン側にある「悪魔の喉笛」と呼ばれるポイントで迫力の瀑布を堪能することができる。イグアス国立公園は、アルゼンチン側とブラジル側それぞれ別に世界遺産登録をしている。周辺は、亜熱帯雨林が広がり、400 種以上の鳥類、ジャガー、プーマ、ジャイアントアリクイなどの希少大型動物が生息している。

## ブラジリア

Brasilia

文化遺産　ブラジル連邦共和国　1987 年登録　登録基準：( i )（iv）

ブラジル国会議事堂

ブラジリアは、ブラジルのほぼ中央の標高約1,100m の高原地帯に建設された計画都市で、ブラジルの首都である。その建設は 1960 年のリオデジャネイロからの遷都の約 4 年前に、ブラジル高原の荒涼とした未開の大地で開始された。ブラジル人建築家ルシオ・コスタの設計で建設された計画都市地域は、空から見ると人造湖であるパラノア湖に頭を向けた飛行機の形をしている。

飛行機の機首にあたる部分に、ブラジル人建築家オスカー・ニーマイヤーの設計による国会議事堂・行政庁舎・最高裁判所に囲まれた三権広場がある。他にも、キリストのイバラの冠をかたどったブラジリア大聖堂や、クラウディオ・サントロ国立劇場、ジュセリーノ・クビチェック橋など、独特のデザインを凝らした建造物がある。ブラジリアは、都市自体が現代建築の傑作、都市計画のユニークな例として認められた都市である。

## 中央アマゾン保全地域群

Central Amazon Conservation Complex

自然遺産　ブラジル連邦共和国　2000 年登録　登録基準：(ix)（x）

アマゾン川は、ブラジルとペルー他周辺諸国に属するアマゾン盆地を流れる 1,000 を超える支流を持つ大河で、流域に広大な熱帯雨林を擁する。「中央アマゾン保全地域群」は、ブラジルのアマゾナス州を流れる支流であるジャウー川流域のジャウー国立公園を中心とした保全地域群である。2003 年に、アナビハナス国立公園、マミラウア（持続可能な開発）保護区とアマナ（持続可能な開発）保護区が追加されたが、それでもこれらの保全地域はアマゾンの熱帯雨林の全体の 1% にも及ばない面積であるという。

アマゾンの熱帯雨林は、その二酸化炭素の吸収量と酸素の放出量から「地球の肺」とも呼ばれる。雨季の増水期にできる浸水林バルゼアや、常に水につかっている浸水林イガポーなどが、ピラルクなどの魚類、オオカワウソ、マナティ、カワイルカなどの哺乳類の希少種を育み、独特の生態系を生み出している。

## ナスカとパルパの地上絵
Lines and Geoglyphs of Nasca and Palpa

文化遺産　ペルー共和国　1994年登録　登録基準：(ⅰ)(ⅲ)(ⅳ)

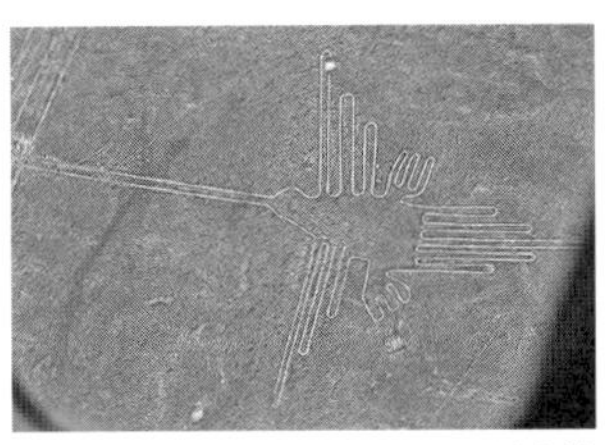
ナスカの地上絵

ナスカの地上絵は、ペルーの首都リマの南東400kmにあるナスカ郊外の高原の地表面に描かれた直線、図形、動植物の絵である。1939年にアメリカの考古学者ポール・コソックにより発見され、その後ドイツ人数学者マリア・ライヒェが地上絵の解明作業を行い遺跡群の詳細が明らかになった。近年、日本の山形大学の研究所が新たな地上絵を発見している。地上絵は上空からでなければ分からないほど巨大で、なぜ描かれたかは未だに解明されていない。降水量の少ない気候環境により絵が消えずに残ったと考えられる。地上絵には、ハチドリ・クモ・コンドル・サルなどの生き物や三角形・台形などの幾何学文様など、さまざまな種類がある。

パルパは、ナスカから約40km北に位置する町で郊外に地上絵が残っている。パルパの絵は斜面に描かれ地上から見ることができるものもある。

## マチュ・ピチュの歴史保護区
Historic Sanctuary of Machu Picchu

複合遺産　ペルー共和国　1983年登録　登録基準：(ⅰ)(ⅲ)(ⅶ)(ⅸ)

マチュピチュ遺跡

マチュ・ピチュの歴史保護区は、ペルー南部のクスコ近郊にある15世紀のインカ帝国の遺跡と周辺の保護区である。遺跡は標高2,400m以上の高地にあり、下からはその姿が見えないことから、「空中都市」「空中の楼閣」とも呼ばれる。遺跡の北西部にはさまざまな建造物群の跡が並び、南東部にはアンデネスとよばれる段々畑が築かれ、灌漑施設、水道橋や水路もあった。太陽を崇めたインカの人びとは、暦を把握していたといわれ、大広場には、冬至の儀式が行われていたと考えられる場所もある。マチュピチュの都市は、16世紀にインカ帝国がスペイン人に征服されたときに放棄された。マチュピチュは、アンデス山脈とアマゾン盆地の中間に位置し、固有の植生や動物を見ることができ、また人間の文化と自然との間の調和がとれた光景を見せていることから、複合遺産に登録されている。

## ガラパゴス諸島
Galapagos Islands

自然遺産　エクアドル共和国　1978年登録　登録基準：(vii)(viii)(ix)(x)

ガラパゴス諸島

ガラパゴス諸島は、太平洋東部の赤道下にあるエクアドル領の諸島で、島名は「ゾウガメの島」という意味をもつ。19の主な島と小島や岩礁から構成され、本土から約900km離れている。世界最初の世界遺産登録地の一つとしても有名である。ガラパゴス諸島は海洋島であり、大陸と陸続きになったことが一度もなく、大陸と隔絶されていることにより独自の進化を遂げた固有種が多く存在する。ガラパゴスゾウガメ、ウミイグアナ、ヨウガントカゲ等である。天敵となる大型肉食哺乳類が存在しなかったため、多くの爬虫類が生息し、島ごとに異なる生態系がつくられた。

1835年に同島を訪れ滞在したイギリスの生物学者チャールズ・ダーウィンは、ゾウガメやフィンチ（スズメに似た小型の鳥類）などを観察し、進化論のヒントを得て、名著『種の起源』を著した。

## ポトシ市街
Historic Centre of Florence

文化遺産　ボリビア多民族国　1987年登録　登録基準：(ii)(iv)(vi)

ポトシ市街とセロ・リコ

ポトシは、ボリビアの首都ラパスから南東に約440kmの高地に位置する町。16世紀半ばに当地で銀の鉱脈が発見され、すでに南アメリカ大陸に進出していたスペイン人が銀を求めて集まった。銀の鉱脈がある場所は「セロ・リコ（富める山）」と呼ばれ、銀鉱石から水銀を用いて銀を抽出する「水銀アマルガム法」という技術により、当時の世界の銀産出量の半分を産出した。採掘には多くの先住民が強制的に集められ、黒人奴隷と合わせて約800万人が犠牲になったといわれ、奴隷制度の象徴として負の世界遺産の一つにも数えられる。ポトシの銀は19世紀には枯渇し町は衰退した。当時の鉱山遺構、スペイン統治時代の修道院、聖堂などの建築が残ることから文化遺産に登録されたが、銀に替って行われている錫（すず）の採掘による鉱山の荒廃を理由として、2014年には危機遺産に登録されている。

# ．アフリカの世界遺産

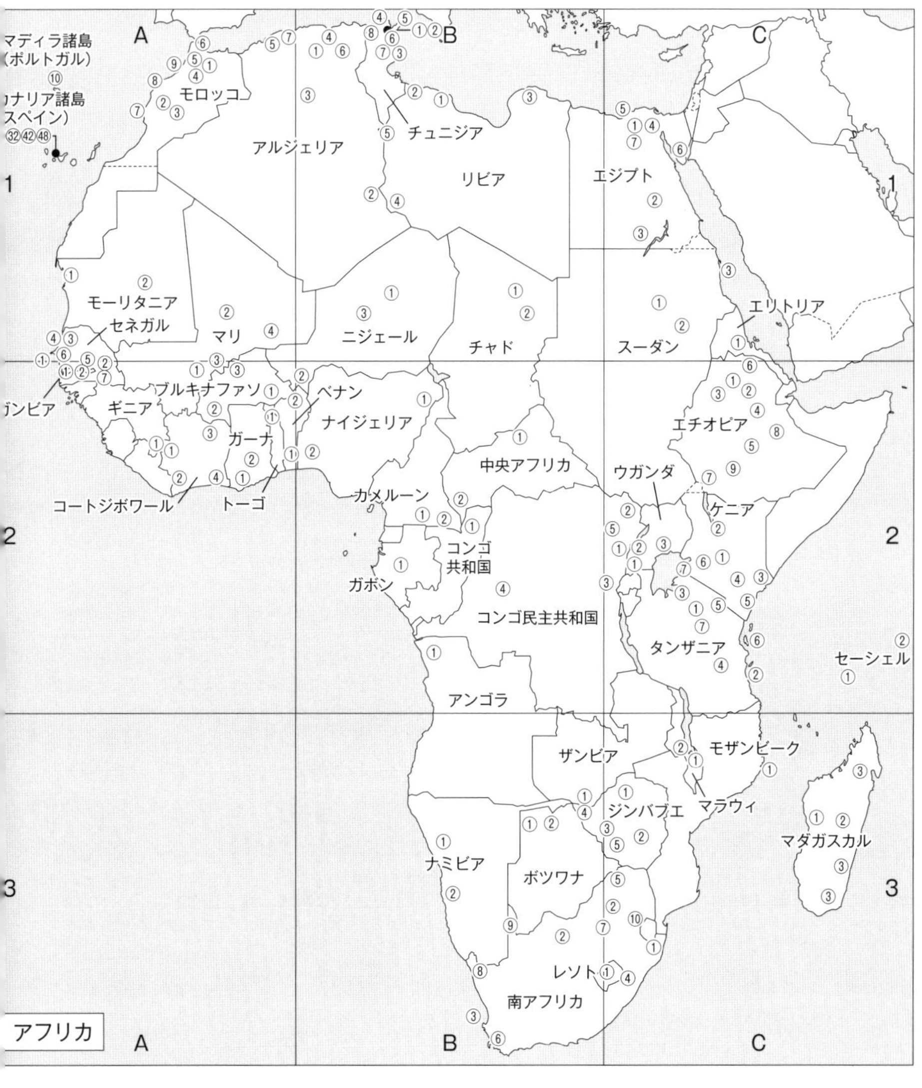


**ルジェリア民主人民共和国　P339 B 1**

| | | | | |
|---|---|---|---|---|
| | ベニ・ハンマド要塞 | 文化遺産 | 1980 | (iii) |
| | タッシリ・ナジェール | 複合遺産 | 1982 | (i)(iii)(vii)(viii) |
| | ムザブの谷 | 文化遺産 | 1982 | (ii)(iii)(v) |
| | ジェミラ | 文化遺産 | 1982 | (iii)(iv) |
| | ティパサ | 文化遺産 | 1982 | (iii)(iv) |
| | ティムガッド | 文化遺産 | 1982 | (ii)(iii)(iv) |
| 7 | アルジェのカスバ | 文化遺産 | 1992 | (ii)(v) |

**アンゴラ共和国　P339 B 2**

| | | | | |
|---|---|---|---|---|
| 1 | ンバンザ・コンゴ、旧コンゴ王国の首都跡 | 文化遺産 | 2017 | (iii)(iv) |

**ウガンダ共和国　P339 C 2**

1 ブウィンディ原生国立公園 自然遺産 1994 (vii)(x)
2 ルウェンゾリ山地国立公園 自然遺産 1994 (vii)(x)
3 カスビのブガンダ王国歴代国王の墓 文化遺産 2001 (i)(iii)(iv)(vi)

**エジプト・アラブ共和国　P339 C 1**

1 **メンフィスとその墓地遺跡-ギーザからダハシュールまでのピラミッド地帯** 文化遺産 1979 (i)(iii)(vi)
2 古代都市テーベとその墓地遺跡 文化遺産 1979 (i)(iii)(vi)
3 **アブ・シンベルからフィラエまでのヌビア遺跡群** 文化遺産 1979 (i)(iii)(vi)
4 カイロ歴史地区 文化遺産 1979 (i)(v)(vi)
5 アブ・メナ 文化遺産 1979 (iv)
6 聖カトリーナ修道院地域 文化遺産 2002 (i)(iii)(iv)(vi)
7 ワディ・エル-ヒータン（クジラの谷） 自然遺産 2005 (viii)

**エチオピア連邦民主共和国　P339 C 2**

1 シミエン国立公園 自然遺産 1978 (vii)(x)
2 ラリベラの岩窟教会群 文化遺産 1978 (i)(ii)(iii)
3 ファジル・ゲビ、ゴンダール地域 文化遺産 1979 (ii)(iii)
4 **アワッシュ川下流域** 文化遺産 1980 (ii)(iii)(iv)
5 ティヤ 文化遺産 1980 (i)(iv)
6 アクスム 文化遺産 1980 (i)(iv)
7 オモ川下流域 文化遺産 1980 (iii)(iv)
8 ハラール・ジャゴル要塞歴史都市 文化遺産 2006 (ii)(iii)(iv)(v)
9 コンソの文化的景観 文化遺産 2011 (iii)(v)

**エリトリア国　P339 C 1**

1 アスマラ：アフリカの近代主義都市 文化遺産 2017 (ii)(iv)

**ガーナ共和国　P339 A 2**

1 ヴォルタ州、グレーター・アクラ州、セントラル州、ウェスタン州の城塞群 文化遺産 1979 (vi)
2 アシャンティの伝統的建築物群 文化遺産 1980 (v)

**カーボヴェルデ共和国　P348 A 3**

1 シダーデ・ヴェリヤ、リベイラ・グランデの歴史都市 文化遺産 2009 (ii)(iii)(vi)

**ガボン共和国　P339 B 2**

1 ロペ-オカンダの生態系と残存する文化的景観 複合遺産 2007 (iii)(iv)(ix)(x)

**カメルーン共和国　P339 B 2**

1 ジャー動物保護区 自然遺産 1987 (ix)(x)
2 サンガ川流域の3カ国保護地域 自然遺産 2012 (ix)(x)

**ガンビア共和国　P339 A 2**

1 クンタ・キンテ島と関連遺跡群 文化遺産 2003 (iii)(vi)
2 セネガンビアのストーン・サークル群 文化遺産 2006 (i)(iii)

**ギニア共和国　P339 A 2**

1 ニンバ山厳正自然保護区 自然遺産 1981 (ix)(x)

**ケニア共和国　P339 C 2**

1 ケニア山国立公園／自然林 自然遺産 1997 (vii)(ix)
2 トゥルカナ湖国立公園群 自然遺産 1997 (viii)(x)
3 ラム旧市街 文化遺産 2001 (ii)(iv)(vi)
4 ミジケンダの聖なるカヤの森林 文化遺産 2008 (iii)(v)(vi)
5 モンバサのジーザス要塞 文化遺産 2011 (ii)(iv)
6 ケニアグレート・リフト・バレーの湖群の生態系 自然遺産 2011 (vii)(ix)(x)
7 ティムリカ・オヒンガ考古遺跡 文化遺産 2018 (iii)(iv)(v)

**コートジボワール共和国　P339 A 2**

1 ニンバ山厳正自然保護区 自然遺産 1981 (ix)(x)
2 タイ国立公園 自然遺産 1982 (vii)(x)
3 コモエ国立公園 自然遺産 1983 (ix)(x)
4 グラン・バッサム歴史都市 文化遺産 2012 (iii)(iv)

**コンゴ共和国　P339 B 2**

1 サンガ川流域の3カ国保護地域 自然遺産 2012 (ix)(x)

**コンゴ民主共和国　P339 B 2**

1 ヴィルンガ国立公園 自然遺産 1979 (vii)(viii)(x)
2 ガランバ国立公園 自然遺産 1980 (vii)(x)
3 カフジ-ビエガ国立公園 自然遺産 1980 (x)
4 サロンガ国立公園 自然遺産 1984 (vii)(ix)
5 オカピ野生生物保護区 自然遺産 1996 (x)

**ザンビア共和国　P339 B 3**

1 **モシ・オ・トゥニャ／ヴィクトリアの滝** 自然遺産 1989 (vii)(viii)

**ジンバブエ共和国　P339 C 3**

1 マナ・プールズ国立公園、サピとチュウォールのサファリ地域 自然遺産 1984 (vii)(ix)(x)
2 **大ジンバブエ国立記念物** 文化遺産 1986 (i)(iii)(vi)
3 カミ遺跡群国立記念物 文化遺産 1986 (iii)(iv)
4 **モシ・オ・トゥニャ／ヴィクトリアの滝** 自然遺産 1989 (vii)(viii)
5 マトボの丘群 文化遺産 2003 (iii)(v)(vi)

**スーダン共和国　P339 C 1**

1 ゲベル・バルカルとナパタ地域の遺跡群 文化遺産 2003 (i)(ii)(iii)(iv)(vi)
2 メロイ島の古代遺跡群 文化遺産 2011 (ii)(iii)(iv)(v)
3 サンガニブ海洋国立公園とドングナブ湾ームカクル島海洋国立公園 自然遺産 2016 (vii)(ix)(x)

**セーシェル共和国　P339 C 2**

1 アルダブラ環礁 自然遺産 1982 (vii)(ix)(x)
2 メ渓谷自然保護区 自然遺産 1983 (vii)(viii)(ix)(x)

**ネガル共和国　P339 A 1**

| | | | |
|---|---|---|---|
| **ゴレ島** | 文化遺産 | 1978 | (vi) |
| ニオコロ-コバ国立公園 | 自然遺産 | 1981 | (x) |
| ジュッジ国立鳥類保護区 | 自然遺産 | 1981 | (vii)(x) |
| サン-ルイ島 | 文化遺産 | 2000 | (ii)(iv) |
| セネガンビアのストーン・サークル群 | 文化遺産 | 2006 | (i)(iii) |
| サルーム・デルタ | 文化遺産 | 2011 | (iii)(iv)(v) |
| バサリ地方：バサリ族、フラ族、ベディック族の文化的景観 | 文化遺産 | 2012 | (iii)(v)(vi) |

**ンザニア連合共和国　P339 C 2**

| | | | |
|---|---|---|---|
| **ンゴロンゴロ保全地域** | 複合遺産 | 1978 | (iv)(vii)(viii)(ix)(x) |
| キルワ・キシワニとソンゴ・ムナラの遺跡群 | 文化遺産 | 1981 | (iii) |
| セレンゲティ国立公園 | 自然遺産 | 1981 | (vii)(x) |
| セルー・ゲーム・リザーブ | 自然遺産 | 1982 | (ix)(x) |
| **キリマンジャロ国立公園** | 自然遺産 | 1987 | (vii) |
| ザンジバル島のストーン・タウン | 文化遺産 | 2000 | (ii)(iii)(vi) |
| コンドア・ロック-アート遺跡群 | 文化遺産 | 1982 | (iii)(vi) |

**ャド共和国　P339 B 1**

| | | | |
|---|---|---|---|
| ウニアンガ湖沼群 | 自然遺産 | 2012 | (vii) |
| エネディ山地：自然および文化的景観 | 複合遺産 | 2016 | (iii)(vii)(ix) |

**央アフリカ共和国　P339 B 2**

| | | | |
|---|---|---|---|
| マノヴォ-グンダ・サン・フローリス国立公園 | 自然遺産 | 1988 | (ix)(x) |
| サンガ川流域の 3 カ国保護地域 | 自然遺産 | 2012 | (ix)(x) |

**ュニジア共和国　P339 B 1**

| | | | |
|---|---|---|---|
| チュニス旧市街 | 文化遺産 | 1979 | (ii)(iii)(v) |
| カルタゴ遺跡 | 文化遺産 | 1979 | (ii)(iii)(vi) |
| エル・ジェムの円形闘技場 | 文化遺産 | 1979 | (iv)(vi) |
| イシュケル国立公園 | 自然遺産 | 1980 | (x) |
| ケルクアンの古代カルタゴの町とその墓地遺跡 | 文化遺産 | 1985 | (iii) |
| スース旧市街 | 文化遺産 | 1988 | (iii)(iv)(v) |
| カイルアン | 文化遺産 | 1988 | (i)(ii)(iii)(v)(vi) |
| ドゥッガ／トゥッガ | 文化遺産 | 1997 | (ii)(iii) |

**ーゴ共和国　P339 A 2**

| | | | |
|---|---|---|---|
| クタマク、バタマリバ人の土地 | 文化遺産 | 2004 | (v)(vi) |

**イジェリア連邦共和国　P339 B 2**

| | | | |
|---|---|---|---|
| スクルの文化的景観 | 文化遺産 | 1999 | (iii)(v)(vi) |
| オスン-オソボ聖林 | 文化遺産 | 2005 | (ii)(iii)(vi) |

**ミビア共和国　P339 B 3**

| | | | |
|---|---|---|---|
| トゥウェイフルフォンテーン | 文化遺産 | 2007 | (iii)(v) |
| ナミブ砂海 | 自然遺産 | 2013 | (vii)(viii)(ix)(x) |

**ニジェール共和国　P339 B 1**

| | | | | |
|---|---|---|---|---|
| 1 | アイールとテネレの自然保護区群 | 自然遺産 | 1991 | (vii)(ix)(x) |
| 2 | W-アーリー-ペンジャリ保護地域群 | 自然遺産 | 1996 | (ix)(x) |
| 3 | アガデス歴史地区 | 文化遺産 | 2013 | (ii)(iii) |

**ブルキナファソ　P339 A 2**

| | | | | |
|---|---|---|---|---|
| 1 | W-アーリー-ペンジャリ保護地域群 | 自然遺産 | 1996 | (ix)(x) |
| 2 | ロロペニの遺跡 | 文化遺産 | 2009 | (iii) |
| 3 | ブルキナファソの古代鉄冶金遺跡群 | 文化遺産 | 2019 | (iii)(iv)(vi) |

**ベナン共和国　P339 A 2**

| | | | | |
|---|---|---|---|---|
| 1 | アボメイの王宮群 | 文化遺産 | 1985 | (iii)(iv) |
| 2 | W-アーリー-ペンジャリ保護地域群 | 自然遺産 | 1996 | (ix)(x) |

**ボツワナ共和国　P339 B 3**

| | | | | |
|---|---|---|---|---|
| 1 | ツォディロ | 文化遺産 | 2001 | (i)(iii)(vi) |
| 2 | オカバンゴ・デルタ | 自然遺産 | 2014 | (vii)(ix)(x) |

**マダガスカル共和国　P339 C 3**

| | | | | |
|---|---|---|---|---|
| 1 | チンギ・デ・ベマラ厳正自然保護区 | 自然遺産 | 1990 | (vii)(x) |
| 2 | アンブヒマンガの丘の王領地 | 文化遺産 | 2001 | (iii)(iv)(vi) |
| 3 | アツィナナナの雨林群 | 自然遺産 | 2007 | (ix)(x) |

**マラウイ共和国　P339 C 3**

| | | | | |
|---|---|---|---|---|
| 1 | マラウイ湖国立公園 | 自然遺産 | 1984 | (vii)(ix)(x) |
| 2 | チョンゴニ・ロック-アート地域 | 文化遺産 | 2006 | (iii)(vi) |

**マリ共和国　P339 A 1**

| | | | | |
|---|---|---|---|---|
| 1 | ジェンネ旧市街 | 文化遺産 | 1988 | (ii)(iv)(v) |
| 2 | トンブクトゥ | 文化遺産 | 1988 | (ii)(iv)(v) |
| 3 | バンディアガラの断崖（ドゴン人の地） | 複合遺産 | 1989 | (v)(vii) |
| 4 | アスキア墳墓 | 文化遺産 | 2004 | (ii)(iii)(iv) |

**南アフリカ共和国　P339 B 3**

| | | | | |
|---|---|---|---|---|
| 1 | イシマンガリソ湿地公園 | 自然遺産 | 1999 | (vii)(ix)(x) |
| 2 | 南アフリカ人類化石遺跡群 | 文化遺産 | 1999 | (iii)(vi) |
| 3 | **ロベン島** | 文化遺産 | 1999 | (iii)(vi) |
| 4 | マロティ - ドラケンスバーグ公園 | 複合遺産 | 2000 | (i)(iii)(vii)(x) |
| 5 | マプングブエの文化的景観 | 文化遺産 | 2003 | (ii)(iii)(iv)(v) |
| 6 | ケープ植物区保護地域群 | 自然遺産 | 2004 | (ix)(x) |
| 7 | フレーデフォート・ドーム | 自然遺産 | 2005 | (viii) |
| 8 | リフタスフェルトの文化的及び植生景観 | 文化遺産 | 2007 | (iv)(v) |
| 9 | コマニの文化的景観 | 文化遺産 | 2017 | (v)(vi) |
| 10 | バーバートン・マコンジュワ山脈 | 自然遺産 | 2018 | (viii) |

**モザンビーク共和国　P339 C 3**

| | | | | |
|---|---|---|---|---|
| 1 | モザンビーク島 | 文化遺産 | 1991 | (iv)(vi) |

**モーリシャス共和国　P348 C3**

| | | | | |
|---|---|---|---|---|
| 1 | アプラヴァシ・ガート | 文化遺産 | 2006 | (vi) |
| 2 | ル・モーンの文化的景観 | 文化遺産 | 2008 | (iii)(vi) |

**モーリタニア・イスラム共和国　P339 A 1**

| | | | | |
|---|---|---|---|---|
| 1 | バンダルギン国立公園 | 自然遺産 | 1989 | (ix)(x) |
| 2 | ウワダン、シンゲッティ、ティシット及びウワラタの古い集落 | 文化遺産 | 1996 | (iii)(iv)(v) |

**モロッコ王国　P339 A 1**

| | | | | |
|---|---|---|---|---|
| 1 | フェス旧市街 | 文化遺産 | 1981 | (ii)(v) |
| 2 | **マラケシ旧市街** | 文化遺産 | 1985 | (i)(ii)(iv)(v) |
| 3 | アイット-ベン-ハドゥの集落 | 文化遺産 | 1987 | (iv)(v) |
| 4 | 古都メクネス | 文化遺産 | 1996 | (iv) |
| 5 | ヴォルビリスの古代遺跡 | 文化遺産 | 1997 | (ii)(iii)(iv)(vi) |
| 6 | テトゥアン旧市街（旧名ティタウィン） | 文化遺産 | 1997 | (ii)(iv)(v) |
| 7 | エッサウィラのメディナ（旧名モガドール） | 文化遺産 | 2001 | (ii)(iv) |
| 8 | マサガン（アル・ジャジーダ）のポルトガル都市 | 文化遺産 | 2004 | (ii)(iv) |
| 9 | ラバト：近代都市と歴史的都市が共存する首都 | 文化遺産 | 2012 | (ii)(iv) |

**リビア　P339 B 1**

| | | | | |
|---|---|---|---|---|
| 1 | レプティス・マグナの古代遺跡 | 文化遺産 | 1982 | (ii)(iv)(v) |
| 2 | サブラータの古代遺跡 | 文化遺産 | 1982 | (ii)(iv)(v) |
| 3 | クーリナの古代遺跡 | 文化遺産 | 1982 | (ii)(iv)(v) |
| 4 | タドラット・アカクスのロック-アート遺跡群 | 文化遺産 | 1985 | (ii)(iv)(v) |
| 5 | ガダーミスの旧市街 | 文化遺産 | 1986 | (ii)(iv)(v) |

**レソト王国　P339 C 3**

| | | | | |
|---|---|---|---|---|
| 1 | マロティ - ドラケンスバーグ公園 | 複合遺産 | 2000 | (i)(iii)(vii)(x) |

## アブ・シンベルからフィラエまでのヌビア遺跡群
Nubian Monuments from Abu Simbel to Philae

文化遺産　エジプト・アラブ共和国　1979年登録　登録基準：(ⅰ)(ⅲ)(ⅵ)

アブ・シンベル神殿

ヌビア遺跡群は、エジプト南部のナイル川流域にある古代エジプト文明の遺跡。1960年代、アスワン・ハイ・ダムの建設計画が持ち上がり、このダムが完成すると、ヌビア遺跡が水没する危機が懸念された。そこで、ユネスコの救済活動が行われ、アブ・シンベル神殿が64m上の丘に、フィラエ島のイシス神殿はアギルキア島に移築された。このキャンペーンが世界遺産誕生のきっかけとなった。古代エジプト神殿建築の最高傑作といわれるアブ・シンベル大神殿は、ナイル川にせり出した岩山に紀元前13世紀頃に造られた岩窟神殿で、神殿正面には高さ約22mのラムセス2世の座像が4体並ぶ。イシス神殿（フィラエ神殿）の壁面には、女神イシスの神性を表すレリーフが残されている。

## メンフィスとその墓地遺跡―ギーザからダハシュールまでのピラミッド地帯
Memphis and its Necropolis-the Pyramid Fields from Giza to Dahshur

文化遺産　エジプト・アラブ共和国　1979年登録　登録基準：(ⅰ)(ⅲ)(ⅵ)

ギーザのピラミッド

メンフィスとは、エジプトの北東部、首都カイロの南方に位置するエジプト古王国期の首都の遺跡である。メンフィスは王の居住する場所であり、政治の中心地であると同時に、神々にとって神聖な場所であると考えられていた。遺跡の中心になるのは「ギーザの三大ピラミッド」で、クフ王のピラミッド、カフラー王のピラミッド、メンカウラー王のピラミッドの3つを指す。クフ王のピラミッドは、古代エジプト史上で最大級のもので、完成時の高さは約150m、2.5トンの石灰岩を約230万個も積み上げて造られている。当時の石積技術の高さがうかがえる。建築年代については諸説あるが、紀元前2500年頃に20年前後かけて建築されたとされる。カフラー王のピラミッドから伸びる参道の先には、スフィンクスが建っている。「メンフィスとその墓地遺跡」には、メンフィスの王たちの墓地遺跡であるナイル川沿いのギーザ、サッカラ、ダハシュールの遺跡も含まれる。

## アワッシュ川下流域

Lower Valley of the Awash

文化遺産　エチオピア連邦民主共和国　1980 年登録　登録基準：(ii)(iii)(iv)

アワッシュ川は、エチオピアの北東部から隣国のジブチへ流れる川で、「アワッシュ川下流域」とは、川の下流にあるハダール村付近一帯のことである。ヒト科の生物はその初期のころからアワッシュ川の渓谷に住んでいたと考えられ、流域では猿人の化石が数多く発見されていた。

1973 年から古生物学者と先史学者の国際チームによる発掘調査が行われ、1974 年にアメリカ、フランスの合同調査隊によってこの地でおよそ 320 万年前の人骨が発見された。この人骨は、初期の人類であるアウストラロピテクス・アファレンシス（アファール猿人）のもので、全身の約 40% の骨が見つかるという奇跡的な発見状況であった。人骨は女性のものであることがわかり、「ルーシー」の愛称がつけられた。これは、人類の進化をたどる研究上で非常に重要な発見であった。

## マラケシ旧市街

Medina of Marrakesh

文化遺産　モロッコ王国　1985 年登録　登録基準：(i)(ii)(iv)(v)

マラケシは、モロッコ中部の内陸に位置する都市である。東に広がるサハラ砂漠とはアトラス山脈によって隔てられている。11 世紀に興ったベルベル人によるイスラム王朝であるムラービト朝の首都として築かれた。マラケシは、ベルベル語で「神の国」を意味し、その街の美しさから「南の真珠」と呼ばれた。

マラケシ　クトゥビーヤ・モスク

マラケシの街は旧市街（メディナ）とフランス人によって造られた新市街とに分けられる。旧市街はイスラム支配下時代から続くもので、東西 2㎞、南北 3㎞ の城壁に囲まれており、かつては北アフリカ最大のイスラム交易都市として繁栄を誇り、文化遺産に登録されている。12 世紀に建てられたクトゥビーヤ・モスクは、ミナレット（小塔）が併設され旧市街のシンボルとなっている。旧市街の中心部にはジャマ・エル・フナ広場があり、屋台や見世物で賑わい、その景観は無形文化遺産となっている。

## キリマンジャロ国立公園
Kilimanjaro National Park

自然遺産　タンザニア連合共和国　1987 年登録　登録基準：(vii)

キリマンジャロ国立公園は、タンザニアの北東部、ケニアとの国境に近いキリマンジャロを中心とする国立公園である。キリマンジャロは、標高 5,895m でアフリカの最高峰であり、赤道直下にありながら山頂付近には雪が積もり、近年縮小傾向にはあるが氷河を抱く独立峰である。活火山であるが、最後に噴火したのは数 10 万年前とされている。

キリマンジャロ

赤道直下の独立峰という特性から、山麓から頂上までの植物相は標高ごとに大きく変化し、頂上の氷雪地帯から、砂漠、高山湿地帯、高地草原、草原、熱帯雨霧林と多様な植生が広がっている。山麓から山中には、ゾウ、ヒョウ、バッファロー、絶滅危惧種のアボットダイカー（ウシ科の動物）などの大型哺乳類、カメレオンなどが生息している。

## ンゴロンゴロ保全地域
Ngorongoro Conservation Area

複合遺産　タンザニア連合共和国　1979 年登録　登録基準：(iv)（vii)（viii)（ix)（x）

ンゴロンゴロ保全地域は、タンザニア北部、キリマンジャロ国立公園の西方約 200km の場所にある自然保護地域である。ンゴロンゴロ保全地域は火山地帯で、域内には噴火跡の巨大なクレーターが３つ存在する。そのうちの一つであるンゴロンゴロクレーターは 300 万年前にできたもので、カルデラ内に広がる盆地は広大な草原となっている。草原にはライオン、ヌー、フラミンゴを初めとしてさまざまな動物が生息している。大型動物のほとんどは外輪山にはばまれ、カルデラの外に出ることはないため周囲と隔絶された生態系が形成されている。また、地域内のオルドバイ遺跡ではホモ・ハビリスの化石が、ラエトリ遺跡で直立二足歩行をする原人の足跡の化石などが発見され、文化遺産としての価値も認められ、2010 年には複合遺産となった。この地域にはマサイ族が暮らしており、伝統的な家畜の放牧を行う半遊牧のマサイ族と野生生物は草原内で共存している。

ンゴロンゴロ

## ゴレ島
Island of Gorée

文化遺産　セネガル共和国　1978年登録　登録基準：(vi)

ゴレ島

ゴレ島は、大西洋に面する西アフリカの国セネガルの首都ダカールから約3㎞の沖合にある、東西300m、南北900mの小さな島である。1444年にポルトガル人がこの島に上陸し、蜜蠟などを母国へ運ぶ際の集荷地としてこの島を利用した。以降、オランダ、イギリス、フランスが領有を争い、最終的にフランスが支配した。15世紀から19世紀にかけて、アフリカ沿岸で最大の奴隷貿易の中継地となり、ヨーロッパ各国に支配されたゴレ島の建築物は、奴隷貿易の残酷さと白人側の優雅な暮らしの両面をみせている。「奴隷の家」は、奴隷の収容施設として使われていた建物で、運ばれる船を待つ奴隷が収容されていた狭い部屋などが博物館として公開されている。島の北端には現在は歴史博物館となっているエストレ要塞がある。かつての人間の所業を顧みる負の世界遺産である。

## 大ジンバブエ国立記念物
Great Zimbabwe National Monument

文化遺産　ジンバブエ共和国　1986年登録　登録基準：(ⅰ)(ⅲ)(vi)

大ジンバブエ国立記念物

大ジンバブエ国立記念物は、アフリカ南東部の内陸国ジンバブエの首都ハラレから南方300㎞のジンバブエ高原に位置する大規模な石造建築遺跡である。ショナ族によって12世紀から15世紀の間に建てられた花崗岩による石造建築は、王・首長の一族のために築かれたもので、北側の「アクロポリス」と呼ばれる建造物群、その南方に広がる「谷の遺跡」、そして「大囲壁（グレートエンクロージャー）」の3つに分けられる。

この地のショナ族の王朝は現在「グレート・ジンバブエ」と呼ばれており、石造建築が築かれた14世紀には、その人口は10,000人を超えたが、15世紀半ばには放棄されたと考えられている。国名の「ジンバブエ」は王の宮廷の意味を含む「石の家」に由来している。

## モシ・オ・トゥニャ／ヴィクトリアの滝
Mosi-oa-Tunya / Victoria Falls

自然遺産　ジンバブエ共和国・ザンビア共和国　1989年登録　登録基準：（vii）（viii）

ヴィクトリアの滝

ヴィクトリアの滝は、ジンバブエとザンビアの国境地帯、ザンベジ川の中流域にあるアフリカ南部最大を誇る巨大な滝。ザンビアでは「雷鳴が轟く水煙」を意味する「モシ・オ・トゥニャ」と呼ばれている。1855年にスコットランドの探検家デイヴィット・リヴィングストンによって発見された。彼は、その壮大なスケールと美しさに魅了され、当時のイギリス女王にちなんで「ヴィクトリア・フォールズ」と名づけた。滝の幅は1,708m、最大落差は108m、最大時の水量は毎分5億リットルにもおよぶ。雨期には、噴煙のような水柱が垂直に800mから1,000mも舞い上がり数km離れた場所からでもその様子が見える。空から見るヘリコプター観光もある。

## ロベン島
Robben Island

文化遺産　南アフリカ共和国　1999年登録　登録基準：（iii）（vi）

ロベン島の博物館

ロベン島は、南アフリカのケープタウンから約12km沖合の大西洋にある島である。周囲は海流が強く、脱出が困難なことから、17世紀末以降、島の大部分は刑務所や隔離施設として使われ、監獄島と呼ばれた。20世紀には、アパルトヘイト（1948年から1990年代初めまで南アフリカで実施された、法による人種隔離と差別の制度）に反対する活動家たちが政治犯として収容され、後に大統領となったネルソン・マンデラも収監された。投獄生活の中、後に南アフリカの政治指導者となる囚人たちが、討論し希望を諦めなかったことから、ロベン島は「苦闘の大学」とも呼ばれ、抑圧に対する人間の精神、自由と民主主義の勝利を象徴する場所として世界遺産に登録された。人種隔離政策の記憶を伝える負の遺産である。現在、ロベン島刑務所の建物は、ロベン島博物館となっていて、ケープタウンからフェリーで島へ向かうツアーがある。

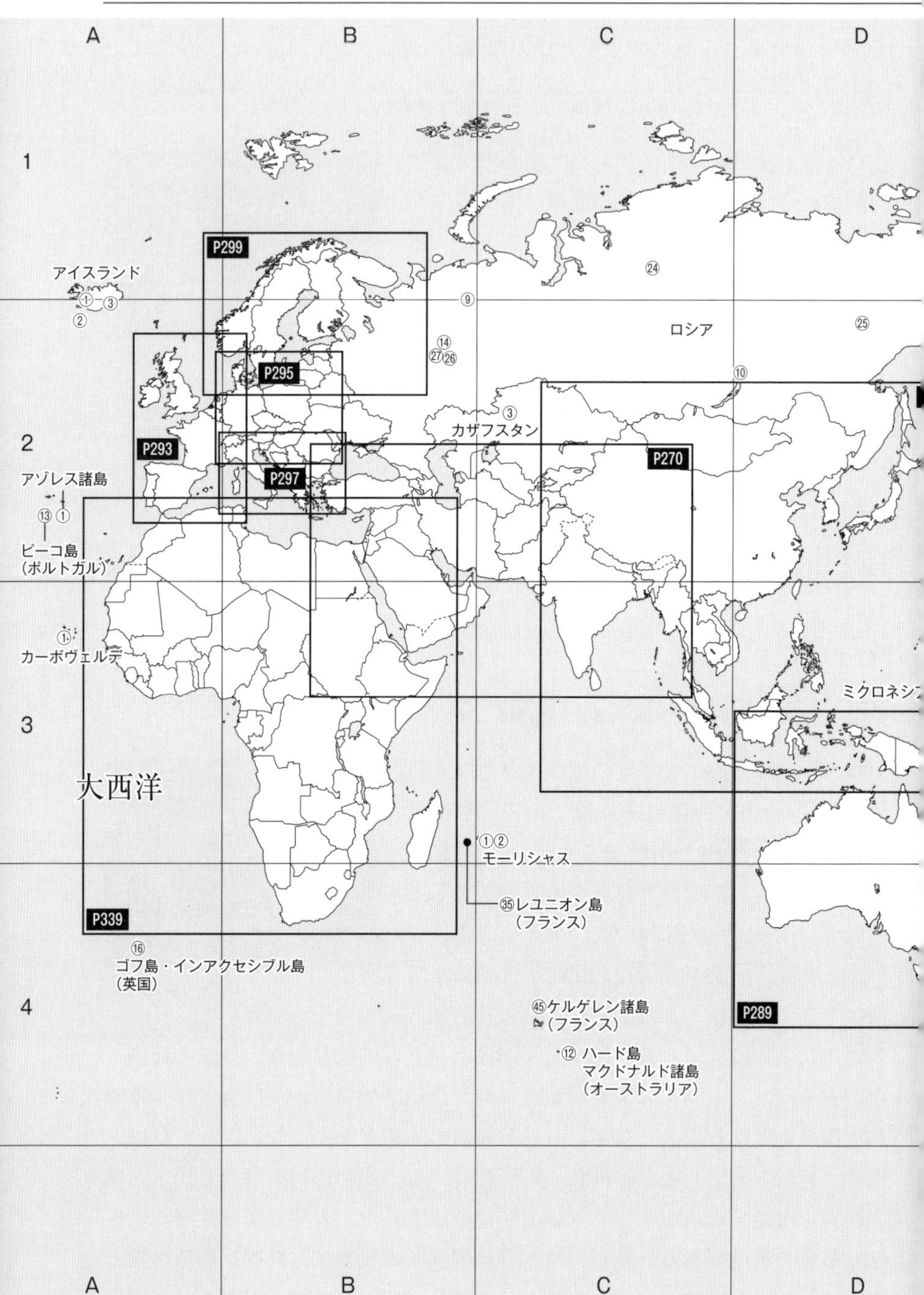
A
B
C
D
1
2
3
4
P299
アイスランド
①
③
②
⑨
㉔
ロシア
㉕
⑭
㉗㉖
⑩
P295
P293
③
カザフスタン
P270
アゾレス諸島
P297
⑬ ①
ピーコ島
（ポルトガル）
①
カーボヴェルデ
ミクロネシア
大西洋
①②
モーリシャス
㉟レユニオン島
（フランス）
P339
⑯
ゴフ島・インアクセシブル島
（英国）
㊺ケルゲレン諸島
（フランス）
P289
⑫ ハード島
マクドナルド諸島
（オーストラリア）
A
B
C
D

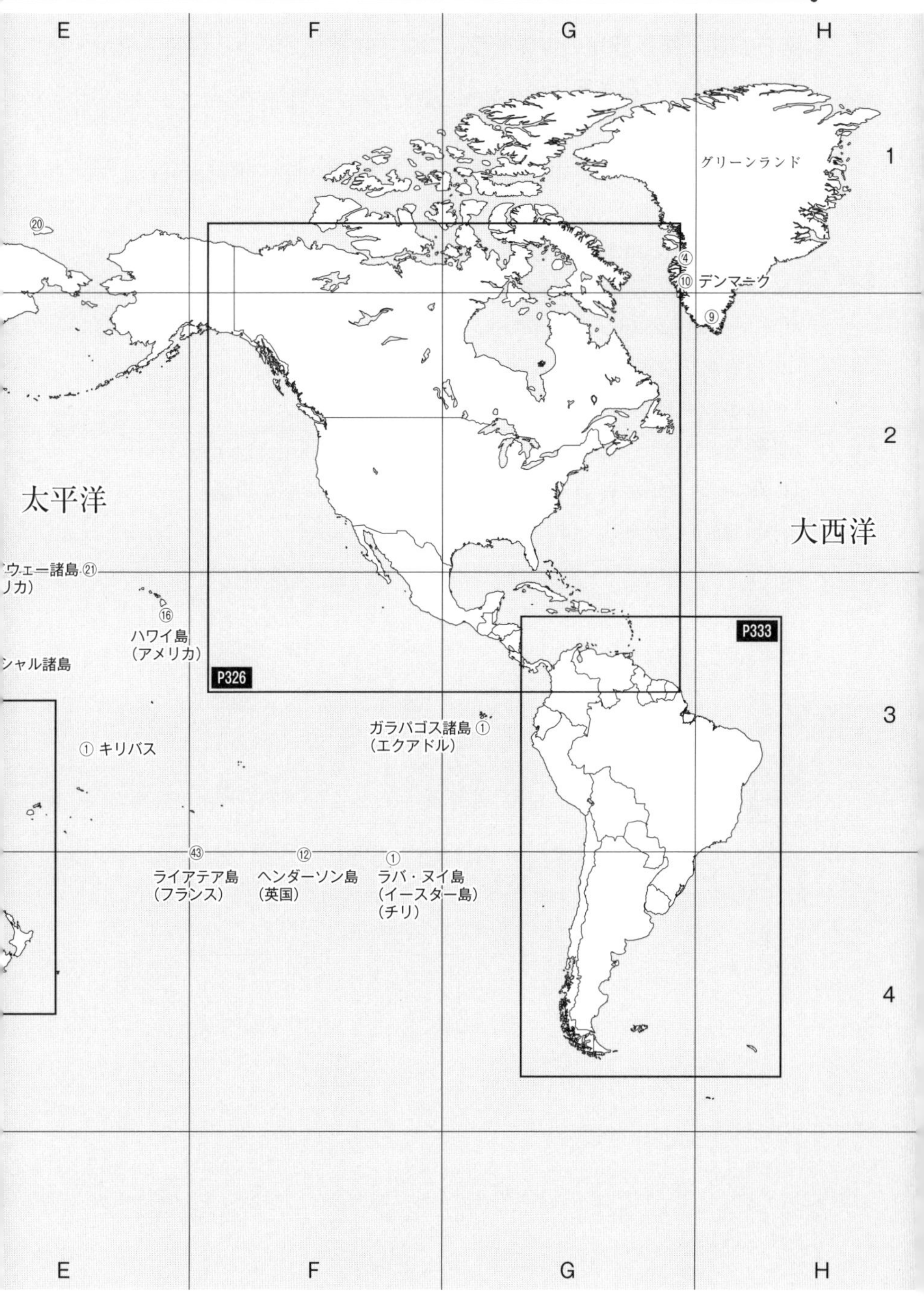
E
F
G
H
1
2
3
4
グリーンランド
⑳
④
⑩ デンマーク
⑨
太平洋
大西洋
ウェー諸島 ㉑
リカ）
⑯
ハワイ島
（アメリカ）
シャル諸島
P326
P333
ガラパゴス諸島 ①
（エクアドル）
① キリバス
㊸
ライアテア島
（フランス）
⑫
ヘンダーソン島
（英国）
①
ラパ・ヌイ島
（イースター島）
（チリ）
E
F
G
H

第６課題・第７課題の世界遺産については下記サイト・書籍を引用・参考にさせていただきました。

「文化庁・世界遺産
（http://www.bunka.go.jp/seisaku/bunkazai/shokai/sekai_isan/）」
「公益社団法人日本ユネスコ協会連盟
（https://www.unesco.or.jp/activities/isan/worldheritagelist/）」
「nippon.com・日本の世界遺産一覧
（https://www.nippon.com/ja/features/h10035/）」
「文化遺産オンライン（https://bunka.nii.ac.jp/special_content/world）」
「平和がいちばん（https://heiwa-ga-ichiban.jp/）」
「世界遺産オンラインガイド（https://worldheritagesite.xyz/）」
日本ユネスコ協会連盟（2018）『世界遺産年報 2018』講談社
各国・都市観光局ホームページ

# 第 8 課題

# 観光まちづくりとニューツーリズム

軽井沢野鳥の森（長野県軽井沢町）

# 1. 観光まちづくりとは

## ■観光まちづくり

観光まちづくりとは、地域が主体となって、地域の観光資源を利活用し地域外からの交流人口を拡大する観光諸活動を通し、地域を活性化させサステイナブル（持続可能）な魅力ある地域を実現させるための活動である。

既存の観光地はもちろん、従来観光地ではなかった地域も交流人口の増大による地域活性化を求めて、新たなる観光資源を発掘、創出し観光地化を目指し観光まちづくりに取組んでいる。「観光」の力によってまちづくりを具現化していこうとすることが観光まちづくりである。また、観光まちづくりとは、住民の暮らしを豊かにする、というシンプルなテーマを最終目標のひとつとして進める観光振興施策、事業である。「観光はまちづくりの総仕上げ」という言葉があるように、観光は今日ではまちづくりに欠かせない要素となっており、多くの来訪者がある地域では人々の自信と誇りが生まれる。また、「住んで良し、訪ねて良しのまちづくり」という言葉がある。住民が誇りに思える魅力的な地域は、地域外の旅行者が来訪したい地域でもある。

「まちづくり」とは、地域が抱えるさまざまな課題に対して、建物や道路、生活インフラといったハード面や、歴史や文化、福祉、コミュニティなどのソフト面を、新設・保護・改善・推進することによって、地域の持続的発展、地域住民の満足度の維持向上を目指す活動のことである。一方、「観光地づくり」とは観光資源が立地する一定の地域に地域外から旅行者を集客するための活動のことである。持続可能な観光地づくりを目指すには、地域住民も参加したこのまちづくりと一体化する必要があるという考え方が観光地に定着しはじめた。この両者を一体化して推進していこうという考え方が「観光まちづくり」である。

## ■観光まちづくりの背景

観光まちづくりが注目され、取り組まれている背景には、地域の人口減少や少子高齢化問題、財政問題、地場産業の衰退、中心市街地の空洞化、さらに平成の市町村合併による地域アイデンティティの低下など、地域側の深刻な問題もあるが、一方、消費者側のライフスタイルの変化もその背景にある。

豊かな社会の中で人々の価値観が大きく変化し、さまざまなライフスタイルを求める個性の時代となった。特に、高齢化社会の急激な進展は余暇時間を大量に持つ人口の増大をもたらし、癒しや生きがいが余暇に求められるようになってきた。その中で観光への期待が高まっている。

## ■観光まちづくりの目的

### ①外貨の獲得と雇用の創出

外貨とは、地域外からの収入の意味で、旅行者の観光行動に伴う地域内での消費のことである。旅行者が訪日外国人であれば文字通り外貨の獲得となる。裾野の広い観光関連産業は、第３次産業にとどまらず、第１次産業、第２次産業などの地域産業にも経済効果を及ぼす。

### ②地域文化の維持と相互理解

経済的な目的だけではなく、地域を元気にするには人と人との交流が重要となる。都市と地方との相互理解、地域文化の理解などは、住民と旅行者とが触れ合うことで達成される。また、地域固有の祭りや伝統工芸品などが地域外の旅行者に理解、評価されることにより新たな担い手が生まれ、受け継がれていく。

### ③地域住民の地域愛の向上

観光まちづくりは、地域住民の精神的な満足度、郷土愛、地域への誇りの高揚が最終目的のひとつである。多くの旅行者が満足する魅力的な地域は住民にとっても自慢になるはずである。また、旅行者の受け入れに参加することにより、地域住民は地域の魅力を再発見し、地域住民の地域への誇り、地域愛は高揚する。

## ■観光まちづくりの推進主体

戦後、日本の観光を牽引してきたのは旅行会社である。当初は企業の職場旅行を手配斡旋し、その後、パッケージツアーを企画造成し、大量の旅行者を全国各地の観光地に送客してきた。観光交通の担い手であった、鉄道会社や航空会社も販売政策やキャンペーン、強大な宣伝力によって大観光地を生み出してきた。地域での推進主体は、地域行政の観光課や観光協会、地域観光の担い手である旅館組合や温泉組合など、地域の観光事業に携わる人々であった。

しかし、近年の観光まちづくりの推進の主体は地域に移ってきた。地域の自律的運営が求められる中で、地域の観光行政や観光事業者だけではなく、商工会議所、青年会議所、飲食業者組合、同業者組合、商店会、直接利害関係のない市民団体やNPOが観光の表舞台に出てきた。さらに、今まで観光事業とは距離を置いていた農漁業者、製造業者なども前面で活躍しはじめている。彼らが、旅行者の誘致計画を作り、実践し、第一線で観光サービスを旅行者に提供し始めている。また、地域と協同して観光まちづくりに本格的に取り組む法人であるDMOが登場してきた。

観光まちづくりにはその活動を計画・実行する推進組織が必要となる。そこでは、「人」と「意思」を束ねることがポイントとなる。地域の現状と今後の課題を共有し、気運をもりあげ、地域のビジョンと目標を明確にする。地域住民主体の組織を作り、熱意溢れた強いトップリーダーをつくる。強い推進組織は人づくりからはじまる。

観光まちづくりには、「若者」「ばか者」「よそ者」が必要であるとよくいわれる。「若者」とは、過去の例にとらわれずに前向きに行動できる人、「ばか者」とは、型にはまらず突拍子もない企画を提案し寝食を忘れ実践する人、「よそ者」とは、第三者の視点を持って客観的な情報から分析しアイデアを出す人である。さらに「女性」「外国人」も観光まちづくりの推進メンバーに必要不可欠な存在である。それぞれが協調して観光まちづくりを推進することが期待される。

## 2. 観光まちづくりと観光資源

### ■観光資源

観光まちづくりには、旅行者に訪れてもらうためのその地域ならではの観光資源が必要である。旅行者のニーズが多様化している今日、地域の観光資源も多様化している。

観光資源とは、一定の地域に存在する観光旅行の対象となりうる、特徴的な歴史・文化遺産などの文化財、温泉などの有形な要素と気象、風景、民俗、芸能、伝説、歴史、人物、サービスといった無形ないし人文的な要素のもののことである。

観光の対象となる可能性を持っているすべてのモノ・コトであり、「誘客の源泉」となり「感動の源泉」となるものである。旅行者が魅力と感じるものはすべて観光資源となる可能性があり、ほとんどの地域資源は工夫次第で観光資源になる。

近年、観光資源は「地域の宝」と呼ばれている。地域は顕在化しない観光資源の発掘に多様な方法で取り組んでいる。

### ■観光資源の特徴

観光資源には次のような特徴がある。

①「自然」と「人文」

山や川、海などの「自然」と人が作り出した神社や寺院、動物園や水族館などの「人文的」なものがあること。

②「有形」と「無形」

山や川、動物園や水族館などのように「有形」（モノ）のものと祭りや芸能、行事などのように「無形」（コト）のものがあること。

③「点」と「線」「面」

神社や寺、滝や岬などのように「点」のものと、川や海岸、街道などのような「線」、山や湖、島、街並みなどのような「面」のものがあること。

④「季節限定」

花や紅葉、雪、流氷、旬の料理、スキーなど通年楽しむことができない「季節限定」のものがあること。

⑤「解説」

ガイド、インタープリター、語り部、専門家、地元の人の話などの解説を聞くと感動が大きくなること。

### ■観光資源の要件

地域に存在する、他とちょっと違うモノ・コトのすべてが観光資源になるわけではない。次のようなことが要件となる。

①地域固有のモノ・コト

その地域らしさを持つことは絶対の条件である。それらのモノ・コトはその地域の自然や歴史、暮らしの中から生まれその土地に定着したものである。他と明確に差別化されたものでなければならない。

### ②地域住民が共感するモノ・コト

地域の人がそのモノ・コトに対して共感し、自慢し、誇りに思っているものでなければならない。例えば、地域住民が訪れていない神社や寺、地元住民が食べていない名物などは観光資源とはならない。

### ③物語性のあるモノ・コト

歴史のあるモノ・コト、近代的なモノ・コトに係わらず、その地域らしい物語、歴史、由来、伝説、ストーリー、薀蓄などが必要である。それらが、地域資源を観光資源とし、来訪した旅行者の感動を大きなものにする。

### ④持続性のあるモノ・コト

観光資源はそのもの自体が、あるいはその価値が持続していかなくてはならない。一過性で終わってしまうブームのようなモノ・コトは観光資源とはいえない。つまり、消滅しないもの、一時の流行ではないもの、保護できることが求められる。

## ■観光資源の分類

旅行者のニーズの多様化、個性化、高度化と地域の自律的運営が求められる中で独自の観光資源の発掘や形づくりが実践されている。その流れの中で観光資源は多種多様、幅の広いものになってきた。分類の方法は数多く存在するが、図表8-1はその一例である。

観光資源は自然観光資源と歴史観光資源、近代観光資源、無形観光資源、景観観光資源、産業観光資源に分類することができる。自然と歴史に関しては、長い観光の歴史の中で常に重要な観光の対象とされてきた。明治以降の近代に人間の手によって作られた近代観光資源も定着している。祭り、芸能などの無形観光資源の中には、食や暮らしだけではなく、映画やマンガ、アニメ、ゲームなども含まれる。歴史的景観、田園景観なども景観観光資源として注目を集めている。産業遺産や現役の工場施設も産業観光資源として括られる。さらに、レクリエーション施設、観光サービス施設などの観光施設もそれ自体で旅行者を誘引する観光資源となりえる。

図表８-１　観光資源の分類

| 大分類 | 中分類 | 小分類 | 種類 |
|---|---|---|---|
| 観光資源 | 観光資源 | 自然観光資源 | 山岳、高原、湿原、湖沼、河川、渓谷、滝、海岸、岬、島、岩石・洞窟、動物、植物、自然現象、天体、気候（温度・雪）、地理（地勢・位置）等 |
| | | 歴史観光資源 | 史跡、神社、仏閣、城郭、庭園、名園、記念碑、像、歴史的建造物（武家屋敷、町家、古民家、芝居小屋、蔵等）等 |
| | | 近代観光資源 | 動物園、植物園、博物館、美術館、水族館、近代公園、遊園地、テーマパーク近代的建造物（ビル、タワー、橋、ダム等）等 |
| | | 無形観光資源 | 祭り、芸能、食、行事、暮らし、民話、伝承、風俗、人物、言語、映画、演劇、音楽、美術、文学、マンガ、アニメ、ゲーム、イベント、スポーツ、ファッション等 |
| | | 景観観光資源 | 歴史景観（街並み、旧街道等）、田園景観（棚田、ブドウ畑等）郷土景観（朝市、田植え等）、都市景観（夜景、高層ビル群、繁華街等） |
| | | 産業観光資源 | 産業観光資源産業遺産（工場、鉱山等）、伝統工芸工房、窯元、酒蔵、味噌蔵、近代的工場施設、地場産業施設、町工場、研究所等 |
| | 観光施設 | レクリエーション施設 | 宿泊施設、温泉施設、ゴルフ場、スキー場、海水浴場、スポーツ競技場、農業公園、観光農園、観光牧場、参加体験施設（農業体験施設、漁業体験施設等）等 |
| | | 観光サービス施設 | 飲食施設、ショッピング施設（アウトレットモール、土産店、産地直売所等）、道の駅、休憩施設（ドライブイン、SA、PA）等 |

出典：『インバウンド実務論』（2017）

# 3.　観光まちづくりの着眼点

## ■観光まちづくりのガイドライン

国土交通省は「観光まちづくりのガイドライン」を作成し、その中で、観光まちづくりは各地域によってその取り組みの内容、人や組織の形態、進め方などすべてが千差万別であるとし、自治体および創発人材（創造的なまちづくり活動と積極的な情報発信を行う人材や団体を指す造語）が「最初の一歩目」を踏み出す方向を案内するために、それぞれのまちの取り組み状況を５つの着眼点を用いてチェックすることを提案している。（以下、「観光まちづくりガイドライン」国土交通省・2016）

## ■外からの視点

長年地域に住んでいる人よりも、外の人の方が、地域の価値を見つけることに長けており、また、その発見を楽しむ人が増えている。外の人により、地域に住んでいる人が気づかなかった価値が発見されることが、地域に対する誇りを醸成するともいわれている。

外から人を呼び込むためには、外の人が持つ興味と、地域側がやりたいこととの相違に留意して、外の人の視点を積極的に取り入れた活動（プログラム）を開発することが有効と考えられる。

また、独自性を追求する上では、全く新しいものだけではなく、地域にすでにある資産（有形・無形）を活かすことが、独自性を確立する近道である。

### ■担い手

自治体が観光まちづくりを推進する上では、まちに根ざした創発人材の存在が不可欠である。数多くの創発人材と出会い、つながることで、自治体の視点では得がたい創造的なアイデアに接する機会に恵まれ、取組みが広くPRされ、それがまた多くの創発人材との出会いに結びつく好循環が生まれることが期待される。

### ■ビジョン

創発人材や関係者が自らの責任で実現したいと考えている「ありたい姿」と、まち全体のビジョンとの関係を明確にすることで、その実現に向けて、関係者が連携し協働できる仕組みが生まれる。

内外の人を惹きつける、新しい価値を創造するためには、どうありたいのか、行き先としての「ありたい姿」（将来のビジョンと実現を確認することが可能なゴール）を掲げることが重要である。

### ■民間資金・ノウハウ

観光まちづくりの持続性を高めるためには、創発人材のまちづくり活動が公的資金に過度に依存することなく実施されることが重要である。また、自治体においても、創発人材と連携し、民間の資金・ノウハウを活用しつつ、身の丈に合ったプロジェクトを志向するなど、持続性を高める工夫が必要となる。

また、まちづくりに関するプロジェクトのために、クラウドファンディングによって資金調達がなされる事例も増えつつある。

■仲間

観光まちづくりを行う上では、自治体が、創発人材を支援し、さまざまなステークホルダー（住民、まちづくり団体、地元金融機関、地元商工会、大学、不動産会社等）をつなぐことにより、創発人材の個々の活動を、まち全体の取り組みへと調和させていくことが重要である。ゆえに、地元に近い自治体が、創発人材との役割分担を行って、連携することが重要となる。少人数の創発人材が、その頭の中にある、まちにとっての課題と、それに対するプロジェクトについて、他者に伝わるように価値を提示することによって、初めて幅広い分野の関係者が、関係性を認識し、連携していくことができる。共通する課題を持つ仲間を見つけ協働することがポイントになる。

## 4. 観光まちづくりと着地型旅行商品

■着地型旅行商品

「着地型旅行商品」とは、旅行者の観光目的地、着地である地域の側で商品企画・造成・販売を行う旅行商品や体験プログラムのことである。これまでの旅行商品は発地（市場）側の旅行会社で商品企画・造成・販売が行われていた。これを「発地型旅行商品」という。

国も着地型旅行商品の創出が地域活性化やインバウンド促進につながることから、積極的な推進をしている。地域独自の魅力を活かした地域密着型の旅行商品の創出が期待されている。

そのために、国は2012年に、地域の観光協会や旅館・ホテル、NPO法人などが旅行業へ参入しやすくするため、営業保証金の供託額と基準資産額を引き下げて「地域限定旅行業」を創設し着地型旅行商品の普及を進めた。これにより、地域の小さな旅行会社や組織が地域発着のパッケージツアーを企画・造成・販売できるようになった。さらに、旅館やホテルなどによる企画・販売を促すため、2017年の旅行業法改正により、営業所ごとに選任が必要な「旅行業務取扱管理者」について、特定地域の旅行商品のみを取り扱う営業所に対応した「地域限定旅行業務取扱管理者」資格を創設し、旅行業務取扱管理者の選任基準も緩和した。

## ■着地型旅行商品の背景

従来の旅行商品は、都市部の旅行会社で企画・造成される発地型旅行商品がほとんどであった。しかし、旅行者ニーズの多様化、個性化、高度化にともない、地元の人しか知らないような穴場や楽しみ方が求められるようになってきた。発地の旅行会社の商品開発は多数の人が求める観光スポットから構成せざるを得ず、大量生産の中でマンネリ化していた。地域にとっても自ら新しい観光資源を掘り起こし、魅力あるまちをアピールできるチャンスになった。

## ■着地型旅行商品の開発

着地型旅行商品は、地域の既存の中小旅行会社だけではなく、観光協会、DMO、宿泊施設、NPO 法人などが、第 3 種旅行業者または地域限定旅行業者の登録をして旅行会社となり企画・実施する場合も多い。

着地型旅行商品の開発コンセプトは、「地域密着」「地域連携」「地域協働」である。多様な地域の観光資源を活用し、見学だけではなく体験型、交流型、滞在型、学習型の旅行商品、プログラムが求められる。

特に体験型旅行が地域にもたらす効果は大きい。体験プログラムにより旅行者の滞留時間が長くなり宿泊旅行が増え、地域内での消費機会が増加する。魅力ある体験プログラムのバリエーションにより旅行者のリピーター化が促進される。四季それぞれの異なる体験プログラムの設定により旅行者数の季節変動が緩和される。また、体験プログラムには専門ガイドやインストラクターなどの地域人材が必要となり雇用を生み出す。

着地型旅行商品開発のプロセスは以下のとおりである。

①なりたい地域やつくりたい旅行商品のビジョンを明確にする。

②地域の観光資源の発掘、すなわち「地域の宝探し」を行う。

③発掘された観光資源に物語性などの付加価値をつけ、商品企画を行う。

④商品企画を具体化し、ツアーやプログラムの形に商品化する。商品化にあたっては、その観光資源の魅力を伝えるガイド、案内人、指導者の役割が重要となり、その人材の確保、育成も商品開発の中に含まれる。

⑤下見ツアーやモニターツアーなどを実施する。それにより、商品を評

価し、不足の部分は改善・改良をする。

⑥販路開拓として、ターゲットに対し告知・PR をし、具体的な販売チャネル、販売方法を決めていく。また、一度利用した顧客とのコミュニケーションによりリピーター化を図る。

着地型旅行商品の事例としては、自然散策や暮らし体験をするエコツーリズムや農林漁業体験をするグリーンツーリズム、郷土料理店巡りや酒蔵巡りなどのフードツーリズム、ものづくり体験をする産業ツーリズム、祭り参加、まち歩き、まちなか探訪などがある。

## ■着地型旅行商品の販売

これまで、多くの地域で着地型旅行商品が育たなかった理由には地域に商品開発力がなかったこともあるが、旅行者に販売する有力な方法がなかったことが大きい。

地域が自ら着地型旅行商品を旅行者に直接販売する方法は２つある。ひとつは、現地受付型販売である。旅行企画・実施者となる観光協会、DMO、宿泊施設、地元旅行会社、NPO 法人などでの窓口販売である。駅前などの好立地にある観光協会などは、まさに着地の玄関口として最適な販売窓口となる。大型の旅館・ホテルも宿泊者に対するプロモーションが可能で専用デスクやフロントなどが販売窓口となるであろう。地元旅行会社や NPO 法人も参加旅行者に便利な立地であれば、着地型旅行の集合解散場所としてもふさわしく分かりやすい販売窓口になる。窓口は多い方が望ましく、地域内、地域周辺の宿泊施設や観光施設、道の駅などと提携しプロモーションを行うだけでなく紹介、販売してもらう手法を構築していくことが重要となる。

もうひとつがインターネットによる販売である。ホームページを立ち上げ魅力的な旅行商品、プログラムを掲載し直接予約販売する方法である。都市の大市場だけでなく、多言語表記にすることにより世界中に告知し直接販売することができる。スタッフのブログや参加者の口コミなどを掲載する工夫により集客を増やしている事例もある。

直接販売だけではなく、販売力のある発地側旅行会社と提携することも重要である。これまでのように、旅行先としての素材を提供するだけではなく、着地型旅行商品の一部をパッケージとして卸販売するのである。具体的には、募集型企画旅行商品つまりパッケージツアーのパーツとして、もしくはオプショナルツアーとして着地型旅行商品を組み込んでもらうことである。修学旅行や研修旅行などの受注型企画旅行商品のパーツとして組み込んでもらうことも可能である。また、航空・鉄道と宿泊だけのスケルトン型のパッケージツアーの中で現地オプショナルツアーとして紹介、販売してもらうこともひとつの方法である。

## 5. 観光まちづくりとニューツーリズム

### ■ニューツーリズム

ニューツーリズム（New Tourism）とは、従来の物見遊山的な観光旅行に対して、テーマ性が強く、人や自然との触れ合いなど体験的、交流的要素を取り入れた新しいタイプの旅行を指す。旅行商品化としては都市部の旅行会社主導でなく、地域主導で地域特性を活かすことが重要視される

ニューツーリズムは、観光まちづくりにおいては、着地型旅行商品の企画・造成のなかで極めて重要な素材、考え方といえる。また、インバウンドにおいて、リピーターを中心に日本の観光の中で体験を求める傾向が強まっていることから、ニューツーリズムは訪日外国人旅行者の新しいニーズに応える旅行スタイルということもできる。

### ■ニューツーリズム誕生の背景

第二次世界大戦後、欧米や日本においてはマスツーリズム（Mass Tourism）の時代を迎える。マスツーリズムとは、戦後に欧米や日本などの先進諸国において発生した、観光が大衆の間で広く行われるようになった現象を指す。それまで一部の特権階級、富裕層に限られていた観光旅行を幅広い人たち、数多くの人たちが体験できるようになった観光現象のことである。

マスツーリズムは、日本においては欧米諸国に遅れて1960年代後半から始まった。運輸・宿泊関連の拡充とそれに伴う低価格化、旅行会社の台頭、人々の経済力向上に伴う可処分所得の増加、休暇の拡大などを背景に、1970年の大阪万博を境に一気にマスツーリズムは広まった。

マスツーリズムの進行は、旅行の低価格化を実現し、一般の人々が気軽に

旅行する環境を作り、大量の旅行者が有名観光地を訪れるようになった。天然資源や目立った産業のない国・地域が観光地となり、その地に大きな経済的繁栄をもたらすこともあった。

## ■ニューツーリズムの誕生

マスツーリズムは、多くの一般の人々に観光という楽しい体験を与える一方で、大量の旅行者による観光資源の頻繁な利用がさまざまな問題を引き起こしていた。

観光開発がすすめられた国や地域において、自然環境の破壊、地域文化の侵害、物価の上昇、治安の悪化、さらに観光地からの利益の収奪などの問題が顕在化した。また、効率重視による観光商品の規格化が進んだことで、個性化、多様化する旅行者のニーズを満たしていないとの批判を受けるようにもなった。

そうした中、1980年代の後半には、マスツーリズムに代わる新たな観光のあり方として、「オルタナティブツーリズム（Alternative Tourism）」という概念が提唱された。マスツーリズムに取って替わる「もうひとつの観光」という意味である。さらに、その後、「サステイナブルツーリズム（Sustainable Tourism）という概念が提唱された。これは「持続可能な観光」という意味で、マスツーリズムの反省から、環境や文化の悪化、過度な商業化を避けつつ、観光地本来の姿を求めていこうとする考え方である。ともに今後の観光のスタイルを考えるときの大きな指針となる概念であるが、具体的な旅行スタイルの提示ではなく今後の観光のあり方の理念を示したものであった。

このような考え方を背景として、観光市場の成熟もあいまって1990年代になると、多くの旅行者と行動を共にする名所旧跡を巡る画一的な旅行が敬遠され始め、個人の興味関心を探求する、そこでしかできない体験、感動を求める多様な要望に応えるツーリズムが生まれ始める。それら新しいスタイルの旅行が「ニューツーリズム（New Tourism）」と呼ばれる。

これらの背景には、観光が成熟し旅行者の旅行動機や旅行目的が多様化、個性化してきたことがあり、欧米の先進国の旅行者から始まり、日本においてもマスツーリズムの反省に立った観光への考え方が浸透し、ニューツーリズムは今日世界的な潮流となっている。

## ■エコツーリズム

エコツーリズム（Ecotourism）とは、自然・歴史・文化など地域固有の資源を生かした観光を成立させること、観光によってそれらの資源が損なわれることがないよう適切な管理に基づく保護・保全をはかること、地域資源の健全な存続による地域経済への波及効果が実現することをねらいとする、資源の保護、観光業の成立、地域振興の融合をめざす観光の考え方である。地域固有の資源には、自然だけでなく歴史や文化、生活も含まれる。旅行者に魅力的な地域資源との触れ合いの機会が永続的に提供され、地域の暮らしが安定し、資源が守られていくことを目的とする。これから求められる「地域への責任ある旅行」であり「持続可能な観光」の代表格といえる。

エコツアーとは、エコツーリズムの理念や考え方を実践するためのツアーであり、日本においては、自然だけでなく、地域ごとの個性的な歴史や文化もツアーの魅力の大きな要素となる。生活文化を題材とする体験ツアーもエコツアーの範疇である。こうした活動を国が支援する「エコツーリズム推進法」が2007年に可決され、翌年より施行されている。

日本においては、自然豊かな地域だけではなく、従来の観光では対象とされてこなかった、固有の地域資源をもつ里地里山地域にもエコツーリズムの考え方が拡大されていった。その現象を「日本型エコツーリズム」と呼ぶ。日本型エコツーリズムは、3つのタイプに類型化することができる。

**①大自然エリア**

典型的エコツーリズムの適正化。大自然エリアは、山や海の手付かずの自然が残された地域での、典型的なエコツーリズムの取組み地域である。

**②観光地エリア**

マスツーリズムのエコ化。観光地エリアは、すでに多くの旅行者を呼ぶ観光地やその周辺に残された自然や文化を観光資源として取り組む地域である。

**③里地里山エリア**

エコツーリズムで地域づくり。里地里山エリアは、地域の自然と密接に係わる文化、暮らし、食などを観光資源としてエコツーリズムを推進する地域である。

## ■ロングステイ

ロングステイ（Longstay）とは、同じ場所に長期滞在し、日常生活を通じて現地の人や文化、慣習に触れることを楽しむ旅行の一形態で、「暮らすようにする旅」を指す。「長期滞在型旅行」「二地域居住」と呼ばれることもある。滞在期間の定義はなく、2週間以上の滞在を指すことが多い。

日本においては、ハワイやカナダ、オーストラリアなどの豪華なリゾート地での長期滞在旅行から始まったものだが、近年は団塊の世代のリタイア後のライフスタイルとして、生活費が安く日本からも近いマレーシア、タイなどでのロングステイが新しい旅行スタイルとして定着している。国内においては沖縄、北海道が滞在希望地になっている。インバウンドが拡大するなか、外国人旅行者も多様化し、日本での長期滞在を望む人たちも現れている。

## ■グリーンツーリズム

グリーンツーリズム（Green Tourism）とは、農山漁村地域において自然、文化、人々との交流を楽しむ滞在型の余暇活動で、農林漁業体験や地元の人々との交流を楽しむ旅行のことである。

近年、都市生活者を中心に自然派志向の家族が増えていること、農漁業体験をさせる中学校、高校、各種団体が実施する農漁業体験が増えたこと、その受け入れ側となる地域の農業者、漁業者の理解が深まったことなどが、グリーンツーリズムが拡大した背景にある。農業公園、観光農園、観光牧場なども数多く設立されている。地域全体をまとめ、多様な体験プログラムを作り、農家民泊などで受入体制を整備している地域もある。

日本においては、ヨーロッパのような長期休暇が定着していないこと、都市と農村の距離が比較的近いことなどから、観光農園での果実狩り、農漁村の祭り・イベントの参加、産地直売所での農林水産物の購入などの日帰り旅行や短期滞在もグリーンツーリズムと位置づけられ、これを「日本型グリーンツーリズム」と表現することがある。

## ■カルチャーツーリズム

カルチャーツーリズム（Cultural Tourism）とは、日本の独自の歴史に根ざした文化財、伝統的な祭り、伝統工芸、伝統芸能、伝統的な生活文化などの文化的な観光資源に触れ、これに関する知識を深め、知的欲求を満たすことを目的とする観光のことで、「文化観光」と呼ばれることもある。主にインバウンドを意識した観光スタイルで、特に、欧米からの訪日外国人旅行者は日本のカルチャーに関心が高く、日本の歴史・伝統文化体験や生活文化体験に対する満足度は高い。

実際、訪日外国人旅行者に日本の歴史伝統文化の体験が注目されている。茶道体験、華道体験、書道体験、座禅体験、寿司作り体験などである。また、日本の映画、マンガ、アニメ、ゲームなどのメディア芸術、和食や郷土料理からＢ級グルメを含めた食文化、アートフェスティバル、ファッションなどもその対象となり、これらは「クールジャパン」と呼ばれ、世界的に注目を集めている。

## ■産業ツーリズム

産業ツーリズム（Industrial Tourism）とは、「産業観光」とも呼ばれ、歴史的・文化的価値のある工場、鉱山やその遺構、今も続く伝統産業などのものづくりの現場、最先端の技術を備えた工場などを対象とした学びや体験を伴う観光のことである。

日本の産業ツーリズムは３つに分類される。

**①産業遺産**

現在稼働していないが、ある時代の日本やその地域で大きな役割を果たしていた産業の姿を伝える遺物や遺跡。

**②伝統産業**

古来より受け継がれてきた技術や製法を用い、日本の伝統的な文化や生活に根ざしている産業。手工業を中心とした地場産業が多い。

**③工場現場**

日本ならではの最先端の技術を備えた工場などの生産現場。

いずれも日本人だけでなく、訪日外国人旅行者の知的好奇心をくすぐる観光コンテンツでもあり、体験者を増やしている。

## ■ヘルスツーリズム

ヘルスツーリズム（Health Tourism）とは、自然豊かな地域を訪れ、医学的、科学的、心理学的な根拠に基づき健康回復や維持、増進を図ることを目的とする観光のことである。病気やけがの治療・療養のほか、美容・痩身、ストレス解消、体力増強など健康増進を目的とした旅行全般を指す。

近年では、旅行中の医学的、生理学的、心理学的な健康効果を求めるだけではなく、旅行をきっかけとしたQOL（生活の質）の向上を図るための手段として期待されるようになってきている。

ヘルスツーリズムにおける療法には、①温泉療法、②食事療法、③運動療法、④気候療法、⑤地形療法、⑥森林療法（森林セラピー）、⑦海洋療法（タラソテラピー）などがあり、ヘルスツーリズムに結びつけた観光資源開発が全国各地で行なわれている。

## ■メディカルツーリズム

メディカルツーリズム（Medical Tourism）とは、居住国とは異なる国や地域へ、検査や治療などの医療サービスを受けに行く旅行のことで、PET検査などの検診、歯科治療や美容整形などの軽度な治療から、がん治療や心臓バイパス手術などの高度手術までを含む検診や病気治療の医療サービスと観光をセットにした旅行ことである。「医療観光」「医療ツーリズム」とも呼ばれる。

旅行先で検診や治療を受け、その後にその国の観光も楽しむ。また、付き添いとなる同行者の観光活動も期待される。メディカルツーリズム先進国といわれるタイやマレーシア、韓国などでは、安くて質の良い医療を求めて訪れる外国人患者を積極的に受け入れている。

国はメディカルツーリズムをインバウンドにおける次世代成長分野と位置付けて推進している。外国人患者の誘致に積極的な病院も出てきており、旅行業界でもパッケージツアー化し、販売を開始している。

## ■フードツーリズム

フードツーリズム（Food Tourism）とは、その国や地域ならではの食や食文化である「地域の食」を楽しむことを主な旅行動機、主な旅行目的、目的地での主な活動とする旅行およびその考え方であり、目的地での食に関するさまざまな体験をする旅行も含む。地域の食とは、その国民や地域住民が誇りに感じている、その土地固有の食材、加工品、料理、飲料、およびその食にかかわる空間、イベント、食文化のことである。

日本においては、1970年代から、地域の旬の食材や地域独特の豪華料理、郷土料理を求めるグルメツアーが定着し、1990年代に入るとご当地ラーメンブーム、B級グルメブーム、ご当地グルメブームなどの庶民食もその対象となった。また、味覚狩りや農漁業体験など食の生産過程を体験する旅や、道の駅や産地直売所などへ新鮮な農産物などを購入しに行く買い物ツアーなども定着してきた。

横手焼きそば（秋田県横手市）

日本のフードツーリズムは、食に対する観光行動の質や、食の消費単価などから6つに類型される。

①高級グルメツーリズム

地域の特徴ある高級食材を用いた料理や会席料理形式の高級伝統料理などの高価な美食を楽しむ旅行である。

②庶民グルメツーリズム

地域の暮らしの中から生まれ、地域住民が愛し、誇りに思っている、美味しくて安価で庶民的な郷土食を食べに行く旅行である。

③マルチグルメツーリズム

安価な庶民グルメから高価な高級グルメまで、異質な多種類の特徴ある名物料理を有する都市へ訪れ、それらを楽しむ旅行である。

④食購買ツーリズム

地域で生産される特徴ある食材などの購買を目的とする旅行である。

⑤食体験ツーリズム

地域で生産される食に係わる生産工程の体験を目的とする旅行である。

⑥ワイン・酒ツーリズム

ワイナリーや日本酒の酒蔵を訪れることを目的とした旅行である。

## ■ワインツーリズム

ワインツーリズム（Wine Tourism）とは、地域のワイナリーやブドウ畑を訪れ、その土地の自然、文化、歴史、暮らしに触れ、つくり手や地元の人々と交流し、ワインやその土地の料理を味わう旅行のことである。ワイナリーとはブドウからワインを生産する現場であり、ワインを貯蔵する場所のことである。ワインツーリズムは、フードツーリズムのひとつのカテゴリーである。

1980年代頃より、ワイナリーやブドウ畑を訪れ、ワインと地元の食を楽しむワインツーリズムが、欧米やオーストラリアなどのワイン生産国で盛んになり、今日では余暇を楽しむツーリズムの大きな分野に成長している。日本では、ワイン文化の歴史が浅く、ワイン生産量も少なく、ワイン生産地の受入体制が十分ではなかったため、ワインツーリズムの普及は一部の愛好家にとどまっていたが、近年徐々に一般旅行者にも浸透しはじめ、注目されている。

## ■酒蔵ツーリズム

ワインツーリズムと類似したツーリズムが日本には古くからある。日本酒を醸造、貯蔵する酒蔵を訪れ、生産工程を見学、試飲し、酒に合う料理を味わい、生産者と交流する、酒蔵ツーリズム（Sakagura Tourism）である。また、南九州では焼酎、沖縄では泡盛の酒蔵を訪ねることができる。

日本人にとっては古くから存在する魅力的な旅であるが、訪日外国人旅行者にとってもインパクトのある旅行スタイルとなる。特に海外で人気の高い吟醸酒にスポットを当てた「吟醸ツーリズム」は注目されている。政府は日本再生戦略のひとつとして、日本酒や焼酎など「國酒」の海外需要開拓に期待をかけている。また、輸出拡大だけではなく、酒蔵を軸とした観光による地域活性化も目指し、新たな外客誘致策と位置づけている。酒蔵ツーリズムもフードツーリズムの一分野である。

## ■スポーツツーリズム

スポーツツーリズム（Sport Tourism）とは、地域で開催されるプロスポーツなどの観戦や、マラソン、ウォーキングなどのスポーツイベントへの参加、スポーツイベントへの支援を目的として開催地とその周辺観光を訪れる旅行のことである。スポーツとツーリズムを融合させ、交流人口の拡大や地域経済への波及効果などを目指す取り組みである。

地域のハイレベルな競技大会を「観るスポーツ」や世代を超えて人気を集める「するスポーツ」、地域を挙げてスポーツイベントを誘致・支援する「支えるスポーツ」の３つを柱とするスポーツ資源を活用し、周辺の観光旅行と関連づけて推進、地域を活性化する。

## ■サイクルツーリズム

サイクルツーリズム（Cycle Tourism）とは、地域における自転車を活用した観光の総称である。自転車に乗って観光スポットを巡り景観を楽しむ、自転車競技を観戦するなど、健康によく、環境に優しい自転車での観光のことである。サイクルツーリズムには、4つの取組みがあるといわれている。

**①参加型**

特定の日にサイクリストを集めて、特定のコースを走るもの。全国各地で地域の特色を活かした参加型のイベントが行われている。

**②観戦型**

プロの自転車ロードレーサーが公道などを使用して行う競技を観戦する。また、マウンテンバイクなどの競技もある。

**③設置型**

サイクリングロードなどを設置して、サイクリストを集客するもの。広島県尾道市と愛媛県今治市とを結ぶ瀬戸内の「しまなみ海道」が有名である。

**④ツアー型**

サイクリストを集客し、サイクリングをする現地までマイカーやサイクルトレインなどで自転車を輸送して、大勢でサイクリングを楽しむツアー。

## ■コンテンツツーリズム

コンテンツツーリズム（Contents Tourism）とは、小説・映画・テレビドラマ・マンガ・アニメ・ゲーム・音楽・絵画などの作品に興味を抱いて、その作品に登場する舞台、作者ゆかりの地域を訪れる旅のことである。地域にコンテンツを通じて醸成された地域固有の「物語性」を観光資源として活用する観光のことを指す。小説や映画・テレビドラマなどを対象として古くからあった旅行スタイルであるが、近年、マンガ・アニメなどがその対象として注目され顕在化してきた。

映画やテレビドラマなどの映像作品に登場する舞台を訪ねる旅は、フィルムツーリズム、シネマツーリズム、スクリーンツーリズム、ロケ地ツーリズム、メディア誘発型観光などと呼ばれることもある。また、マンガ・アニメの舞台を訪ねる旅はアニメツーリズム、聖地巡礼といわれている。

## ■フィルムツーリズム

フィルムツーリズム（Film Tourism）とは、映画やテレビドラマなどの映像作品の舞台となったロケ地や、原作の舞台を訪れる旅である。それが顕在化したのは、1953年にアメリカで制作・公開（日本公開1954年）され世界的大ヒットとなった名作『ローマの休日』の登場からである。映画に触発され、世界中の人々がローマを訪れ、それは長く続く観光現象となった。

日本においては、『二十四の瞳』（1954）が小豆島を観光地にした事例が最初であろう。1980年代には、大林宣彦監督の『尾道三部作』が広島県・尾道に多くのファンを誘った。日本映画『Love Letter』（1995）では、舞台となった小樽に日本人だけでなく韓国人旅行者をが大勢押し寄せた。『幸福の黄色いハンカチ』（1997）『世界の中心で、愛を叫ぶ』（2004）もロケ地が観光地化した。テレビドラマでも同様の現象が起こっている。2000年代になると、全国各地にロケ誘致を推進するフィルムコミッションが次々と設立され、フィルムコミッションは現在300団体以上ある。

## ■アニメツーリズム（聖地巡礼）

アニメツーリズム（Anime Tourism）とは、マンガ・アニメなどの作品に登場する舞台や作者ゆかりの地域を訪れる旅のことであり、聖地巡礼と呼ばれている。

この聖地巡礼という観光現象が一般的に知られるようになったのは、2007年の『らき☆すた』の埼玉県鷲宮町（現在の久喜市）、2009年の『けいおん！』の滋賀県豊郷町以降である。ともに、地元商工会などが地域振興を意識した活動を行い、地域に大きな経済効果を生んだ。その後全国各地で「聖地」が誕生し、多くのファンが訪れている。2016年の『君の名は。』の大ヒットによる岐阜県飛騨市、東京都新宿区などへの聖地巡礼は社会現象化した。

日本のアニメ・マンガはアジアだけでなく世界中で高い評価を受け、熱狂的なファンも多い。日本人のファンだけではなく、外国人の増加が予測されている。今後、インバウンドの拡大に最も寄与するツーリズムとなる可能性がある。なお、フィルムツーリズム、アニメツーリズムは共にコンテンツツーリズムの一分野である。

■アドベンチャーツーリズム

アドベンチャーツーリズム（Adventure tourism）とは、アクティビティ・自然・異文化体験の3つの要素のうち2つ以上で構成される旅行形態である（「Adventure Travel Trade Association」による定義）。1980年代にアウトドアのアクティビティ観光としてニュージーランドで発達し、世界に普及し始めた。アドベンチャーツーリズムの特徴は、アクティビティと異文化体験であり、レジャーとしての「楽しみ」を重視している。

欧米では、数日間かけて、カヌー、ラフティング、トレッキング、スノースポーツ、グランピングなどのアクティビティを本格的に楽しむプログラムが多数企画されている。長期滞在旅行となり現地支出額も高額になる傾向があり、行動派の富裕層に、高額だが高い付加価値のある旅行として支持され、市場が確立している。日本では、北海道・道東エリア、長野県などで本格的な取組みが始まっている。

# 第 9 課題

# 観光ビジネスの集客

平和通り商店街（静岡県熱海市）

## 1. 観光マーケティング

### ■マーケティング

マーケティングとは、「売れる仕組み」のことである。観光市場においては、発地にいる消費者が旅行に行くか行かないか、行くとしたらどこに行くか、何をするのかを知る必要がある。つまり、自由に選択のできる消費者の行動や意識を知ることから始めなくてはならない。そして、多くは目に見えず、手に取ることのできない観光商品を購入してもらい、旅行者のニーズを満たし、満足してもらい、リピートしてもらうことを目指すものである。

もともとマーケティングの主体は企業であった。その後、マーケティングの概念の拡張がみられ、非営利組織や学校、病院などの活動にもマーケティングの概念は使われるようになった。企業の一般的な取引とは異なる観光においても、1980年代頃に「観光マーケティング」という考え方が誕生し、旅行会社や観光地の行政、観光事業者の活動の中で活用され始めた。

### ■観光マーケティング

観光マーケティングとは、観光に係わる企業・組織が、旅行者の観光行動実現のためのリサーチ・旅行商品・サービス・価格設定・プロモーション・流通などの諸活動を通し、旅行者ニーズを満たし、新規旅行者を創造し、リピーターを維持拡大するプロセスのことである。ここでいう企業・組織とは、旅行会社だけでなく、旅行者の集客、誘客に係わる全ての組織のことであり、旅行者のニーズを満たすものとは、旅行商品や旅行に係わる観光サービスである。観光振興においては、この観光マーケティングの考え方に基づいて多くの政策、施策が作られてきた。最大のポイントは、旅行者のニーズを満たすこと、つまり満足度を上げることに焦点を置き、その結果として旅行者を誘致しようという考え方である。

### ■観光まちマーケティング

発地にある旅行会社は顧客志向の観光マーケティングを早くから取り入れ積極的に活用した。つまり、顧客満足度を高め、その顧客をリピーター化し、人気の観光地に送客していくことである。

一方、観光まちづくりなどの地域の活動が活発になる中で、地域においてもマーケティングの必要性が問われてきた。今日、観光マーケティングの一分野になる、観光地側に軸足を置いた「観光まちマーケティング」の概念の導入が求められている。

「観光まちマーケティング」と似た概念である「観光地マーケティング」「デスティネーションマーケティング」「地域観光マーケティング」も、それぞれ観光地側に軸足を置き、地域が主体となってマーケティング活動を推進する考え方である。地域が持つ観光資源を利活用し、地域に来訪する旅行者を新規創造、維持していくことである。

観光まちマーケティングは、「まち」という地域を対象にしたマーケティングの概念である。「まち」を市場価値の有無が問題とされるひとつの「商品」としてとらえ、まちという商品が、市場・消費者のニーズや欲求を満たすものにならなければならないという考え方である。「まち」を魅力的な商品とするためには地域住民の満足度の向上が重視される。

観光まちマーケティングとは、地域観光の主体がその地域を「まち」という商品と捉え、リサーチ・旅行商品・サービス・価格設定・プロモーション・流通などの諸活動を通し市場に売り込み、地域外からの旅行者を誘引し、旅行者ニーズを満たし、新規旅行者を創造し、リピーターを維持拡大すると同時に地域住民の満足度を向上させるプロセスのことである。

観光まちマーケティングの目標は「まち」の魅力を高め、市場の変化に対応し、チャンスをつかみ、その魅力を持続させることにあり、その結果、新規旅行者を誘引し、リピーター化を実現し住民の満足度も向上する。そのためには、直接の観光関連組織だけではなく、行政や商工団体、農漁業団体、住民グループ、一般市民の積極的なサポートなど多様な推進主体が必要となる。

## 2. 集客セールス

### ■個人旅行と団体旅行

観光ビジネスにおいて、集客のターゲットは個人旅行と団体旅行の２つに大きく分類される。この２つの観光行動の形態は全く異なり、集客セールスの方法も大きく異なる。

海外旅行やインバウンドの場合は、団体旅行をGIT（Group Inclusive Tour）、個人旅行をFIT（Foreign Independent Tour または Free Individual Traveler）と呼ぶこともある。

## ■個人旅行の集客セールス

旅行会社や宿泊施設、観光施設、飲食施設などが、個人旅行者を集客することは難しく、待ちの営業になることが多い。大規模な旅行会社や宿泊施設、観光施設はテレビや新聞、雑誌などのメディアを利用する宣伝により集客しているところもあるが、その数は多くない。

旅行会社においては、webによる集客が拡大しているが、店頭や旅行商品のパンフレットによる集客も今なお大きな割合を占めている。旅行会社そのものと店舗の認知を高めることから始まり、旅行商品の認知、宣伝によって集客を高める。一度利用した顧客に対しては、きめ細かい顧客管理を通し、DMなどで再利用を促す。新規顧客の獲得は新聞折り込み、ポスティング、街頭配布などにより集客を図る。また、店舗前を通行する人に対してはポスターやのぼり、POP、デジタルサイネージなどで目を引き付け、店舗に誘引する。

宿泊施設は、まずパンフレットを作成し、旅行会社や駅、空港、観光施設などに設置する。ホームページによる直接予約、旅行会社やネット予約サイトとの販売契約など販売チャネルを広げる。

観光施設もホームページを制作するとともに、パンフレットを制作し、宿泊施設や駅、空港など旅行者の目の触れるところに設置する。旅行ガイドブックや旅行情報誌などに掲載を依頼するなどの活動をする。

飲食施設における個人旅行者の獲得は、待ちの営業にならざるを得ないが、観光施設同様の活動をしているところも多い。

なお、これらの観光事業者の旅行会社へのセールスのことをエージェントセールスという。

特に訪日外国人旅行の個人旅行は、一般的に日本滞在時の日本国内観光の目的地とホテルなどの宿泊だけを手配して訪れるケースが多い。従って、移動交通機関、食事場所、観光施設、ショッピングの場所は、日本に来てから探すことになる。場合によってはホテルなどの宿泊手配も日本に到着してから行う旅行者もいる。個人旅行者の集客ツールとしてはインバウンドウェブメディアやフリーペーパーの活用などが挙げられる。個人の訪日外国人旅行者のニーズは多様で、行動範囲も広く、受入側の外国語対応も必要となる。

## ■団体旅行の集客セールス

個人旅行が増加する傾向にはあるが、観光ビジネスにおいて団体旅行は一度で多くの収入を確保することができることから、大切にしなくてはならないターゲットである。

旅行会社の多くは、法人営業といわれる、団体旅行を専門とする支店・営業所、部門を持つ。そのターゲットは企業、組織、各種団体および学校であり、企業の職場旅行、報奨旅行、招待旅行、視察旅行や各種団体、商店会、町内会、サークル、スポーツクラブなどが募集する団体旅行である。団体旅行のセールス先であり、団体旅行の主体となる企業、組織、各種団体のことをオーガナイザーといい、このような団体旅行のことをオーガナイザーツアーともいう。また、学校へは修学旅行や遠足、校外学習、語学研修旅行などの受注セールスを行っており、このような学校への営業活動のことを教育旅行セールスという。

宿泊施設においては、大規模なホテルや旅館は団体セールス部門を持っており、法人や学校へのセールスをするが、小規模な宿泊施設は旅行会社に依頼することが多い。したがって、彼らのセールス先は旅行会社になる。観光施設、飲食施設における団体旅行者の集客は旅行会社に頼ることになる。エージェントセールスが大きな集客のポイントになっている。

訪日外国人旅行者へのアプローチは、訪日前の旅行者、あるいはまだ訪日が決定していない潜在的な旅行者に対しては、現地旅行会社へのアプローチが有効である。国内でのアプローチは日本側のランドオペレーターや実務に携わる添乗員・ガイドへのアプローチが有効である。

## ■ MICEセールス

MICE（マイス）とは、Meeting（会議・研修・セミナー）、Incentive Travel（報奨・招待旅行）、Convention または Conference（大会・学会・国際会議）、Exhibition（展示会・見本市）または Event（文化・スポーツイベント）の頭文字をとった造語で、ビジネストラベルの一形態を指す。

企業・組織が開催する会議、イベントなどを支援する集客ビジネスである。一度に大人数が動くだけでなく、一般の観光旅行に比べ参加者の消費額が大きいことなどから、日本においてもインバウンド振興の大きな柱に位置づけられ、国や地方自治体による海外向けの誘致活動が行われている。例えばオリンピック・パラリンピックのようなスポーツイベントもMICEのひとつであり、MICEの日本開催数の増加が期待されている。

MICEセールスは、1件1件の規模が大きく、受注に至るまで、また実施に至るまでも長い時間のかかる団体旅行セールスである。旅行会社は法人旅行部門がMICEを担当することが多いが、MICE専門の旅行会社、専門セクションを持つ旅行会社もある。

会議室、レセプションルームなどを持つ大型ホテルなどにとっても、MICEは大きなビジネスターゲットとなる。誘致においては、自治体、旅行会社などと連携してセールスを行っている。

誘致決定後、旅行会社や大型ホテルは、会議・イベント・学会などの主催者や開催地となる国、自治体がセールスの対象になる。

## 3. パンフレット

### ■パンフレット

パンフレットとは、広告、案内、説明などを記載した小冊子のことである。目に見えず、手に取ることのできない商品が多い旅行・観光商品においては、集客になくてはならない存在である。旅行会社においては、旅行商品を掲載するパンフレットは旅行商品そのものであるといわれてきた。

宿泊施設も観光施設もさまざまな形状のパンフレットを制作し、各所に配付、設置している。飲食施設もメニューを含めて、パンフレットを制作しているところも多い。また、訪日外国人旅行者の増加に伴い、英語、中国語(簡体字・繁体字)、韓国語など外国の言語での制作も多くなってきた。

なお、リーフレットと呼ばれるものもある。両面に印刷された1枚の紙を複数回折りたたむ形状のものである。また、チラシと呼ばれるものもある。「散らすもの」「散らし」から、A4判やB5判の1枚刷りの薄い紙のもので、折り曲げずに使用する。さらに、ブローシャと呼ぶこともある。パンフレットと同義語と考えてよいが、一般のパンフレットより高品質な紙を利用し、多彩多様な色やデザインを使用した装飾的なものといわれることがある。

日本においては、また観光業界においても、リーフレット、チラシ、ブローシャを厳格に使い分けておらず、皆パンフレットと呼ぶことが多い。

旅行・観光商品のパンフレットの最大の特徴は、観光地の景観や宿泊施設、料理などの美しい写真が掲載され、カラーで印刷されていることである。制作に際しては、写真をはじめとする内容の事実関係、著作権などに細心の注意が必要で、虚偽広告、誇大広告とならないようにしなければならない。

## ■旅行パンフレット

旅行会社の店頭に並ぶ色鮮やかなパンフレットのほとんどはパッケージツアー（募集型企画旅行）のパンフレットである。宿泊プランのような宿泊だけのパンフレットも、実はパッケージツアーのパンフレットである。

旅行パンフレットは、かつては唯一の販促ツールであった。旅行日程や条件、旅行代金などを説明する商品説明書としてだけではなく、取引条件説明書面、契約書面としての役割も担ってきた。その後、新聞広告や雑誌広告、さらにインターネット広告が販促ツールに加わってきたが、今日でも旅行パンフレットの比重は決して小さくない。

パッケージツアーの旅行パンフレットに記載しなければならない主な表示事項は次のものである。

・企画者の名称、住所、登録番号
・旅行の目的地、日程
・運送、宿泊、食事のサービスの内容
・旅行代金
・添乗員の有無
・募集人数、最少催行人数

なお、パッケージツアーは契約締結前に取引条件の説明と説明書面交付が求められている。旅行会社のスタッフが顧客に旅行条件の説明をすると、その段階でパンフレットは取引条件書面となる。また、写真・イラストの使用基準、旅行目的地の気候・気温などの表示基準、オプショナルツアー・付帯サービス・割引価格・温泉の表示基準なども定められている。さらに、「最高級」「当社だけ」などの優位性、最上級を意味する用語、「安全」「安心」「確約」などの特定用語の使用基準も設けられている。

今日でも旅行商品の販売に欠かせない旅行パンフレットだが、近年ホテル客室や航空運賃価格、さらに観光施設、エンタテインメント、スポーツなどのダイナミックプライス化、すなわち需要の多寡や供給とのバランスによって価格が日々、時間単位で変動する料金体系が進行する中で、料金表でもある旅行パンフレットはその役割が問われ、その存在意義が問われることも少なくない。

## ■パンフレットのコスト

パンフレットのコストは莫大であり、紙製品なので環境問題も発生する。パンフレットは、ホールセール商品であるパッケージツアーの造成経費の大きな部分となる。それは、パンフレットを作らずに新聞広告だけで販売に結びつけるメディア旅行商品やインターネット上だけで集客するインターネット旅行商品との価格差に反映されている。

また、パンフレットはある意味、店頭に並ぶ生鮮食品や消費期限のある商品に似て、時期が来ると廃棄処分しなくてはならない。これにも多くの手間とコストがかかり、近年は環境に優しいリサイクルシステムもできているが、やはり大きな問題ではある。紙のパンフレットを多く利用する観光業界における課題といえよう。

## ■デジタルパンフレット

デジタルパンフレットとは、印刷物として作成、配布されていたパンフレットを電子化したものである。データ形式はさまざまだが、パソコンのディスプレイ、スマートフォン、タブレット型端末など、さまざまな表示環境に対応できるものが多い。静止画だけでなく、動画や音声の組み込みや、ソーシャルメディアと連携したものもある。電子パンフレット、電子カタログとも呼ばれる。

低コストで、インパクトがあり、情報配信も容易であることから、旅行情報や旅行商品を説明する旅行業界には利用価値が高く、多くの旅行会社のホームページ上で広く使われている。

■カタログ

カタログとは、多数の商品・サービスを一挙にとりまとめた冊子のことで、パンフレットと用途が異なるといわれている。カタログは、商品の選択・注文が目的となる。旅行業界では、メディア販売会社などから会員、登録顧客に送られる製本された旅行商品冊子を指すことが多い。

## 4. ホームページとネット予約サイト

■自社ホームページ

今日、観光業界において、ホームページを集客手段として使用していないところはないといっても過言ではない。インターネットが普及し、世界中どこからでも世界の情報にアクセスできる時代になり、旅行者にとってもインターネットを通じた情報収集が日常的なものとなっている。特に、FIT が増加するなか、旅行者は旅行出発前、旅行中も常にインターネットで情報を収集している。自社ホームページは、観光業界の集客において最も重要な販促ツールとなっている。

自社ホームページで集客するメリットの第１は、費用があまりかからないことで、旅行会社や宿泊施設、観光施設は当然のこととして、飲食店や小売店などの小規模事業者でもすぐに取り組めることである。日本全国に情報を発信することができるだけでなく、英語に対応するだけで、世界中へ発信することができる。また、移動中の旅行者にも対応することができる。

第２のメリットは、情報のアップデートの簡便性、すなわち情報を自由に更新できることである。新しい商品・サービス情報やキャンペーン情報をリアルタイムで発信することができる。パンフレットなどの紙媒体や他企業に依存するツールを利用していてはそれができない。最も費用対効果の優れたツールといえる。

すでに自社ホームページを持っている事業者は多いが、多言語で対応している事業者はまだ少ない。国際化が進む中、まず英語に対応することが急務である。さらに、多言語化を進める必要があるが、どの言語を優先するべきか。まず、訪日旅行者数の多い国・地域の言語である中国語（簡体字・繁体字)、韓国語の対応が次の段階である。さらに、特に来訪者の多い国があれば、その言語を加えていきたい。

## ■ネット予約サイト

ネット予約サイトは日本全国、さらに世界中の旅行者と宿泊施設などとを結びつけ、その普及が旅行を容易化し、日本のインバウンドが拡大する大きな要因の一つとなっている。ネット予約サイトは世界的規模でその存在感を増しており、日本の多くのホテルや旅館でもネット予約サイトと契約をして海外からの集客に成功している例も多い。

このネット予約サイトを運営する企業は、OTA（Online Travel Agent）と呼ばれる。OTAとは、インターネット上だけで取引を行う旅行会社のことで、「オンライン旅行会社」のことである。24時間いつでも膨大な数の商品を閲覧・検索することが可能で、店舗へ出向く必要のない利便性が消費者・旅行者の支持を得ている。インバウンドにおいては、海外の個人旅行者の多くが利用している。

実店舗を持つ旅行会社がオンラインでも旅行商品を販売している場合は、その会社をOTAとは呼ばない。従来型の店舗を通じた旅行商品の販売を行う事業者は、近年、TTA（Traditional Travel Agency：伝統的旅行会社）、リアルエージェント（Real AGT）などと呼ばれることがある。

日本のOTAとしては、楽天トラベル、じゃらんnetなどがあり日本人旅行者に定着している。また、既存の大手旅行会社のネット予約サイトも多く利用されている。

ネット予約サイトはオンライン取引なので国境の概念はなく、海外大手OTAが大きなシェアを持っている。Booking.com、Expediaの2大OTAやTrip.comなどは日本においても拡大している。日本を訪れるFIT旅行者の多くはこれらOTAを利用して日本のホテル・旅館を予約しているが、日本語サイトもあるので日本人旅行者の利用も増えている。宿泊施設のOTA、ネット予約サイトの活用は今後も増加し、観光施設などによる利用も増加すると思われる。

## ■メタサーチサイト

メタサーチサイトとは、OTAやTTAのインターネットサイトでオンライン販売されている同内容の旅行商品について、企業の枠を横断して旅行者が検索、比較閲覧することができるサイトであり、世界的には、トリップアドバイザーがその代表的企業となっている。

１回キーワードを入力するだけで、複数の検索エンジンで検索が実行され、検索結果が表示されるサービスで、同一ホテルの価格を比較する時などに便利である。また、口コミが充実しているのも特長で、ホテル比較予約サイト、ホテル予約横断検索サイトとも呼ばれる。海外大手の場合、売上や訪問数はOTA各社と肩を並べている。日本のメタサーチサイトとしては、トラベルコ、フォートラベルなどがあり、国内宿泊によく利用されている。

宿泊施設や観光施設が直接メタサーチサイトと係わることはないが国内外の旅行者にすでに定着しているサービスとして知っておく必要がある。

図表９-１　代表的な日本と海外のOTA・メタサーチサイト

OTA

| | | | |
|---|---|---|---|
| 国内 | Rakuten Travel | 楽天トラベル | 楽天が運営する、旅行に関するオンライン予約サービス。 |
| | Jalan.net | じゃらんnet | リクルートが運営する、旅行に関するオンライン予約サービス。 |
| | Rurubu Travel | るるぶトラベル | JTBが運営する、旅行に関するオンライン予約サービス。 |
| | Ikyu.com | 一休.com | 高級ホテル・旅館の予約に関するオンライン予約サービス。 |
| | WILLER TRAVEL | ウィラートラベル | 高速バス予約から宿泊予約に関するオンライン予約サービス。 |
| 海外 | Booking.com | ブッキングドットコム | 宿泊施設のオンライン予約サービス。世界最大の利用実績。ブッキング・ホールディングス。 |
| | Expedia | エクスペディア | ホテル・航空券等のオンライン予約サービス。ダイナミックパッケージは世界最大の規模。 |
| | Agoda.com | アゴダ | アジアを中心とした宿泊オンライン予約サービス。ブッキング・ホールディングス 。 |
| | Hostelworld | ホステルワールド | ホテル等の宿泊施設のオンライン予約サービス。 |
| | Trip.com | トリップコム | 中国・アジアを中心とした旅行に関するオンライン予約サービス。旧Ctrip。 |

メタサーチサイト

| | | | |
|---|---|---|---|
| 国内 | 4travel | フォートラベル | 宿泊や旅行に関する料金比較を扱うウェブサイト。 |
| | LINE travel jp | LINEトラベルjp | 宿泊や旅行に関する料金比較を扱うウェブサイト。 |
| | TRAVELKO | トラベルコ | 宿泊や旅行に関する料金比較を扱うウェブサイト。 |
| 海外 | TripAdvisor | トリップアドバイザー | ホテル等の旅行に関する口コミ・価格比較を中心とするウェブサイト。世界最大の閲覧数。 |
| | trivago | トリバゴ | 宿泊施設に関する料金比較を扱うウェブサイト。Expediaグループ。 |
| | Skyscanner | スカイスキャナー | 航空券・宿泊を中心とする料金比較を扱うウェブサイト。Trip.comグループ。 |

出典：『インバウンド実務論』（2017）

# 5. マスメディア広告

## ■マスメディア広告

マスメディア広告とは、マスメディア（マス４媒体）と呼ばれる、新聞・雑誌・テレビ・ラジオを利用した広告のことである。マスメディア広告は大衆に向けてアピールできる広告手段であり、圧倒的に幅広い層に向けて情報を発信することができる。しかし、若年層のテレビ、新聞離れ、雑誌のあいつぐ廃刊など、マスメディア広告の優位性は低くなりつつある。ここではSP（セールスプロモーション）広告に分類される交通広告、屋外広告とあわせて解説する。

### ■新聞広告

新聞広告は、新聞の広告スペースへ掲載される広告である。社会的信頼性の高いメディアであり、読者からの企業や商品への信頼を得ることができる。

種類には、1ページを使った「全面広告」や、記事の下部に掲載される「記事下広告」、1面の題字の下など記事中に小型サイズで掲載される「小型広告」などがある。全国をカバーする全国紙（読売・朝日・毎日・日本経済・産経）から、広い地域をカバーするブロック紙、府県単位の地方紙など、日本には1,000以上の新聞が存在する。

新聞広告の旅行業界での利用は多く、特に新聞広告により募集をするメディア販売商品と呼ばれるパッケージツアーの広告は連日のように掲載されている。旅行会社の広告出稿量は常に上位に数社が入っている。宿泊施設、観光施設が広告を掲載することも多く、読者の認知の向上と、直接の集客に効果を挙げている。

### ■雑誌広告

雑誌広告は、趣味や旅行・ファッション・グルメなど特定のジャンルに特化した雑誌に掲載される広告である。その雑誌に興味のある購読者を特定でき、長期保存によって広告効果が持続するのが特徴である。観光業界においては、旅行雑誌、旅行情報誌の読者が明確にターゲットになる。

雑誌広告には「純広告」と「編集タイアップ広告」の2種類がある。純広告は、広告代理店などによって作成される広告で、広告のコーナーに掲載される。編集タイアップ広告は、雑誌の編集者が作成するタイプの広告で、その雑誌のコンテンツとして扱われるため、読者の共感を得やすい。

### ■テレビ広告

テレビ広告（TVCM）は、テレビの放映中に流されるコマーシャルを指す。短期間で膨大なリーチ数を獲得し、企業や商品のブランド・ロイヤルティを構築できる広告といわれている。

テレビ広告には、長期間出稿する「タイム CM」と短期間出稿する「スポット CM」の２種類がある。

タイム CM は、30 秒が基本で番組の枠で放映されるタイプの広告で、スポンサー提供のクレジット枠に企業名が出るため、広告効果は高い。スポット CM は、15 秒が基本で、番組とは無関係に放映される CM であり、新商品などの売り出しに効果がある。

いずれも広告出稿料金は高額となるので、観光業界では航空会社や鉄道会社、大手旅行会社、大手宿泊施設などが利用している。広告出稿料金とは別に CM の製作費がかかる。

## ■ラジオ広告

ラジオ広告（ラジオ CM）は、ラジオの放送中に流されるコマーシャルで、テレビ広告と同様に、タイム CM とスポット CM がある。

ターゲットとなる通勤者、主婦・ドライバー、学生・若年層などのリスナーを時間帯で絞り込むことができる。また、ラジオ番組は地域によって放送番組が変わるため地域密着型の販促が可能となる。出稿料金はそれほど高額ではないので、観光業界でも上手に活用すると効果がある。Web 広告と同時に運用する方法が主流になっている。

## ■新聞折込広告

新聞折込広告とは、宅配の新聞にはさまれるチラシを指す。新聞広告は新聞社を通じて掲載されるが、折込広告は新聞販売店を介して届けられる。どちらも広告代理店を通して、広告制作と合わせて依頼するのが一般的である。

特徴としては、配達地域を決められるためエリアマーケティングに対応が可能、配布日指定が可能、企画から配布までの期間が短く低予算、速効性のある視認性の高さなどが挙げられる。

旅行会社の店舗案内、ツアー広告などにも活用され、特に、ゴールデンウィークや夏休みなどの長期休暇前の、配達地域の客層にあうパッケージツアーの案内などは、直接の集客、販売に効果がある。

### ■交通広告

交通広告とは、電車・バス・タクシーの車内外や航空機・船舶などの公共交通機関で掲載される広告を指す。

電車広告には、中吊りポスター、窓上ポスター、ステッカー、ビジョン広告、広告貸切電車、車体広告などがある。駅広告としては、看板、ポスター、柱まき、フラッグ、デジタルサイネージなどがある。バス広告も、電車広告同様であるが、より地域に密着したアナウンス広告も可能である。タクシー広告には、ステッカーやアドケースがある。

交通広告は、通勤者や通学者などが移動中、毎日一定時間同じ場所にとどまるため、視認性が高くプロモーション効果が高い媒体といえる。観光業界では沿線の店舗案内広告、沿線観光地のツアー、宿泊施設、観光施設などの広告で、効果を挙げることができる。

### ■屋外広告

屋外広告とは、店舗やビルの側面や屋上、店舗前や道路に設置される広告を指す。建物の壁面に取りつける壁面広告、ビル屋上の広告塔・広告板、店頭に置くスタンド看板、突出し広告、懸垂幕、バナーフラッグ、電柱広告、野立看板、大型ビジョンなど多種多様である。

屋外広告の長所は、設置の場所によってターゲットを絞ることができ、何度も目にする反復効果がある点である。主に企業のブランドの訴求や、近隣の店舗を持つ企業の宣伝に活用されている。出稿料金は、交通量やマスコミに取り上げられる機会の多い場所かどうか、期間や時期、内容などにより差がある。

観光業界においては、観光施設や宿泊施設の野立看板、電柱広告をよく見かけることがある。施設や店舗までの案内・誘導に屋外広告は適している。

## 6. インターネット広告

### ■インターネット広告（Web 広告）

インターネット広告は、インターネット上のウェブサイトやソーシャルメディア、アプリやメールなどを用いて配信される広告を指す。Web 広告ともいわれる。

2019年の日本の総広告費は6兆9,381億円で、そのうちインターネット広告費は2兆1,048億円で、テレビメディア広告費を超え、初めて2兆円超えとなった。(「2019年日本の広告費」(電通・2020))

インターネット広告は、従来のマスメディア広告と比べて、高度なターゲティングや効果測定などを行うことが可能で、比較的低廉であり、費用対効果が非常に高い広告とされている。広告の手法は数多く、観光業界においてはさまざまな分野で活用され成果を挙げている。

## ■リスティング広告

リスティング広告とは、検索エンジンの検索結果ページに、検索キーワードと連動して表示されるタイプの広告を指す。キーワードを選んで広告を配信することができるので、商品・サービスを購入する直前のユーザーのみを効率的に集客することが可能となる。

リスティング広告を提供する主な事業者は、Yahoo!JAPANとGoogleで、広告費は実際にクリックされた時にのみ料金が発生する「クリック課金型」の広告である。

## ■バナー広告

バナー広告とは、Webサイト上に主に画像を用いて表示される広告を指し、純広告とも呼ばれる。インターネットが登場した初期の頃にスタンダードとなった広告手法である。

## ■アフィリエイト広告

アフィリエイト広告とは、広告主の商品・サービスが実際に成約された際に広告費が発生するタイプの広告を指し、成果報酬型広告とも呼ばれている。大手のポータルサイトやニュースサイトを始め、個人のWebサイトやブログ運営者に広告を掲載する。

## ■アドネットワーク広告

アドネットワーク広告とは、多数のWebサイトやソーシャルメディア、ブログなどを集めて広告ネットワークを作り、そのネットワーク内のサイトへ広告をまとめて配信する手法の広告を指す。

ユーザーが閲覧しているWebサイトやブログ、またはそれらの配信カテゴリーに向けてピンポイントで配信が可能となる。料金はクリック課金型かインプレッション課金型が主流で、オークション形式で金額が決定する。

### ■ソーシャルメディア広告

ソーシャルメディア広告とは、ソーシャルメディアを活用する広告手法を指す。国内ではTwitter広告、Facebook広告などのことであり、そのニーズは拡大している。

利用者の細かいターゲティングが可能で、ソーシャルメディア独自のターゲティングも可能となる。課金方式はクリック課金型、インプレッション課金型、エンゲージメント課金型などがある。

### ■掲載型広告

掲載型広告とは、ネットメディアやデータベースサイトなどの媒体のコンテンツの一部として掲載する広告を指す。媒体規定のフォーマットに沿った形でコンテンツを用意し、料金は期間単位で設定される。該当メディアが集客を行ってくれる。

### ■DSP広告

DSPはDemand Side Platform（デマンドサイドプラットフォーム）の略称で、広告主側の広告効果の最適化・最大化を図るプラットフォームのことである。DSPを介して配信する広告やそれらの広告配信を総称してDSP広告という。

### ■ネイティブ広告

ネイティブ広告とは、そのメディアやサービスのコンテンツの一部であるかのように見えるタイプの広告を指す。

具体的な広告フォーマットとして、「編集タイアップ広告」や「記事広告」などがある。

■動画広告

動画広告とは、Web サイトの広告枠で、テレビ CM のように一定時間動画を表示する広告などを指す。

映像と音声で豊かな表現ができ、急速に成長している Web 広告分野である。テレビ CM では到達できない層へ訴求できることから、企業のブランディングにも活用されている。

■メール広告

E メールの形式で送られる広告を指す。メールの広告手法は、年齢・性別や興味・関心などの条件から配信ユーザーを絞り込める「ターゲティング広告」と、媒体が発行するメールマガジンに広告スペースを挿入する「メールマガジン広告」などがある。

■リワード広告

リワード広告とは、アフィリエイト広告の一種で、アクセスした訪問者に成果に応じて報酬の一部を還元する仕組みを持った広告を指す。ポイントサイトと提携をし、報酬はポイントサイトやサービス内で使用できるポイントを付与するタイプが多い。

## 7. 店頭メディア

■店頭販促

店舗事業者は、さまざまな広告、販促により消費者の購買意欲を高め、自社、自店舗に誘引するが、ビジネスとして成立するかどうかは店頭での対応が決め手となる。

店頭販促とは、消費者・旅行者を実店舗へと来店促進し、その商品・サービスが欲しい、買いたいという欲求をかき立てて購買行動に結びつける活動のことである。

店頭販促の目的は「商品・サービスの販売」であり、この目的を達成するためにさまざまな活動が必要となる。

店頭販促のポイントは次のとおりである。

①来店客数を増やす。
②客単価を上げる。
③来店回数を増やす。

## ■店頭 POP

店頭 POP とは、店舗などで使う販売促進のための広告媒体を指す。POP とは「Point of Purchase Advertising」の頭文字からきている。購買時点広告ともいわれる。

店頭 POP は店舗とそこで販売する商品・サービスをよりよく見せて売るための役割がある。店舗自体の魅力を伝え入店動機に繋げる、商品・サービスの魅力を伝え購買行動に繋げる。

店頭 POP には、のぼり旗、ポスタータイプの大きなものから、卓上におかれるサイズのものまで多様にある。店頭に掲示する POP には、店舗や商品・サービスの魅力を伝え入店の意思決定をさせ、店内の POP には、商品・サービスをアピールし、購買を決定させる役割がある。

## ■店頭 POP の種類

### ①のぼり旗

縦に長い布を棒にくくり付けた表示物。アイキャッチの強い屋外販促ツールとしてよく利用されている。

### ②タペストリー

店舗の壁面に貼ったり、天井から吊るしたりして掲示する販促ツール。生地は化学繊維や綿などが使われる。

### ③ポスター

店舗の壁やウィンドウ、店内に貼り出す、手軽に作ることができる販促ツール。季節ごとの貼りかえが容易である。

### ④バナー

バナーは、大きなスクリーンなどを利用したスタンド式の販促ツール。バナースタンドとも呼ばれ、インパクトがある。

### ⑤横断幕

横長の布などに文字やイラストを描かれた販促ツール。大きくインパクトが強い。セールやキャンペーンの告知によく使用される。

⑥パネル

大小さまざまなサイズの軽量も発砲ボードを利用した販促ツール。ポスター同様に設置が容易で、旬の情報発信に向いている。

⑦店頭什器

店頭において商品やサンプルなどを陳列、設置するためのラック、棚、ショーケース、ディスプレイテーブル、ワゴンなどの総称。商品特性をアピールする重要な店頭販促物である。

⑧デジタルサイネージ

電子看板のことで、ディスプレイなどの電子表示機器を用いて情報を発信するメディア。情報量を多く盛り込むことができる。

⑨モニター POP

映像を流して訴求する小型の液晶モニターのこと。CM や商品説明などを映像と音声で伝えることで、効果的な販促ができる。

⑩プライス POP

その商品の価格表示と一緒にその商品の特徴やイメージなどを訴求する POP。店頭販促の基本的なツールである。

⑪カウンター POP

かウンターやレジ横に置くための小型の什器。商品だけでなく広告やチラシ、パンフレットなどを入れることもできる。

⑫卓上 POP

テーブルの上に置く販促ツール。形状は、パンフレットなどを差し込んでおけるものから、立体的な形状ものなどいろいろある。

⑬手書き POP

店舗からのおすすめコメントなどを記すステッカーなどのこと。あえて従業員が手書きして視認性と訴求力を高める。

⑭ノベルティ

ノベルティとは、企業やブランドなどのロゴが入った消耗品や日用雑貨などのことで、来店の際に無償で配布するもの。

## ■訪日外国人旅行者向け店頭 POP

訪日外国人旅行者を自社・自店に集客するには、最終的には店頭での活動が必要となる。店頭は最強のメディアともいえる。

必要不可欠なのが店頭POPである。ショッピングや飲食で街を歩く外国人旅行者の店舗に入る最終決断を後押しするのが店頭POPである。

例えば、「TAX FREE」と書かれていたり、「免税店シンボルマーク」が貼られていればその店は免税店だと一目で分かる。

図表9-2　免税店シンボルマーク（観光庁）

Japan.
Tax-free
Shop

■ FREE Wi-Fi マーク

FREE Wi-Fiを提供できる環境にあったら、店頭には必ず「FREE Wi-Fi」の表示やFREE Wi-Fiスポットであることを示すピクトグラムを掲示したい。

日本人においてもニーズは高いが、外国人旅行者の多くもWi-Fiを求めている。飲食店であればそこでゆっくりスマートフォンなどを利用したい、商業施設であれば土産品を自国の家族・知人と相談しながら買い物したいなどのニーズを満たしてくれることがマークの掲示により、分かる。

店頭POPの欠かすことのできない販促ツールとなっている。

図表9-3　「Japan. Free Wi-Fi」のシンボルマークと「FREE Wi-Fi」マーク例

■アクセプタンスマーク

アクセプタンスマークとはクレジットカードの国際ブランドのマークを表示するシールやプレートなどを指す。

増加する訪日外国人旅行者のほとんどはクレジットカードを所持し、カード決済が日常的になっている。可能な限りクレジットカードで決済をしたいと多くの外国人旅行者は思っているが、日本ではまだ利用できないところも多く、利用できるところも使用の可否が表示されていないことがある。カードが使えるかどうかで店選びをする外国人旅行者は多く、観光業界においては、カード決済を進めるとともに、店頭にはアクセプタンスマークを掲示したい。

図表9-4　アクセプタンスマーク例

### ■電子マネーマーク

カード決済からさらに進み、電子マネーが急速に普及し、コンビニエンスストアの決済などで一般化している。しかし、まだどこでも使用できるわけではなく、日本人にとっても同様だが、小銭の支払いに慣れない訪日外国人旅行者にとっては不便な状況である。

電子マネーには交通系と商業系がある。交通系の電子マネーはSuica（スイカ）やPASMO（パスモ）をはじめとして、各地で多くの交通機関が発行している。商業系には、Edy（エディ）やiD（アイディ）、WAON（ワオン）、nanaco（ナナコ）などがある。決済の機能を持つとともに、どの電子マネーが利用できるのかを店頭に表示したい。

## 8. 旅行ガイドブック

### ■旅行ガイドブック

旅行ガイドブックとは、観光などの目的で未知の国や地域へ向かう旅行者に対して、その目的地となる特定の国や地域・都市の観光情報や移動手段の情報などを提供する出版物である。

旅行ガイドブックには、目的地である国や地域・都市の地理、歴史、文化、経済、言語、通貨、天候などの基本情報と、交通機関・移動手段の紹介、景勝地、観光施設、宿泊、食事、祭り、アクティビティ、体験、土産品などについての情報が正確にかつ読者に伝わりやすく記述されている。また観光地やホテルなどの宿泊施設、レストランなどの評価やランクづけをしているものもある。文字情報だけでなく地図、写真なども重要なガイドブックの要素である。出版形式は国別や地方別、都市別という形が一般的で、体裁は、A5やB5、B6、バイブルサイズなど携帯に便利な小型サイズが多い。

日本においては、国内・海外のデスティネーションごとにさまざまな旅行ガイドブックが発行されている。『るるぶ』『楽楽』『ララチッタ』（いずれもJTBパブリッシング）、『マップル』『たびまる』『ことりっぷ』（いずれも昭文社）、『地球の歩き方』（ダイヤモンド・ビッグ社）、『ブルーガイドわがまま歩き』（実業之日本社）などが定番になっている。

日本を紹介する旅行ガイドブックとして、世界的に他を圧倒しているのは『Lonely Planet（ロンリープラネット）』である。他に、フランスの『the Michelin Guide（ミシュランガイド）』、『Rough Guides（ラフガイド）』『Frommers（フロマーズ）』などが読まれている。韓国の『Just go（ジャストゴー）』や、中国の『暢遊』、台湾の『攻略完全制覇』などのシリーズが知られている。

## ■ガイドブックへの掲載

基本的にガイドブックには広告枠はない。記事として取り上げてもらうので、掲載される確実な方法はない。客観的に見て素晴らしいコンテンツであると認められたものだけが掲載される。従って、本当に優れた観光素材に磨き上げることが大切で、それを続けることしかない。ただし、読者の支持を得る、良好な口コミを広げる、ガイドブック編集者へプレスリリースを送り続けるなどの行動は決して無駄にはならない。

ある東京下町の小さな日本旅館は35年ほど前から外国人旅行者を受け入れている。海外の日本旅行用のガイドブックができた頃、外国人を受け入れる安心で低廉な日本旅館が少なく、さまざまな海外の有力な旅行ガイドブックに掲載された。以降、特別なPRをせずに世界中からやってくる外国人旅行者でほぼ満員状態が続いている。

実は、日本のガイドブックにおける日本の観光施設にも同じような現象は数多くみられている。旅行ガイドブックの効果が大きいのは、そこに客観性と信頼性、そして安心感があるからである。また、ガイドブックが有料であることは、無料のインターネットやフリーペーパーの情報より確実性があり、普遍性があると多くの人に感じさせる。さらに、一度掲載された情報は長期間掲載され続ける。改訂されることはあるが、その頻度は雑誌などに比べると少ない。また、有料なので廃棄されることも少なく保存性が高く、1人だけでなく数人に回読されることも多い。

### ■旅行ガイドブックの電子書籍

『るるぶ』『マップル』『地球の歩き方』など大手出版の定番ガイドブックは、その多くが電子書籍化されている。普段使い慣れたスマートフォンやタブレットにダウンロードできるので、重い本自体を持ち運びする必要がなく、掲載地図の拡大縮小が自由にでき、時刻表など必要な情報を同時に調べられるメリットがある。

## 9. ウェブメディア

### ■観光ウェブメディア

国内・海外の観光情報の提供や、旬の現地情報、新しいライフスタイルの提案、観光や旅行を独自のテーマで発信する観光に関するウェブサイトのことで、数多く存在する。多くの旅行者が旅行ガイドブックと合わせて利用している。

また、訪日外国人旅行者をターゲットに日本の情報を発信するウェブサイトであるインバウンドウェブメディアも数多くある。従来の旅行ガイドブックなどではカバーできないタイムリーな情報、日本発信ならではの生の情報が入手できるため、多くの外国人旅行者に利用されている。同名のフリーペーパーと連動しているサイトも多い。

インバウントウェブメディアは、出発前と訪日後の滞在中もアクセスされるので、誘客効果が期待でき、広告出稿の対象メディアとなる。

### ■口コミサイト

口コミとは、「口頭でのコミュニケーション」の略といわれ、マスコミとの対比で生まれた言葉である。「レビューサイト」ともいわれることもある。

口コミサイトは個人の主観的な意見を集積しているサイトである。投稿される個々の口コミは主観そのものであるが、多くの口コミが蓄積することによって客観性を生み、信頼度が増すことになる。

世界の旅行者に大きな影響を与えている口コミサイトは、世界最大の旅行口コミサイト「TripAdvisor」と世界最大のローカルビジネスの口コミサイト「Yelp」である。日本の旅行系の口コミサイトは、「フォートラベル」「リトリップ」などがある。それぞれ、旅行に行く前の大きな情報源となり、旅行中も活用されている。

## ■ブログ

ブログも旅行者を集客する有効なウェブメディアである。有名ブロガーは1人で数十万、数百万単位の読者を抱えている。このように広く強い影響力を持ったブロガーは「パワーブロガー」と呼ばれており、日本にも世界にも存在し、ファムトリップの招待者としてアプローチする価値はある。

## ■SNS

SNSとは、Social Networking Service（ソーシャル・ネットワーキング・サービス）の略で、パソコン・スマートフォン・タブレット端末などを使用し、インターネットを介して遠く離れた家族・友人・知人との日々のコミュ

図表9-5　代表的なSNS

| SNS名 | SNS名(日本語) | 概要 |
|---|---|---|
| Facebook | フェイスブック | ・世界最大のSNS、月間アクティブユーザー数24億人以上(2019.3)<br>・実名登録制で個人情報の登録が必要<br>・いいね！・コメント・シェアで友達と交流 |
| Twitter | ツイッター | ・月間アクティブアカウント数3億人以上<br>・140文字以内のツイートという短文を投稿<br>・ハッシュタグ・リツイートにより高い拡散力がある |
| LINE | ライン | ・月間アクティブユーザー数2億人以上(2019.4)<br>・スマートフォンアプリを中心に無料でチャットや通話を利用<br>・Wi-Fi環境下なら世界230以上の国や地域で利用 |
| Instagram | インスタグラム | ・月間アクティブアカウント数10億人以上(2019.3)<br>・写真画像に特化したSNS<br>・10代20代を中心とした女性の日常生活の一部と化している |
| mixi | ミクシー | ・日本製のSNSとしては最も古いコミュニティサービス<br>・ユーザー数は約4000万人前後<br>・以前は招待制だったが、現在は招待無しで登録可能 |
| 微信(WeChat) | ウィーチャット | ・月間アクティブユーザーは10億以上(2018.9)<br>・中国大手IT企業が作った無料インスタントメッセンジャーアプリ<br>・中国人の日常メッセージはほとんどWeChatで行われている |
| 微博(Weibo) | ウェイボー | ・月間ユーザー数3億人以上(2017.2)<br>・多くの中国人が商品の調査、選別、消費する際に様々な方法で活用<br>・特徴は学歴、収入が非常に高いユーザー層が多いという点 |

出典：『インバウンド実務論』(2017)

ニケーションを楽しめるウェブサイトのことであり、すでに日本においても広く普及、定着している。

さまざまな場面で大きな影響力を発揮しているSNSは、旅行者の集客においても欠かせない重要な役割を担っている。しかし、ネガティブキャンペーンにつながる危険性も有している。図表9-5は、影響力の大きい代表的なSNSである。

## 10. イベント

### ■イベント

イベントとは行事や催し物、興行、祭を指す言葉である。万博、オリンピック・パラリンピックなどのような国家的な催しから、地域が催す催事、企業が実施する販促活動、店舗での販促的な行為、学校での行事、家庭での小さな行事まで、幅広く使われている。地域の活性化、企業イメージの向上、顧客の来店促進、教育効果など、その目的はさまざまである。

イベントの定義は数多くあるが、イベントとは一定の場（空間）で、一定期間、ある特定の形態で、住民を中心に多くの人が集まり開催されるもの、とされている。そして、イベントは、何らかの目的を達成するための手段として行う行事・催事であり、イベントの開催そのものが目的になることはない。

また、イベントはプロモーション（販売促進）のための手段のひとつとして行われることも多い。イベントはコミュニケーションのメディアである。主催者と参加者が同じ空間と時間を共有することが大きな特徴となる。従来のマスメディアと異なり双方向コミュニケーションメディアということができる。

観光業界にとってのイベントは、ひとつは国や地方自治体、企業などが主体となるイベントに対し、その集客や交通手段、宿泊などの参加者斡旋を支援しビジネスとすることである。旅行会社のMICEへの取り組みなどはこの例である。

もうひとつは、それぞれの立場においてイベントの主体となり、何らかの目的の達成のために自ら企画・実施することである。旅行会社、宿泊施設、観光施設などが主体となることもあれば、地域の観光協会などが中心となり観光事業者とともにイベントを企画し実施することもある。

## ■地域イベント

地域イベントとは、地方自治体または観光協会など地域の観光事業者、地域社会（コミュニティ）の構成員が主体となって企画・実施するイベントのことである。地域活性化・地域振興を目的として計画的・戦略的に実施されるイベントのことで、地域外からの人々を誘客する観光振興として実施される場合が多い。

規模・形態は多種多様で、共通理念は「市民参加」「住民参加」が一般的だが、同時に地域外の人々、すなわち旅行者の参加を期待することもある。次のような項目が、地域イベントの開催目的となるが、いずれにして、最大の目的は、地域の「課題解決」である。

地域イベントの開催目的

①地域の知名度アップ

②地域のイメージチェンジ・イメージアップ

③住民の意識改革、連帯感の醸成

④地域の新たな魅力の発見・創出

⑤地域産業・地場商品の振興・PR

⑥地域間交流の促進とファンの獲得

⑦集客・観光振興

⑧生活文化の充実

⑨住民の健康増進

⑩地域を担う人材の育成

⑪国際交流の促進

このように地域イベントとは、基本的にはその地域において、市民や住民が参加するとともに、旅行者も参加することにより、地域を活性化し、地域住民の連帯意識を醸成し、域外との交流を促進するものである。多くの旅行者を誘引し、満足度を上げることが大きな目的の場合は、「観光イベント」と呼ばれる。

地域の知名度・イメージを上げ、観光や物産をアピールするためのイベントとして、都市部など大消費地で地域が主体となって実施する「PR イベント」も数多く実施されている。

## ■祭り

元々は寺社が主体となって地域に根づいて伝統的に行われていた祭事のことである。「祇園祭」「天神祭」「神田祭」の日本三大祭りや「青森ねぶた祭」「秋田竿燈まつり」「仙台七夕まつり」の東北三大祭りのように著名なものから地域の祭礼まで、全国各地でさまざまな祭りが行われており、その数は約30万ともいわれている。祭りには多くの人々が集まり、中には動員数100万人を超える祭りがあり、多くの旅行者を誘引し魅了する観光資源となっている。

博多どんたく（福岡県福岡市）

いずれの祭も神輿や山車をだしたり、チームで踊りに参加したりと地域と密接な関係をもっている。旅行者が見学するだけでなく参加できる祭りも多い。また、近年、昔の祭を復活させたり、新たな祭を創造し開催する動きもある。

## ■自治体イベント

地域の自治体や商工会議所、観光協会などが中心となった実行委員会や組織委員会が中心となり、出展や各種出し物なども併せて行うイベントが各地で開催されている。「○○市民祭り」や「市制○周年記念イベント」など開催規模、テーマはさまざまである。商工会議所などの会員からの協賛金や市民からの寄付、国からの地方振興助成金などにより運営されることが多い。

## ■展示会

展示会とは、メーカーや問屋が顧客を集めて、新製品などを発表するとともに、注文を獲得するために行うイベントである。展示会ごとに出展テーマや業種が決まっており、各出展社は「小間」や「ブース」といわれる自社の出展区画内でPRや販売などを行う。大規模になると見本市と呼ばれる。有名なのは「東京モーターショー」であろう。観光の世界では「ツーリズムEXPOジャパン」がこれにあたる。参加者は大きく分けてBtoB（業界向け）とBtoC（一般消費者向け）に分けられることが多い。

## ■講演会・シンポジウム

講演会は、自治体や企業、教育機関などが主体となって開催されることが多い。著名人や有識者を招いて講演をしてもらう「基調講演」や、講演者と司会や他のメンバーを交えての「トークショー・座談会」形式も多い。開催目的、講演内容により参加者は多様である。シンポジウムは、「討論会」「研究発表会」など質疑応答があるものを指す。「基調講演」「パネルディスカッション」で構成されることが多い。

■スポーツイベント

スポーツの種類だけイベントの種類がある。「スポーツを観る」イベントと、「スポーツをする」イベントの2つに大別される。

「観る」イベントについては、プロを招聘するなど、観ることが楽しめる、ハイレベルな競技大会が求められる。「する」イベントは、同じスポーツを趣味とした仲間が多数参加できる参加者にとって満足度の高い競技大会が求められる。

■音楽イベント

プロの人気アーティストによるコンサートやロックフェスなどの大型のものから、週末のショッピングセンターのイベントスペースで行われるミニライブまでさまざまな形態がある。また、音楽愛好家や市民がステージで演奏できる参加型のものもある。音響機材やオペレーターが必要になり、音漏れの問題なども課題となる。

■物産販売会

自治体や企業などが単独または複数で行う、商品のPRと販売を目的としたイベントである。一般的な流通価格より安い価格や試食、試飲、体験などの工夫が必要で、販売だけでなくエンタテイメント要素を盛り込むことも多い。フリーマーケットのように、主催団体が広く一般参加者を募集して開催することもある。

# 11. 旅行博

## ■旅行博

旅行博とは、旅行や旅行商品をテーマとした博覧会のことで、世界各地で大小の博覧会が開催されている。日本で毎年開催される「ツーリズムEXPO ジャパン」は世界最大級の総合観光イベントとして知名度が高く、出展者、来場者も多い。

国や自治体、旅行会社、航空会社などの観光事業者といった外国人旅行者を受け入れる側にとっては、大きなPRの場になるとともに、商談の場ともなる。出展料を支払い出展し、現地旅行会社や消費者に自分たちの観光資源、商品・サービスの魅力を伝える。多くのメディアも取材に訪れ大きな宣伝効果を生む。旅行をしようと思っている消費者にとっては、情報を収集したり実際に旅行商品を購入する場ともなる。

旅行博は、その特徴によって大きく3つに分類される。見本市（トレードショー）、旅行相談会（トラベルマート）、旅行即売会（トラベルフェア）である。企業が出展をする場合には、それぞれの旅行博がどれにあたるのかをよく調べ、費用対効果を検討しなければならない。

## ■見本市（トレードショー）

消費者も企業も対象とした観光に関する見本市が世界各都市で開催されている。国際的な規模で一定期間、観光に関する情報や旅行関連用品を集めたイベントは国際観光見本市と呼ばれる。また、トラベルトレードショーということもある。新しいデスティネーションや旅行商品・サービスの紹介・展示・デモンストレーションをする。大規模で年１回の開催が多い。旅行相談会、旅行即売会を兼ねたものもある。MICEやクルーズ、キャンプなどに特化した見本市もある。

ツーリズムEXPO ジャパン（東京／大阪）、韓国国際観光展（KOTFA：ソウル）、釜山国際旅行博覧会（BITF：釜山）、北京国際旅遊博覧会（BITE：北京）、中国（広東）国際旅遊産業博覧会（CITIE：広州）、台北国際観光博覧会（TTE：台北）、ITB BERLIN（ベルリン）などがある。

### ■旅行商談会（トラベルマート）

公的な観光機関が主催するもので、航空会社、ホテル、旅行会社がブースを設け、ホールセーラー・ランドオペレーターなどを対象に商取引を行う、企業向けの博覧会である。旅行業界の関係者への情報提供・商談・取引の場となる。

VISIT JAPANトラベル＆MICEマート（東京／大阪)、PATA Travel Mart（杭州)、Tour and Travel Exchange（アリゾナ）などがある。

### ■旅行即売会（トラベルフェア）

旅行に興味を持つ消費者へのプロモーション・旅行商品の展示・紹介・販売を主とした博覧会。

Thai International Travel Fair（バンコク)、NATAS Travel Fair（シンガポール）などある。

### ■日本国内旅行博

海外で開催される旅行博への参加は、コストや運営面で参加することが難しい企業・団体は多い。

海外向けのPRを国内ですることもできる。日本政府観光局（JNTO）が主催する、「VISIT JAPANトラベル＆MICEマート」には、数百社の海外バイヤーと国内セラーが参加している。「ツーリズムEXPOジャパン」においてもインバウンド商談会がある。自治体が主催する海外の旅行会社との商談会も各地で開催されている。インバウンドビジネスにおいては、国内の旅行博からの参加が外国人旅行者の集客につなげる一歩となる。

## 12. ファムトリップ

### ■ファムトリップとは

ファムトリップ（Familialization Trip）とは、観光地の誘致促進のために、ターゲットとする国の旅行会社、メディア、ブロガー、インフルエンサー（影響力を及ぼす人）などに現地を視察してもらうツアーのことである。主にインバウンド促進のための手法として使用される言葉である。旅行会社、メディアなどの外国人を招待し、特定のインバウンド向けの観光コースや観光エリア、体験プログラム、観光サービスなどを現地で体験・体感してもらうことである。下見招待旅行とも呼ばれる。

ファムトリップでの体験を旅行企画・造成に反映させたり、メディアやブログに記事掲載してもらうことを目的とした、インバウンド誘致活動であり、その効果は高いといわれている。

ファムトリップは大別すると２つあり、海外の旅行会社向けと、海外のメディア向けである。これらを同時に実施する場合もある。旅行会社向けは、訪日旅行の責任者や実際に企画・造成・販売に係わる担当者を対象とし、地域の視察・体験と意見交換を通し、実際のツアー商品に組み込んでもらう。

メディア向けは、メディアの旅行ライターや編集者、記者、また、現地で有力なブロガー、インフルエンサーを対象とし、地域の視察・体験と意見交換を通し、各国のメディアやブログなどに掲載してもらう。

## ■ファムトリップのメリット

第１のメリットは、招待され実際に体験した人が、直接それぞれの国で旅行商品化、旅行記事、旅行ブログなどにしてくれ、ローカライズした形でプロモーションをしてくれることである。

第２のメリットは、プロモーション効果が継続することである。プロモーションとして一般的な手法である広告の効果は一過性のものになりやすい。体験した人による旅行商品や旅行記事は、紙媒体やウェブ上に残り続け、その効果の持続性は高い。

第３のメリットは、それぞれの国・地域の観光に係わるプロの視線で観光地・商品・サービスの魅力が分析できることである。地域や商品・サービスのアピールポイントが発見、逆に改善点が発見できることである。

コト消費傾向が進むインバウンド促進の中で、体験型のレジャーや観光サービスとの相性の良いファムトリップの有効性は高い。

## ■モニターツアー

モニターツアーとは、旅行会社や国、地域などが主催し、一般消費者に無料または有料でツアーに参加してもらい、参加者に対し旅行終了後に旅行内容などについてアンケート、ヒヤリングなど報告を求めるツアーのことである。モニター依頼者が、旅行費用の全部または一部を負担する。国内旅行も海外旅行もあり、インバウンドにおいても実施されている。

国や地方自治体などは、観光資源の発掘・評価、旅行者の志向調査を目的に実施することが多い。旅行会社は、旅行商品の検証・改善・開発のために募集実施することがある。また地域の観光協会などは、観光まちづくりにおける地域外の人の意見、視線の必要性からモニターツアーを実施しているところもある。

いずれにしても、本来は観光資源、観光商品の再評価と改善が目的であるが、結果、参加者が地域を理解し、ファンになってもらう手法ともなっている。参加者は一般からのモニター募集の形式をとることが多いが、旅行関係者、メディア、外国人、また観光対象となる地域の人などを入れる場合もある。観光事業者が主催者となり、自らの宿泊施設、観光施設をモニターの対象として実施されることもある。

# 索　　引

●S



●T



●U



●V



●W



●あ



●い



●う



●え

## ●お



## ●か

●き



●く



●け



●こ

●て



●と



●な



●に



●ね

●ほ



●ま



●み



●む



●め



●も



●や



●ゆ

## ●世界遺産

海外の世界遺産については、第７課題の本文で紹介している遺産を掲載。

### ■アジア

**日本**



**中国**



**韓国**



**ベトナム**



**マレーシア**



**カンボジア**



**タイ**



**シンガポール**



**フィリピン**



**インドネシア**



**ミャンマー**



**モンゴル**

## ■オセアニア



## ■ヨーロッパ

## 【参考・引用文献】

Aaker, D. A.（1994）陶山計介他訳『ブランド・エクイティ戦略』ダイヤモンド社）
Hall, C. Michael（1996）須田直之訳『イベント観光学』信山社
Hall, C. Michael（2003）『Food tourism around the world』Butterworth-Heinemann
Keller, K. L.（2000）恩蔵直人他『戦略的ブランド・マネージメントグ』東急エージェンシー）
Kolb, Bonita, M.（2006）近藤勝直訳『都市観光のマーケティング』多賀出版
Kotler, Philip（1991）井関利明訳『非営利組織のマーケティング戦略』第一法規出版
Kotler, Philip（1996）前田正子他訳『地域のマーケティング』東洋経済新報社
Kotler, Philip（2000）恩蔵直人監修『コトラーのマーケティング入門』ピアソン・エデュケーション
Kotler, Philip（2001）恩蔵直人訳『マーケティング・マネージメント』ピアソン・エデュケーション
Kotler, Philip（2003）白井義男監修『ホスピタリティ＆ツーリズム・マーケティング』ピアソン・エデュケーション
Lumsdon, Les（2004）奥本勝彦訳『観光のマーケティング』多賀出版
Mak, James（2005）瀧口治・藤井大司郎訳『観光経済学入門』日本評論社
Sinclair, M. Thea and Stabler, M（2001）小沢健市訳『観光の経済学』学文社
Urry, John（1995）加太宏邦訳『観光のまなざし』法政大学出版局
愛知和夫・盛山正仁（2008）『エコツーリズム推進法の解説』ぎょうせい
アジア太平洋観光交流センター（2001）『観光まちづくりガイドブック』APTE
飯田芳也（2012）『観光文化学』古今書院
石井もと子（2009）『日本版「ワインツーリズム」のすすめ』講談社
石井もと子（2011）『日本のワイナリーに行こう！』イカロス出版
石附雄一（2003）『広告事典』学習研究社
石原武政・石井淳蔵（1992）『街づくりのマーケティング』日本経済新聞社
井口貢（2008）『観光学の扉』学芸出版社
浦郷義郎 2014）『わかる！使える！ホスピタリティの教科書』PHP
後久博（2009）『農商工連携による「新地域おこし」のススメ』ぎょうせい
岡本伸之（1995）『観光辞典』日本観光協会
岡本伸之（2001）『観光学入門』有斐閣アルマ
尾家健生・金井萬造（2008）『これでわかる！着地型観光』学芸出版社
大城勝浩・高山英男（2004）『図解ビジネス実務事典広告』日本能率協会
加藤弘治（2017）『観光ビジネス未来白書』同友館
海津ゆりえ（2007）『日本エコツアー・ガイドブック』岩波書店
額賀信（2008）『地域観光戦略』日刊工業新聞社

観光庁・経済産業省（2015）『消費税免税店の手引き』
神崎宣武（2002）『旅と食』ドレス出版
神崎宣武（2004）『江戸の旅文化』岩波書店
岐部武他（2006）『やさしい国際観光』国際観光サービスセンター
橘川武郎・篠崎恵美子（2010）『地域再生あなたが主役だ』日本経済評論社
経済産業省・中小企業庁・中小企業基盤整備機構（2010）『農商工連携ガイドブック』
古池嘉和（2011）『地域の産業・文化と観光まちづくり』学芸出版社
国土交通省（2008）『多様な食文化・食習慣を有する外国人客への対応マニュアル』
国土交通省観光庁（2018）『観光白書〈平成30年版〉』日経印刷
小塩稲之・安田亘宏（2014）『基礎から学ぶ観光プランニング』JMC出版
小松原尚（2007）『地域からみる観光学』大学教育出版
小松田勝（2010）『ディズニーランドのホスピタリティ』長崎出版
佐々木一成（2008）『観光振興と魅力あるまちづくり』学芸出版社
佐藤喜子光・齋藤明子他（2011）『観光の目玉 物語を生かした地域旅』学芸出版社
佐藤俊雄（1998）『マーケティング地理学』同文舘出版
JTB総合研究所（2016）『インバウンド概論』JTB総合研究所
ジェイティービー（2012）『JTBグループ100年史』
ジェイティービー（2016）『JTB REPORT 2016 日本人海外旅行のすべて』JTB総合研究所
ジェイティービー（2017）『データで見る訪日インバウンド市場トレンド』JTB総合研究所
四方啓暉（2010）『リッツ・カールトンの究極のホスピタリティ』河出書房新社
敷田麻実（2008）『地域からのエコツーリズム』学芸出版社
島川崇・新井秀之他（2008）『観光マーケティング入門』同友館
清水聰（2006）『戦略的消費者行動論』千倉書房
水津陽子（2014）『日本人だけが知らない「ニッポン」の観光地』日経BP社
鈴木勝（2008）『観光立国ニッポン事始め』NCコミュニケーションズ
須田寛（1999）『観光の新分野　観光産業』交通新聞社
関満博（2007）『新「地域」ブランド戦略』日経広告研究所
関満博・遠山浩（2007）『「食」の地域ブランド戦略』新評論
関満博・及川孝信（2006）『地域ブランドと産業振興』新評論
関満博・古川一郎（2008）『「B級グルメ」の地域ブランド戦略』新評論
関満博・松永子（2009）『農商工連携の地域ブランド戦略』新評論
全国商工会連合会（2010）『地域資源∞全国展開プロジェクトガイドブック』
総合観光学会（2010）『観光まちづくりと地域資源活用』同文舘出版
宗田好史（2009）『創造都市のための観光振興』学芸出版社
十代田朗（2010）『観光まちづくりのマーケティング』学芸出版社
玉村豊男（2008）『里山ビジネス』集英社新書

高橋一夫・大地正和他（2010）『1からの観光』碩学舎
高橋一夫（2013）『旅行業の扉』碩学舎
田川博己（2018）『観光先進国をめざして』中央経済社
田中章雄（2008）『事例で学ぶ！地域ブランドの成功法則33』光文社
田中掃六（2008）『実学・観光産業論』プラザ出版
田中洋（2008）『消費者行動論体系』中央経済社
田村秀（2008）『B級グルメが地方を救う』集英社新書
地域活性化センター（2006）『地域ブランド・マネジメントの現状と課題』
茶谷幸治（2008）『まち歩きが観光を変える』学芸出版社
中小企業基盤整備機構（2005）『地域ブランドマニュアル』
辻幸恵他（2010）『地域ブランドと広告』嵯峨野書院
寺前秀一（2006）『観光政策・制度入門』ぎょうせい
寺前秀一（2009）『観光政策論（観光学全集第9巻）』原書房
東京都（2016）『平成27年度国別外国人旅行者行動特性調査報告書』
東京都生活衛生営業指導センター（2016）『外国人観光客対応ツール－活用マニュアル』
東北産業活性化センター（2009）『農商工連携のビジネスモデル』日本地域社会研究所
永井昇（2000）『観光交通論』内外出版
永野周志（2006）『よくわかる地域ブランド』ぎょうせい
中尾清・浦達夫（2006）『観光学入門』晃洋書房
中村忠司・王静（2019）『新・観光学入門』晃洋書房
西村幸夫（2009）『観光まちづくり―まち自慢からはじまる地域マネジメント』学芸出版社
日本観光協会（2008）『観光実務ハンドブック』丸善
日本観光振興協会（2019）『新たな集客に挑む！インバウンドBUSINESS』
日本観光振興協会
日本観光振興協会（2018）『観光の実態と志向』日本観光振興協会
日本観光振興協会（2018）『数字でみる観光』日本観光振興協会
日本交通公社（1882）『日本交通公社七十年史』
日本交通公社（2019）『旅行年報2019』公益財団法人日本交通公社
日本生産性本部（2018）『レジャー白書』
日本政府観光局（2018）『JNTO訪日旅行データハンドブック2018』
日本政府観光局（2016）『JNTO訪日旅行誘致ハンドブック』国際観光サービスセンター
日本ユネスコ協会連盟（2018）『世界遺産年報2018』講談社
日本旅行（2006）『日本旅行百年史』
日本旅行業協会（2019）『数字が語る旅行業2019』
羽田耕治（2008）『地域振興と観光ビジネス』JTB能力開発
橋本俊哉（2013）『観光行動論（観光学全集第4巻）』原書房

長谷政弘（1996）『観光マーケティング―理論と実際』同文舘出版
博報堂地ブランドプロジェクト（2006）『地ブランド』弘文堂
平田真幸（2006）『国際観光マーケティングの理論と実践』国際観光サービスセンター
二村宏志（2008）『地域ブランド戦略ハンドブック』ぎょうせい
松園俊志（2004）『旅行業入門』同友館
真板昭夫・石森秀三他（2011）『エコツーリズムを学ぶ人のために』世界思想社
真板昭夫・比田井和子他（2010）『宝探しから持続可能な地域づくりへ』学芸出版社
前田勇（2010）『現代観光総論』学文社
増淵敏之（2010）『物語を旅する人々―コンテンツ・ツーリズムとは何か』彩流社
増淵敏之・溝尾良隆・安田亘宏（2014）『コンテンツツーリズム入門』古今書院
ミシュラン（2018）『ミシュランガイド東京 2019』日本ミシュランタイヤ
宮本常一（1975）『旅と観光（宮本常一著作集 18）』未来社
溝尾良隆（2003）『観光学』古今書院
溝尾良隆（2007）『観光まちづくり現場からの報告』原書房
溝尾良隆（2007）『地域におけるインバウンド観光マーケティング戦略』総合研究開発機構
溝尾良隆（2009）『観光学の基礎（観光学全集第 1 巻）』原書房
溝尾良隆（2011）『観光学と景観』古今書院
室井鉄衛（1983）『エリア・マーケティング』中央経済社
室井鉄衛（1985）『行動空間へのマーケティング』誠文堂新光社
村山慶輔（2016）『インバウンドビジネス入門講座』翔泳社
村山慶輔（2018）『インバウンドビジネス入門講座 第 3 版 訪日外国人観光攻略ガイド』翔泳社
八隅蘆菴（2009）桜井正信訳『現代訳旅行用心集』八坂書房
矢吹雄平（2010）『地域マーケティング論』有斐閣
山口一美・椎野信雄（2010）『はじめての国際観光学』創成社
山本健兒（2005）『産業集積の経済地理学』法政大学出版局
山本久義（2008）『ルーラル・マーケティング戦略論』同文舘出版
安島博幸（2009）『観光まちづくりのエンジニアリング』学芸出版社
安田亘宏（2010）『「澤の屋旅館」はなぜ外国人に人気があるのか』彩流社
安田亘宏（2010）『食旅と観光まちづくり』学芸出版社
安田亘宏（2011）『食旅と農商工連携のまちづくり』学芸出版社
安田亘宏（2013）『フードツーリズム論』古今書院
安田亘宏（2015）『観光サービス論』古今書院
安田亘宏（2017）『インバウンド実務主任者認定試験 公式テキスト』全日本情報学習振興協会
安田亘宏（2017）『インバウンド実務論』全日本情報学習振興協会

安田亘宏・中村忠司（2018）『旅行会社物語』教育評論社
安村克己（2006）『観光まちづくりの力学』学文社
横浜商科大学（2017）『地域インバウンド観光人財育成に関する研究』横浜商科大学
米田清則（1996）『実践エリア・マーケティング』日本経済新聞社
米田清則（1999）『エリア・マーケティングの実際』日本経済新聞社
立教大学観光学部旅行産業研究会（2016）『旅行産業論』日本交通公社
和田充夫他（2009）『地域ブランド・マネージメント』有斐閣
『観光経済新聞』観光経済新聞社
『観光文化』公益財団法人日本交通公社
『週刊トラベルジャーナル』トラベルジャーナル

主なデータ資料
法務省「出入国管理統計」・観光庁「訪日外国人消費動向調査」「宿泊旅行統計調査」「旅行・観光消費動向調査」・日本政府観光局（JNTO）「訪日外客・出国日本人数データ」・公益財団法人日本交通公社「JTBF 旅行意識調査」「JTBF 旅行実態調査」・日本銀行「国際収支統計」

主なホームページ・ニュースリリース
国土交通省・観光庁・法務省・総務省・外務省・経済産業省・厚生労働省・農林水産省・環境省・文化庁・国税庁・日本政府観光局・日本旅行業協会・全国旅行業協会・日本観光振興協会・UNWTO Tourism Highlights・日本気象協会・公益財団法人日本交通公社・日本ユネスコ協会連盟・JTB 総合研究所・トリップアドバイザー・訪日ラボ・やまとごころ.jp
その他、各地方自治体・各観光協会・各国政府観光局・観光ビジネス各社・観光関連サイト・マーケティング関連サイトなどのホームページ

P.242.247.250.252 の地図は、国土地理院の地理院タイルに本文に関連する物件名を追記して掲載したものである。

## 【写真提供・協力】

一般財団法人 奈良県ビジターズビューロー・一般社団法人平泉観光協会・厳島神社・大田市役所教育部石見銀山課・京都市メディア支援センター・岐阜県白川村役場・群馬県・公益社団法人富士宮市観光協会・公益社団法人和歌山県観光連盟・堺市・東寺（教王護国寺）・ながさき旅ネット・日光二荒山神社・ひろたび事務局・比叡山延暦寺・姫路市・福岡市・文化庁平城宮跡管理事務所・「明治日本の産業革命遺産」世界遺産協議会・安田亘宏・JAGAT・PIXTA

## 【著者紹介】

**安田 亘宏（やすだ のぶひろ）**

創造開発研究所フェロー・主席研究員

法政大学大学院政策創造研究科博士後期課程修了、博士（政策学）

1953年東京都生まれ。1977年日本交通公社（現JTB）に入社。旅行営業、添乗業務を経験後、本社、営業本部、グループ会社でマーケティング・販売促進・事業開発等の実務責任者・役員を歴任。2006年同グループの旅の販促研究所所長。2010年西武文理大学サービス経営学部教授（—2019年）

東京成徳大学・東京立正短期大学・富山福祉短期大学非常勤講師

日本エコツーリズム協会理事、コンテンツツーリズム学会副会長、日本観光研究学会会員、日本国際観光学会会員、日本旅行作家協会会員

著書に、『インバウンド実務主任者認定試験公式テキスト』『インバウンド実務論』（以上全日本情報学習振興協会）、『観光サービス論』『コンテンツツーリズム入門』『フードツーリズム論』（以上古今書院）、『旅行会社物語』『鉄旅研究』『島旅宣言』『祭旅市場』『犬旅元年』『食旅入門』『長旅時代』（以上教育評論社）、『事例で読み解く海外旅行クレーム予防読本』『食旅と農商工連携のまちづくり』『食旅と観光まちづくり』（以上学芸出版社）、『「澤の屋旅館」は外国人になぜ人気があるのか』『旅人の本音』『キャッチコピーに見る「旅」』（以上彩流社）、『基礎から学ぶ観光プランニング』（JMC出版）『旅行会社のクロスセル戦略』『旅の売りかた入門』（以上イカロス出版）などがある。

## 観光検定　公式テキスト

2020年 4 月 30 日　初版第 1 刷発行

著　者　　安田亘宏
編　者　　一般財団法人 全日本情報学習振興協会
発行者　　牧野常夫
発行所　　一般財団法人 全日本情報学習振興協会
〒 102-0093　東京都千代田区平河町 2-5-5
全国旅館会館 1F
TEL：03-5276-6665
発売所　　株式会社アース・スター エンターテイメント
〒 141-0021　東京都品川区上大崎 3-1-1
目黒セントラルスクエア 5F
TEL：03-5561-7630

DTP・印刷・製本　　大日本法令印刷株式会社


ISBN コード　978-4-8030-1424-2　C2034
Printed in Japan